Matemática para o Ensino Médio

Caderno de Atividades
1º ano
volume 1

1ª Edição

Manoel Benedito Rodrigues

Editora Policarpo

São Paulo
2020

Digitação, Diagramação : Sueli Cardoso dos Santos - suly.santos@gmail.com
Elizabeth Miranda da Silva - elizabeth.ms2015@gmail.com

www.editorapolicarpo.com.br
contato: contato@editorapolicarpo.com.br

Dados Internacionais de Catalogação, na Publicação (CIP)

(Câmara Brasileira do Livro, SP, Brasil)

Rodrigues, Manoel Benedito.
Matémática / Manoel Benedito Rodrigues.
- São Paulo: Editora Policarpo, **1ª Ed. - 2020**
ISBN: 978-85-7237-011-0
1. Matemática 2. Ensino Médio
I. Rodrigues, Manoel Benedito II. Título.

Índices para catálogo sistemático:

Todos os direitos reservados à:
EDITORA POLICARPO LTDA
Rua Dr. Rafael de Barros, 175 - Conj. 01
São Paulo - SP - CEP: 04003-041
Tel./Fax: (11) 3288 - 0895
Tel.: (11) 3284 - 8916

Índice

I   INTRODUÇÃO
  1 – Interpretação de gráficos...01
  2 – Plano cartesiano..10

II FUNÇÕES
  1 – Introdução...18
  2 – Função (Definição)...30
  3 – Variação de sinal de uma função dado o seu gráfico......................................40
  4 – Sinal do produto ou quociente de funções, dados os gráficos........................42
  5 – Função crescente e função decrescente..45

III ALGUMAS FUNÇÕES ELEMENTARES
  1 – Função constante..47
  2 – Função identidade...47
  3 – Função linear..48
  4 – Função afim..48
  5 – Variação do sinal da função afim...51
  6 – Problemas...69

IV FUNÇÃO POLINOMIAL DO 2º GRAU (FUNÇÃO QUADRÁTICA)
  1 – Definição..75
  2 – Parábola..75
  3 – Gráfico da função quadrática...75
  4 – Concavidade da parábola e raízes da função quadrática................................76
  5 – Vértice da parábola e valor máximo ou valor mínimo..................................77
  6 – Pontos de interseção da parábola com os eixos coordenados........................78
  7 – Eixo de simetria do gráfico da função quadrática...79
  8 – Imagem da função quadrática..80
  9 – Intervalos no qual f(x) é crescente e no qual f(x) é decrescente....................80
  10 – Variação do sinal da função quadrática...81
  11 – Problemas..115

V   TEOREMA DE TALES..137

VI SEMELHANÇA DE TRIÂNGULOS..155

VII ÁREAS DE ALGUMAS REGIÕES PLANAS...171

VIII TEOREMA DE PITÁGORAS..185

IX RELAÇÕES MÉTRICAS...212

X   RAZÕES TRIGONOMÉTRICAS..219

I INTRODUÇÃO

1 – Interpretação de gráficos

Quando temos um conjunto de dados, mostrando uma certa relação entre grandezas, para analisar estes dados, uma ferramenta importante é o gráfico. Há vários tipos de gráficos: barras, setores, linhas, etc.

Quando o gráfico for dado, analisando-o, podemos obter informações relevantes.

Vejamos alguns exemplos:

Exemplo 1: Dois carros A e B, percorrendo uma estrada retilínea no mesmo sentido, passam pelo marco de 100 km no mesmo instante e começam a marcar o tempo em horas (h). O carro A com velocidade constante de 50 km/h e o carro B com velocidade de 100 km/h mantendo estas velocidade durante 3 horas. Observe o gráficos da velocidade e do espaço percorrido, para os dois carros, em função do tempo.

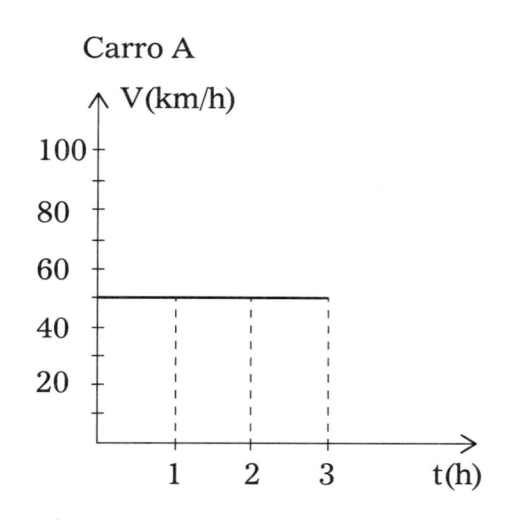

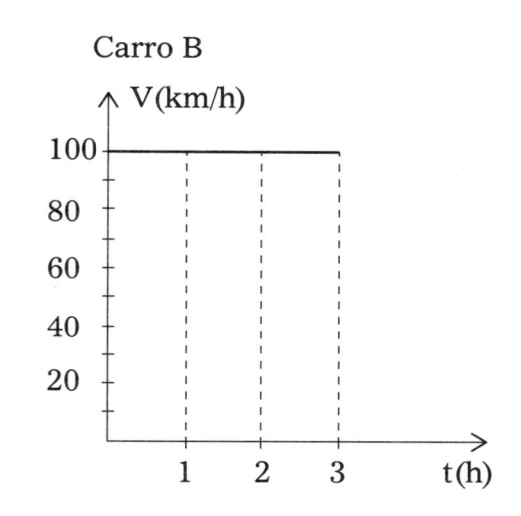

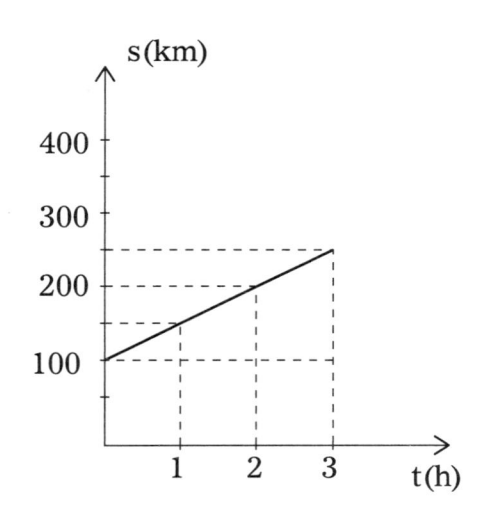

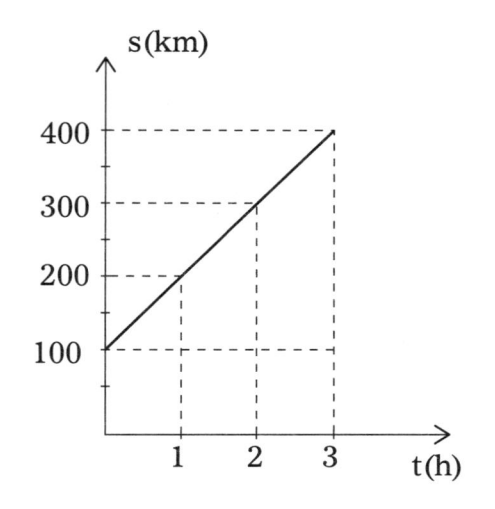

Carro A

Carro B

Obs.: 1) Note que o carro A percorre 150 km em 3 horas (vai do km 100 ao 250).

2) Note que o carro B percorre 300 km em 3 horas (vai do km 100 ao 400).

Exemplo 2: Uma pessoa caminha em uma avenida, a partir do início (nº zero) de acordo com o gráfico dado do espaço (s) em metros (m) em função do tempo em minutos (min.)

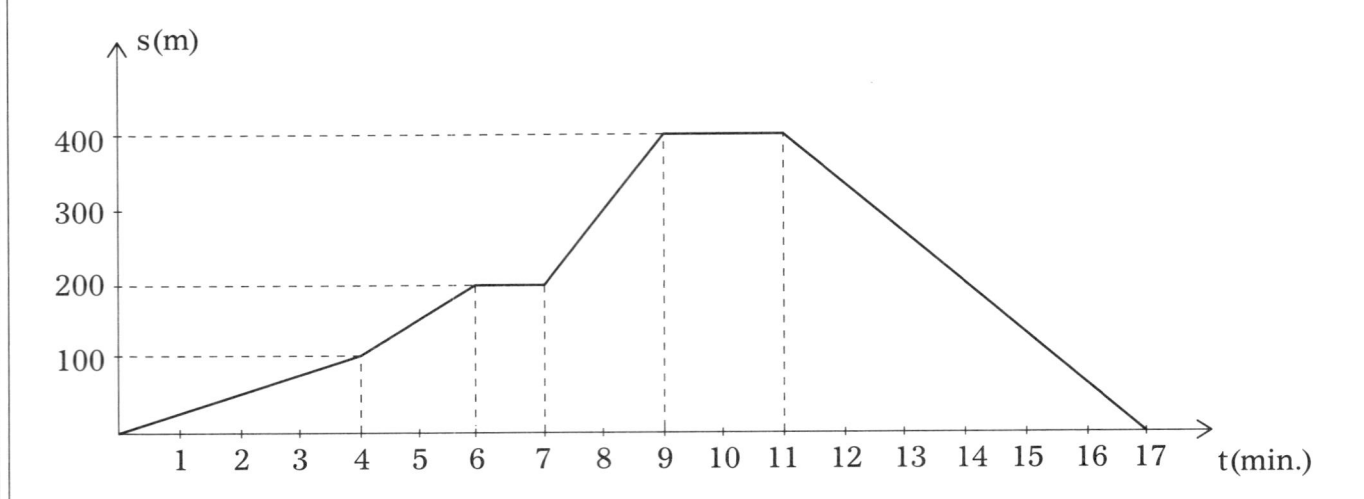

Algumas conclusões que podemos tirar deste gráfico:

1) Nos primeiros 4 minutos ela andou 100 m e nos 2 seguintes, outros 100 m e nos 2 minutos (8º e 9º) ela andou 200 m. Note que as velocidades foram dobrando neste 3 trechos.

2) Ela ficou parada no 7º, 10º e 11º minutos. Ficou parada 3 minutos.

3) Ela foi até o nº 400 (400 m) e depois, em 6 minutos voltou até o 0.

Exemplo 3: O gráfico seguinte mostra a velocidade (em km/h) de um veículos em uma avenida, em função do tempo em minutos, durante um intervalo de tempo.

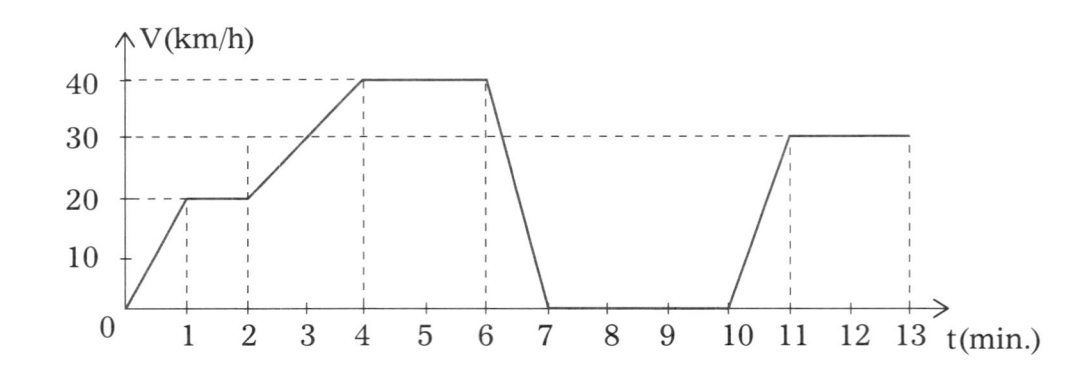

Algumas conclusões:

1) Em 1 minutos ele atingiu os 20 km/h e ficou com esta velocidade durante 1 min.

2) Durante o 5º e 6º minuto ele ficou com a velocidade constante de 40 km/h.

3) Durante o 7º minuto ele vai diminuindo a velocidade, até parar e fica 3 minutos parado (durante o 8º, 9º e 10º minutos).

4) Durante o 11º minutos ele vai de 0 até 30 km/h e fica com esta velocidade constante durante 2 minutos.

Exemplo 4: (Enem) De acordo com um relatório recente da Agência Internacional de Energia (AIE), o mercado veículos elétricos atingiu um novo marco em 2016, quando foram vendidos mais de 750 mil automóveis da categoria. Com isso, o total de carros elétricos vendidos no mundo alcançou a marca de 2 milhões de unidades desde que os primeiros modelos começaram a ser comercializados em 2011. No Brasil, a expansão das vendas também se verifica. A marca A, por exemplo, expandiu suas vendas no ano de 2016, superando em 360 unidades as vendas de 2015, conforme representado no gráfico. A média anual do número de carros vendidos pela marca A, nos anos representados no gráfico, foi de

Disponível em: www.tecmundo.com.br.Acesso em: 5 dez. 2017.

a) 192.　　b) 240.　　c) 252.　　d) 320.　　e) 420.

Resolução: 1) Sendo **n** o número de carros vendidos em 2014, em 2015 foram vendidos 2n e em 2016 foram 5n.

2) De acordo com o enunciado, temos:

$5n - 2n = 360 \Rightarrow 3n = 360 \Rightarrow \boxed{n = 120}$

3) Nos 3 anos foram vendidos 8n carros. A média

Anual será $m = \dfrac{8n}{3} \Rightarrow m = \dfrac{8 \cdot (120)}{3} \Rightarrow m = 8 \cdot 40 \Rightarrow \boxed{m = 320}$

Resposta: D

Exemplo 5: (Enem) De acordo com a Organização Mundial da Saúde (OMS), o limite de ruído suportável para o ouvido humano é de 65 decibéis. Ruídos com intensidade superior a este valor começam a incomodar e causar danos ao ouvido. Em razão disto, toda vez que os ruídos oriundos do processo de fabricação de peças em uma fábrica ultrapassam este valor, é disparado um alarme sonoro, indicando que os funcionários devem colocar proteção nos ouvidos. O gráfico fornece a intensidade sonora registrada no último turno de trabalho dessa fábrica. Nele, a variável t indica o tempo (medido em hora), e I indica a intensidade sonora (medida em decibel).

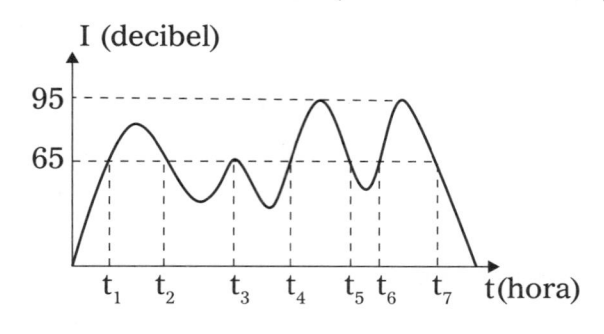

De acordo com o gráfico, quantas vezes foi necessário colocar a proteção de ouvidos no último turno de trabalho?

a) 7　　b) 6　　c) 4　　d) 3　　e) 2

Resolução: 1) No instante t_3 o ruído chega a 65 decibéis, mas não supera, então não há necessidade de usar a proteção.

2) Há necessidade de usar a proteção nos intervalos em que o ruído supera os 65 decibéis. Isto é, nos intervalos t_1 até t_2, t_4 até t_5 e t_6 até t_7, ou seja: 3 vezes

Resposta: D

1 (Enem – 2016) Em um exame, foi feito o monitoramento dos níveis de duas substâncias presentes (A e B) na corrente sanguínea de uma pessoa, durante um período de 24 h, conforme o resultado apresentado na figura. Um nutricionista, no intuito de prescrever uma dieta para essa pessoa, analisou os níveis dessas substâncias, determinando que, para uma dieta semanal eficaz, deverá ser estabelecido um parâmetro cujo valor será dado pelo número de vezes em que os níveis de A e de B forem iguais, porém, maiores que o nível mínimo da substância A durante o período de duração da dieta. Considere que o padrão apresentado no resultado do exame, no período analisado, se repita para os dias subsequentes. O valor do parâmetro estabelecido pelo nutricionista, para uma dieta semanal, será igual a

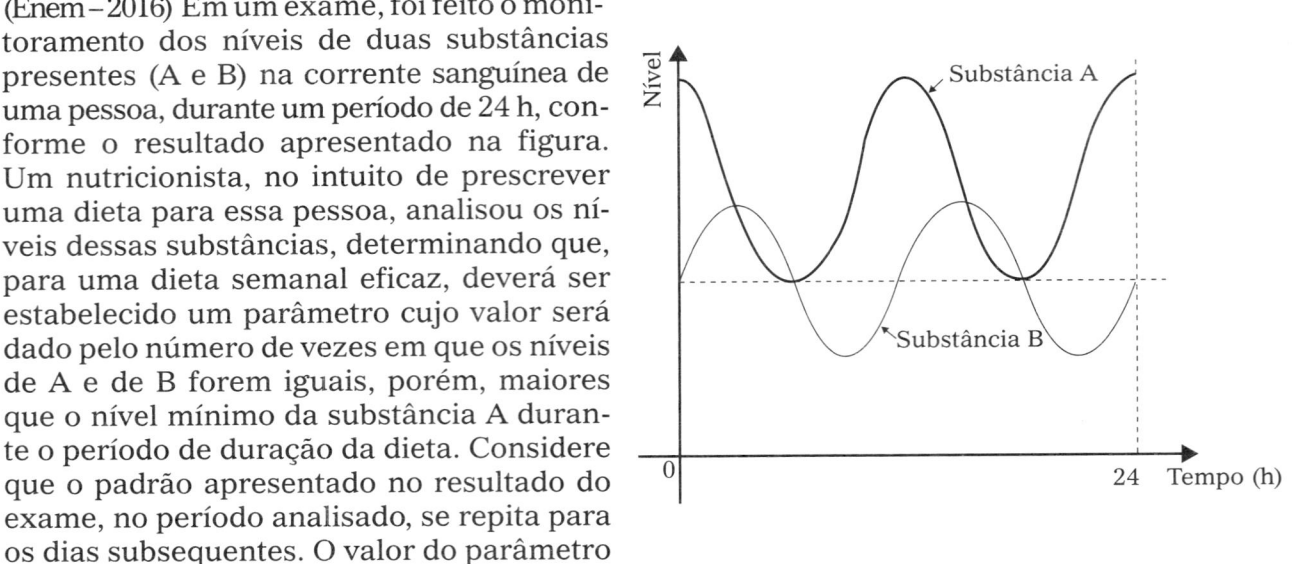

a) 28   b) 21   c) 2   d) 7   e) 14

2 (Enem – 2016) Os congestionamentos de trânsito constituem um problema que aflige, todos os dias, milhares de motoristas brasileiros. O gráfico ilustra a situação, representando, ao longo de um intervalo definido de tempo, a variação da velocidade de um veículo durante um congestionamento.

Quantos minutos o veículo permaneceu imóvel ao longo do intervalo de tempo total analisado?

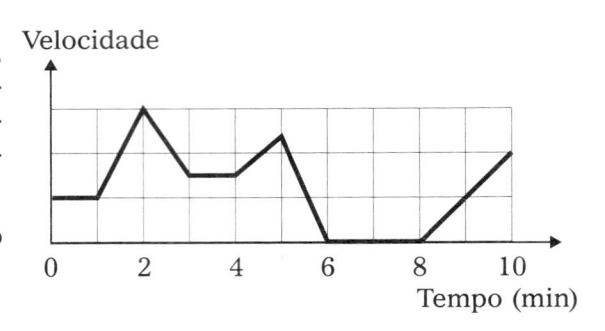

a) 4   b) 3   c) 2   d) 1   e) 0

3 (Enem – 2015) Um investidor inicia um dia com x ações de uma empresa. No decorrer desse dia, ele efetua apenas dois tipos de operações, comprar ou vender ações. Para realizar essas operações, ele segue estes critérios:

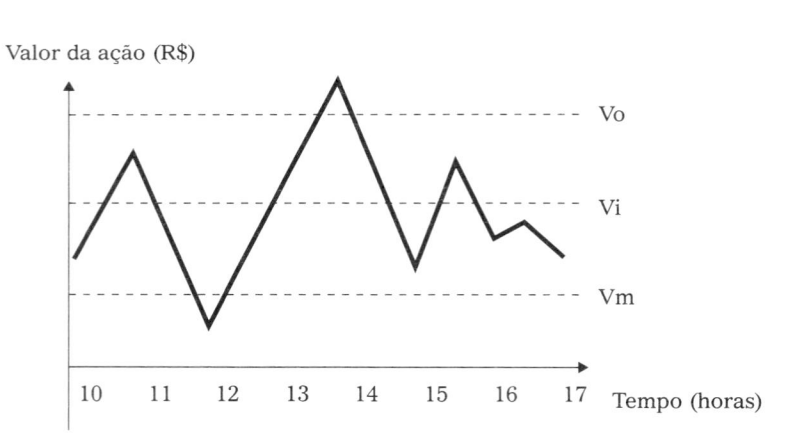

I. vende metade das ações que possui, assim que seu valor fica acima do valor ideal (**Vi**);

II. compra a mesma quantidade de ações que possui, assim que seu valor fica abaixo do valor mínimo (**Vm**);

III. vende todas as ações que possui, quando seu valor fica acima do valor ótimo (**Vo**).

O gráfico apresenta o período de operações e a variação do valor de cada ação, em reais, no decorrer daquele dia e a indicação dos valores ideal, mínimo e ótimo.

Quantas operações o intestidor fez naquele dia?

a) 3   b) 4   c) 5   d) 6   e) 7

4 (Enem – 2015) Atualmente existem diversas locado-ras de veículos permitindo uma concorrência saudável para o mercado fazendo com que os preços se tornem acessíveis.

Nas locadoras P e Q, o valor da diária de seus carros depende da distância percorrida, conforme o gráfico.

O valor pago na locadora Q é menor ou igual àquele pago na locadora P para distâncias, em quilômetros, presentes em qual(is) intervalo(s)?

a) De 20 a 100.
b) De 80 a 130.
c) De 100 e 160.
d) De 0 a 20 e de 100 a 160.
e) De 40 a 80 e de 130 a 160.

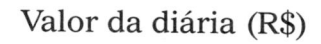

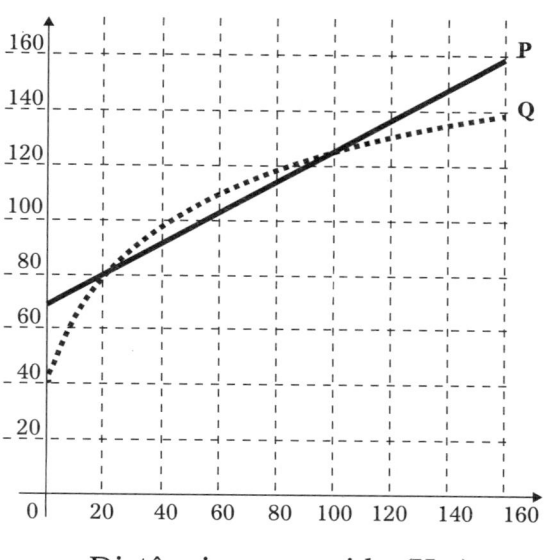

Disponível em: www.sempretops.com. Acesso em: 7 ago. 2010

---

5 (Enem – 2012) O gráfico mostra a variação da extensão média de gelo marítimo, em milhões de quilômetros quadrados, comparando dados dos anos 1995, 1998, 2000, 2005 e 2007. Os dados correspondem aos meses de junho a setembro. O Ártico começa a recobrar o gelo quando termina o verão, em meados de setembro. O gelo do mar atua como o sistema de resfriamento da Terra, refletindo quase toda a luz solar de volta ao espaço. Águas de oceanos escuros, por sua vez, absorvem a luz solar e reforçam o aquecimento do Ártico, ocasionando derretimento crescente do gelo.

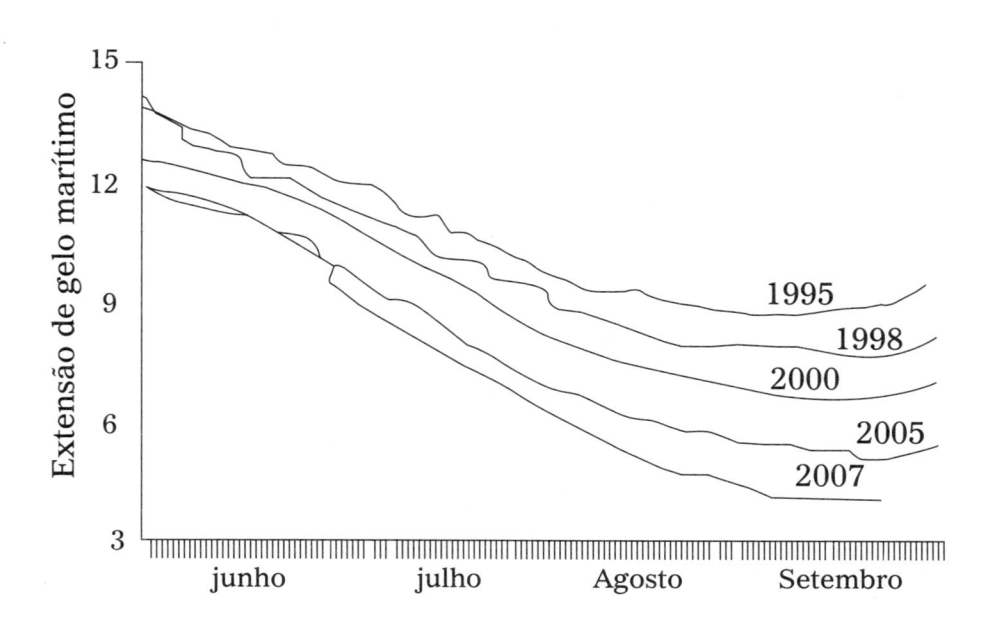

Disponível em: http://sustentabilidade.allianz.com.br. Acesso em: fev. 2012 (adaptado)

Com base no gráfico e nas informações do texto, é possível inferir que houve maior aquecimento global em

a) 1995.   b) 1998.   c) 2000.   d) 2005.   e) 2007.

6 (Enem – 2012) O gráfico fornece os valores das ações da empresa **XPN**, no período das 10 às 17 horas, num dia em que elas oscilaram acentuadamente em curtos intervalos de tempo.

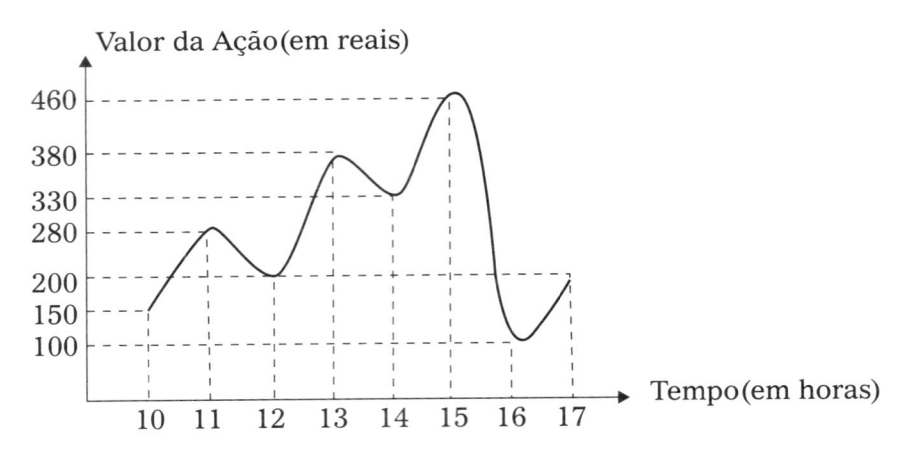

Neste dia, cinco investidores compraram e venderam o mesmo volume de ações, porém em horários diferentes, de acordo com a seguinte tabela.

Investidor	Hora da Compra	Hora da Venda
1	10:00	15:00
2	10:00	17:00
3	13:00	15:00
4	15:00	16:00
5	16:00	17:00

Com relação ao capital adquirido na compra e venda das ações, qual investidor fez o melhor negócio?

a) 1   b) 2   c) 3   d) 4   e) 5

7 (Enem – 2012) A figura a seguir apresenta dois gráficos com informações sobre as reclamações diárias recebidas e resolvidas pelo Setor de Atendimento ao Cliente (SAC) de uma empresa, em uma dada semana. O gráfico de linha tracejada informa o número de reclamações recebidas no dia, o de linha contínua é o número de reclamações resolvidas no dia. As reclamações podem ser resolvidas no mesmo dia ou demorarem mais de um dia para serem resolvidas. O gerente de atendimento deseja identificar os dias da semana em que o nível de eficiência pode ser considerado muito bom, ou seja, os dias em que o número de reclamações resolvidas excede o número de reclamações recebidas.

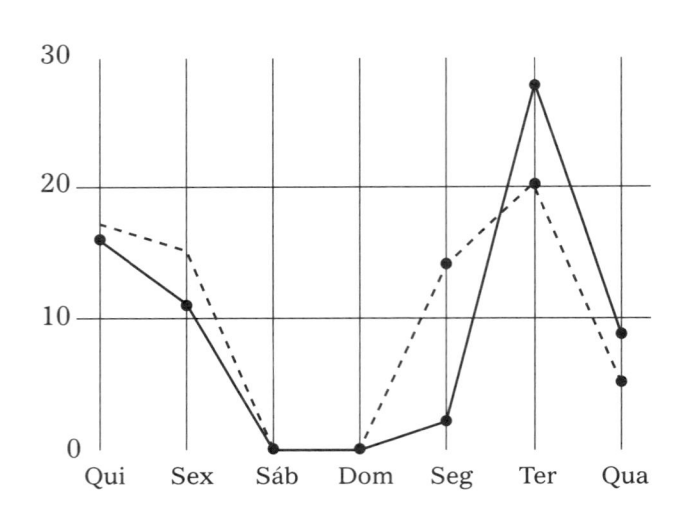

Disponível em: http://bibliotecaunix.org. Acesso em: 21 jan. 2012 (adaptado).

O gerente de atendimento pôde concluir, baseado no conceito de eficiência utilizado na empresa e nas informações do gráfico, que o nível de eficiência foi muito bom na

a) segunda e na terça-feira.
b) terça e na quarta-feira.
c) terça e na quinta-feira,
d) quinta-feira, no sábado e no domingo.
e) segunda, na quinta e na sexta-feira.

8 (Enem – 2013) Deseja-se postar cartas não comerciais, sendo duas de 100 g, três de 200 g e uma de 350 g. O gráfico mostra o custo para enviar uma carta não comercial pelos Correios:

O valor total gasto, em reais, para postar essas cartas é de

a) 8,35.   b) 12,50.   c) 14,40.
d) 15,35.   e) 18,05.

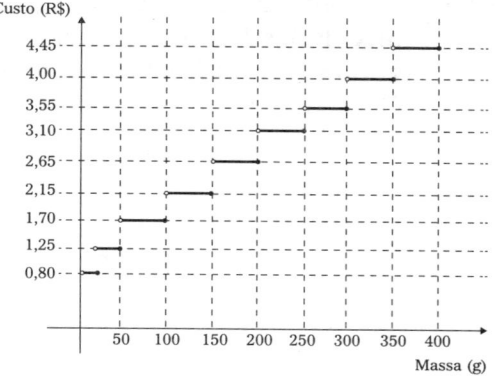

Disponível em: www.correios.com.br. Acesso em: 2 ago. 2012 (adaptado).

---

9 (Enem – 2013) **Uma falsa relação**

O cruzamento da quantidade de horas estudadas com o desempenho no Programa Internacional de Avaliação de Estudantes (Pisa) mostra que mais tempo na escola não é garantia de nota acima da média.

Dos países com notas abaixo da média nesse exame, aquele que apresenta maior quantidade de horas de estudo é

a) Finlândia.
b) Holanda.
c) Israel.
d) México.
e) Rússia.

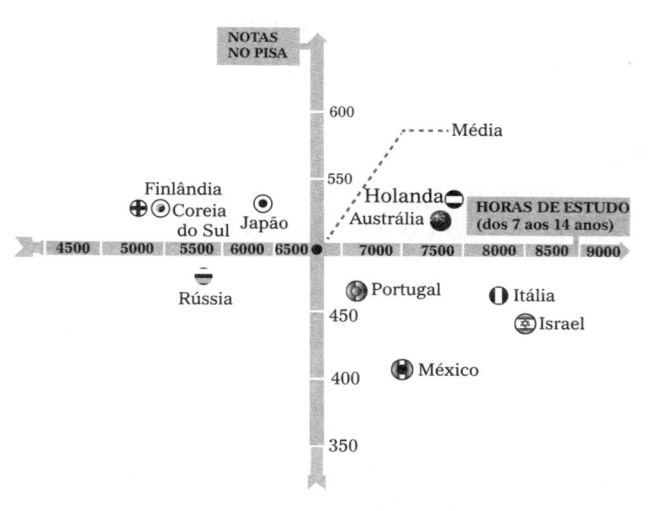

*Considerando as médias de cada país no exame de matemática.
Nova Escola, São Paulo, dez. 2010 (adaptado)

---

10 (Enem – 2014) O Ministério da Saúde e as unidades federadas promovem frequentemente campanhas nacionais e locais de incentivo à doação voluntária de sangue, em regiões com menor número de doadores por habitante, com o intuito de manter a regularidade de estoques nos serviços hemoterápicos. Em 2010, foram recolhidos dados sobre o número de doadores e o número de habitantes de cada região conforme o quadro seguinte. Os resultados obtidos permitiram que estados, municípios e o governo federal estabelecessem as regiões prioritárias do país para a intensificação das campanhas de doação de sangue.

\multicolumn{4}{c}{Taxa de doação de sangue, por região, em 2010}
Região	Doadores	Número de habitantes	Doadores/ habitantes
Nordeste	820 950	53 081 950	1,5%
Norte	232 079	15 864 454	1,5%
Sudeste	1 521 766	80 364 410	1,9%
Centro - Oeste	362 334	14 058 094	2,6%
Sul	690 391	27 386 891	2,5%
Total	3 627 529	190 755 799	1,9%

A campanha deveria ser intensificada nas regiões em que o percentual de doadores por habitantes fosse menor ou igual ao do país.

Disponível em: http://bvsms.saude.gov.br. Acesso em: 2 ago. 2013 (adaptado).

As regiões brasileiras onde foram intensificadas as campanhas na época são

a) Norte, Centro-Oeste e Sul.
b) Norte, Nordeste e Sudeste.
c) Nordeste, Norte e Sul.
d) Nordeste, Sudeste e Sul.
e) Centro-Oeste, Sul e Sudeste.

Resp: **1** E   **2** C   **3** B   **4** D   **5** E

11 (Enem – 2011) O termo agronegócio não se refere apenas à agricultura e à pecuária, pois as atividades ligadas a essa produção incluem fornecedores de equipamentos, serviços para a zona rural, industrialização e comercialização dos produtos.
O gráfico seguinte mostra a participação percentual do agronegócio no PIB brasileiro:

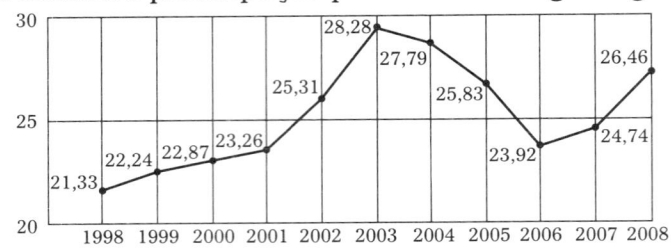

Centro de Estudos Avançados em Economia Aplicada (CEPEA). Almanaque abril 2010. São Paulo: Abril, ano 36 (adaptado)

Esse gráfico foi usado em uma palestra na qual o orador ressaltou uma queda da participação do agronegócio no PIB brasileiro e a posterior recuperação dessa participação, em termos percentuais. Segundo o gráfico, o período de queda ocorreu entre os anos de

a) 1998 e 2001.　　b) 2001 e 2003.　　c) 2003 e 2006.　　d) 2003 e 2007.　　e) 2003 e 2008.

12 (Enem – 2012) O dono de uma farmácia resolveu colocar à vista do público o gráfico mostrado a seguir, que apresenta a evolução do total de vendas (em Reais) de certo medicamento ao longo do ano de 2011.

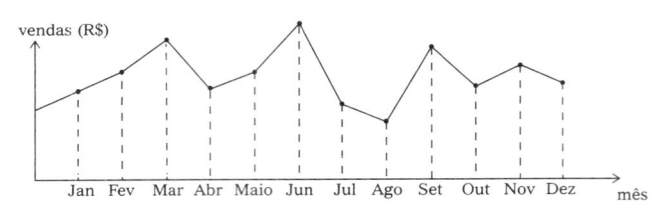

De acordo com o gráfico, os meses em que ocorreram, respectivamente, a maior e a menor venda absolutas em 2011 foram

a) março e abril.
b) março e agosto.
c) agosto e setembro.
d) junho e setembro.
e) junho e agosto.

13 (Enem – 2013) A cidade de Guarulhos (SP) tem o 8º PIB municipal do Brasil, além do maior aeroporto da América do Sul. Em proporção, possui a economia que mais cresce em indústrias, conforme mostra o gráfico.

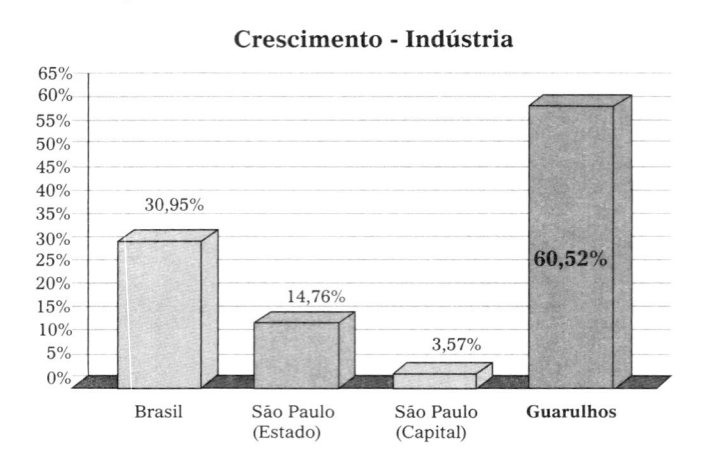

Crescimento - Indústria

Fonte: IBGE, 2000 - 2008 (adaptado)

Analisando os dados percentuais do gráfico, qual a diferença entre o maior e o menor centro em crescimento no polo das indústrias?

a) 75,28　　b) 64,09　　c) 56,95　　d) 45,76　　e) 30,07

14 (Enem – 2014) O gráfico apresenta as taxas de desemprego durante o ano de 2011 e o primeiro semestre de 2012 na região metropolitana de São Paulo. A taxa de desemprego total é a soma das taxas de desemprego aberto e oculto. Suponha que a taxa de desemprego oculto do mês de dezembro de 2012 tenha sido a metade da mesma taxa em junho de 2012 e que a taxa de desemprego total em dezembro de 2012 seja igual a essa taxa em dezembro de 2011.

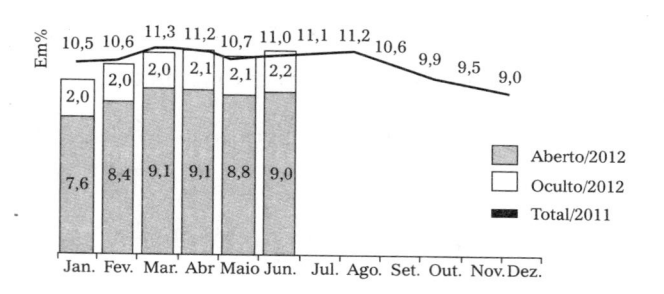

Disponível em: www.dieese.org.br. Acesso em: 1 ago. 2012 (fragmento).

Nesse caso, a taxa de desemprego aberto de dezembro de 2012 teria sido, em termos percentuais, de

a) 1,1.   b) 3,5.   c) 4,5.   d) 6,8.   e) 7,9.

---

15 (Enem – 2014) No Brasil há várias operadoras planos de telefonia celular.

Uma pessoa recebeu 5 propostas (A, B, C, D e E) de planos telefônicos. O valor mensal de cada plano está em função do tempo mensal das chamadas, conforme o gráfico.

Essa pessoa pretende gastar exatamente R$ 30,00 por mês com telefone.

Dos planos telefônicos apresentados, qual o mais vantajoso, em tempo de chamada, para o gasto previsto para essa pessoa?

a) A
b) B
c) C
d) D
e) E

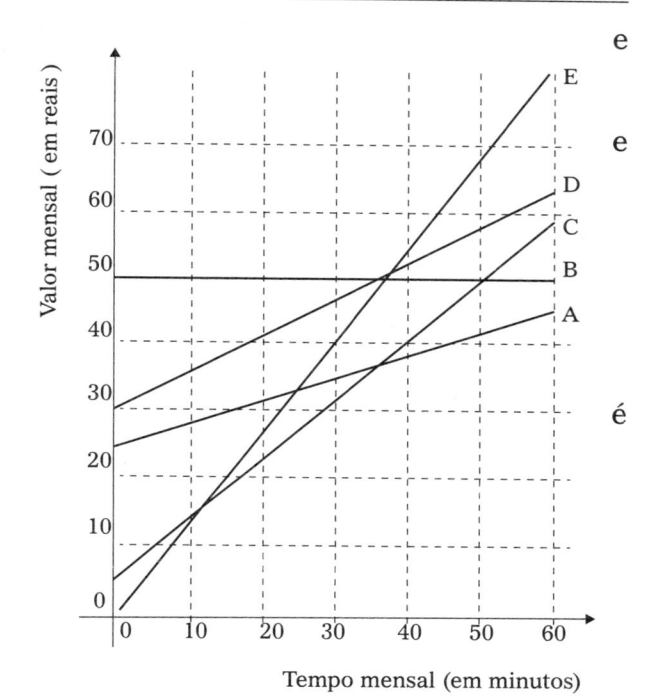

---

16 (Enem – 2014) Um cientista trabalha com as espécies I e II de bactérias em um ambiente de cultura. Inicialmente, existem 350 bactérias da espécie I e 1 250 bactérias da espécie II. O gráfico representa as quantidades de bactérias de cada espécie, em função do dia, durante uma semana.

Em que dia dessa semana a quantidade total de bactérias nesse ambiente de cultura foi máxima?

a) Terça-feira.
b) Quarta-feira.
c) Quinta-feira.
d) Sexta-feira.
e) Domingo.

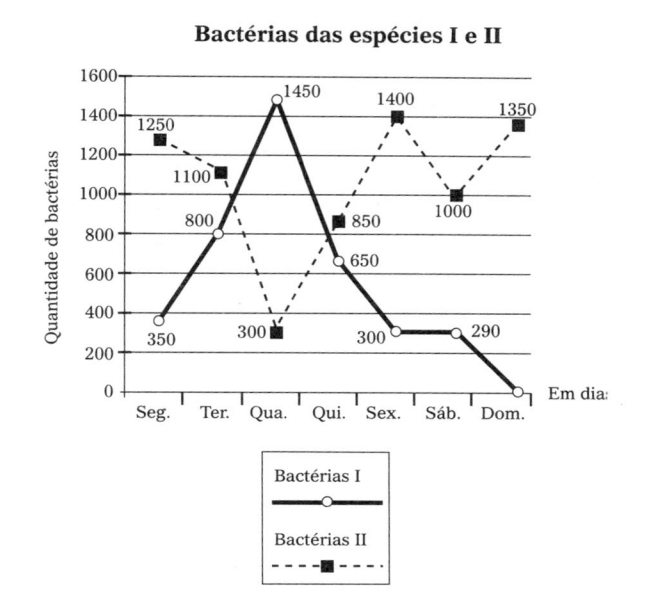

Resp: **6** A   **7** B   **8** D   **9** C   **10** B

2 – Plano cartesiano

Consideremos em um plano dois eixos perpendiculares de origem O.

Ox, horizontal, com sentido positivo da esquerda para direita.

Oy, vertical, com sentido positivo de baixo para cima.

Vamos identificar cada ponto **P** deste plano por um par ordenado de números reais (x, y), onde x é o número que corresponde à projeção ortogonal do ponto **P** sobre o eixo Ox e y é o número que corresponde a projeção ortogonal do ponto sobre o eixo Oy.

Estes números **x** e **y** são **chamados coordenadas cartesianas** do ponto P e indicamos por P (x_p, y_p).

Há uma correspondência biunívoca entre os pontos desse plano e os pares ordenados de números reais.

Este plano com um sistema de coordenadas associado a ele é chamado plano cartesiano.

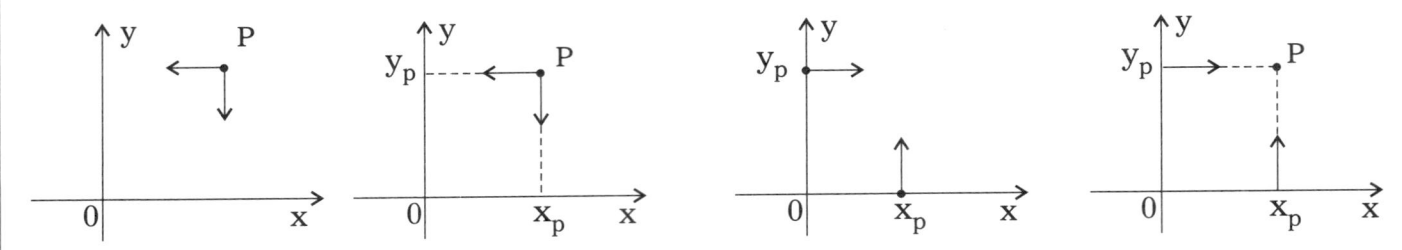

Obs.: 1) Os números x_p e y_p são chamados, respectivamente, **abscissa** e **ordenada** do ponto P. O eixo dos x é chamado **eixo das abscissas** e o eixo dos y é chamado **eixo das ordenadas**.

2) Se a abscissa de um ponto **P** for **a** e a ordenada for **b**, convenciona-se que a notação para este fato será qualquer uma destas:

$x_p = a$ e $y_p = b$ ou P ↔ (a, b) ou P = (a, b) ou P(a, b)

3) Como há uma correspondência biunívoca entre os pontos do plano e os pares ordenados de números reais, dizemos que esta correspondência é um sistema de coordenadas para este plano.

4) Como os eixos são perpendiculares, chamamos este sistema de sistema de coordenadas cartesiano ortogonais.

5) Quem inventou este sistema de identificar os pontos de um plano por um par ordenado de números reais foi o matemático e filósofo **René Descartes (1596 – 1650)** no século XVII. Como a forma latina do nome Descartes era Cartesius, o plano com um sistema de coordenadas ossociado é chamado, como homenagem a Cartesius, de **plano cartesiano**.

6) Ponto **sobre o eixo das ordenadas** têm **abscissas** iguais a zero e pontos **sobre o eixo das abscissas** têm **ordenadas** iguais a zero.

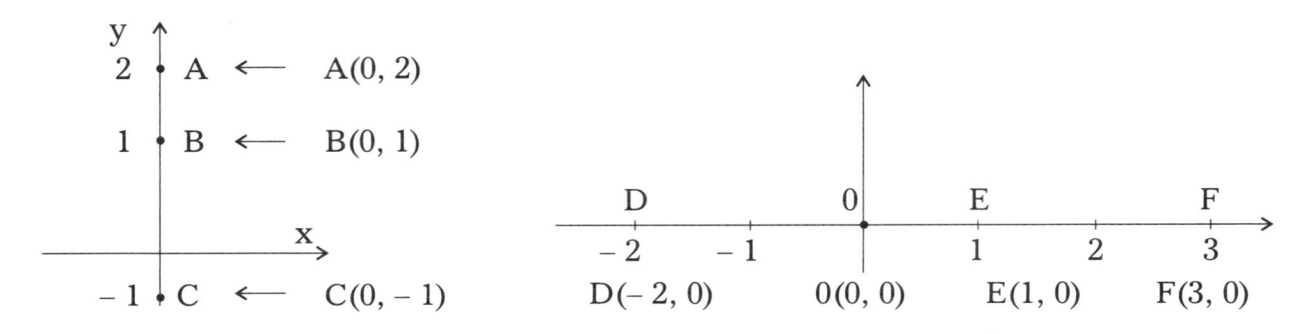

A(0, 2)
B(0, 1)
C(0, –1)

D(–2, 0)   0(0, 0)   E(1, 0)   F(3, 0)

10

7) Pontos plotados no plano cartesiano

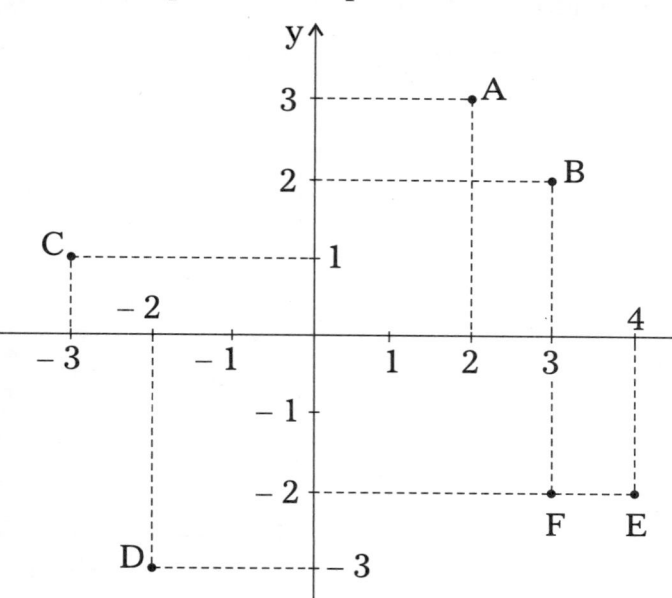

A = (2, 3) ou A(2, 3)

B = (3, 2) ou B(3, 2)

Note que A ≠ B e (2, 3) ≠ (3, 2)

C = (– 3, 1) ou C(– 3, 1)

D = (– 2, – 3) ou D(– 2, – 3)

E = (4, – 2) ou E(4, – 2)

F = (3, – 2) ou F(3, – 2)

E(4, – 2) e F(3, – 2) ⇒ Pontos com ordenadas iguais estão em uma mesma reta horizontal

B(3, 2) e F(3, – 2) ⇒ Pontos com abscissas iguais estão em uma mesma reta vertical.

---

17 Identificar com o par ordenado correspondente os seguintes pontos do plano cartesiano, nos casos:

a)

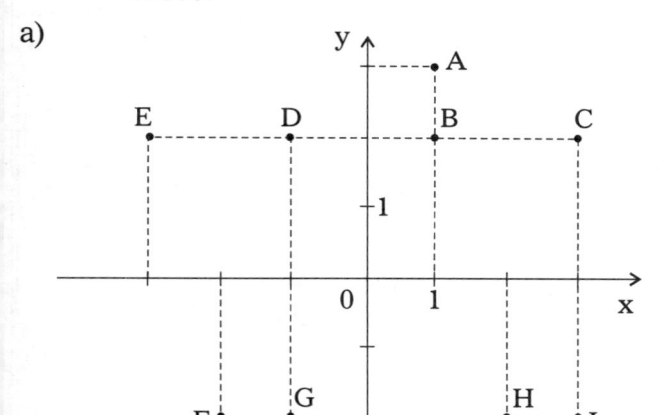

A	B	C
D	E	F
G	H	I

b)

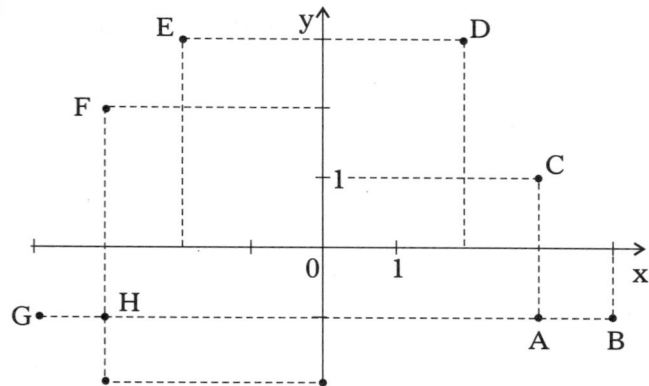

A	B	C
D	E	F
G	H	I

c)

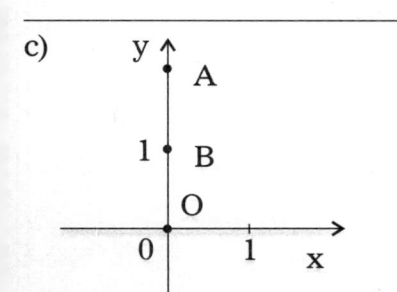

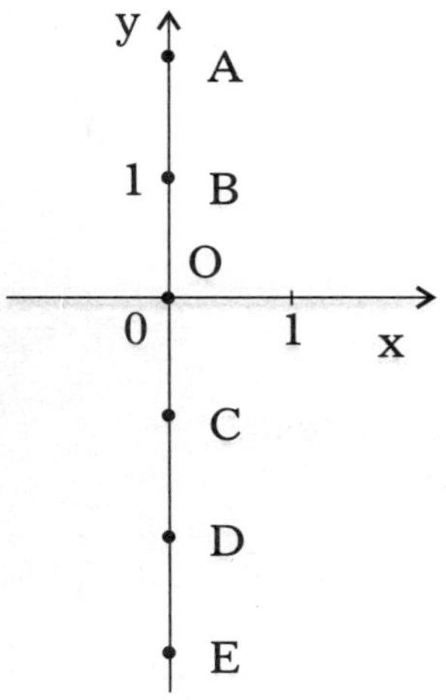

A
B
C
D
E
O

d)

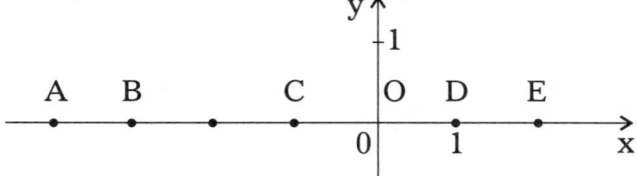

A
B
C
D
E
O

Resp: **11** C   **12** E   **13** C   **14** E   **15** C   **16** A

11

18 Plotar os seguintes pontos no plano cartesiano dado.

a) A (–2, 1), B (5, 1), C (– 1, – 2) e D (6, – 1)

b) A(0,–2), B(–3,0), C(2, 0) e D(0,1)

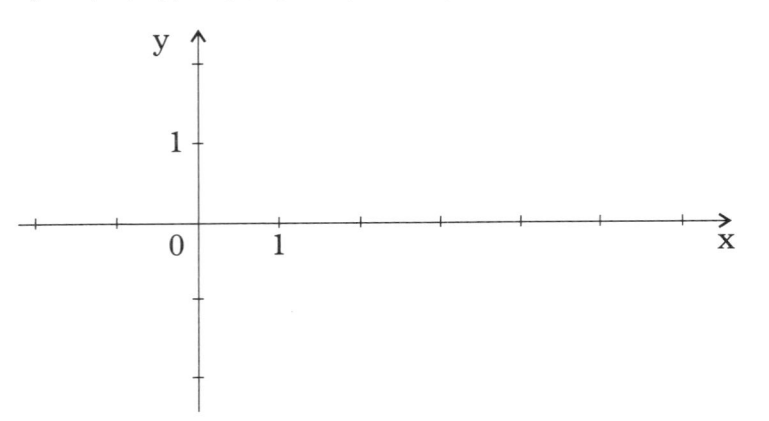

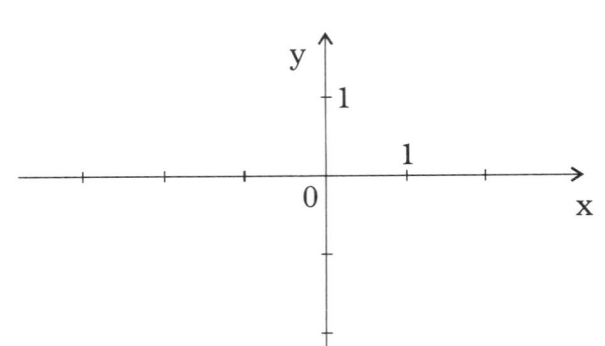

1) Gráfico de uma condição

Quando as coordenadas de todos os pontos de um conjunto de pontos plotados em um plano cartesiano, satisfazem uma **determinada condição**, dizemos que este **conjunto de pontos** é o **gráfico desta condição**.

Exemplo 1: Os setores angulares retos determinados pelos eixos são chamados quadrantes olhe as condições satisfeitas pelas coodernadas de cada quadrante.

2º quadrante	1º quadrante
$x \leq 0$, $y \geq 0$	$x \geq 0$, $y \geq 0$
3º quadrante	4º quadrante
$x \leq 0$, $y \leq 0$	$x \geq 0$, $y \leq 0$

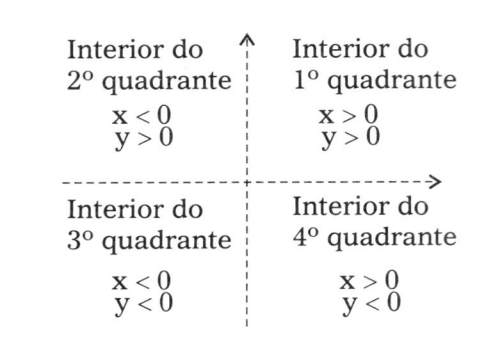

Interior do 2º quadrante	Interior do 1º quadrante
$x < 0$, $y > 0$	$x > 0$, $y > 0$
Interior do 3º quadrante	Interior do 4º quadrante
$x < 0$, $y < 0$	$x > 0$, $y < 0$

Exemplo 2: Bissetriz dos quadrantes ímpares (condição: $y = x$ ou $x = y$)

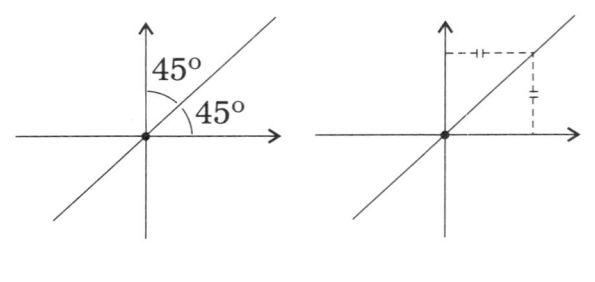

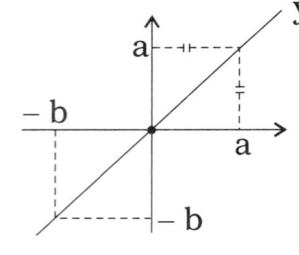

São pontos desta bissetriz:

(7, 7), (5, 5) (2, 2)

(–1, – 1), (– 4, – 4), (0, 0)

$\left(\dfrac{2}{3}, \dfrac{2}{3}\right), (\pi, \pi), \left(-\sqrt{2}, -\sqrt{2}\right)$

Exemplo 3: Bissetriz dos quadrantes pares (condição: $y = -x$ ou $x = -y$)

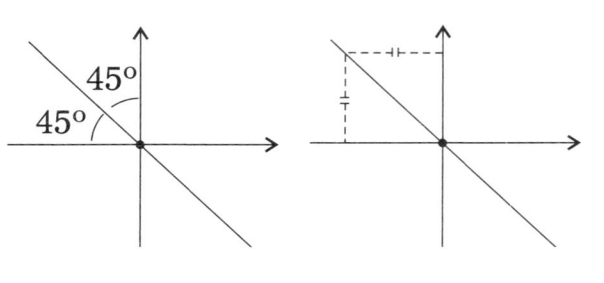

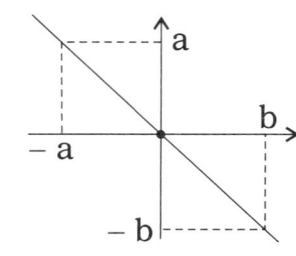

São pontos desta bissetriz:

(7, –7), (– 7, 7) (5, – 5)

(– 5, 5), (4, – 4) (0, 0)

$\left(-\dfrac{5}{2}, \dfrac{5}{2}\right), (-\pi, \pi), \left(\sqrt{3}, -\sqrt{3}\right)$

12

Exemplo 4: Representar no plano cartesiano os pontos (x, y) que satisfazem a condição dada, nos casos:

a) x = 3
É uma reta vertical que passa por qualquer ponto de abscissa 3

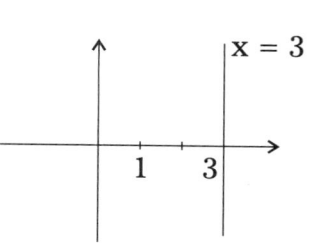

b) y = 2
É uma reta horizontal que passa por qualquer ponto de ordenada 2

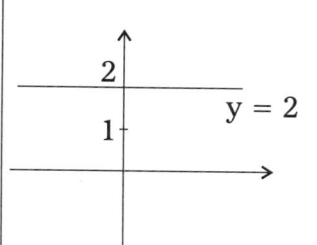

c) x = 3 ∨ y = 2
Os pontos das duas retas

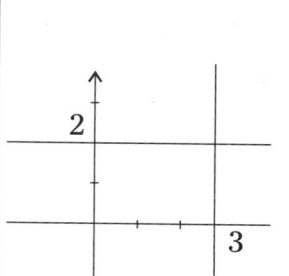

d) x = 3 ∧ y = 2
Apenas o ponto (3, 2)

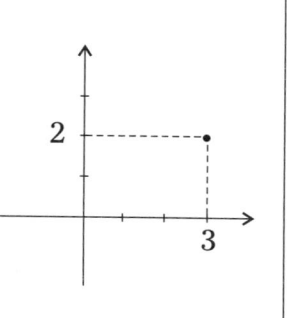

Exemplo 5: Representar no plano cartesiano os pontos (x,y) que satisfazem a condição dada, nos casos:

a) x ⩾ 3
Semiplano sombreado.

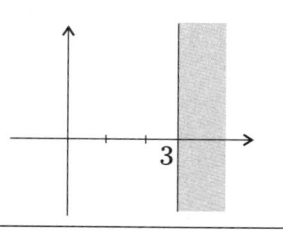

b) x > 3
Semiplano aberto (sem a origem) sombreado.

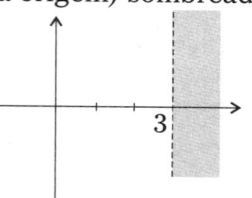

c) y ⩾ 2
Semiplano sombreado.

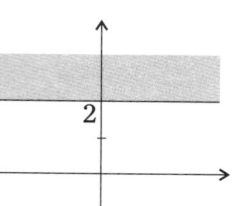

d) y > 2
Semiplano aberto (sem a origem) sombreado.

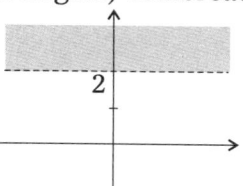

e) x ⩾ 3 ∧ y ⩾ 2

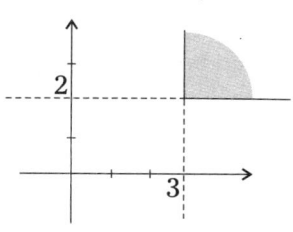

f) x ⩾ 3 ∨ y ⩾ 2

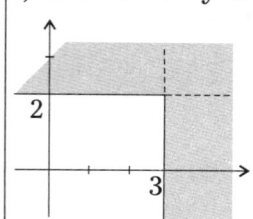

g) y ⩾ x

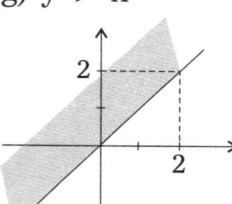

h) y < x

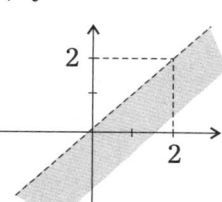

19 Representar no plano cartesiano os pontos (x, y) que satisfazem a condição dada, nos casos:

a) 1 < x ⩽ 4

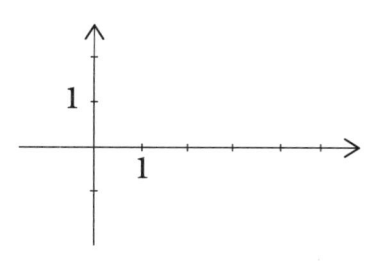

b) 1 ⩽ y < 3

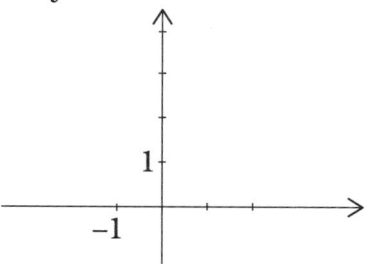

Resp: **17** a) A(1, 3); B(1, 2); C(3, 2); D(−1, 2); E(−3, 2); F(−2, −2); G(−1, −2); H(2, −2); I(3, −2)
b) A(3, −1); B(4, −1); C(3, 1); D(2, 3); E(−2, 3); F(−3, 2); G(−4, −1); H(−3, −1); I(−3, −2)
c) A(0, 2); B(0, 1); C(0, −1); D(0, −2); E(0, −3); O(0, 0)   d) A(−4, 0); B(−3, 0); C(−1, 0); D(1, 0); E(2, 0); O(0, 0)

13

20 Representar no plano cartesiano os pontos (x, y) que satisfazem a condição dada, nos casos:

a) $x = -3$

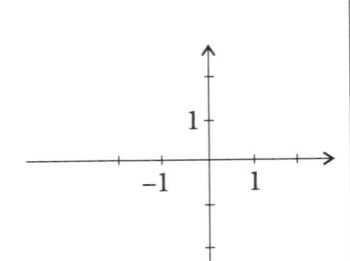

b) $y = -2$

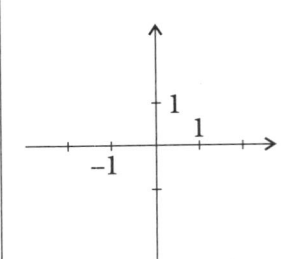

c) $x = -1 \lor x = 2$

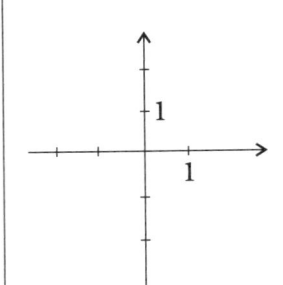

d) $y = -3 \lor y = 2$

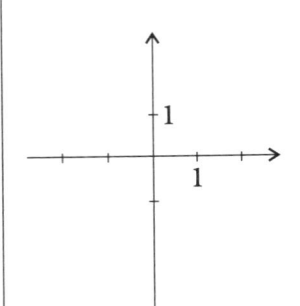

e) $x = 2 \lor y = -3$

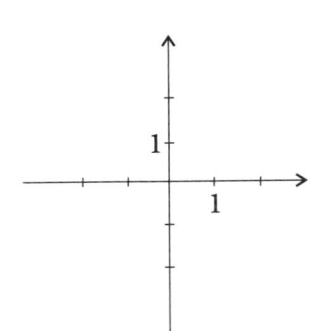

f) $x = -3 \lor y = 1$

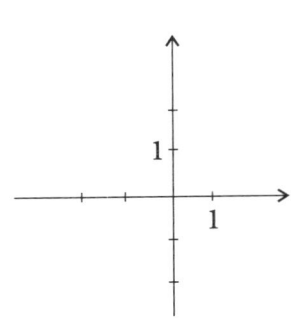

g) $(x + 2)(x - 4) = 0$

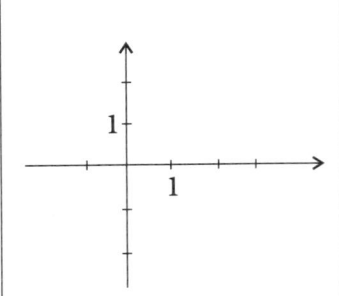

h) $(x - 3)(y + 2) = 0$

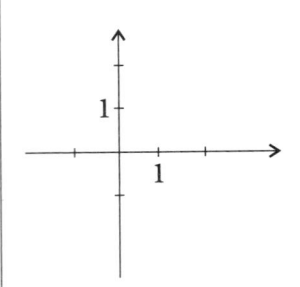

21 Representar os pontos que satisfazem a condição dada:

a) $x \geq 2 \land y \geq 1$

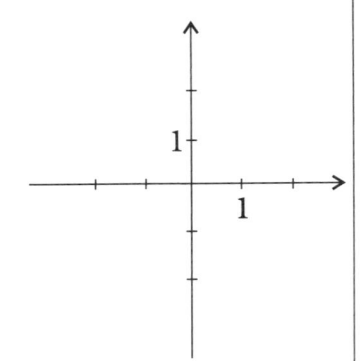

b) $x \leq 2 \lor y \geq 1$

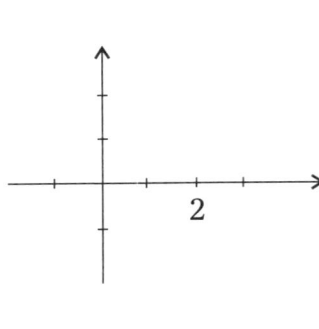

c) $x \geq 2 \land y > 1$

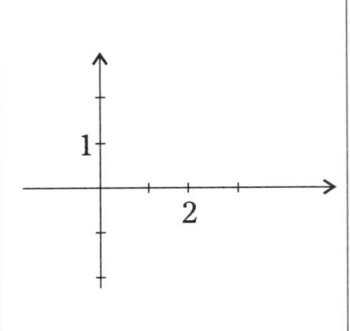

d) $x \geq 2 \lor y > 1$

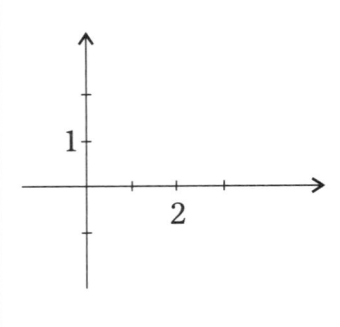

e) $1 \leq x \leq 4 \land 1 \leq y \leq 3$

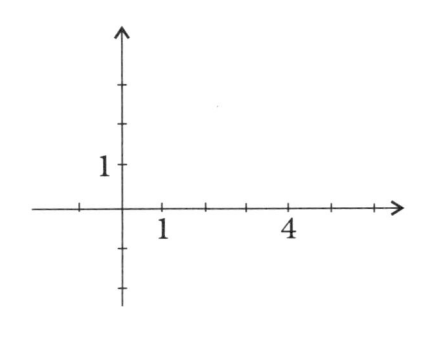

f) $1 \leq x \leq 4 \lor 1 \leq y \leq 3$

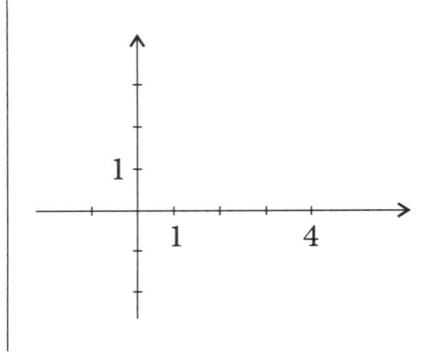

g) $-2 < x \leq 4 \land 1 \leq y < 3$

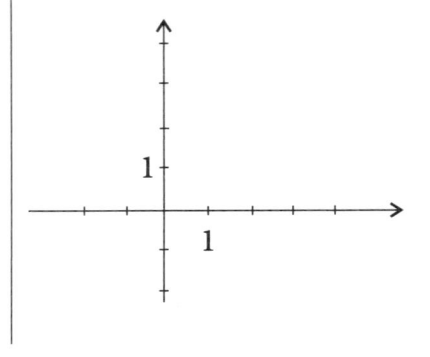

22 Determinar o ponto P, nos casos:

a) P (2a + 3, 2a − 6) pertence ao eixo das abscissas.

b) P (5n − 15, 3n − 7) pertence ao eixo das ordenadas.

c) P (3n − 7, n + 3) pertence à bissetriz dos quadrantes ímpares.

d) P (2a + 4, 3a + 1) pertence à bissetriz dos quadrantes pares.

23 Resolver:

a) A projeção ortogonal do ponto P (2a − 1, 2a + 1) sobre o eixo das abscissas é o ponto (3, 0). Determinar o simétrico do ponto P em relação ao eixo das ordenadas.

b) A projeção ortogonal do ponto P (1 − a, 3a + 7) sobre o eixo das ordenadas é o ponto (0, − 2). Determinar o simétrico de P em relação ao eixo das abscissas.

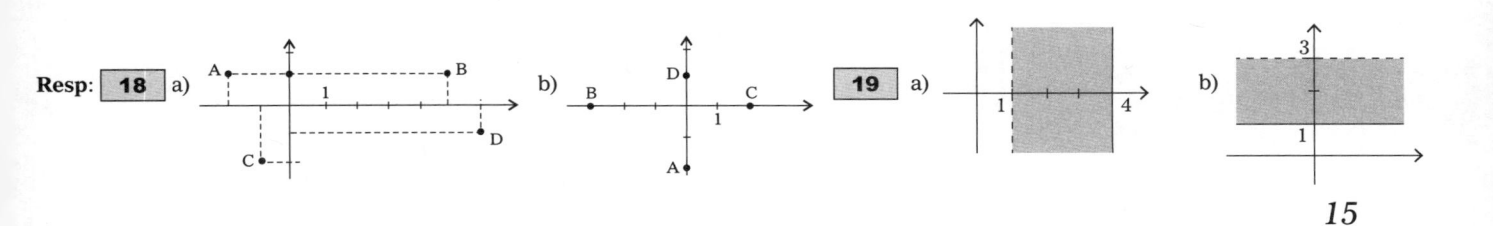

24 Representar no plano cartesiano os pontos (x, y) que satisfazem a condição dada, nos casos:

a) y = x

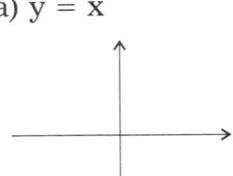

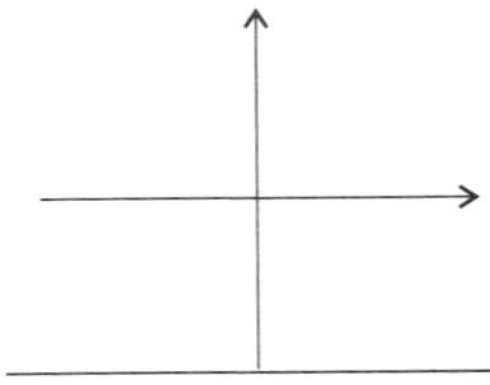

b) y ⩾ x

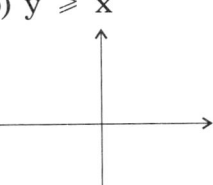

c) y ⩽ x

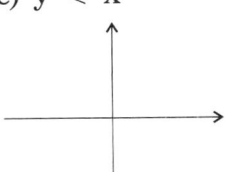

d) y = − x

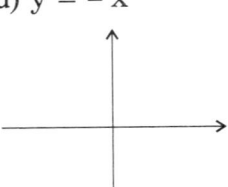

e) y ⩾ − x

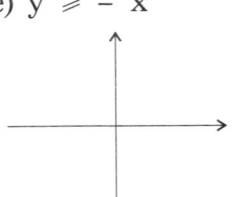

f) y ⩽ − x

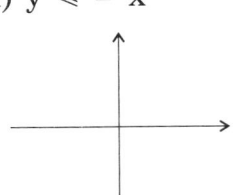

g) xy ⩾ 0

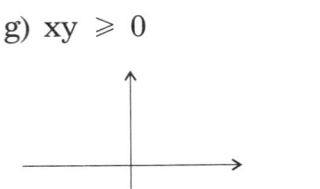

h) xy ⩽ 0

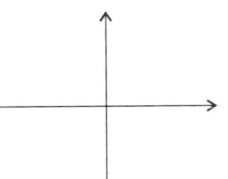

i) y ⩾ x ∧ xy ⩾ 0

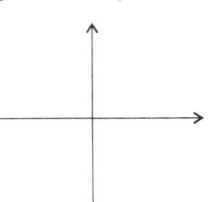

j) y ⩾ x ∧ xy ⩾ 0

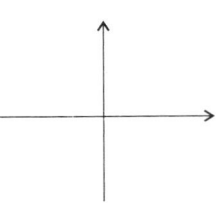

k) y ⩾ − x ∧ xy ⩽ 0

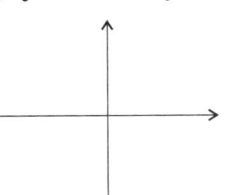

l) y ⩽ − x ∧ xy ⩽ 0

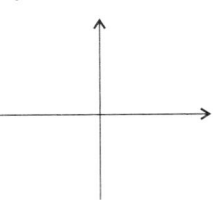

25 Representar no plano cartesiano os pontos (x, y) que satisfazem a condição dada, nos casos:

a) $x^2y^2 - 9y^2 - 4x^2 + 36 = 0$

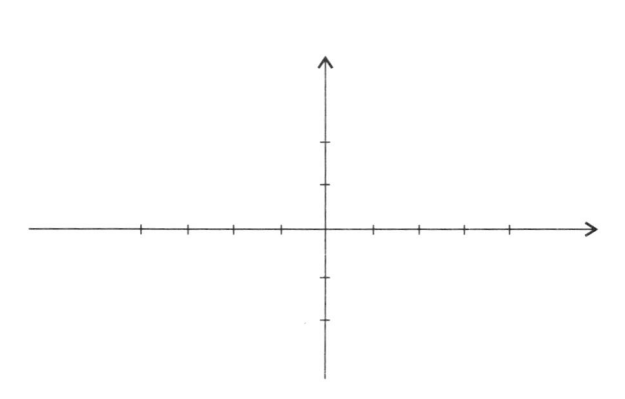

b) $x^2y^2 - x^2 + 2xy^2 - 2x - 8y^2 + 8 = 0$

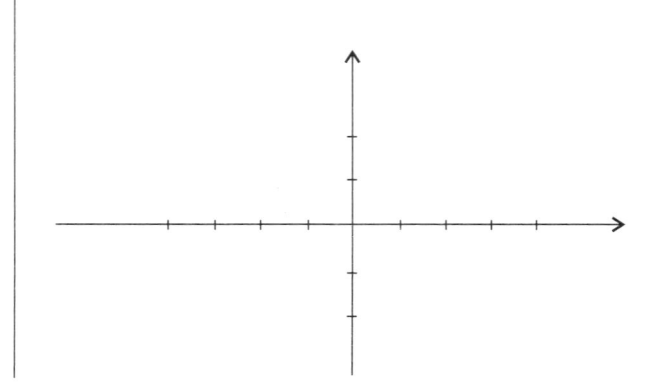

26 Definimos a igualdade de pares ordenados por: $(a,b) = (c,d) \Leftrightarrow a = c \wedge b = d$.

Dados dois pares ordenados iguais, determine-os, nos casos:

a) $(3a + 1, 4b + 1) = (11 - 2a, 5 + 8b)$

b) $(2a - 10, a + b + 1) = (a + b - 4, 1 - b)$

27 Dado $P(a + b, b + 1)$, sabendo que $P_1 (a - b, 7b - a)$ é o simétrico de P em relação à bissetriz dos quadrantes ímpares, determinar P, P_1 e o simétrico P_2, de P em relação à bissetriz dos quadrantes pares.

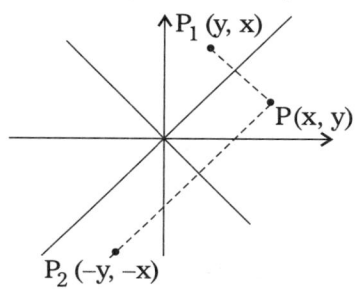

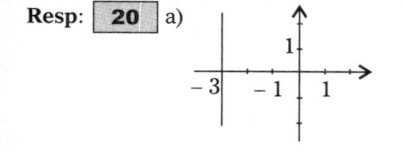

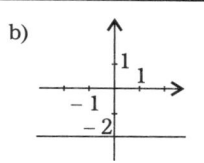

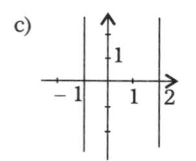

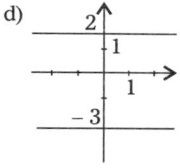

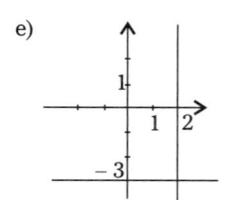

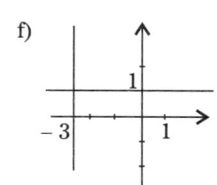

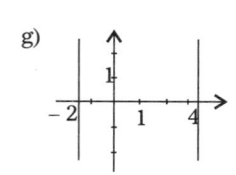

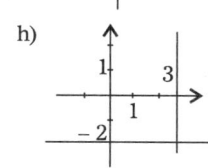

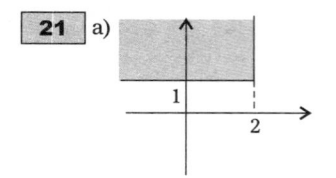

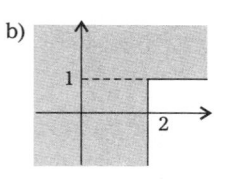

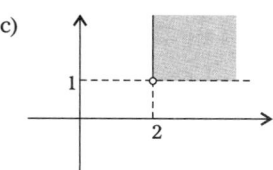

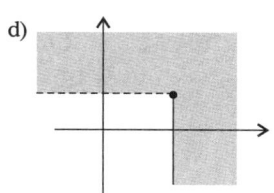

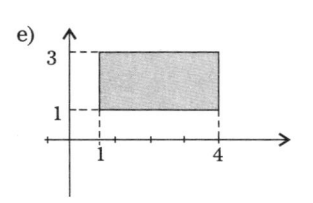

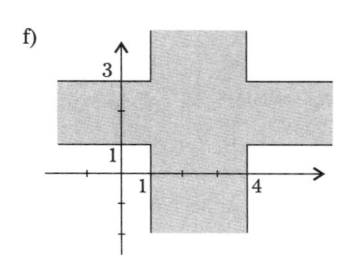

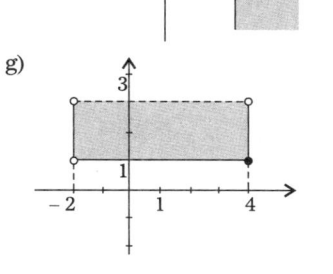

Resp: **20** a-h) [gráficos]

21 a-g) [gráficos]

22 a) P (9,0)   b) P (0,2)   c) P (8,8)   d) P (2, –2)

23 a) (–3, 5)   b) (4, 2)

17

II FUNÇÕES

1 – Introdução

1) Muitas vezes, ao interpretarmos um problema, obtemos uma equação com duas variáveis, que expressa uma interdependência entre elas, isto é, o valor de uma depende do valor da outra. Estabelecendo certos critérios, escrevemos uma das variáveis em "função" da outra e dizemos que esta equação define uma função. Neste capítulo estudaremos as funções polinomiais de 1º e 2º graus.

Vamos através de alguns exmplos, ver como estas equações são obtidas.

Exemplo 1: Um veículo com a velocidade de constante 40 km/h percorre uma estrada.
A partir de um ponto ele começa a marcar o tempo de viagem.
Depois de x horas, qual é o espaço percorrido por ele?

Resolução: 1) Indicamos o espaço percorrido s, em função do número x de horas, por s(x)

2) Como a velocidade é constante de 40 km/h.

Em 1 hora ele percorre (1 · 40) km

Em 2 horas ele percorre (2 · 40) km

Em x horas ele percorre (x · 40) km.

Então: $\boxed{s(x) = 40x}$

Exemplo 2: Uma pequena empresa que fabrica camisetas tem um custo fixo mensal de R$ 3 000,00, entre aluguel, energia etc, que não depende do número de camisetas produzidas. Para confeccionar cada camiseta, independente do número produzido, a empresa gasta R$ 20,00 (com matéria prima, etc). Se cada camiseta for vendida por R$ 50,00, determinar a expressão que fornece:

a) A receita mensal R(x) com a venda de x camisetas.

b) O custo mensal C(x) da empresa na confecção de x camisetas.

c) O lucro mensal L(x) com a venda de x camisetas.

d) Se em um mês o lucro foi de R$ 2 000,00, quantas camisetas foram vendidas?

Resolução: a) x camisetas por R$ 50,00 cada ⇒ $\boxed{R(x) = 50x}$

b) Custo fixo de R$ 3000,00, mais R$ 30,00 por camiseta, obtemos: $\boxed{C(x) = 3000 + 30x}$

c) O lucro é dado pela diferença: L(x) = R(x) – C(x).

Então: L(x) = 50x – (3000 + 30x) ⇒ $\boxed{L(x) = 20x - 3000}$

d) L(x) = 200 ⇒ 20x – 3000 = 2000 ⇒ 20x = 5000 ⇒ $\boxed{x = 250}$

Exemplo 3: Paulo e Marcos participaram de um jogo onde ganharam pontos nas vinte e tantas partidas jogadas. Paulo ganhou (5) pontos por partida e Marcos (10) pontos por partida. Se Paulo começou o jogo com (10) pontos e Marcos com (– 20) pontos:

a) Escrever as expressões que fornecem número de pontos P(x) e M(x) que terão, respectivamente, Paulo e Marcos, após x partidas serem jogadas.

b) Para qual número x de partidas jogadas eles terão o mesmo número de pontos?

Resolução: a) 1) Paulo ganha 5 por partida, então após x partidas ele terá ganho 5x pontos.

Como ele começa com 10 pontos, o número P(x) de pontos que ele terá após x jogos será:

$$P(x) = 10 + 5x$$

2) Marcos ganha 10 por partida, então após x partidas ele terá ganho 10x pontos.

Como ele começa com (– 20) pontos, o número M(x) será:

$$M(x) = -20 + 10x$$

b) Terão o mesmo número de pontos quando M(x) = P(x). Então:

$$-20 + 10x = 10 + 5x \Rightarrow 5x = 30 \Rightarrow \boxed{x = 6}$$

Ao final da 6ª partida eles terão o mesmo nº de pontos.

Obs.: Este mesmo número de pontos é obtido substituindo x por 6 em qualquer uma das expressões: 10 + 5 (6) = 10 + 30 = 40   ou   – 20 + 10(6) = – 20 + 60 = 40

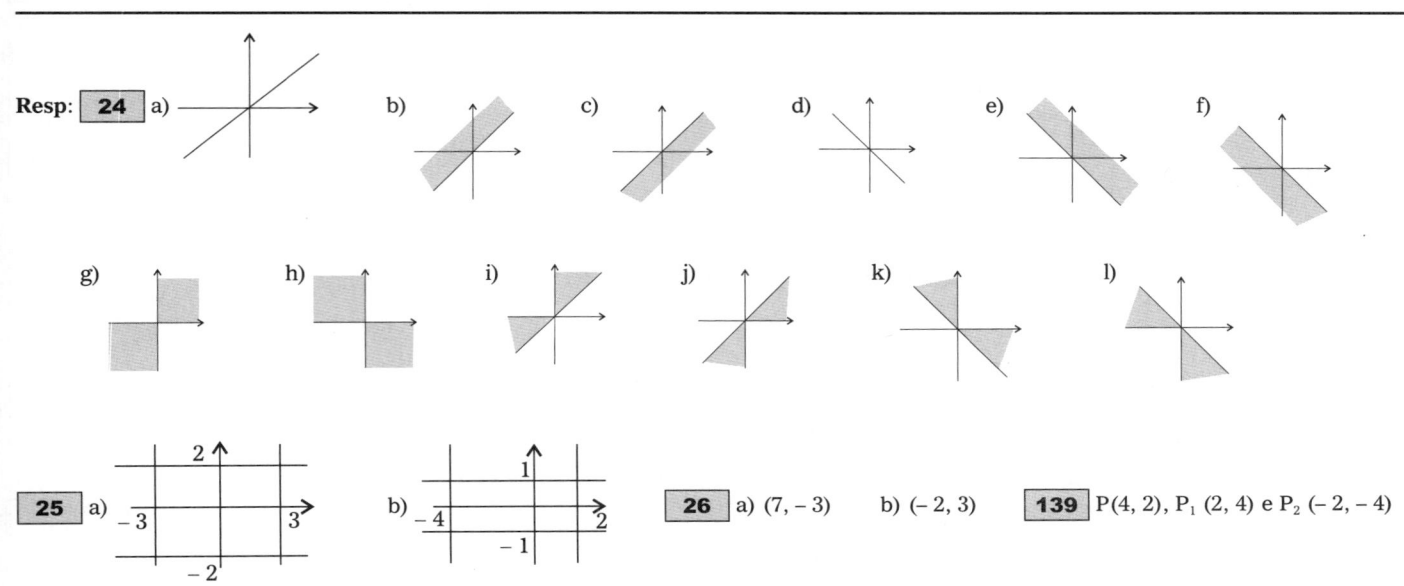

Resp: **24** a) b) c) d) e) f) g) h) i) j) k) l)

25 a) (-3, 3), (3, 2), (-2)   b) (-4, 2), (-1, 1)   **26** a) (7, –3)   b) (–2, 3)   **139** P(4, 2), P₁ (2, 4) e P₂ (– 2, – 4)

19

Exemplo 4: Quando for dada uma equação que define um valor y em função de uma variável x, onde sabemos os valores que x pode assumir, indicamos este fato por:

y = f(x) ou y = g(x) ou y = h(x), onde f(x), g(x), h(x) são expressões na variável x.
Exemplos:

I) y = f(x) e f(x) = 2x – 6 ⇒ y = 2x – 6

II) y = g(x) e g(x) = x^2 – 5x + 6 ⇒ y = x^2 – 5x + 6

Para cada x, dentre os valores que ele pode assumir, determinamos o y correspondente.

I) y = f(x) = 2x – 6

   x = 1 ⇒ y = f(1) = 2(1) – 6 ⇒ y = 2 – 6 ⇒ y = – 4

   x = 3 ⇒ y = f(3) = 2(3) – 6 ⇒ y = 6 – 6 ⇒ y = 0

II) y = f(x) = x^2 – 5x + 6

   x = 1 ⇒ f(1) = 1^2 – 5(1) + 6 ⇒ f(1) = 1 – 5 + 6 ⇒ f(1) = 2 ⇒ y = 2

   x = 2 ⇒ f(2) = 2^2 – 5(2) + 6 ⇒ f(2) = 4 – 10 + 6 ⇒ f(2) = 0 ⇒ y = 0

   x = 3 ⇒ f(3) = 3^2 – 5(3) + 6 ⇒ f(3) = 9 – 15 + 6 ⇒ f(3) = 0 ⇒ y = 0

Exemplo 5: A base maior de um trapézio mede 20 cm e a base menor e a altura são expressas, respectivamente por (2x)cm (x + 1)cm. Determinar a expressão que dá a área S do trapézio em função de x. Em seguida determinar esta área para x = 1 e x = 2.

Resolução:

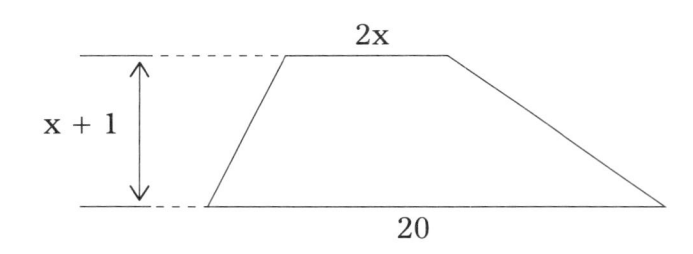

1) $S(x) = \dfrac{(20 + 2x)(x + 1)}{2}$ ⇒

   $S(x) = (10 + x)(x + 1)$ ⇒

   $S(x) = 10x + 10 + x^2 + x$ ⇒

   $\boxed{S(x) = x^2 + 11x + 10}$

2) $S(1) = 1^2 + 11(1) + 10$ ⇒ $S(1) = 22$ ⇒

   para x = 1, a área do trapézio será 22 cm²

3) $S(2) = 2^2 + 11(2) + 10$ ⇒ $S(2) = 4 + 22 + 10$ ⇒ $S(2) = 36$ ⇒

   para x = 2, a área do trapézio será 36 cm²

Exemplo 6: O faturamento mensal F(x), em reais, de uma fábrica, em função do número x de peças produzidas por mês é dado por F(x) = 200 000 (– x^2 + 10x). Determinar os faturamentos quando são produzidos por mês, 2 peças, 8 peças, 4 peças, 6 peças e 5 peças.

Resolução: F(x) = 200 000 (– x^2 + 10x)

$F(2) = 200\ 000\ (-2^2 + 10 \cdot 2) = 200\ 000\ (16) \Rightarrow F(2) = 3\ 200\ 000$

$F(8) = 200\ 000\ (-8^2 + 10 \cdot 8) = 200\ 000\ (16) \Rightarrow F(8) = 3\ 200\ 000$

$F(4) = 200\ 000\ (-4^2 + 10 \cdot 4) = 200\ 000\ (24) \Rightarrow F(4) = 4\ 800\ 000$

$F(6) = 200\ 000\ (-6^2 + 10 \cdot 6) = 200\ 000\ (24) \Rightarrow F(6) = 4\ 800\ 000$

$F(5) = 200\ 000\ (-5^2 + 10 \cdot 5) = 200\ 000\ (25) \Rightarrow F(6) = 5\ 000\ 000$

Exemplo 7: Com 36 m de tela Antônio quer construir um galinheiro retangular, aproveitando um muro já existente para ser um dos lados do retângulo. Determinar a área S(x) do galinheiro em função da medida x do retângulo perpendicular ao muro e determinar as áreas para x = 12 m, 8 m, 10 m e 9 m.

Resolução:

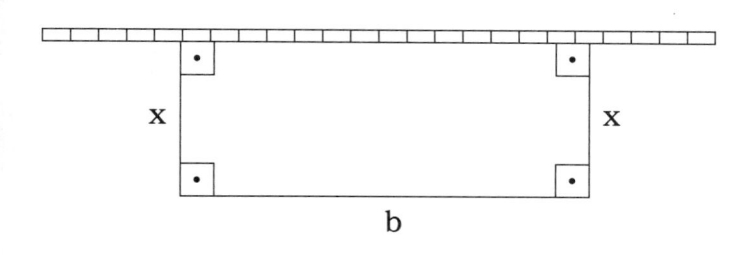

1) $b + 2x = 36 \Rightarrow b = 36 - 2x$

2) $S(x) = b \cdot x \Rightarrow$

   $S(x) = (36 - 2x) \cdot x \Rightarrow$

   $\boxed{S(x) = -2x^2 + 36x}$

3) $S(12) = -2(12)^2 + 36(12) \Rightarrow S(12) = -288 + 432 \Rightarrow S(12) = 144$

$S(8) = -2(8)^2 + 36(8) \Rightarrow S(8) = -128 + 288 \Rightarrow S(8) = 160$

$S(10) = -2(10)^2 + 36(10) \Rightarrow S(10) = -200 + 360 \Rightarrow S(10) = 160$

$S(9) = -2(9)^2 + 36(9) \Rightarrow S(9) = -162 + 324 \Rightarrow S(9) = 162$

Para x = 12m, 8m, 10m e 9m as áreas serão, respectivamente, 144m², 160m², 160m² e 162m²

Exemplos 8: Um grupo de estudantes de no máximo 60 pessoas alugou um ônibus de 60 lugares para uma excursão, combinando com a empresa de ônibus que cada passageiro pagaria R$ 50,00 pela sua passagem e que o grupo pagaria R$ 20,00 por poltrona do ônibus não ocupada (poltrona vazia). Sendo x o número de estudantes que fizeram a viagem, determinar o faturamento F(x) da empresa em função deste número x de passageiros.

Resolução: 1) x passageiros e 60 lugares ⇒ (60 – x) poltronas vazias.

2) Como x passageiros pagam 50,00 cada um, a empresa vai fatura x · (50) com as poltronas ocupadas. Como o grupo vai pagar R$ 20,00 por poltrona vazia e há (60 – x) vazias, com estas a empresa vai faturar (60 – x) · 20.

Então temos:

F(x) = x · 50 + (60 – x) · 20 ⇒ F(x) = 50x + 1200 – 20x ⇒

$$\boxed{F(x) = 30x + 1200, \text{ em reais}}$$

Exemplo 9: Um grupo de estudantes de no máximo 60 pessoas alugou um ônibus de 60 lugares para fazer uma excursão, combinando com a empresa que **cada** passageiro presente pagaria R$ 50,00 pela sua passagem e mais R$ 2,00 por **cada** poltrona vazia.

a) Determinar o faturamento F(x) da empresa em função do número **x** de passageiros presentes.

b) Determinar o faturamento F(n) da empresa em função do número **n** de poltronas vazias.

Resolução: a) 1) x passageiros e 60 lugares ⇒ (60 – x) poltronas vazias.

2) Cada um dos x passageiros pagará R$ 50,00 e cada um desses x passageiros pagará (60 – x) · 2. Então:

F(x) = x(50) + x [(60 – x)2] ⇒ F(x) = 50x + 120x – 2x² ⇒

$$\boxed{F(x) = -2x^2 + 170x, \text{ em reais}}$$

b) 1) n poltronas vazias e 60 lugares ⇒ (60 – n) poltronas com passageiros

2) Cada um dos (60 – n) passageiros pagará R$ 50,00 e cada um desses (60 – n) passageiros pagará (n · 2) reais, R$ 2,00 para cada uma das **n** vazias. Então:

F(n) = (60 – n) · 50 + (60 – n) · (n · 2) ⇒

F(n) = 3000 – 50n + 120n – 2n² ⇒

$$\boxed{F(n) = -2n^2 + 70n + 3000, \text{ em reais}}$$

28 Uma fábrica de sapatos tem um custo fixo mensal de R$ 20 000,00, que não depende do número de peças produzidas e um custo adicional de R$ 30,00 por par de sapatos produzidos. Se cada par de sapatos for vendido por R$ 90,00, determinar, sabendo que todos os pares fabricados são vendidos no mesmo mês,

a) a expressão que fornece:

1) A receita mensal R(x) com a venda de x pares no mês.

2) O custo mensal C(x) da empresa para fabricar x pares no mês.

3) O lucro mensal L(x) com a venda de x pares no mês.

b) Se em um mês o lucro foi de R$ 55 000,00 quantos pares foram vendidos neste mês?

29 João e Maria participaram de um torneio e ganharam pontos, no segundo dia, em todas as partidas disputas, João 8 pontos por partida e Maria 10 pontos por partida. Se João começou este segundo dia com 120 pontos e Maria com 90.

a) Escrever as expressões que fornecem o número de pontos J(x) e M(x) que terão João e Maria, respectivamente, ao jogarem x partidas neste dia.

b) Em qual partida neste 2º dia eles atingiram o mesmo número de pontos?

30 Dado f(x) = 2x – 5 determinar o valor y = f(x), nos casos:

a) y = f(3)

b) y = f(0)

c) y = f(5)

d) $y = f\left(\dfrac{5}{2}\right)$

e) y = f(– 3)

f) $y = f\left(\sqrt{2}\right)$

31 Dado $h(x) = 2x^2 - x - 3$, determinar:

a) h(0)

b) h(1)

c) h(5)

d) h(– 3)

e) h(– 1)

f) h(– 7)

g) $h\left(\dfrac{3}{2}\right)$

32 Um lado de um triângulo mede (8 − x) cm e a altura relativa a ele (2x) cm (olhar a figura dada). Determinar a expressão A(x) que da a área deste triângulo em função de x. Em seguida determinar esta área para x = 1, x = 3 e x = 4.

Obs.: Note que para que exista o triângulo, x tem que estar entre 0 e 8, isto é 0 < x < 8.

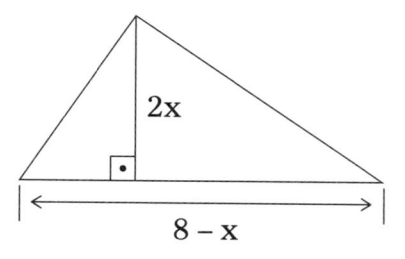

33 Um grupo de estudantes de no máximo 50 pessoas alugou um ônibus de 50 lugares para uma excursão, combinando com a empresa que cada passageiro presente pagaria R$ 30,00 pela sua própria passagem e mais R$ 5,00 por cada poltrona vazia. Determinar:

a) A expressão F(x) que dá o faturamento da empresa nesta viagem em função do número x de passageiros que fizeram a viagem.

b) O número de passageiros que devem fazer a viagem para que o faturamento nesta viagem seja de R$ 3920,00.

Resp: **28** a) 1) R(x) = 90x   2) C(x) = 30x + 20 000   3) L(x) = 60x − 20 000   b) 1 250 pares

29 a) J(x) = 120 + 8x ; M(x) = 90 + 10x   b) 15ª partida

25

34 (Enem – 2011) As frutas que antes se compravam por dúzias, hoje em dia, podem ser compradas por quilogramas, existindo também a variação dos preços de acordo com a época de produção. Considere que, independente da época ou variação de preço, certa fruta custa R$ 1,75 o quilograma. Dos gráficos a seguir, o que representa o preço **m** pago em reais pela compra de **n** quilogramas desse produto é

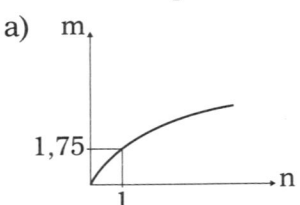

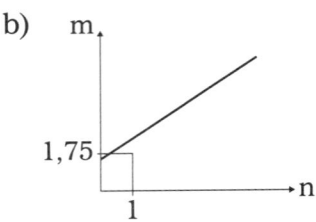

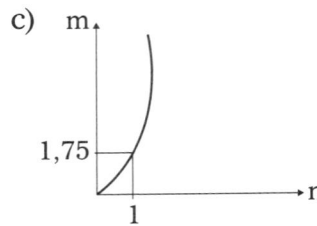

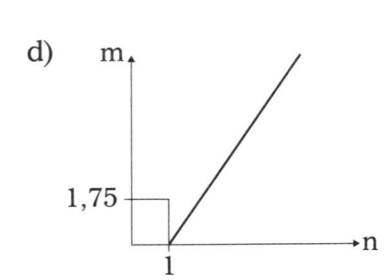

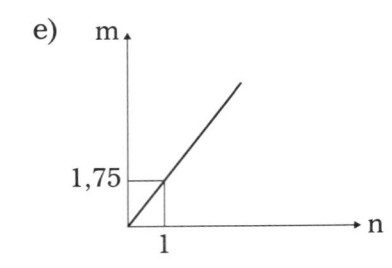

a) gráfico com curva côncava passando por (1; 1,75)

b) gráfico com reta passando pela origem e por (1; 1,75)

c) gráfico com curva convexa passando por (1; 1,75)

d) gráfico com reta iniciando em n=1 no eixo x

e) gráfico com reta passando pela origem e por (1; 1,75)

---

35 (Enem – 2011) O saldo de contratações no mercado formal no setor varejista da região metropolitana de São Paulo registrou alta. Comparando as contratações deste setor no mês de fevereiro com as da janeiro deste ano, houve incremento de 4 300 vagas no setor, totalizando 880 605 trabalhadores com carteira assinada.

Disponível em: http://www.folha.uol.com.br
Acesso em: 26 abr. 2010 (adaptado)

Suponha que o incremento de trabalhadores no setor varejista seja sempre o mesmo nos seis primeiros meses do ano. Considerando-se que y e x representam, respectivamente, as quantidades de trabalhadores no setor varejista e os meses, janeiro sendo o primeiro, fevereiro, o segundo, e assim por diante, a expressão algébrica que relaciona essas quantidades nesses meses é

a) y = 4 300 x
b) y = 884 905 x
c) y = 872 005 + 4 300 x
d) y = 876 305 + 4 300 x
e) y = 880 605 + 4 300 x

---

36 (Enem – 2011) Uma indústria fabrica um único tipo de produto e sempre vende tudo o que produz. O custo total para fabricar uma quantidade **q** de produtos é dado por uma função, simbolizada por **CT**, enquanto o faturamento que a empresa obtém com a venda da quantidade q também é uma função, simbolizada por **FT**. O lucro total (**LT**) obtido pela venda da quantidade q de produtos é dado pela expressão **LT(q) = FT(q) – CT(q)**.

Considerando-se as funções **FT(q) = 5q** e **CT(q) = 2q + 12** como faturamento e custo, qual a quantidade mínima de produtos que a indústria terá de fabricar para não ter prejuízo?

a) 0   b) 1   c) 3   d) 4   e) 5

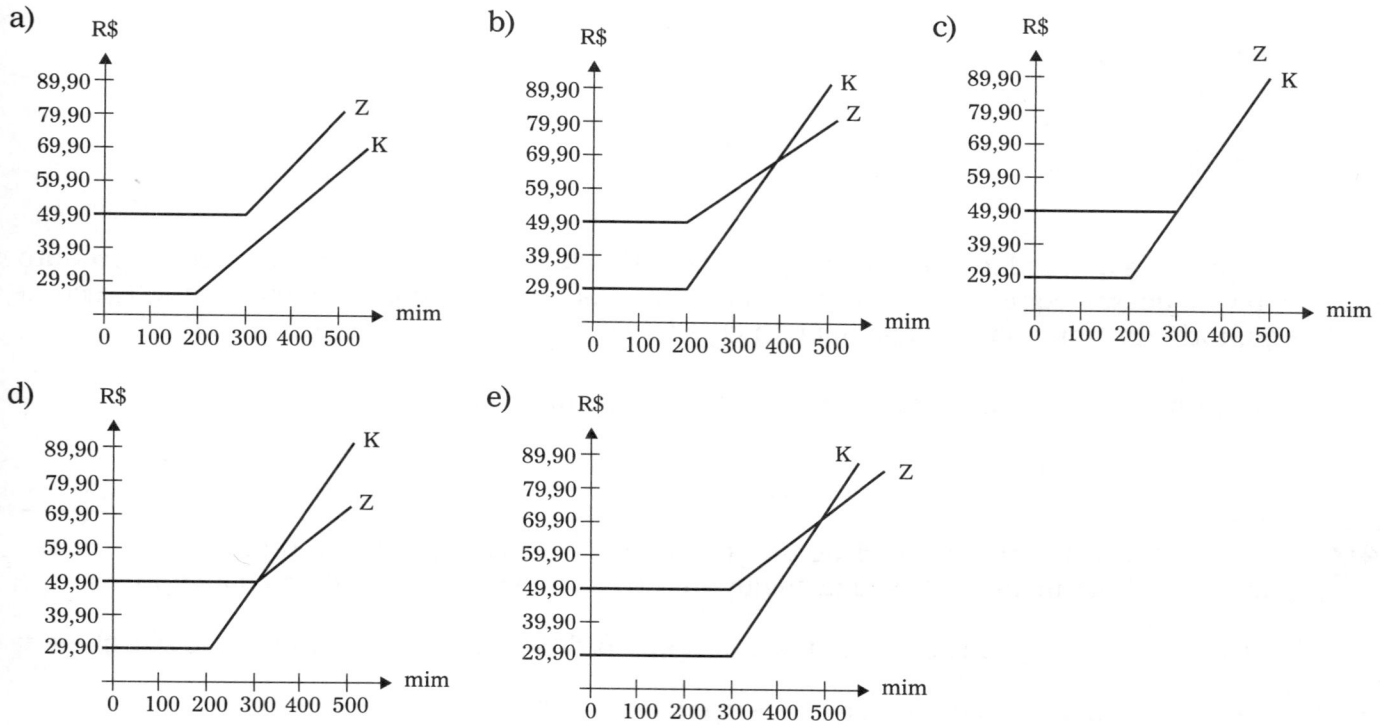

37 (Enem – 2011) Uma empresa de telefonia fixa oferece dois planos aos seus clientes: no plano K, o cliente paga R$ 29,90 por 200 minutos mensais e R$ 0,20 por cada minuto excedente; no plano Z, paga R$ 49,90 por 300 minutos mensais e R$ 0,10 por cada minuto excedente. O gráfico que representa o valor pago, em reais, nos dois planos em função dos minutos utilizados é

a), b), c), d), e) [gráficos]

38 (Enem – 2012 Adaptado) Certo vendedor tem seu salário mensal calculado da seguinte maneira: ele ganha um valor fixo de R$ 750,00, mais uma comissão de R$ 3,00 para cada produto vendido. Caso ele venda mais de 100 produtos, sua comissão passa a ser de R$ 9,00 para cada produto vendido, a partir do 101º produto vendido. Com essas informações, o gráfico que melhor representa a relação entre salário e o número de produtos vendidos é

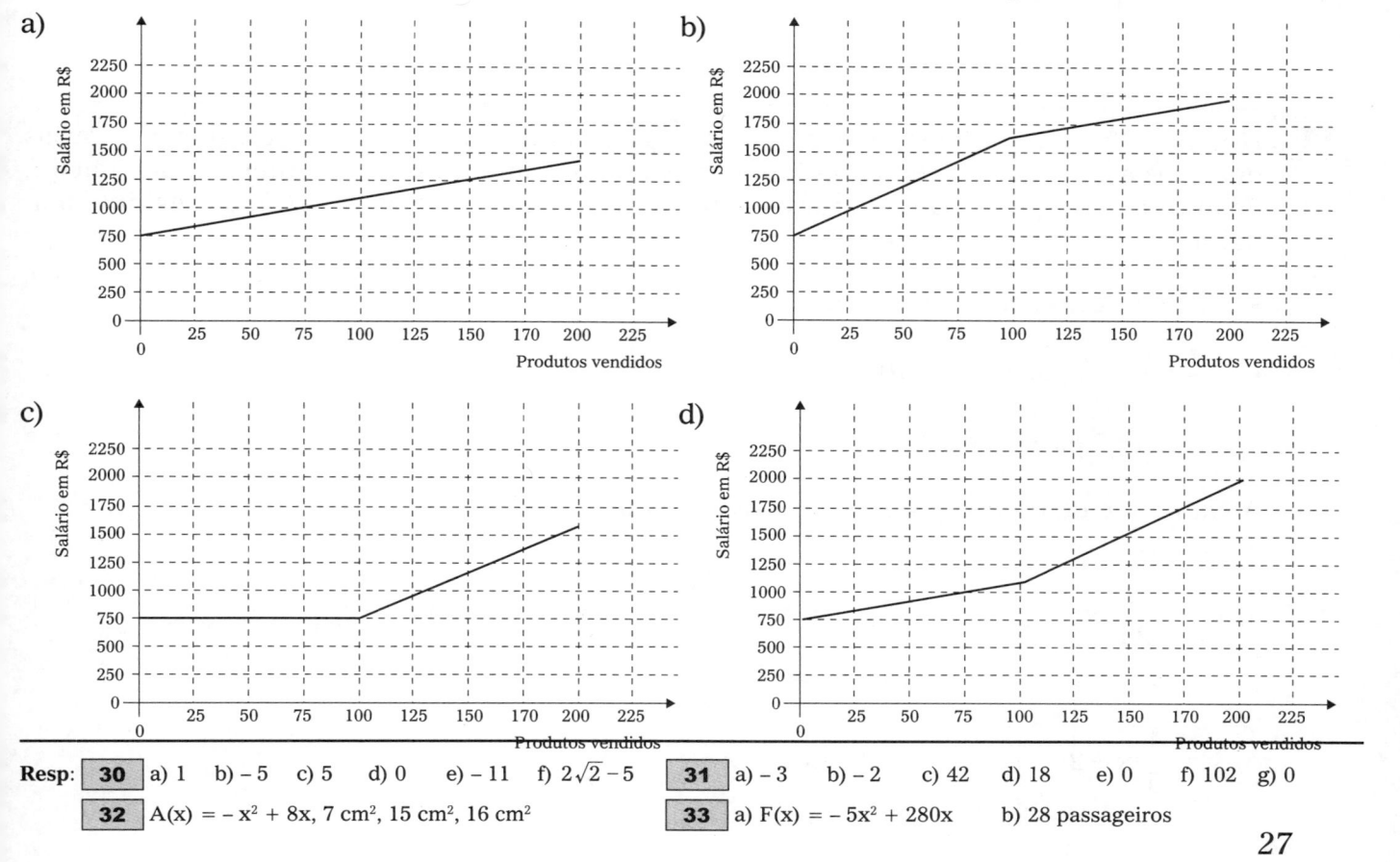

a), b), c), d) [gráficos]

Resp: **30** a) 1 b) – 5 c) 5 d) 0 e) – 11 f) $2\sqrt{2} - 5$ **31** a) – 3 b) – 2 c) 42 d) 18 e) 0 f) 102 g) 0

32 $A(x) = -x^2 + 8x$, 7 cm², 15 cm², 16 cm²   **33** a) $F(x) = -5x^2 + 280x$ b) 28 passageiros

39 (Enem – 2012) As curvas de oferta e de demanda de um produto representam, respectivamente, as quantidades que vendedores e consumidores estão dispostos a comercializar em função do preço do produto. Em alguns casos, essas curvas podem ser representadas por retas. Suponha que as quantidades de oferta e de demanda de um produto sejam, respectivamente, representadas pelas equações:

$Q_O = -20 + 4P$

$Q_D = 46 - 2P$

em que Q_O é quantidade de oferta, Q_D é a quantidade de demanda e P é o preço do produto. A partir dessas equações, de oferta e de demanda, os economistas encontram o preço de equilíbrio de mercado, ou seja, quando Q_O e Q_D se igualam.

Para a situação descrita, qual o valor do preço de equilíbrio?

a) 5   b) 11   c) 13   d) 23   e) 33

40 (Enem – 2012) A temperatura T de um forno (em graus centígrados) é reduzida por um sistema a partir do instante de seu desligamento (t = 0) e varia de acordo com a expressão $T(t) = -\dfrac{t^2}{4} + 400$, com t em minutos. Por motivos de segurança, a trava do forno só é liberada para abertura quando o forno atinge a temperatura de 39° C.

Qual o tempo mínimo de espera, em minutos, após se desligar o forno, para que a porta possa ser aberta?

a) 19,0   b) 19,8   c) 20,0   d) 38,0   e) 39,0

41 (Enem – 2014) Um professor, depois de corrigir as provas de sua turma, percebeu que várias questões estavam muito difíceis. Para compensar, decidiu utilizar uma função polinomial f, de grau menor que 3, para alterar as notas x da prova para notas y = f(x), da seguinte maneira:

- A nota zero permanece zero.
- A nota 10 permanece 10.
- A nota 5 passa a ser 6.

A expressão da função y = f(x) a ser utilizada pelo professor é

a) $y = -\dfrac{1}{25}x^2 + \dfrac{7}{5}x$ b) $y = -\dfrac{1}{10}x^2 + 2x$ c) $y = -\dfrac{1}{24}x^2 + \dfrac{7}{12}x$

d) $y = \dfrac{4}{5}x + 2$ e) $y = x$

42 (Enem – 2015) Uma padaria vende, em média, 100 pães especiais por dia e arrecada com essas vendas, em média, R$ 300,00. Constatou-se que a quantidade de pães especiais vendidos diariamente aumenta, caso o preço seja reduzido, de acordo com a equação

$$q = 400 - 100p,$$

na qual q representa a quantidade de pães especiais vendidos diariamente e p, o seu preço em reais. A fim de aumentar o fluxo de clientes, o gerente da padaria decidiu fazer uma promoção. Para tanto, modificará o preço do pão especial de modo que a quantidade a ser vendida diariamente seja a maior possível, sem diminuir a média de arrecadação diária na venda desse produto.

O preço p, em reais, do pão especial nessa promoção deverá estar no intervalo

a) R$ 0,50 ⩽ p < R$ 1,50
b) R$ 1,50 ⩽ p < R$ 2,50
c) R$ 2,50 ⩽ p < R$ 3,50
d) R$ 3,50 ⩽ p < R$ 4,50
e) R$ 4,50 ⩽ p < R$ 5,50

43 (Enem – 2016) Uma cisterna de 6 000 L foi esvaziada em um período de 3 h. Na primeira hora foi utilizada apenas uma bomba, mas nas duas horas seguintes, a fim de reduzir o tempo de esvaziamento, outra bomba foi ligada junto com a primeira. O gráfico, formado por dois segmentos de reta, mostra o volume de água presente na cisterna, em função do tempo.

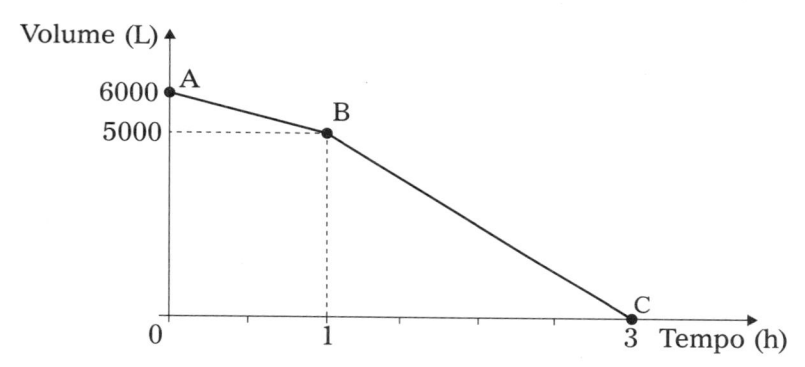

Qual é a vazão, em litro por hora, da bomba que foi ligada no início da segunda hora?

a) 1 000
b) 1 250
c) 1 500
d) 2 000
e) 2 500

44 (Enem – 2011) Um reservatório é abastecido com água por uma torneira e um ralo faz a drenagem da água desse reservatório. Os gráficos representam as vazões Q, em litro por minuto, do volume de água que entra no reservatório pela torneira e do volume que sai pelo ralo, em função do tempo t, em minuto.

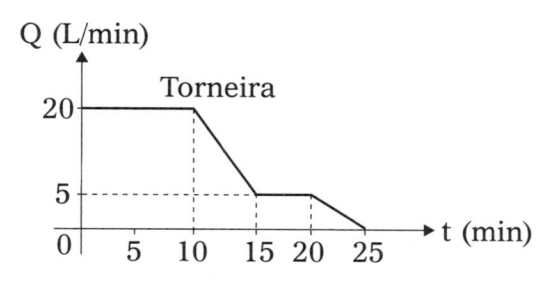

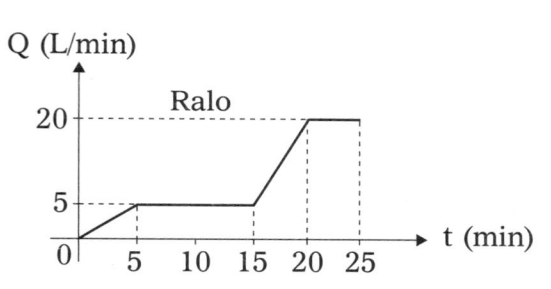

Em qual intervalo de tempo, em minuto, o reservatório tem uma vazão constante de enchimento?

a) De 0 a 10
b) De 5 a 10
c) De 5 a 15
d) De 15 a 25
e) De 0 a 25

Resp: **34** E **35** C **36** D **37** D **38** D

2 – Função (Definição)

Dados dois conjuntos A e B, quando estabelecemos uma relação R entre os elementos de A e B, obtemos pares (x, y) com x ∈ A e y ∈ B, e dizemos que (x, y) ∈ R. Esta relação R recebe o nome de aplicação de A em B ou função definida em A com imagens em B, apenas quando a definição seguinte for observada:

Definição: Dados os conjuntos A e B, não vazios, a relação f de A em B de modo que para todo x de A, existe um único y de B tal que (x, y) pertence a f, é chamada aplicação de A em B ou uma função definida em A e com as imagens em B.

| f é uma aplicação de A em B
f é um função definida em A e com imagens em **B** | ⇔ | Todo **x** de **A** forma par de **f** e para cada x de A há um único y de B tal que (x, y) pertence a **f** |

Veja como reconhecer se uma relação de A em B dada através de um diagrama de flechas, é ou não uma aplicação de A em B.

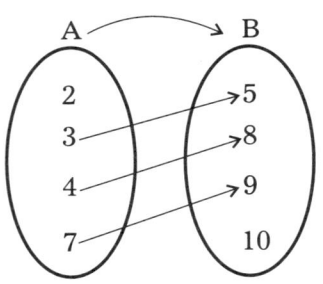

Como o elemento 2 de A não forma par, ele está "sobrando", esta relação **não é uma aplicação de A em B**.

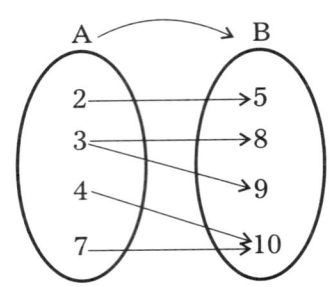

Como o elemento 3 de A tem duas imagens diferentes em B, esta relação **não é uma aplicação de A em B**.

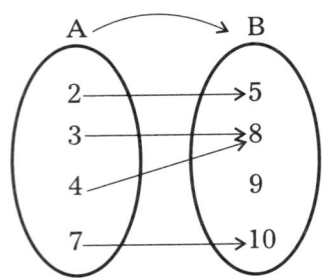

Como todo elemento de A forma par e forma um único par, esta relação **é uma aplicação de A em B**. Note que dois elementos de A podem ter a mesma imagem.

Veja como reconhecer se uma relação de A em B dada através do seu gráfico cartesiano, é ou não uma aplicação de A em B.

A = {1, 2, 3, 4, 5} e B = {1, 2, 3, 4}   A = {1, 2, 3, 4, 5} e B = {1, 2, 3, 4}   A = {1, 2, 3, 4, 5} e B = {1, 2, 3, 4}

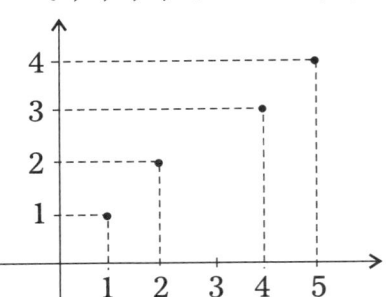

Como o elemento 3 de A não forma par, ele está "sobrando" esta relação **não é uma aplicação de A em B**.

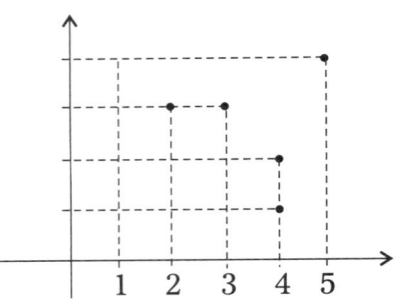

Como o elemento 4 de A tem duas imagens diferentes em B, esta relação **não é uma aplicação de A em B**.

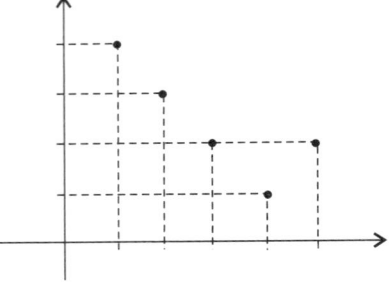

Como todo elemento de A forma par e forma um único par, esta relação **é uma aplicação de A em B**.

Obs.: 1) O domínio D de uma aplicação f de A em B é igual a A, isto é, D = A.

2) O contradomínio CD é o próprio conjunto B de chegada.

3) A imagem Im de uma aplicação (ou função) de A em B é o conjunto Im = $\{y \in B | (x, y) \in f\}$.

4) Se f é uma aplicação de A em B ou f é uma função definida em A e com imagens em B e há uma lei de correspondência que permite obter y do par (x, y) de f, a partir do valor x, indicamos esta lei por y = f(x) e escrevemos:

f : A → B   tal que   y = f(x)   f(x) lê-se "efe de xix"

5) Neste estudo vamos considerar na função f : A → B que A e B são subconjuntos de $\mathbb{R}$. Isto é: A ⊂ $\mathbb{R}$ e B ⊂ $\mathbb{R}$.

6) Uma função f : A → A será chamada **função sobre A**.

7) Uma função f está definida quando soubermos o seu domínio D = A, o seu contradomínio CD = B e sua lei de correspondência.

8) Quando uma função f for dada apenas pela sua lei de correspondência, devemos considerar que o seu domínio **D** seja o conjunto de todos os valores de x ∈ $\mathbb{R}$ para os quais seja possível calcular y = f(x) e o seu contradomínio CD será $\mathbb{R}$.

Exemplo 1: Observar a função f de domínio D e contradomínio CD, nos casos.

a) f é dada pelo diagrama de flechas.
D = {1, 2, 3} e CD = {1, 3, 4, 8, 9}

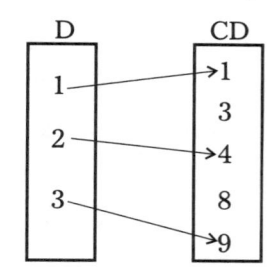

f = {(1, 1), (2, 4), (3, 9)}; Im = {1, 4, 9}

Definindo y = f(x), cada elemento
(x, y) de f é dado por (x, f (x))
y = f(x) ⇒ (x, y) = (x, f(x))
f(1) = 1, f(2) = 4 e f(3) = 9

b) f é dada pela representação cartesiana.
D = CD = {1, 2, 3, 4, 5}

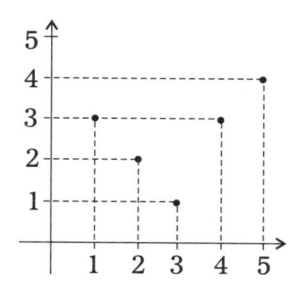

f = {(1, 3), (2, 2), (3, 1), (4, 3), (5, 4)}; Im = {1, 2, 3, 4}

Como y = f(x), note que cada
elemento de f é do tipo (x, f(x))
y = f(x) ⇒ (x, y) = (x, f(x))
f (1) = 3, f(2) = 2, f(3) = 1, f(4) = 3 e f(5) = 4

Exemplo 2: Dados os conjuntos A = {1, 3, 5, 7} e B = {0, 2, 4, 6, 8, 10} e as relações R, S, T, ... de A em B, dadas por enumeração, observar o motivo pelo qual ela é ou não uma função definida em A e com imagens em B.

1) R = {(1, 0), (3, 2), (5, 4), (7, 10)}. É uma função pois todo elemento do conjunto A forma um e apenas um par da relação R.

2) S = {(1, 2), (3, 2), (5, 2), (7, 2)}. É uma função, pelo mesmo motivo do exemplo acima. Todos os antecedentes podem ter a mesma imagem.

3) T = {(1, 2), (3, 4), (3, 6), (5, 8), (7, 10)}. Não é função porque o elemento 3 de A forma dois pares diferentes. Para ser função, todo elemento de A tem que participar e participar de apenas um par.

4) V = {(1, 2), (3, 0), (5, 8)}. Não é função porque o 7 pertence a A e não forma par da relação V. Não pode, para ser função, algum elemento de A não formar par da relação.

Resp: 39 B   40 D   41 A   42 A   43 C   44 B

Exemplo 3: Para afirmarmos que uma relação, dada por um gráfico cartesiano, é uma função, basta verificarmos se qualquer reta vertical que passa pelos pontos do eixo dos x cujas abscissas pertencem ao conjunto de partida da relação, encontra o gráfico em um e um só ponto.

1) R: A → B com A = $[0, 6]$
e B = $[0, 10]$

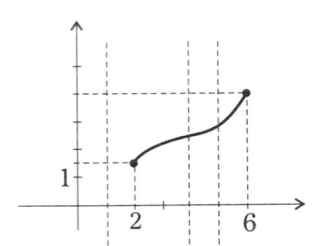

2) R: A → B com A = $[1, 6]$
e B = $[0, 100]$

3) R: A → B com A = $[-2, 6]$
e B = $[0, 70]$

A reta vertical que passa por (1, 0) não corta o gráfico. Isto significa que há elemento de A ($1 \in A$) que não forma par da relação. Então R **não é função**.

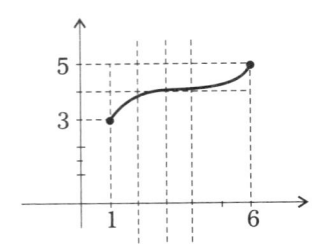

Toda reta vertical que passa pelos pontos de (1, 0) até (6, 0) encontram o gráfico em apenas um ponto. Isto significa que todo elemento de A forma um e apenas um par. R **é função**.

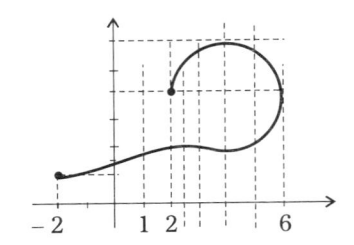

Há retas verticais que encontram o gráfico em 2 pontos. Isto significa que há elementos de A que formam dois pares distintos da relação. R **não é função**.

Exemplo 4: Quando uma função for dada pelo seu domínio D, seu contradomínio CD e uma lei de formação que permite obter a imagem de cada x de D, escrevemos f: D ⟶ CD | y = f(x).

Considere a função f: $\mathbb{R} \to \mathbb{R}$ que faz corresponder a cada x real, o número y = 2x + 1.

Escrevemos: y = f(x), f(x) = 2x + 1, y = 2x + 1   ou

$$y = f(x), f(x) = 2x+1, (x,y) \in f \Rightarrow (x, f(x)) \in f \Rightarrow (x, 2x+1) \in f.$$

Olhe como determinar as imagens de alguns elementos do domínio:

$y = f(x) = 2x + 1.$ $x = 2 \Rightarrow y = f(2) = 2(2) + 1 = 5 \Rightarrow f(2) = 5 \Rightarrow (2, 5) \in f$

$x = -5 \Rightarrow y = f(-5) = 2(-5) + 1 = -9 \Rightarrow f(-5) = 9 \Rightarrow (-5, -9) \in f$

$x = 100 \Rightarrow y = f(100) = 2(100) + 1 = 201 \Rightarrow f(100) = 201 \Rightarrow (100, 201) \in f$

Exemplo 5: Quando for dada apenas a lei de correspondência de uma função, y = f(x), devemos considerar que o seu domínio D deve ser o conjunto de todos os $x \in \mathbb{R}$ para os quais as operações definidas por f(x) tenham resultados em $\mathbb{R}$, e o seu contradomínio CD deve ser $\mathbb{R}$.

Note que para $y = f(x) = \frac{x+3}{x-2}$, x tem que ser diferente de 2 pois para x = 2 obtemos $f(2) = \frac{2+3}{2-2} = \frac{5}{0}$.

Não se divide por 0. Então não existe f(2).

Para $y = f(x) = \sqrt{x}$, como raiz quadrada de número negativo não é número real, o domínio de $f(x) = \sqrt{x}$ deve ser

$D = \{x \in \mathbb{R} | x \geq 0\} = [0, +\infty[= \mathbb{R}_+$

Para $y = f(x) = \frac{1}{\sqrt{x}}$, o domínio é $D = \{x \in \mathbb{R} | x > 0\} =]0, +\infty[= \mathbb{R}_+^*$

Para $f(x) = \sqrt{2x+8}$, devemos ter $2x + 8 \geq 0 \Rightarrow 2x \geq -8 \Rightarrow x \geq -4$. Então

$D = \{x \in \mathbb{R} | x \geq -4\} = [-4, +\infty[$

Exemplo 6: Dada a lei de correspondência y = f(x) e a imagem de um x do domínio de f, determine o antecedente x e o par em questão, nos casos:

a) $y = f(x) = 3x - 7$ e $y = 29$

$y = 3x - 7 \Rightarrow 3x - 7 = 29 \Rightarrow 3x = 36 \Rightarrow \boxed{x = 12} \Rightarrow f(12) = 29 \Rightarrow (12, 29) \in f$

b) $y = \sqrt{2x - 6}$ e $y = 4 \Rightarrow \sqrt{2x - 6} = 4 \Rightarrow 2x - 6 = 16 \Rightarrow 2x = 22 \Rightarrow \boxed{x = 11} \Rightarrow$

$f(11) = 4 \Rightarrow (11, 4) \in f$

c) $y = 2x^2 + 5x - 10$ e $y = 2 \Rightarrow 2x^2 + 5x - 10 = 2 \Rightarrow 2x^2 + 5x - 12 = 0 \Rightarrow$

$\Delta = 25 + 8 \cdot 12 = 25 + 96 = 121 \Rightarrow x = \dfrac{-5 \pm 11}{4} \Rightarrow x = -4 \lor x = \dfrac{3}{2} \Rightarrow$

$f(-4) = 2$ e $f\left(\dfrac{3}{2}\right) = 2 \Rightarrow (-4, 2) \in f$ e $\left(\dfrac{3}{2}, 2\right) \in f$

Exemplo 7: Determinar a lei de correspondência h(x) que fornece a altura de um triângulo equilátero em função do seu lado x. E em seguida determinar a lei s(x) que dá a área deste triângulo em função de x.

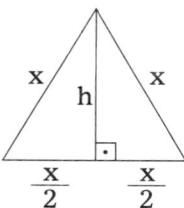

1) Pitágoras $\Rightarrow h^2 + \dfrac{x^2}{4} = x^2 \Rightarrow 4h^2 + x = 4x^2 \Rightarrow 4h^2 = 3x^2 \Rightarrow h^2 = \dfrac{3x^2}{4} \Rightarrow$

$h = \dfrac{x\sqrt{3}}{2} \Rightarrow \boxed{h(x) = \dfrac{x\sqrt{3}}{2}}$

2) Cálculo de s(x) $\Rightarrow s(x) = \dfrac{xh}{2} = \dfrac{1}{2}x \cdot \dfrac{x\sqrt{3}}{2} \Rightarrow \boxed{s(x) = \dfrac{x^2\sqrt{3}}{4}}$

Note que ambas têm domínio $\mathbb{R}_+^*$

---

45 Dada uma relação de A em B através do diagrama de flechas, dizer se ela é uma aplicação (função) de A em B, ou não, nos casos:

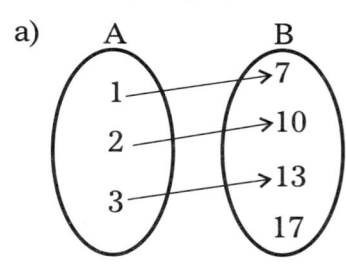

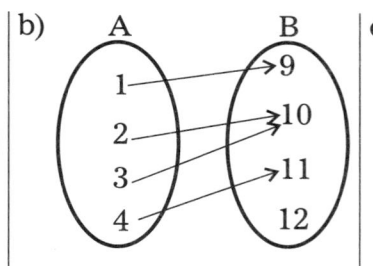

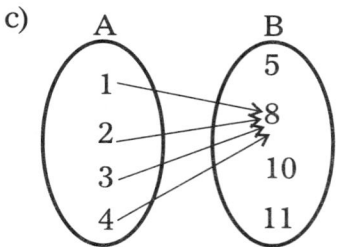

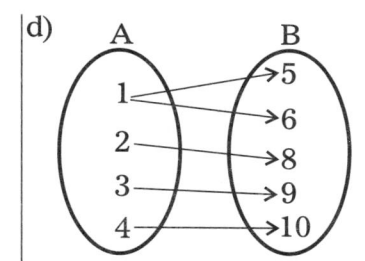

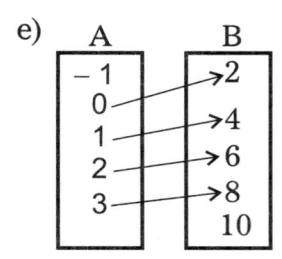

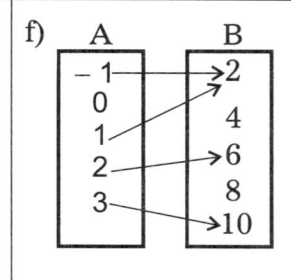

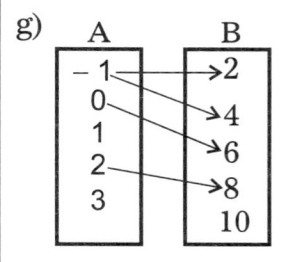

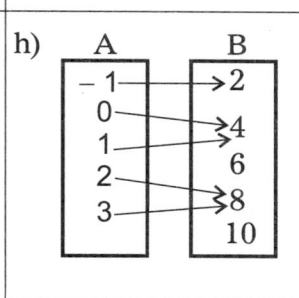

a) A: {1, 2, 3} → B: 1→7, 2→10, 3→13, 17

b) A: {1, 2, 3, 4} → B: 1→9, 2→10, 3→11, 12 (1 também →10)

c) A: {1, 2, 3, 4} → B: 5, 1→8, 2→8, 3→8, 4→8, 10, 11

d) A: {1, 2, 3, 4} → B: 1→5, 1→6, 2→8, 3→9, 4→10

e) A: {-1, 0, 1, 2, 3} → B: -1→2, 0→4, 1→6, 2→8, 3→?, 10

f) A: {-1, 0, 1, 2, 3} → B: -1→2, 0→2, 1→4, 2→6, 3→8, 10

g) A: {-1, 0, 1, 2, 3} → B: -1→2, 0→4, 1→6, 2→8, 3→?, 10

h) A: {-1, 0, 1, 2, 3} → B: -1→2, 0→4, 1→4, 2→6, 3→8, 10

46 Dada uma relação de A = {1, 2, 3, 4, 5} em B = {-1, 0, 1, 2, 3, 4, 5, 6, 7, 8}, dada através de seu gráfico cartesiano, dizer se é ou não uma função definida em A e com imagens em B, nos casos:

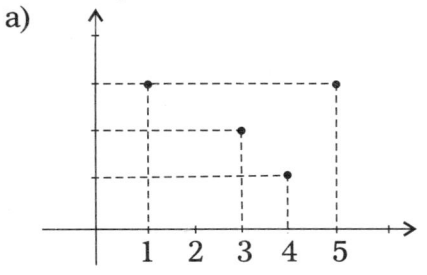

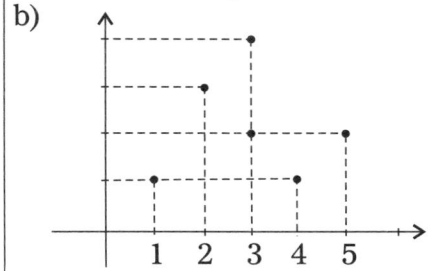

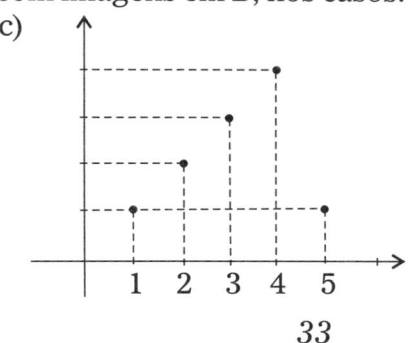

a) [gráfico com pontos em x = 1, 2, 3, 4, 5]

b) [gráfico com pontos em x = 1, 2, 3, 4, 5]

c) [gráfico com pontos em x = 1, 2, 3, 4, 5]

33

47 Dados os conjuntos A = {− 2, − 1, 0, 1, 2} e B = {3, 5, 7, 9, 11, 13, 15, 17} e uma relação de A em B, pela enumeração de seus elementos, dizer se a relação dada é ou não uma função definida em A e com imagens em B, nos casos:

a) $R = \{(-2, 3), (-1, 5), (1, 7), (2, 9)\}$

b) $R = \{(-2, 17), (-1, 15), (0, 13), (1, 11), (2, 9)\}$

c) $R = \{(-2, 3), (-1, 5), (0, 7), (1, 9), (2, 11), (1, 13)\}$

d) $R = \{(-2, 7), (-1, 7), (0, 9), (1, 3), (2, 5)\}$

e) $R = \{(-2, 5), (-1, 5), (0, 5), (1, 5), (2, 5)\}$

f) $R = \{(1, 3), (1, 5), (1, 7), (1, 9), (1, 11), (1, 13), (1, 15), (1, 17)\}$

48 Dados os conjuntos A e B e uma relação de A e B representada graficamente no plano cartesiano, dizer se a relação é ou não uma aplicação de A em B (ou uma função definida em A e com imagens em B), nos casos:

a) R: A ⟶ B
A = [1, 5], B = [−1, 20]

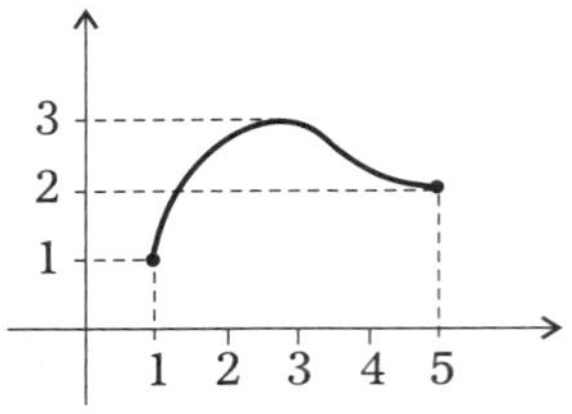

b) R: A ⟶ B
A = [1, 5], B = [−5, 20]

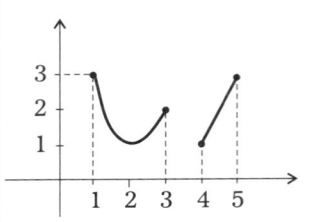

c) R: A ⟶ B
A = [1, 5], B = ℝ

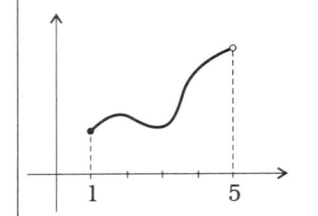

d) A = [1, 4], B = ℝ

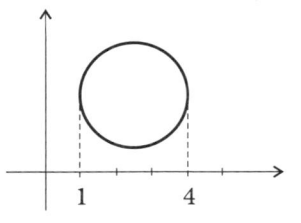

e) A = [1, 5], B = ℝ

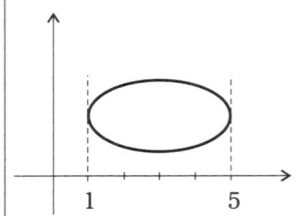

f) A = [1, 6], B = ℝ

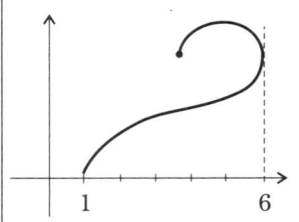

g) A = ℝ, B = ℝ

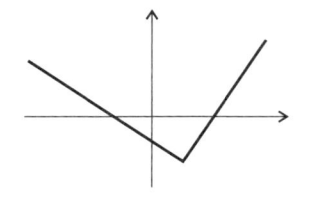

h) A = B = ℝ

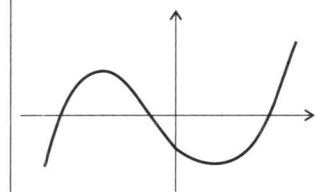

i) A = B = ℝ

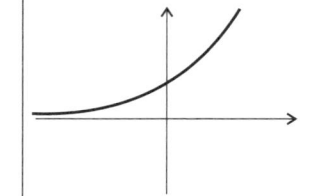

49 Considere a função f: $\mathbb{R} \to \mathbb{R}$ definida por $y = f(x) = 2x - 8$. Determinar a imagem do antecedente (x) dado e o par (x, y) correspondente, de f, nos casos:

a) $x = 5$

b) $x = -2$

c) $x = 0$

d) $x = 4$

e) $x = \dfrac{5}{2}$

f) $x = \sqrt{3}$

g) $x = a + 3$

h) $x = 5 - 3a$

50 Considere a função definida por $f(x) = -4x + 9$. Dada a imagem $y = f(x)$, determinar o antecedente x e o par (x, y) correspondente de f, nos casos:

a) $f(x) = 17$

b) $y = -23$

c) $f(x) = 0$

d) $y = -8a + 13$

e) $y = 12a - 7$

Resp: **45** a) Sim b) sim c) Sim d) Não e) Não f) Não g) Não h) Sim
46 a) Não b) Não c) Sim

35

51 Dada a função f: $\mathbb{R} \to \mathbb{R}$, definida por $f(x) = 2x^2 + 4x - 6$, determinar:

a) f(2)

b) f(1)

c) f(3)

d) f(−3)

e) f(a + 3)

f) f(2 − a)

g) x tal que f(x) = 0

h) x tal que f(x) = − 8

i) x tal que f(x) = $2a^2 + 8a$

52 Dada a lei de correspondência da função, determinar o domínio da função, nos casos:

a) $f(x) = 2x - 1$

b) $y = 2x^2 + x + 1$

c) $f(x) = \sqrt{x}$

d) $y = \sqrt{x^2 + 5}$

e) $f(x) = \dfrac{1}{x}$

f) $f(x) = \dfrac{1}{\sqrt{x}}$

g) $y = \dfrac{1}{\sqrt{x^2 + 1}}$

h) $y = \dfrac{2}{x - 1}$

i) $y = \dfrac{x^2 - x - 1}{x - 7}$

j) $f(x) = \dfrac{x + 4}{(x - 2)(x - 3)}$

k) $y = \dfrac{x^2 + 1}{(x + 3)(x - 5)}$

l) $f(x) = \dfrac{x + 4}{2x - 3}$

m) $y = \dfrac{x + 8}{x^2 - 8x + 15}$

n) $y = \dfrac{\sqrt{x^2 + 3}}{x^2 - 2x - 15}$

o) $y = \sqrt{x - 2}$

p) $y = \dfrac{1}{\sqrt{2x + 8}}$

q) $y = \dfrac{\sqrt{x^2 + 1}}{\sqrt{2x - 6}}$

Resp: **47** a) Não b) Sim c) Não d) Sim e) Sim f) Não **48** a) Sim b) Não c) Não d) Não e) Não f) Não g) Sim h) Sim i) Sim **49** a) y = 2 (5,2) b) y = 2, (– 2, – 12) c) y = – 8, (0, – 8) d) y = 0, (4,0) e) y = – 3, $\left(\dfrac{5}{3}, -3\right)$ f) y = 2$\sqrt{3}$ – 8, ($\sqrt{3}$, 2$\sqrt{3}$ – 8) g) y = 2a – 2, (a + 3, 2a – 2) h) y = 6a + 2, (5 – 3a, – 6a + 2) **50** a) x = – 2, (– 2, 17) b) x = 8, (8, – 23) c) x = $\dfrac{9}{4}$, $\left(\dfrac{9}{4}, 0\right)$ d) x = 2a – 1, (2a – 1, – 8a + 13) e) x = 3a + 4, (– 3a + 4, 12a – 7)

37

53 Dada a função $f(x) = \dfrac{x+6}{\sqrt{2x-3}}$, determinar o que se pede.

Note que o seu domínio é $D = \left\{x \in \mathbb{R} \mid x \geq \dfrac{3}{2}\right\}$

a) $f(2)$

b) $f(14)$

c) $f(1)$

d) $f(4)$

e) x tal que $f(x) = 4$

54 Dada uma função $f: \mathbb{R} \to \mathbb{R}$, definida por $y = f(x)$, quando x foi substituido por $2a - 3$, obtivemos $y = f(x) = (2a - 3) = 6a + 13$

a) $f(5)$

b) $f(-1)$

c) $f(0)$

55 Sabe-se que f: $\mathbb{R} \to \mathbb{R}$ e y = f(x). Determinar

a) f(a), sabendo que f(2n − 1) = 6n − 10

b) f(x), sabendo que f(2 − 3a) = 12a − 11

56 Dado o gráfico de uma função f: $\mathbb{R} \to \mathbb{R}$, dizer se é positivo (>0), negativo (<0) ou zero o valor f(x), imagem de x, nos casos:

Obs.: Os números determinados pelo gráfico no eixo das abscissas, eixo dos x, são chamados raízes ou zeros da função. São os valores de x que têm imagem y = 0

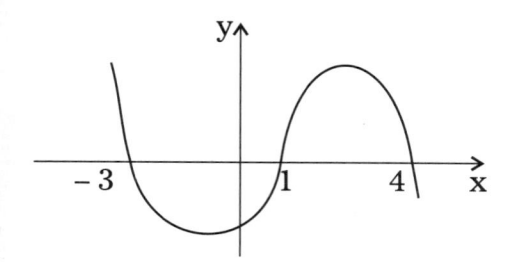

a) f(2)	b) f(3)	c) f(−1)
d) f(0)	e) f(1)	f) f(4)
g) f(−3)	h) f(−7)	i) f(8)
j) f(−2)	k) $f\left(\dfrac{3}{2}\right)$	l) f(30)

57 Dado o gráfico de uma função f: $\mathbb{R} \to \mathbb{R}$, dizer se é positivo (>0), negativo (<0) ou nulo (= 0) o produto ou quociente indicado, nos casos:

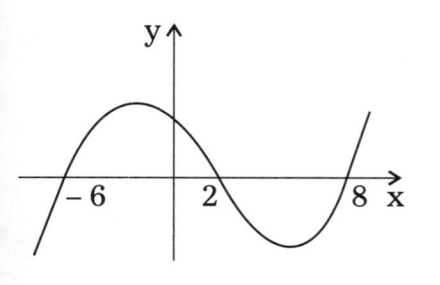

a) f(−1) · f(1)	b) f(−1) : f(1)
c) f(1) · f(6)	d) f(−3) : f(1)
e) f(−6) · f(20)	f) f(2) : f(5)
g) f(5) : f(2)	h) f(−7) · f(6)

i) f(10) · f(−8)   j) f(−3) · f(15)   k) f(−5) · f(8)

l) f(−8) · f(−1) · f(9)   m) f(−3) · f(6) · f(9)   n) f(−7) · f(3) · f(7)

Resp: **51** a) 10   b) 0   c) 24   d) 0   e) 2a² + 16a + 24   f) 2a² − 12a + 10   g) x = −3 ∨ x = 1   h) x = −1
i) x = a + 1 ∨ x = −a − 3   **52** a) D = $\mathbb{R}$ b) D = $\mathbb{R}$ c) D = $\mathbb{R}_+$ d) D = $\mathbb{R}$ e) D = $\mathbb{R}^*$ f) D = $\mathbb{R}^*_+$
g) D = $\mathbb{R}$ h) D = $\mathbb{R} - \{1\}$ i) D = $\mathbb{R} - \{7\}$ j) D = $\mathbb{R} - \{2;3\}$ k) D = $\mathbb{R} - \{-3;5\}$ l) D = $\mathbb{R} - \left\{\dfrac{3}{2}\right\}$
m) D = $\mathbb{R} - \{3;5\}$ n) D = $\mathbb{R} - \{5;-3\}$ o) D = {x ∈ $\mathbb{R}$ | x ⩾ 2} ou D = [2, +∞[p) D = {x ∈ $\mathbb{R}$ | x > −4} ou D =]−4, +∞[
q) D = {x ∈ $\mathbb{R}$ | x > 3} ou D =]3, +∞[

3 – Variação de sinal de uma função dado o seu gráfico

Dado o gráfico de uma função f, y = f(x), estudar a variação do sinal de f é dizer para quais valores de x, y é negativo, para quais valores de x, y é zero e para quais valores de x, y é positivo.

Obs.: Os números indicados sobre o eixo dos x (as abscissas dos pontos onde o gráfico corta o eixo das abscissas) são chamados raízes ou zeros da função. São os valores de x que tem imagem y = 0.

Exemplos

1) y = f(x)

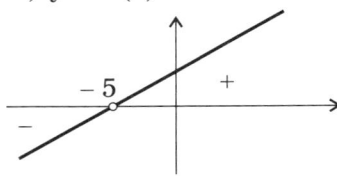

$$\begin{cases} x = -5 \Leftrightarrow f(x) = 0 \\ x < -5 \Leftrightarrow f(x) < 0 \\ x > -5 \Leftrightarrow f(x) > 0 \end{cases}$$

2) y = f(x)

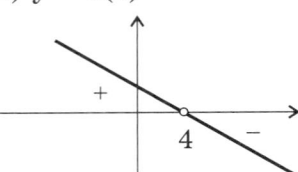

$$\begin{cases} x = 4 \Leftrightarrow y = 0 \\ x < 4 \Leftrightarrow y > 0 \\ x > 4 \Leftrightarrow y < 0 \end{cases}$$

3) y = f(x)

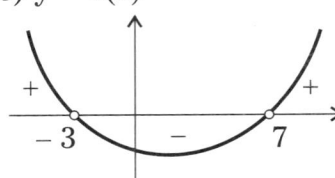

$$\begin{cases} x = -3 \vee x = 7 \Leftrightarrow y = 0 \\ -3 < x < 7 \Leftrightarrow y < 0 \\ x < -3 \vee x > 7 \Leftrightarrow y > 0 \end{cases}$$

4) y = g(x)

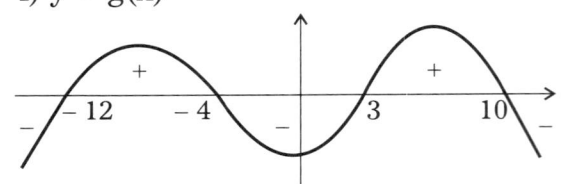

$$\begin{cases} g(x) = 0 \Leftrightarrow x = -12 \vee x = -4 \vee x = 3 \vee x = 10 \\ g(x) < 0 \Leftrightarrow x < -12 \vee -4 < x < 3 \vee x > 10 \\ g(x) > 0 \Leftrightarrow -12 < x < -4 \vee 3 < x < 10 \end{cases}$$

58 Dado o gráfico de uma função f: $\mathbb{R} \to \mathbb{R}$, y = f(x), discutir o sinal de f, nos casos:

a)

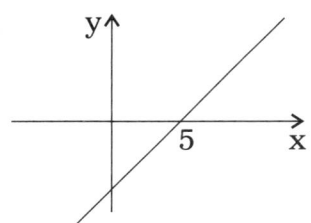

x = 5 ⇔
x < 5 ⇔
x > 5 ⇔

b)

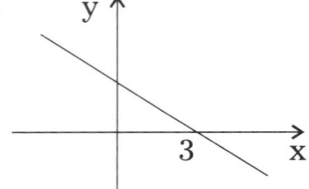

y = 0 ⇔
y < 0 ⇔
y > 0 ⇔

c)

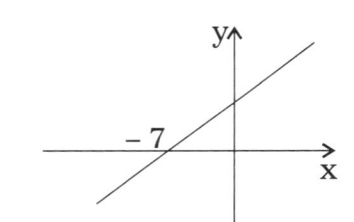

x =
x <
x >

d)

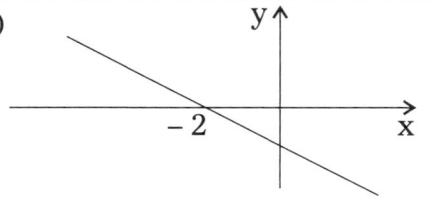

e)

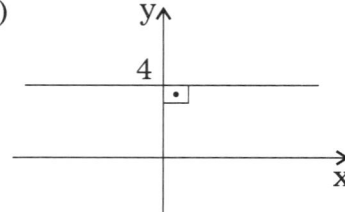

f)

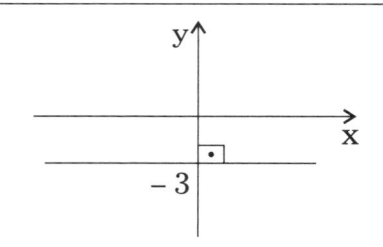

59 Dado o gráfico de uma função f: $\mathbb{R} \to \mathbb{R}$, y = f(x), discutir o sinal de f, nos casos:

a)

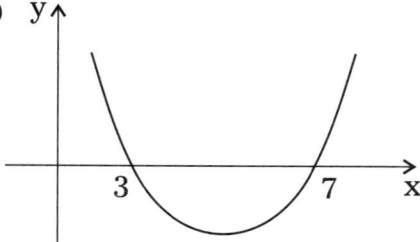

$\begin{cases} x = \quad \vee \; x = \quad \Leftrightarrow \\ x < \quad \vee \; x > \quad \Leftrightarrow \\ \quad < x < \quad \Leftrightarrow \end{cases}$

b)

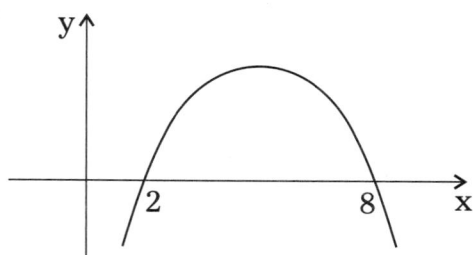

$\begin{cases} f(x) = 0 \Leftrightarrow \\ f(x) < 0 \Leftrightarrow \\ f(x) > 0 \Leftrightarrow \end{cases}$

c)

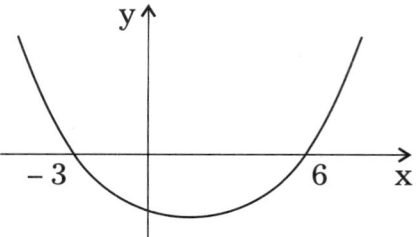

d)

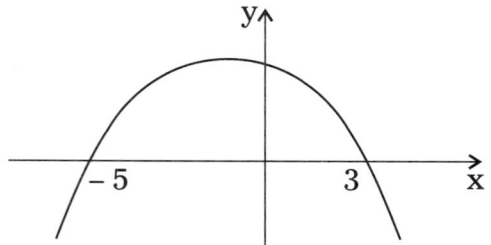

e)

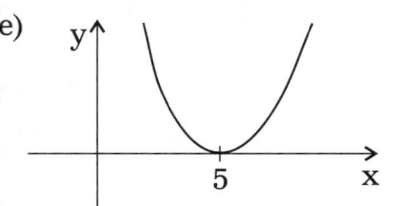

f)

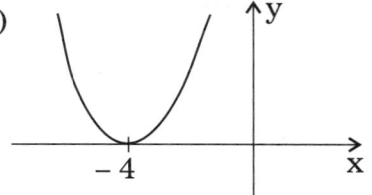

g)

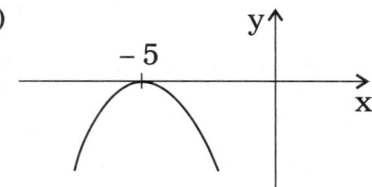

h)

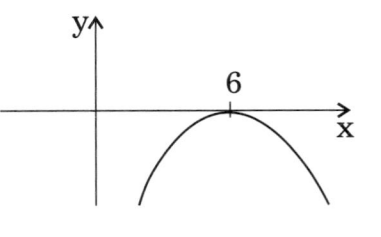

i)

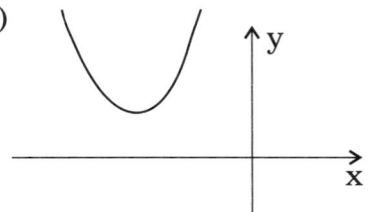

j)

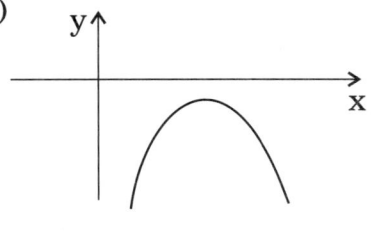

Resp: **53** a) 8   b) 4   c) 1 ∉ D   d) $2\sqrt{5}$ e) x = 14 ∨ x = 6   **54** a) f(5) = 11   b) f(−1) = − 7   c) f(0) = − 4
55 a) f(a) = 3a − 7   b) f(x) = − 4x − 3   **56** a) > 0   b) > 0   c) < 0   d) < 0   e) = 0   f) = 0   g) = 0
h) > 0   i) < 0   j) < 0   k) > 0   l) < 0   **57** a) > 0   b) > 0   c) < 0   d) > 0   e) = 0
f) = 0   g) ∄   h) > 0   i) < 0   j) > 0   k) = 0   l) < 0   m) < 0   n) < 0

60 Dada a função: f : $\mathbb{R} \to \mathbb{R}$, graficamente, esturdar o sinal de y = f(x), nos casos:

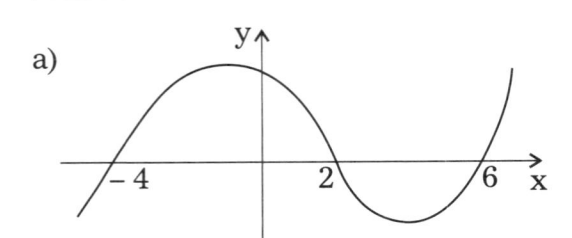

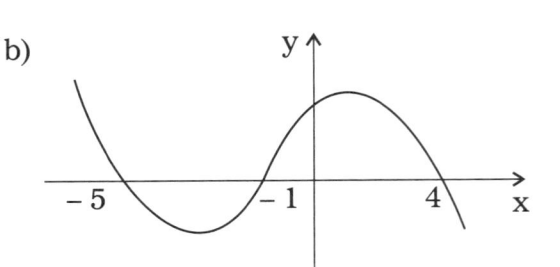

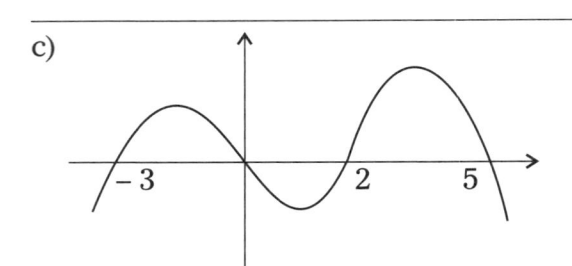

a)

b)

c)

---

4 – Sinal do produto ou quociente de funções, dados os gráficos.

Dados duas (ou mais) funções de $\mathbb{R}$ em $\mathbb{R}$, y = f(x) e y = g(x), através de seus gráficos, há um dispositivo prático muito útil para o estudo dos sinais de f(x) · g(x) ou $\dfrac{f(x)}{g(x)}$, que é apresentado no exemplo seguinte.

Obs.: O estudo pode ser feito sem o uso do dispositivo, mas ele ajuda muito.

Exemplo: Dados os gráficos das funções y = f(x) e y = g(x), no mesmo plano cartesiano, estudar o sinal de y = f(x) · g(x).

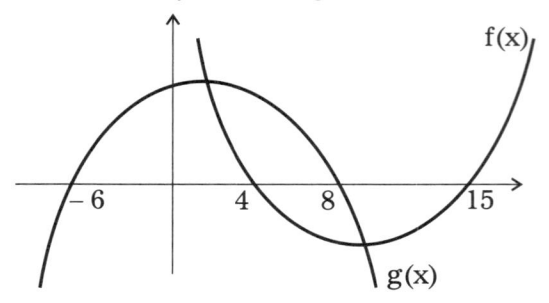

	−6		4		8		15	x
f(x)	+	|	+	0	−		−	0	+
g(x)	−	0	+		+	0	−		−
f(x)·g(x)	−	0	+	0	−	0	+	0	−

$f(x) \cdot g(x) = 0 \Leftrightarrow x = -6 \lor x = 4 \lor x = 8 \lor x = 15$

$f(x) \cdot g(x) < 0 \Leftrightarrow x < -6 \lor 4 < x < 8 \lor x > 15$

$f(x) \cdot g(x) > 0 \Leftrightarrow -6 < x < 4 \lor 8 < x < 15$

Em cada faixa horizontal do dispositivo indicamos as imagens iguais a zero correspondente a cada raiz (ou zero) da função. E também os sinais + e −, correspondentes aos sinais das imagens em cada intervalo dos valores de x. Por exemplo, na primeira faixa colocamos f(x) = 0 para x = 4 e x = 15 e o sinal − para f(x) quando 4 < x < 15 e o sinal + para f(x) quando x < 4 ou x > 15.

61 Dados os gráficos das funções f e g, definidas sobre $\mathbb{R}$, estudar o sinal de $P(x) = f(x) \cdot g(x)$, nos casos:

a)

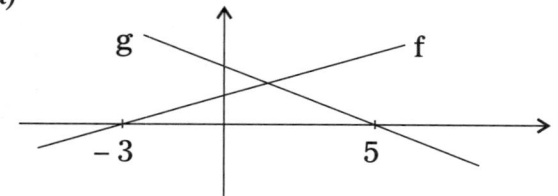

f(x) _____
g(x) _____
p(x) _____

b)

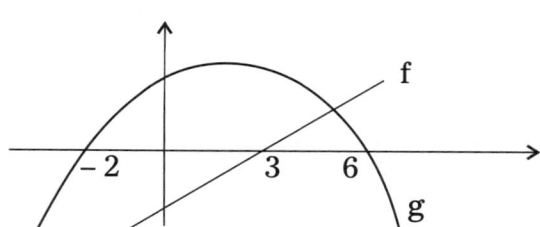

c)

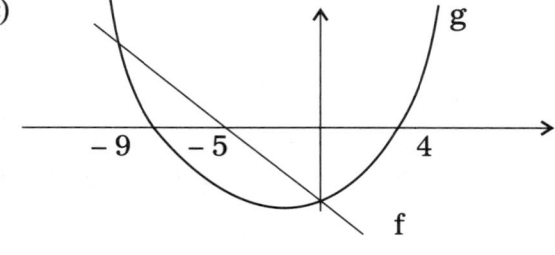

d)

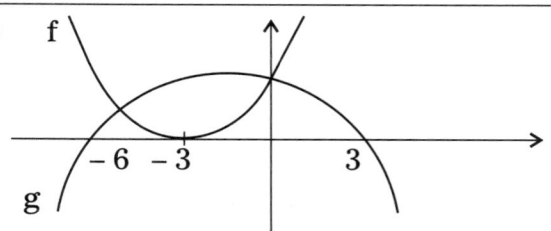

Resp: **58** a) $x = 5 \Leftrightarrow y = 0$
$x < 5 \Leftrightarrow y < 0$
$x > 5 \Leftrightarrow y > 0$

b) $y = 0 \Leftrightarrow x = 3$
$y < 0 \Leftrightarrow x > 3$
$y > 0 \Leftrightarrow x < 3$

c) $x = -7 \Leftrightarrow y = 0$
$x < -7 \Leftrightarrow y < 0$
$x > -7 \Leftrightarrow y > 0$

d) $y = 0 \Leftrightarrow x = -2$
$y < 0 \Leftrightarrow x > -2$
$y > 0 \Leftrightarrow x < -2$

e) $y = 4, \forall x \in \mathbb{R}$

f) $y = -3, \forall x \in \mathbb{R}$

59 a) $\begin{cases} x = 3 \vee x = 7 \Leftrightarrow f(x) = 0 \\ x < 3 \vee x > 7 \Leftrightarrow f(x) > 0 \\ 3 < x < 7 \Leftrightarrow f(x) < 0 \end{cases}$

b) $\begin{cases} f(x) = 0 \Leftrightarrow x = 2 \vee x = 8 \\ f(x) < 0 \Leftrightarrow x < 2 \vee x > 8 \\ f(x) > 0 \Leftrightarrow 2 < x < 8 \end{cases}$

c) $\begin{cases} y = 0 \Leftrightarrow x = -3 \vee x = 6 \\ y < 0 \Leftrightarrow -3 < x < 6 \\ y > 0 \Leftrightarrow x < -3 \vee x > 6 \end{cases}$

d) $\begin{cases} x = -5 \vee x = 3 \Leftrightarrow f(x) = 0 \\ -5 < x < 3 \Leftrightarrow f(x) > 0 \\ x < -5 \vee x > 3 \Leftrightarrow f(x) < 0 \end{cases}$

e) $\begin{cases} f(x) = 0 \Leftrightarrow x = 5 \\ f(x) > 0 \Leftrightarrow x \neq 5 \end{cases}$

f) $\begin{cases} x = -4 \Leftrightarrow f(x) = 0 \\ x \neq -4 \Leftrightarrow f(x) > 0 \end{cases}$

g) $\begin{cases} y = 0 \Leftrightarrow x = -5 \\ y < 0 \Leftrightarrow x \neq -5 \end{cases}$

h) $\begin{cases} f(x) = 0 \Leftrightarrow x = 6 \\ f(x) < 0 \Leftrightarrow x \neq 6 \end{cases}$

i) $y > 0, \forall x \in \mathbb{R}$

j) $y < 0, \forall x \in \mathbb{R}$

62 Dados os gráficos de funções f e g definidas sobre $\mathbb{R}$, estudar a variação de sinal do produto p = f · g.

a)

b)

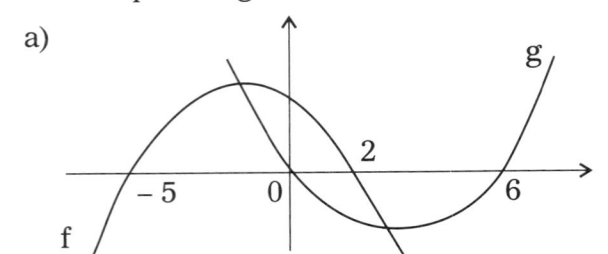

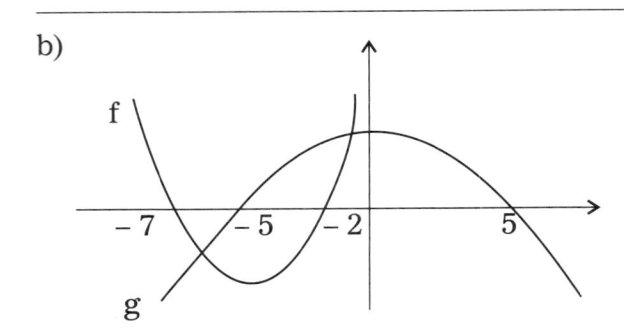

63 Dados os gráficos das funções f, g e h, definidas sobre $\mathbb{R}$, estudar a variação do sinal da expressão E(x) = [f(x)· g(x)] : h(x).

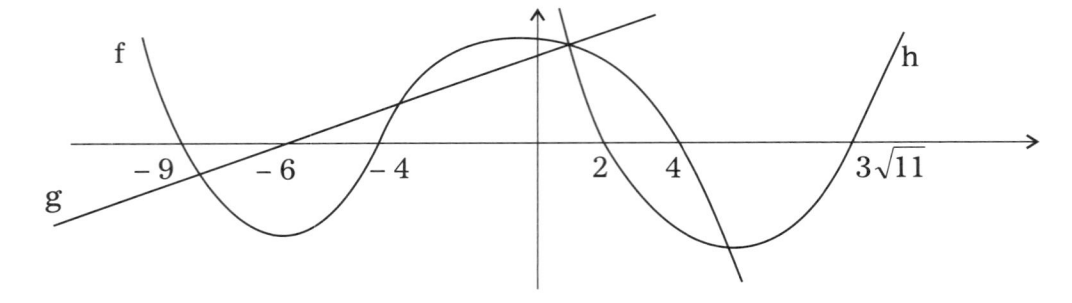

5 – Função crescente e função decrescente

I) Função crescente ou crescente em um intervalo

Seja f uma função de domínio D com y = f(x) e A um subconjunto de D. Dizemos que y = f(x) é crescente em A, se e somente se, para todo x_1 e x_2 de A, tivermos: $x_1 < x_2 \Leftrightarrow f(x_1) < f(x_2)$

Dizemos que esta função é crescente no intervalo A.

Se esta condição for satisfeita para todo x_1 e x_2 do domínio D, dizemos que f é crescente em todo o seu domínio, ou apenas que f é função crescente.

II) Função decrescente ou decrescente em um intervalo.

Seja f uma função de domínio D com y = f(x) e A um subconjunto de D. Dizemos que y = f(x) é decrescente em A, se e somente se, para todo x_1 e x_2 de A, tivermos: $x_1 < x_2 \Leftrightarrow f(x_1) > f(x_2)$.

Dizemos que esta função é decrescente no intervalo A.

Se esta condição for satisfeita para todo x_1 e x_2 do domínio D, dizemos que f é decrescente em todo o seu domínio, ou apenas que f é função decrescente.

Sendo f uma definida em $A = [a, b]$ contido no seu domínio, observe:

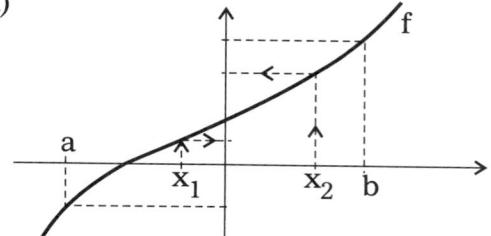

a)

f é crescente em $A = [a, b]$

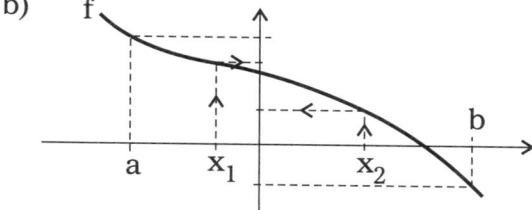

b)

f é decrescente em $A = [a, b]$

Exemplo: Dada a função f: $\mathbb{R} \to \mathbb{R}$, dada pelo seu gráfico cartesiano, determinar os intervalos nos quais ela é crescente e os intervalos nos quais ela é decrescente.

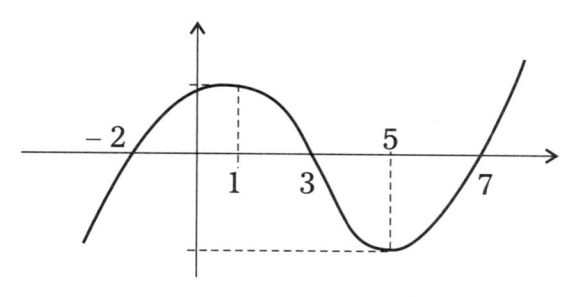

É crescente no conjunto $\{x \in \mathbb{R} | x \leq 1\}$ (ou no intervalo $]-\infty, 1]$).

É crescente no conjunto $\{x \in \mathbb{R} | x \geq 5\}$ (ou é crescente no intervalo $[5, +\infty[$

É decrescente no conjunto $\{x \in \mathbb{R} | 1 \leq x \leq 5\}$.

Considere o conjunto $A = \{x \in \mathbb{R} | x \leq 1 \vee x \geq 5\}$.

Note que f **não é crescente** em A pois – 1 e 6 estão em A e – 1 < 6 e – 1 > f(6).

Resp:

60 a) $\begin{cases} f(x) = 0 \Leftrightarrow x = -4 \vee x = 2 \vee x = 6 \\ f(x) < 0 \Leftrightarrow x < -4 \vee 2 < x < 6 \\ f(x) > 0 \Leftrightarrow -4 < x < 2 \vee x > 6 \end{cases}$
b) $\begin{cases} f(x) = 0 \Leftrightarrow x = -5 \vee x = -1 \vee x = 4 \\ f(x) < 0 \Leftrightarrow -5 < x < -1 \vee x > 4 \\ f(x) > 0 \Leftrightarrow x < -5 \vee -1 < x < 4 \end{cases}$
c) $\begin{cases} y = 0 \Leftrightarrow x \in \{-3; 0; 2; 5\} \\ y < 0 \Leftrightarrow x < -3 \vee 0 < x < 2 \vee x > 5 \\ y > 0 \Leftrightarrow -3 < x < 0 \vee 2 < x < 5 \end{cases}$

61 a) $\begin{cases} p(x) = 0 \Leftrightarrow x = -3 \vee x = 5 \\ p(x) < 0 \Leftrightarrow x = -3 \vee x > 5 \\ p(x) > 0 \Leftrightarrow -3 < x < 5 \end{cases}$
b) $\begin{cases} p(x) = 0 \Leftrightarrow x = -2 \vee x = 3 \vee x = 6 \\ p(x) < 0 \Leftrightarrow -2 < x < 3 \vee x > 6 \\ p(x) > 0 \Leftrightarrow x < -2 \vee 3 < x < 6 \end{cases}$
c) $\begin{cases} p(x) = 0 \Leftrightarrow x \in \{-9; -5; 4\} \\ p(x) < 0 \Leftrightarrow -9 < x < -5 \vee x > 4 \\ p(x) > 0 \Leftrightarrow x < -9 \vee -5 < x < 4 \end{cases}$

d) $\begin{cases} p(x) = 0 \Leftrightarrow x \in \{-6; -3; 3\} \\ p(x) < 0 \Leftrightarrow x < -6 \vee x > 3 \\ p(x) > 0 \Leftrightarrow x \neq -3 \wedge -6 < x < 3 \end{cases}$

64 Considere a função y = f(x) de domínio D, dada pelo seu gráfico. Determinar os intervalos nas quais ela é crescente e os intervalos nas quais ela é decrescente, nos casos:

a) $D = \mathbb{R}$

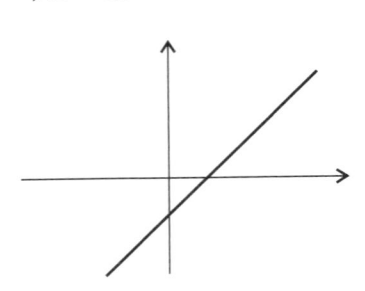

b) $D = \mathbb{R}$

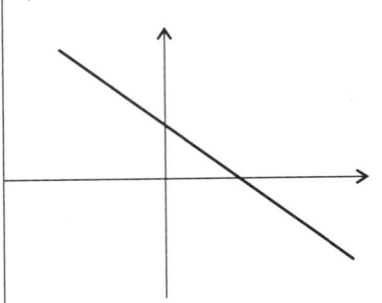

c) $D = \mathbb{R}$

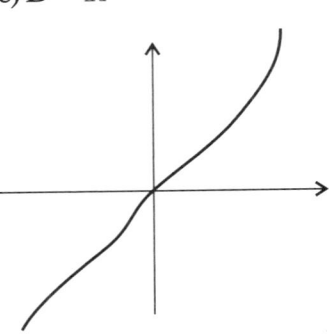

d) $D = \mathbb{R}$

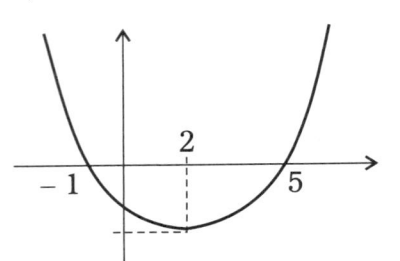

e) $D = \mathbb{R}$

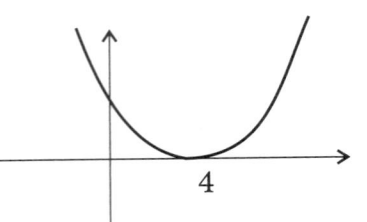

f) $D = \mathbb{R}$

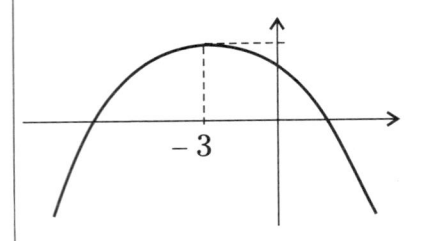

g) $D = \mathbb{R}$

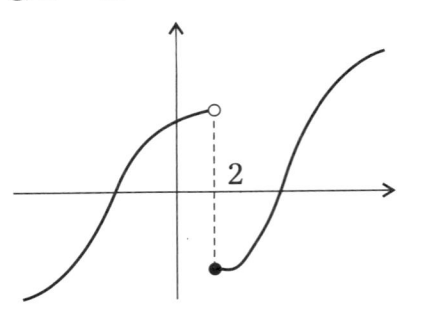

h) $D = \left]-\dfrac{\pi}{2}, \dfrac{3\pi}{2}\right[- \left\{\dfrac{\pi}{2}\right\}$

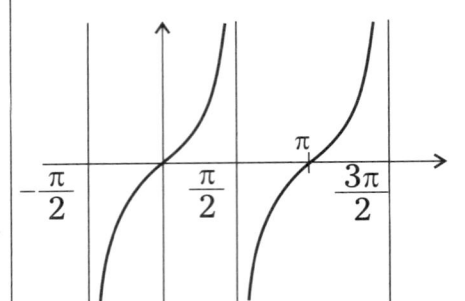

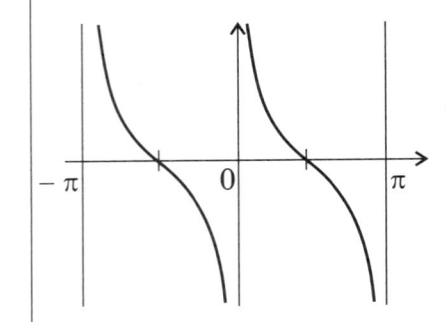

i) $D = \left]-\pi, \pi\right[- \{0\}$

j) $D = \mathbb{R}$

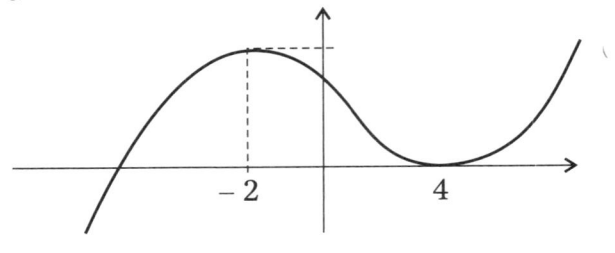

k) $D = \mathbb{R}$

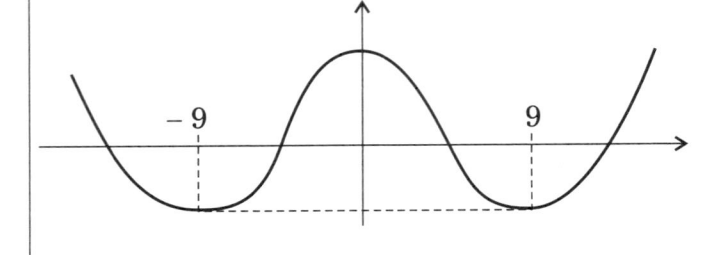

46

III ALGUMAS FUNÇÕES ELEMENTARES

1 – Função constante

A função $f: \mathbb{R} \to \mathbb{R}$ que faz corresponder a todo número real x um mesmo número real c, é chamada função constante.

$$f: \mathbb{R} \to \mathbb{R} \text{ tal que } f(x) = c, \, c \in \mathbb{R}$$

Exemplos: 1) $f(x) = 2$ Os elementos de f são do tipo (x, 2), $x \in \mathbb{R}$

2) $f(x) = -3$, $f(x) = \dfrac{2}{3}$, $f(x) = \sqrt{2} + 3$, $f(x) = 0$

As do tipo $f(x) = c$, $c \neq 0$ são chamadas funções polinomiais de grau zero.

A função $f(x) = 0$ é função polinomial para a qual não se define o grau, pois não se define o grau de polinômio nulo.

Domínio e imagem da função constante $f(x) = c$:

Como a imagem de cada número real x é c ($f(x) = c, \forall x \in \mathbb{R}$), obtemos:

O domínio da função $f(x) = c$ é $D = \mathbb{R}$

A imagem da função $f(x) = c$ é $Im = \{c\}$

O gráfico da função constante $f(x) = c$ é uma reta horizontal que passa pelo ponto (0, c), (1, c), (– 5, c), etc. Observe:

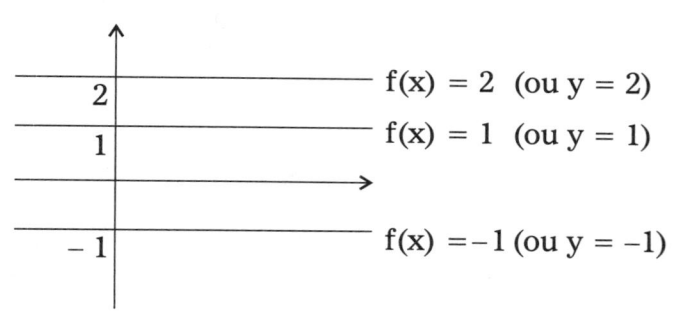

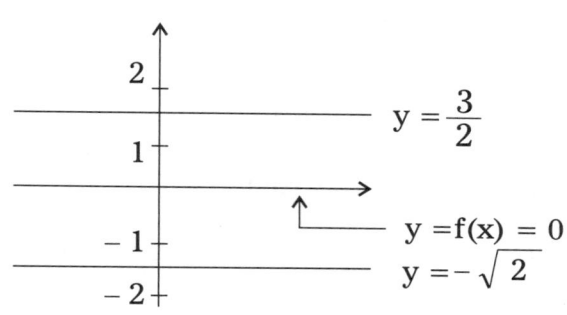

[Gráficos: retas horizontais em $f(x) = 2$ (ou $y = 2$), $f(x) = 1$ (ou $y = 1$), $f(x) = -1$ (ou $y = -1$); e $y = \dfrac{3}{2}$, $y = f(x) = 0$, $y = -\sqrt{2}$]

Sinal da função constante: O sinal da função $f(x) = c$ é igual ao sinal de **c** para todo x real. Note que $f(x) = 2$ é positivo para todo x real, pois 2 é positivo para todo x.

Obs.: Dizemos que a reta horizontal que passa pela ponto (0,2) é o gráfico da função $y = 2$ ou gráfico da equação $y = 2$ ou gráfico da equação $y - 2 = 0$.

2 – Função identidade

A função $f: \mathbb{R} \to \mathbb{R}$ definida por $y = f(x) = x$

é chamada função identidade.

O seu gráfico é a reta que contém as bisstrizes

A função $y = x$ é uma função polinomial do 1º grau.

Domínio e imagem da função identidade: $D = Im = \mathbb{R}$. Ela é função crescente.

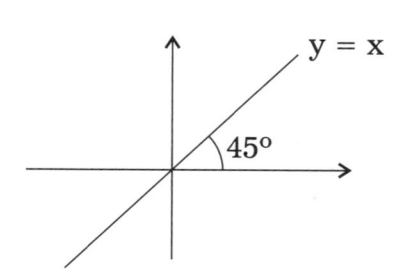

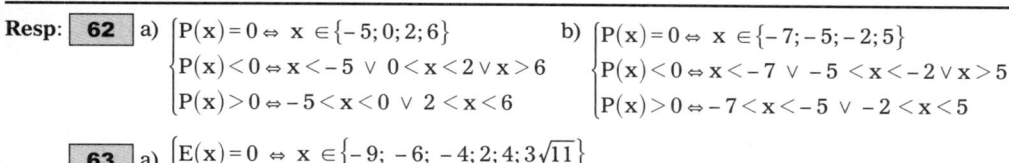

Resp: **62** a) $\begin{cases} P(x) = 0 \Leftrightarrow x \in \{-5; 0; 2; 6\} \\ P(x) < 0 \Leftrightarrow x < -5 \vee 0 < x < 2 \vee x > 6 \\ P(x) > 0 \Leftrightarrow -5 < x < 0 \vee 2 < x < 6 \end{cases}$ b) $\begin{cases} P(x) = 0 \Leftrightarrow x \in \{-7; -5; -2; 5\} \\ P(x) < 0 \Leftrightarrow x < -7 \vee -5 < x < -2 \vee x > 5 \\ P(x) > 0 \Leftrightarrow -7 < x < -5 \vee -2 < x < 5 \end{cases}$

63 a) $\begin{cases} E(x) = 0 \Leftrightarrow x \in \{-9; -6; -4; 2; 4; 3\sqrt{11}\} \\ E(x) < 0 \Leftrightarrow x < -9 \vee -6 < x < -4 \vee 2 < x < 4 \vee x > 3\sqrt{11} \\ E(x) > 0 \Leftrightarrow -9 < x < -6 \vee -4 < x < 2 \vee 4 < x < 3\sqrt{11} \end{cases}$

3 – Função linear

A função $f: \mathbb{R} \to \mathbb{R}$ definida por $f(x) = ax$ (ou $y = ax$) com **a** real e diferente de zero $(a \in \mathbb{R}^*)$ é chamada **função linear**.

Esta função $y = ax$, $a \neq 0$ é uma funçaõ polinomial do primeiro grau.

Exemplos: $y = 3x$; $f(x) = 9x$; $f(x) = \frac{1}{3}x$; $y - 5x$; $y = \sqrt{2}\,x$; $y = x$

Prova-se que os pontos do tipo (x, ax) estão todos sobre uma mesma reta.

Então o gráfico de uma função linear é uma reta.

Note que para $x = 0$ temos:

$y = ax \Rightarrow y = a \cdot (0) \Rightarrow y = 0 \Rightarrow (0, 0)$ é elemento de todas as funções lineares. Então o gráfico de qualquer função linear e uma reta que passa pela origem (0,0) do sistema de coordenadas cartesiano.

Como dois pontos distintos determinam uma única reta, para obtermos o gráfico de uma função linear precisamos de mais um ponto, diferente de (0,0). Para isto basta atribuirmos um valor diferente de zero para x, determinarmos o outro ponto e traçarmos a reta, que será o gráfico da função linear.

Gráfico de $y = ax$ para $a > 0$

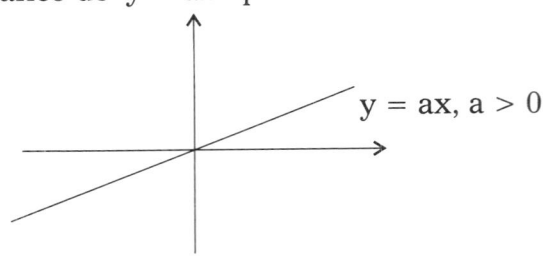

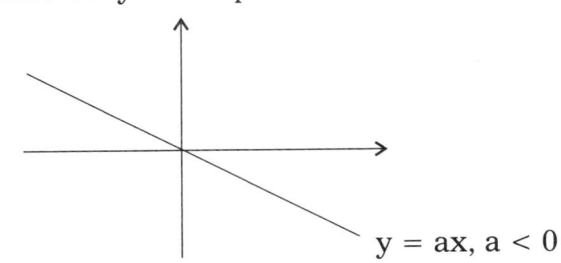

$y = ax, a > 0$

Esta função é crescente em **R**

Gráfico de $y = ax$ para $a < 0$

$y = ax, a < 0$

Esta função é decrescente em **R**

Domínio e imagem da função linear: $D = Im = \mathbb{R}$

Exemplo: Esboçar o gráfico da função linear dada nos casos:

a) $f(x) = 2x$

$f(1) = 2(1) \Rightarrow f(1) = 2$

A reta passa pelos pontos $(0, 0)$ e $(1, 2)$

b) $f(x) = \frac{1}{2}x$

$f(4) = \frac{1}{2}(4) = 2 \Rightarrow f(4) = 2$

A reta passa pelos pontos $(0, 0)$ e $(4, 2)$

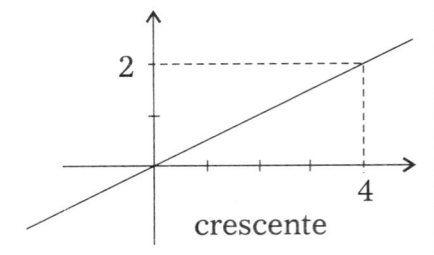

c) $f(x) = -2x$

$f(1) = -2(1) \Rightarrow f(2) = -2$

A reta passa pelos pontos $(0, 0)$ e $(1, -2)$

crescente

crescente

decrescente

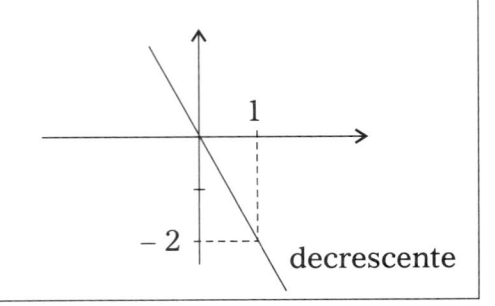

4 – Função afim

A função $f: \mathbb{R} \to \mathbb{R}$ definida por $f(x) = ax + b$ (ou $y = ax + b$) com **a** e **b** reais e **a** diferente de zero é chamada função afim.

Exemplo: $f(x) = 2x + 3$; $y = 5x - 2$, $f(x) = -6x + 4$; $y = \frac{1}{2}x + 7$; $y = 2x$; $y = -3x$.

Obs.: 1) A função afim (y = ax + b) é uma função polinomial do primeiro grau.

2) Note que qualquer função linear é também uma função afim.

3) Prova-se que o gráfico de uma função afim y = ax + b é uma reta.

4) Considerando a função afim y = ax + b, temos:

$y = 0 \Rightarrow 0 = ax + b \Rightarrow x = \dfrac{-b}{a} \Rightarrow \left(-\dfrac{b}{a}, 0\right)$ é elemento de f.

$x = -\dfrac{b}{a}$ é chamada raiz da função y = ax + b.

Então, para y = 0, obtemos a raiz de y = ax + b.

$x = 0 \Rightarrow y = a(0) + b \Rightarrow y = b \Rightarrow (0, b)$ é elemento de f.

Os pontos $\left(-\dfrac{b}{a}, 0\right)$ e (0, b) são os interceptos da função y = ax + b.

Quando $b \neq 0$, os pontos $\left(-\dfrac{b}{a}, 0\right)$ e (0, b) são suficientes para determinar o gráfico de y = ax + b. Dois pontos distintos determinar uma reta.

5) y = ax + b é crescente para a > 0 e decrescente para a < 0.

Observe:

a) y = 2x + 4
$x = 0 \Rightarrow y = 2(0) + 4 = 4 \Rightarrow (0, 4)$
$y = 0 \Rightarrow 2x + 4 = 0 \Rightarrow x = -2 \Rightarrow (-2, 0)$
A reta passa pelos pontos (0,4) e (-2, 0).

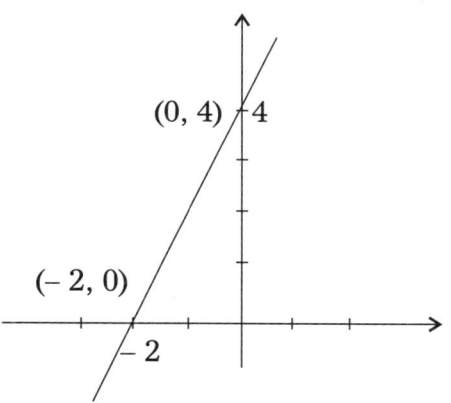

Note que: f(x) = 2x + 4 é crescente em $\mathbb{R}$.
$f(x) > 0 \Leftrightarrow x > -2$
$f(x) < 0 \Leftrightarrow x < -2$

b) y = -3x + 3
$x = 0 \Rightarrow y = -3(0) + 3 = 3 \Rightarrow (0, 3)$
$y = 0 \Rightarrow 0 = -3x + 3 \Rightarrow x = 1 \Rightarrow (1, 0)$
A reta passa pelos ponto (0, 3) e (1, 0).

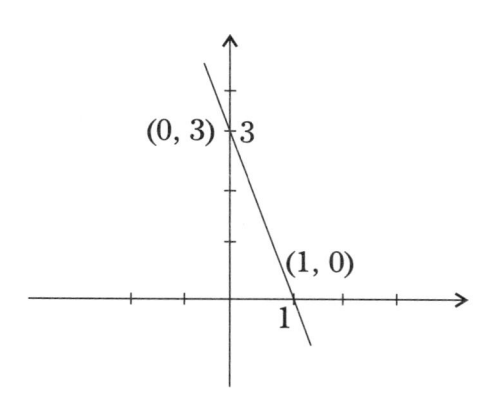

Note: que: f(x) = -3x + 3 é decrescente em $\mathbb{R}$.
$f(x) > 0 \Leftrightarrow x < 1$
$f(x) < 0 \Leftrightarrow x > 1$

6) Na função y = f(x) = ax + b, **a** é chamado coeficente angular da função ou coeficiente angular da reta que é o seu gráfico e **b** é chamado coefiente linear da função.

Resp: **64** a) f é crescente em $\mathbb{R}$ b) f é crescente em $\mathbb{R}$ c) f é crescente em $\mathbb{R}$

d) f é decrescente em $]-\infty, 2]$; f é crescente em $[2, +\infty[$ e) f é decrescente em $]-\infty, 4]$; f é crescente em $[4, +\infty[$

f) f é decrescente em $]-\infty, 3]$; f é crescente em $[-3, +\infty[$

g) f é crescente em $]-\infty, 2]$; f é crescente em $[2, +\infty[$. Note que f não é crescente em $\mathbb{R}$

h) f é crescente em $\left]\dfrac{-\pi}{2}, \dfrac{\pi}{2}\right[$; f é crescente em $\left]\dfrac{\pi}{2}, \dfrac{3\pi}{2}\right[$. Note que f não é crescente em D

i) f é decrescente em $]-\pi, 0[$; f é decrescente em $]0, \pi[$ Note que f não é decrecente em D

j) f é crescente nos intervalos $]-\infty, -2]$ e $[4, +\infty[$ e é decrescente em $[-2, 4]$

k) f é crescente nos intervalos $[-9, 0]$ e $[9, +\infty]$ decrescente nos intervalos $]-\infty, -9]$ e $[0, 9]$

49

7) **Taxa de variação:** O coeficiente angular da função afim é também chamado taxa de variação desta função. Observe o seu significado:

Para y = 2x – 4

a = 2 é a taxa de variação desta função. Significa que um ponto do gráfico que está 1 unidade à direita de um outro, vai estar (a = 2) 2 unidades **acima** deste outro.

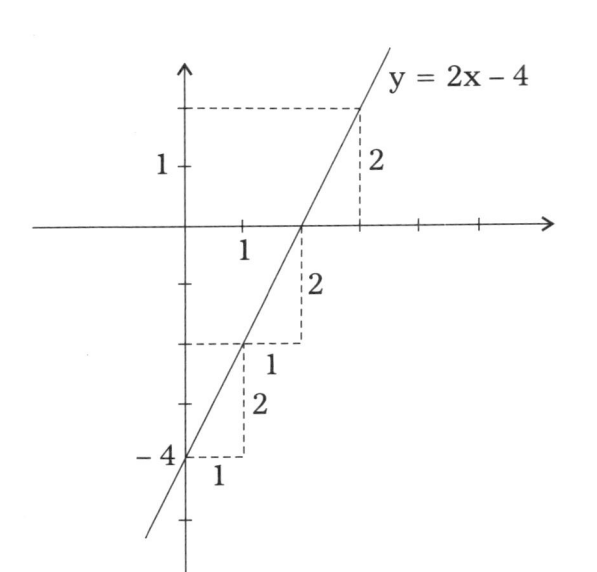

Para y = – 2x + 6

a = – 2 é a taxa de variação desta função. Significa que um ponto do gráfico que está 1 unidade à direita de um outro, vai estar (a = – 2) 2 unidade **abaixo** deste outro.

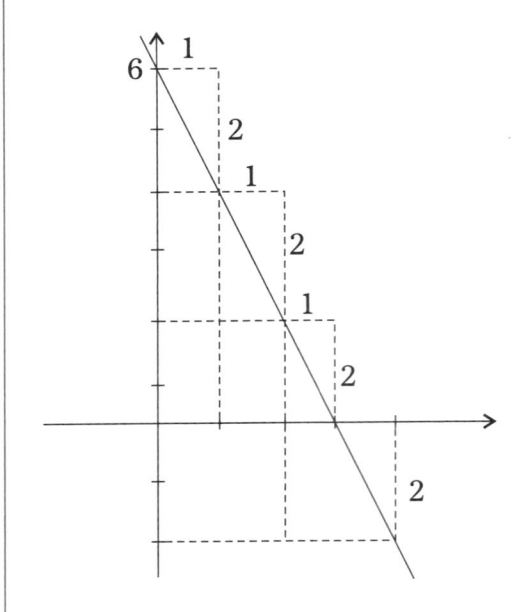

Para $y = \frac{1}{2}x + 1$

$a = \frac{1}{2}$ é a taxa de variação desta função. Significa que um ponto do gráfico que esta 1 unidade à direita de outro, vai estar $\left(a = \frac{1}{2}\right) \frac{1}{2}$ unidade acima deste outro.

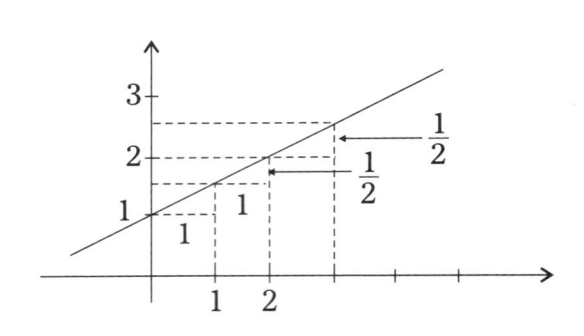

8) **Sequências correspondentes de abscissas e imagens**

Se em uma função afim escolhermos uma sequência de abscissas cujos termos vão aumentanto de **uma** em **uma** unidade, as imagens correspondentes formam uma sequência cujos termos vão tendo um acréscimo de **a** em **a**. Esta sequência é uma progressão aritmética (PA) de razão **a**.

Observe um exemplo para uma sequência de inteiros consecutivos para as abscissas:

y = 3x + 5 para x = 1, 2, 3, 4, 5, 6, 7, ...

y = 8, 11, 14, 17, 20, 23, 26, ...

(8, 11, 14, 17, 20, 23, 26, ...) é uma PA de razão a = 3

9) Domínio e imagem da função afim: D = Im = $\mathbb{R}$

5 – Variação do sinal da função afim

Dada a função $f: \mathbb{R} \to \mathbb{R}$, definida por $y = f(x)$, com $f(x) = ax + b$, $a \neq 0$, temos:

$f(x) = ax + b$, $a > 0 \Rightarrow f$ é crescente $\mathbb{R}$

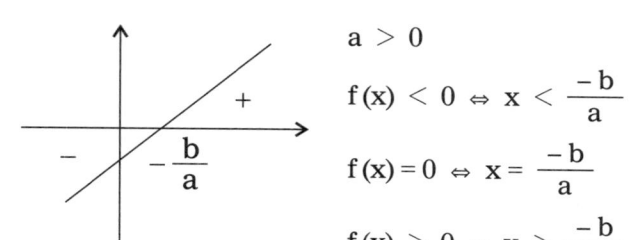

$a > 0$

$f(x) < 0 \Leftrightarrow x < \dfrac{-b}{a}$

$f(x) = 0 \Leftrightarrow x = \dfrac{-b}{a}$

$f(x) > 0 \Leftrightarrow x > \dfrac{-b}{a}$

$y = f(x)$: $-$ | $+$ em $-\dfrac{b}{a}$

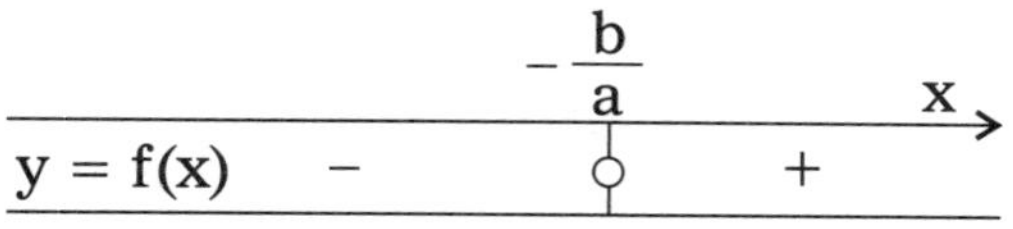

$f(x) = ax + b$, $a < 0 \Rightarrow f$ é decrescente $\mathbb{R}$

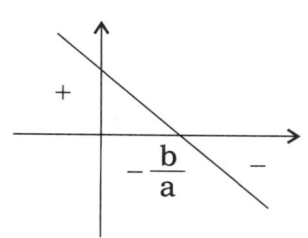

$a > 0$

$f(x) < 0 \Leftrightarrow x < -\dfrac{b}{a}$

$f(x) = 0 \Leftrightarrow x = -\dfrac{b}{a}$

$f(x) > 0 \Leftrightarrow x > -\dfrac{b}{a}$

$y = f(x)$: $+$ | $-$ em $-\dfrac{b}{a}$

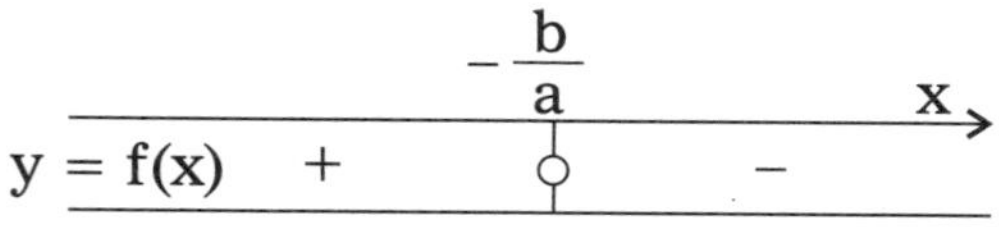

Note que nos dois casos, à direita da raiz $-\dfrac{b}{a}$, $f(x)$ tem o mesmo sinal de a e que à esquerda da raiz $-\dfrac{b}{a}$, $f(x)$ tem o sinal contrário de **a**.

Resumo dos dois casos:

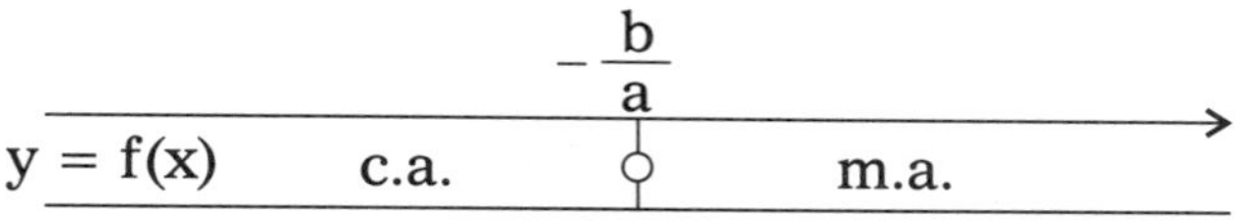

$y = f(x)$: c.a. | m.a. em $-\dfrac{b}{a}$

Exemplo 1: Dada a função linear $f(x) = ax$, determinando um par diferente de $(0, 0)$, mentalmente, esboçar o gráfico de f, nos casos:

a) $y = 3x$

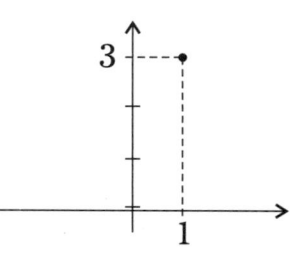

$a = 3 > 0 \Rightarrow f$ é crescente

b) $y = \dfrac{1}{4}x$

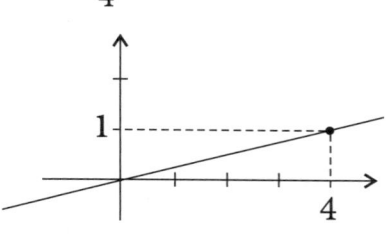

$a = \dfrac{1}{4} > 0 \Rightarrow f$ é crescente

c) $y = -\dfrac{1}{2}x$

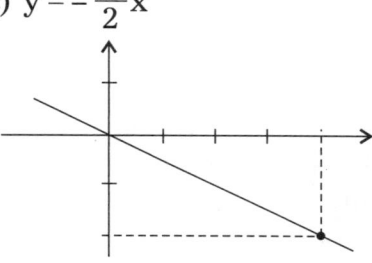

$a = -\dfrac{1}{4} > 0 \Rightarrow f$ é decrescente

Exemplo 2: Dado um par diferente de $(0,0)$ que pertence a uma função linear f definida por $y = ax$, determine esta equação nos casos:

a) $y = ax$ e $(2,6) \in f$

$6 = a \cdot 2 \Rightarrow a = 3 \Rightarrow$

$\boxed{y = 3x}$

b) $y = ax$ e $(-3, 15) \in f$

$15 = a(-3) \Rightarrow a = -5 \Rightarrow$

$\boxed{y = -5x}$

c) $y = ax$ e $(\sqrt{6}, 12) \in f$

$12 = a(\sqrt{6}) \Rightarrow a = \dfrac{12}{\sqrt{6}} \Rightarrow$

$a = 2\sqrt{6} \Rightarrow \boxed{y = 2\sqrt{6}\, a}$

Exemplo 3: Dada uma função afim $f(x) = ax + b$, com $b \neq 0$, determinando mentalmente um par de f, diferente de $(0, b)$, esboçar o gráfico de $y = f(x)$, nos casos:

a) $y = 2x + 1$

$(0, 1) \in f$

$(1, 3) \in f$

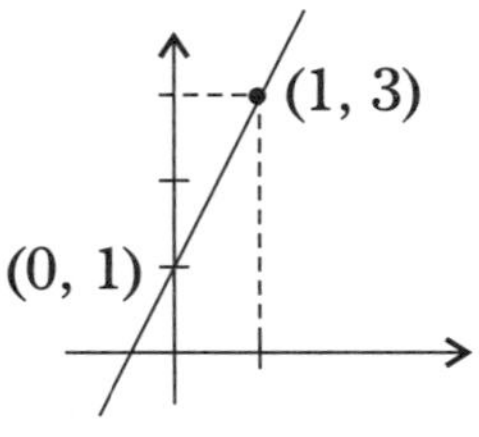

b) $y = -\dfrac{2}{3}x + 3$

$(0, 3) \in f$

$(3, 1) \in f$

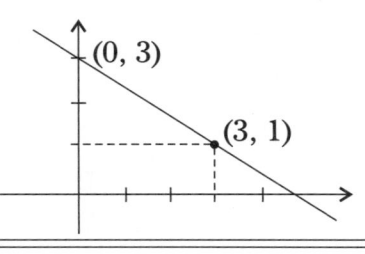

Exemplo 4: Dada a função afim $f(x) = ax + b$, determinar a raiz de f, nos casos:

a) $y = 7x + 21$
$y = 0 \Rightarrow 7x + 21 = 0 \Rightarrow$
$\Rightarrow \boxed{x = -3}$
Note que $(-3, 0) \in f$

b) $y = -3x + 12$
$y = 0 \Rightarrow -3x + 12 = 0 \Rightarrow$
$\Rightarrow \boxed{x = 4}$
Note que $(4, 0) \in f$

c) $y = -\dfrac{3}{2}x + 9$
$y = 0 \Rightarrow -\dfrac{3}{2}x + 9 = 0 \Rightarrow$
$-3x + 18 = 0 \Rightarrow \boxed{x = 6}$
Note que $(6, 0) \in f$

Exemplo 5: Dada a função afim $y = ax + b$, determinar os seus interceptos, nos casos:

a) $y = 4x - 20$
$x = 0 \Rightarrow y = -20 \Rightarrow (0, -20)$
$y = 0 \Rightarrow 4x - 20 = 0 \Rightarrow x = 5 \Rightarrow (5, 0)$
$(0, -20)$ e $(5, 0)$

b) $y = -\dfrac{3}{5}x + 7$
$x = 0 \Rightarrow y = 7 \Rightarrow (0, 7)$
$y = 0 \Rightarrow -\dfrac{3}{5}x + 7 = 0 \Rightarrow -3x + 35 = 0 \Rightarrow$
$x = \dfrac{35}{3} \Rightarrow \left(\dfrac{35}{3}, 0\right) \Rightarrow (0, 7)$ e $\left(\dfrac{35}{3}, 0\right)$

Exemplo 6: Dados dois pares distintos da função $f(x) = ax + b$, determinar a equação que define f, nos casos:

a) $(2, 3) \in f$ e $(-1, -3) \in f$
$y = ax + b \Rightarrow$
$\begin{cases} 3 = a(2) + b \\ -3 = a(-1) + b \end{cases} \Rightarrow \begin{cases} 3 = 2a + b \\ 3 = a - b \end{cases} \Rightarrow$
$6 = 3a \Rightarrow \boxed{a = 2} \Rightarrow 3 = 2 - b \Rightarrow \boxed{b = 1} \Rightarrow$
$y = 2x - 1$ ou $f(x) = 2x - 1$

b) $(-2, 1) \in f$ e $(4, -5) \in f$
$y = ax + b \Rightarrow$
$\begin{cases} 1 = a(-2) + b \\ -5 = a(4) + b \end{cases} \Rightarrow \begin{cases} -1 = 2a - b \\ -5 = 4a + b \end{cases} \Rightarrow$
$-6 = 6a \Rightarrow a = -1 \Rightarrow -5 = 4(-1) + b \Rightarrow$
$b = -1 \Rightarrow$
$y = -1x - 1$ ou $f(x) = -x - 1$

Exemplo 7: Fazer sem esboçar o gráfico, usando apenas o dispositivo dado ao lado, o estudo da variação do sinal da função afim dada, nos casos:

$$\underset{f(x) \quad c.a. \quad 0 \quad\quad m.a.}{\xrightarrow{\hspace{3cm} -\frac{b}{a} \hspace{3cm}}}$$

a) $f(x) = 2x - 14$. Note que $a = 2 > 0$
Cálculo da raiz de $f(x)$
$y = 0 \Rightarrow 2x - 14 = 0 \Rightarrow x = 7$

$$\underset{f(x) \quad - \quad 0 \quad +}{\xrightarrow{\hspace{2cm} 7 \hspace{2cm}}}$$

$f(x) = 0 \Leftrightarrow x = 7$
$f(x) < 0 \Leftrightarrow x < 7$
$f(x) > 0 \Leftrightarrow x > 7$

b) $y = -3x - 15$. Note que $a = -3 < 0$
Cálculo da raiz de $f(x)$
$y = 0 \Rightarrow -3x - 15 = 0 \Rightarrow x = -5$

$$\underset{f(x) \quad + \quad 0 \quad -}{\xrightarrow{\hspace{2cm} -5 \hspace{2cm}}}$$

$f(x) = 0 \Leftrightarrow x = -5$
$f(x) < 0 \Leftrightarrow x > -5$
$f(x) > 0 \Leftrightarrow x < -5$

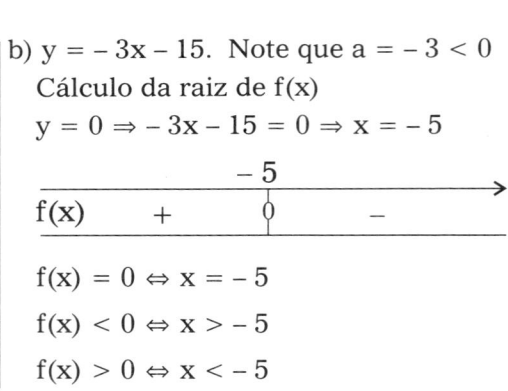

Exemplo 8: Dada a função afim $f(x) = 2x + 4$ cuja raiz é -2 e a função $g(x) = -3x + 9$ cuja raiz é 3, estudar a variação de sinal da função $h(x) = f(x) \cdot g(x)$.

		-2		3	
f	$-$	0	$+$		$+$
g	$+$		$+$	0	$-$
h	$-$	0	$+$	0	$-$

$h(x) = 0 \Leftrightarrow x = -2 \lor x = 3$
$h(x) < 0 \Leftrightarrow x < -2 \lor x > 3$
$h(x) > 0 \Leftrightarrow -2 < x < 3$

65 Dadas as funções f(x) = 3, g(x) = 3x e h(x) = 3x – 9, definidas sobre $\mathbb{R}$, determinar, fazendo os cálculos mentalmente, as seguintes imagens:

a) f(3) =	b) f(7) =	c) g(1) =	d) g(0) =	e) g(– 5) =
f) h(1) =	g) h(2) =	h) h(0) =	i) h(3) =	j) h(– 1) =
k) f(0) =	l) g(– 2) =	m) h(– 3) =	n) $h\left(-\frac{2}{3}\right)=$	o) $g\left(-\frac{2}{3}\right)=$

66 Dadas a função f: $\mathbb{R} \to \mathbb{R}$, completar a tabela de modo que os pares obtidos sejam elementos da função dada, nos casos:

a) f(x) = 4

x	y
– 3	
– 2	
7	
0	

b) f(x) = 2x

x	y
– 5	
– 3	
0	
3	

c) $f(x) = -\frac{1}{2}x$

x	y
– 2	
– 6	
0	
10	

d) f(x) = 2x – 6

x	y
0	
– 1	
2	
3	

e) f(x) = 8 – 2x

x	y
0	
4	
– 1	
5	

67 Em cada caso é dada uma função afim y = ax + b, determinar o par de f cuja imagem também está dada.

a) y = 2x – 7, y = 3

b) y = – 3x – 4, y = – 25

c) y = 7 – 5x, y = 52

d) $y = 4 - \frac{2}{3}x$, y = 0

e) $y = \frac{5}{7}x - 4$, y = 6

f) y = 3x – 1, $y = \frac{2}{3}$

g) $y = \frac{2}{3}x - \frac{1}{2}$, $y = \frac{1}{2}$

h) $y = \sqrt{2}\,x - \sqrt{6}$, $y = 2\sqrt{6}$

i) $y = \frac{1}{2} - \frac{5}{4}$, $y = -\frac{2}{3}$

68 Dada uma função linear y = ax, determinando mentalmente um par dela, diferente de (0, 0) que já é dela, esboçar o seu gráfico e dizer se f é crescente ou decrescente nos casos:

a) y = 3x

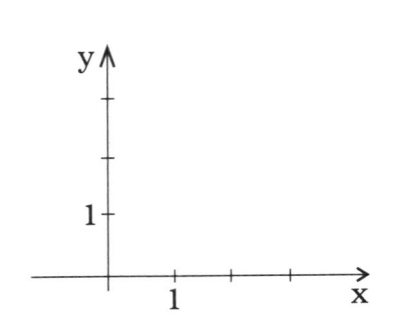

b) y = $-\frac{1}{2}$x

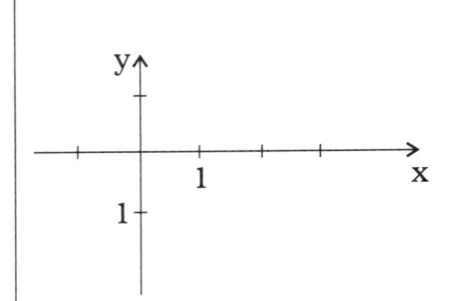

c) y = -2x

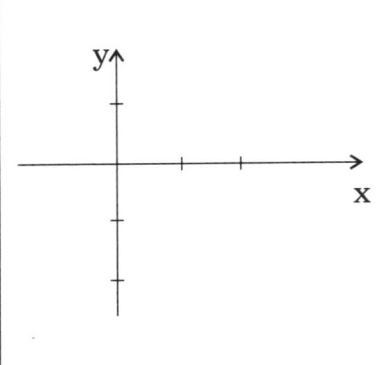

69 Dada a função afim f(x) = ax + b, determinando mentalmente um par dela, diferente de (0, b) que já é dela, esboçar o seu gráfico e dizer se f é crescente ou decrescente, nos casos:

a) y = 2x - 3

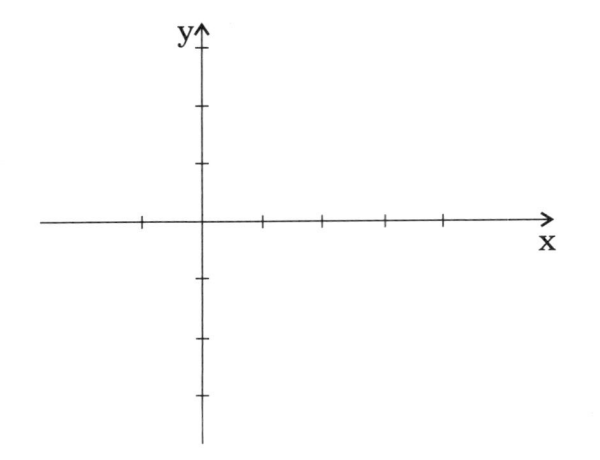

b) y = -2x + 4

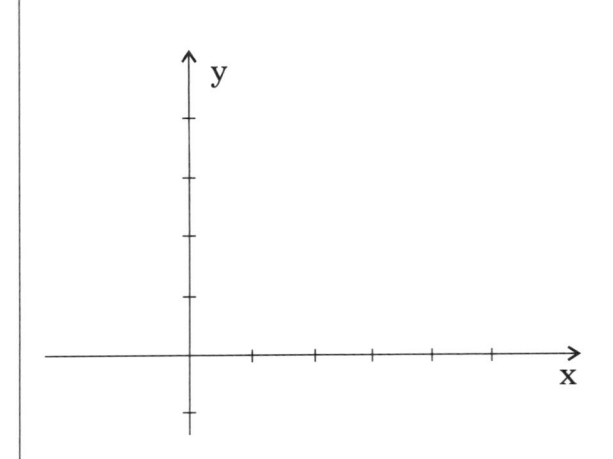

c) y = $-\frac{1}{2}$x + 2

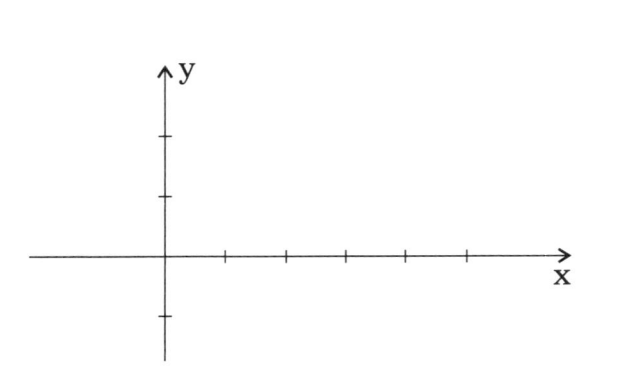

d) y = x - 2

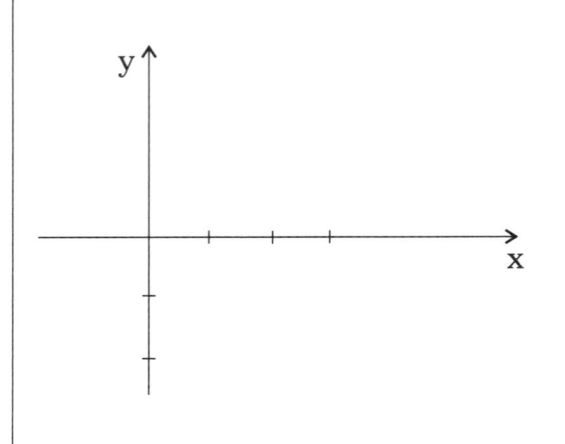

54

70 Esboçar o gráfico da função y = f(x), nos casos:

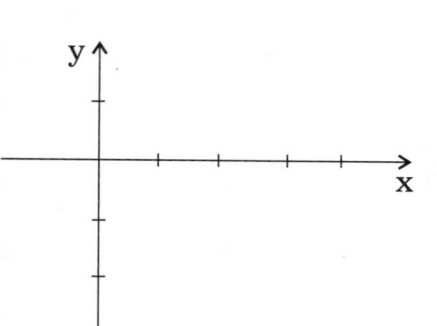

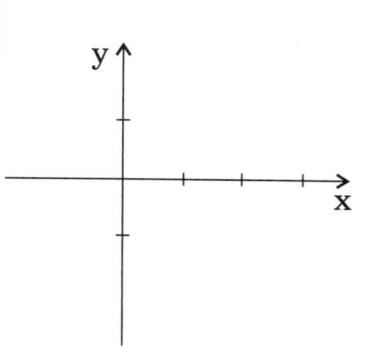

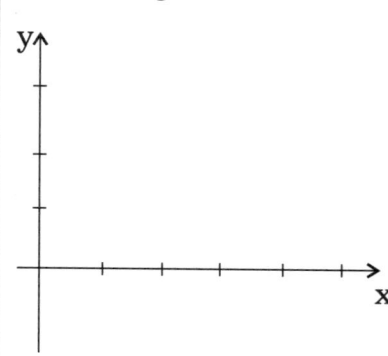

a) $y = -\dfrac{2}{3}x$

b) $y = \dfrac{3}{2}x - 2$

c) $y = 3 - \dfrac{2}{3}x$

71 Sabemos que o par (0, 0) pertence à função linear y = ax. Dado um outro par desta função, determinar a equação que a define, nos casos:

a) $(2, 6) \in f, y = ax$

b) $(-2, 4) \in f, y = ax$

c) $(8, 2) \in f, y = ax$

72 Dada a função afim f(x) = ax + b, determinar o ponto de interseção de f com o eixo das ordenadas (eixo dos y), nos casos:

a) $f(x) = 7x + 3$

b) $f(x) = 4x + 5$

c) $f(x) = -2x - 9$

d) $y = \dfrac{2}{7}x - 2$

e) $f(x) = 21x$

f) $y = -3 + 7x$

g) $y = -9x$

h) $y = 13 - 200x$

73 Dada a função afim f(x) = ax + b, determinar a raiz (ou zero) de f(x) e o ponto de interseção de f com o eixo das abscissas (eixos dos x), nos casos:

a) $f(x) = 2x - 12$

b) $y = -3x - 15$

c) $f(x) = 17x$

d) $y = 15 - 5x$

e) $f(x) = \dfrac{2}{3}x - 4$

f) $y = -2x + 5$

Resp: **65** a) 3 b) 3 c) 3 d) 0 e) −15 f) −6 g) −3 h) −9 i) 0 j) −12 k) 3 l) −6 m) −18 n) −11 o) −2   **66** De cima para baixo a) 4; 4; 4; 4   b) −10; −6; 0; 6   c) 1; 3; 0; −5   d) −6; −8; −2; 0   e) 8; 0; 10; −2   **67** a) (5,3)   b) (7, −25)   c) (−9, 52)   d) (6, 0)   e) (14, 6)   f) $\left(\dfrac{5}{9}, \dfrac{2}{3}\right)$ g) $\left(\dfrac{3}{2}, \dfrac{1}{2}\right)$ h) $(3\sqrt{3}, 2\sqrt{6})$ i) $\left(\dfrac{14}{15}, -\dfrac{2}{3}\right)$

74 Dada a função afim f(x) = ax + b, determinar os seus interceptos (os pontos de interseção do gráfico com eixos), nos casos:

a) f(x) = 3x – 6

b) y = – 2x – 8

c) y = 4 – $\frac{1}{2}$x

d) y = 3 – 15x

75 Determinar a equação (lei de correspondência) que define a função afim f(x) = ax + b, dado o seu coefiente angular **a** e um elemento de f, nos casos:

a) a = 4, (1, – 2) ∈ f

b) a = 5 , (2, – 10) ∈ f

c) a = – 3, (– 3, 3) ∈ f

d) a = $\frac{1}{2}$, (– 4, – 7) ∈ f

e) a = – 5, (2, – 4) ∈ f

f) a = $\frac{1}{3}$, $\left(\frac{3}{4}, -\frac{1}{4}\right)$ ∈ f

76 Determinar a equação (lei de correspondência) que define a função afim f(x) = ax + b, dado o seu coeficiente linear **b** e um elemento de f, nos casos:

a) b = 5, (2, 7) ∈ f

b) b = −7, (−2, 1) ∈ f

c) b = −3, (4, −1) ∈ f

d) b = 3, (−2, 13) ∈ f

77 Dados dois pares distintos da função afim f(x) = ax + b, determinar a equação que a define nos casos:

a) (1, −3), (−1, −7)

b) (5, −3), (2, 3)

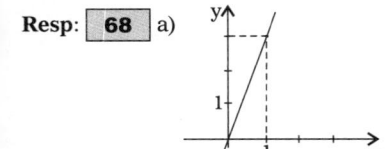

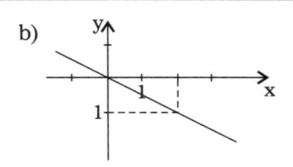

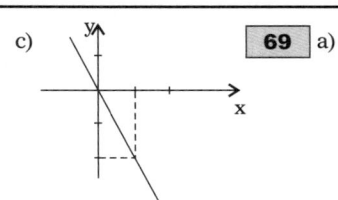

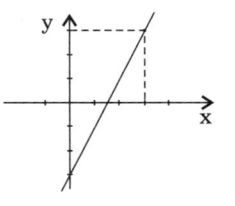

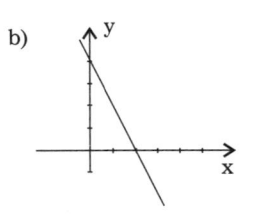

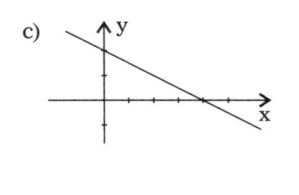

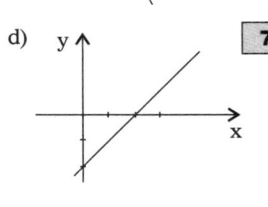

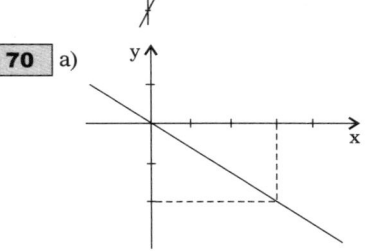

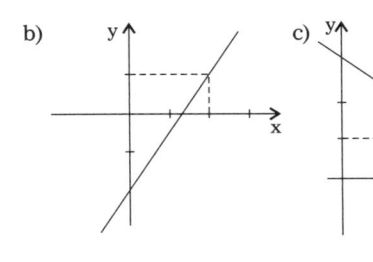

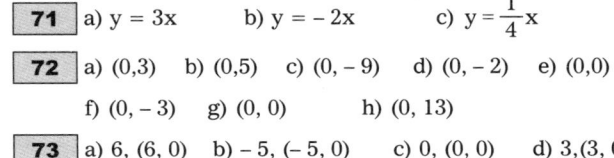

Resp: **68** a) [gráfico] b) [gráfico] c) [gráfico] **69** a) [gráfico]
b) [gráfico] c) [gráfico] d) [gráfico] **70** a) [gráfico]
b) [gráfico] c) [gráfico]

71 a) y = 3x   b) y = −2x   c) y = $\frac{1}{4}$x

72 a) (0,3)   b) (0,5)   c) (0, −9)   d) (0, −2)   e) (0,0)
f) (0, −3)   g) (0, 0)   h) (0, 13)

73 a) 6, (6, 0)   b) −5, (−5, 0)   c) 0, (0, 0)   d) 3, (3, 0)
f) 6, (6, 0)   f) $\frac{5}{2}$, $\left(\frac{5}{2}, 0\right)$

57

78 Dada a raiz x' de uma função afim f(x) = ax + b e um outro par que é elemento de f, determinar esta função, nos casos:

a) x' = – 3, (1, 8) ∈ f

b) x' = $\frac{5}{2}$, (3, – 1) ∈ f

Exemplo: Outro modo para determinar y = ax + b, dados a raiz e um outro elemento de f:

Sendo x' a raiz de y = ax + b, obtemos:

$0 = ax + b \Rightarrow ax = -b \Rightarrow x = \frac{-b}{a} \Rightarrow \boxed{x' = -\frac{b}{a}} \Rightarrow \boxed{\frac{b}{a} = -x'}$

$y = ax + b \Rightarrow y = a\left(x + \frac{b}{a}\right)$ e $\frac{b}{a} = -x' \Rightarrow \boxed{y = a(x - x')}$

Vejam para x' = 4 e (2, 6) ∈ f:

1) y = a (x – x') ⇒ y = a(x – 4)

2) (2, 6) ∈ f ⇒ 6 = a (2 – 4) ⇒ 6 = – 2a ⇒ a = – 3 ⇒ y = – 3 (x – 4) ⇒ $\boxed{y = -3x + 12}$

---

79 Dados a raiz x' e um outro elemento da função afim f(x) = ax + b, determine-a, nos casos:

a) x' = 5, (3, – 6) ∈ f

b) x' = – 8, (– 4, – 2) ∈ f

80 Dados dois pares que são elementos de uma função afim $f(x) = ax + b$, determinar a equação que a define, e mais o que se pede, nos casos:

a) $(4, -2) \in f$, $(6, 2) \in f$. Determinar a raiz de f e o elemento de f de abscissa 30.

b) $(5, 6) \in f$, $(8, -3) \in f$. Determinar a raiz de f e o elemento de f de ordenada 9.

c) $(4, 8) \in f$, $(9, -2) \in f$. Determinar a raiz de f e o elemento de f cuja soma da abscissa com a ordenada seja 11.

Resp: **74** a) $(0, -6), (2, 0)$ b) $(0, -8), (-4, 0)$ c) $(0, 4), (8, 0)$ d) $(0, 3), \left(\frac{1}{5}, 0\right)$ **75** a) $y = 4x - 6$ b) $y = 5x - 20$

c) $y = -3x + 12$ d) $y = \frac{1}{2}x - 5$ e) $y = -5x + 6$ f) $y = \frac{1}{3}x - \frac{1}{2}$ **76** a) $y = x + 5$ b) $y = -4x - 7$

c) $y = \frac{1}{2}x - 3$ d) $y = -5x + 3$ **77** a) $y = 2x - 5$ b) $y = -2x + 7$

81 Analisando o coeficiente angular da função afim f(x) = ax + b dada, dizer se ela é crescente ou decrescente.

a) y = 5x + 7	b) y = – 5x + 7	c) y = $\frac{5}{3}$x + 1	d) y = – 4 + x
e) y = – 7 – 2x	f) y = 13 – x	g) y = 9x	h) y = $(\pi - 4)$x

82 Dados os interceptos da função afim f(x) = ax + b, determinar a equação que a define, nos casos:

a) (0, 4) e (2, 0)

b) (0, 3) e (– 6, 0)

83 Dados os interceptos de uma função afim f(x) = ax + b, determinar o que se pede.

a) (0, – 6), (– 12, 0). Determinar o ponto onde o gráfico corta a bissetriz dos quadrantes ímpares.

b) (0, 6), (4, 0). Determinar o ponto onde o gráfico corta a bissetriz dos quadrantes pares.

84 Dado o gráfico cartesiano da função afim y = ax + b, determinar a equação que a define, nos casos:

a)

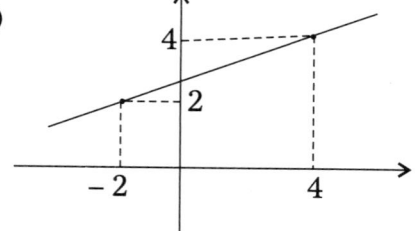

b)

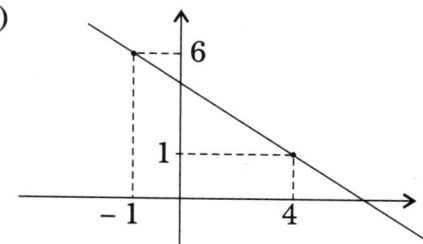

c)

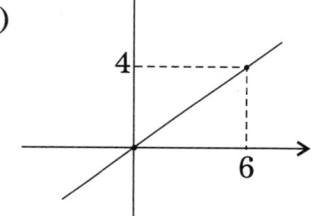

d)

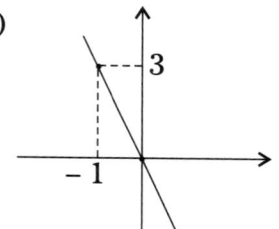

e)

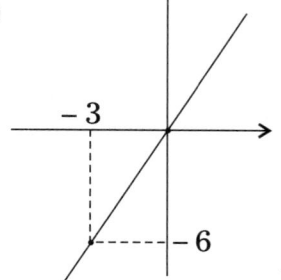

f)

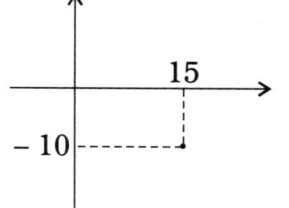

Resp: **78** a) y = 2x + 6   b) y = −2x + 5   **79** a) y = 3x − 15   b) y = −$\frac{1}{2}$x − 4   **80** a) y = 2x − 10, x' = 5, (30, 50)
b) y = −3x + 21, x' = 7, (4, 9)   c) y = −2x + 16, x' = 8, (5, 6)

61

85 Seja f(x) = ax + b a função cujo gráfico é a reta r dada e a função g(x) = cx + d, cujo gráfico é a reta s dada. Determinar as equações que definem essas funções e resolver em seguida o sistema de equações, cujas equações são as obtidas, nos casos:

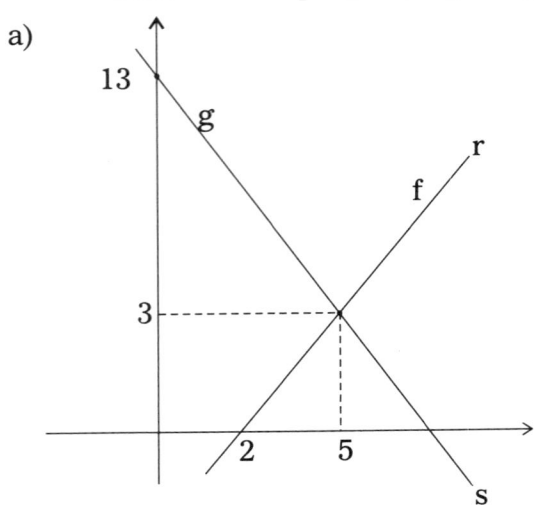

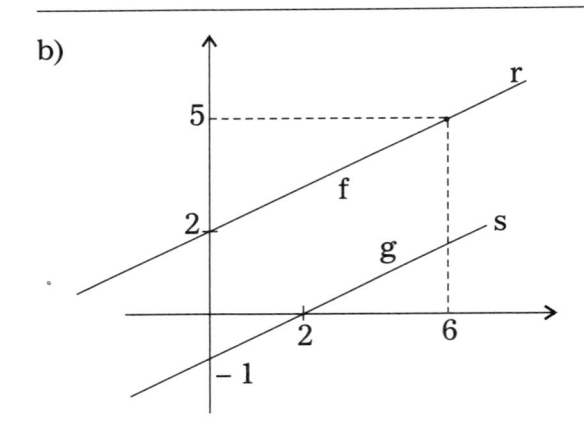

a)

b)

86 Dadas as funções f e g, determinar o elemento comum a elas, nos casos:

a) $f(x) = 2x - 4$, $g(x) = 3x + 6$

b) $f(x) = -5x + 9$, $g(x) = -2x + 18$

c) $f(x) = -2x$, $g(x) = 2x - 4$

d) $f(x) = \dfrac{2}{3}x$, $g(x) = 5x - 13$

87 Dada a função afim $f(x) = 3x + 12$, determinar a área do triângulo que o gráfico de f determina com os eixos coordenados.

Obs.: basta determinar os interceptos de f e esboçar um gráfico.

Resp: **81** a) crescente b) decrescente c) crescente d) crescente e) decrescente f) decrescente g) crescente h) decrescente **82** a) $y = -2x + 4$ b) $y = \dfrac{1}{2}x + 3$ **83** a) $(-4, -4)$ b) $(12, -12)$ **84** a) $y = \dfrac{1}{3}x + \dfrac{8}{3}$ b) $y = -x + 5$ c) $y = \dfrac{2}{5}x$ d) $y = -3x$ e) $y = 2x$ f) $y = \dfrac{-2}{3}x$

88 Determinar a área do triângulo determinado pelos gráficos das funções

$f(x) = -\dfrac{4}{3}x + \dfrac{32}{3}$, $g(x) = \dfrac{2}{3}x + \dfrac{2}{3}$ e o eixo das abscissas.

89 Dadas as funções $f(x) = \dfrac{1}{2}x - 2$, $g(x) = -\dfrac{1}{6}x + 6$, determinar a área do triângulo determinado pelos gráficos de f e g e o eixo das ordenadas.

90 Dado o esboço do gráfico de uma função afim f(x) = ax + b, fazer o estudo da variação do sinal de f, nos casos:

a) [gráfico: reta crescente cortando eixo x em −8]

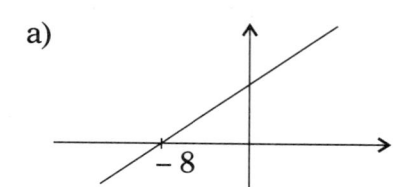

b) [gráfico: reta decrescente passando pela origem]

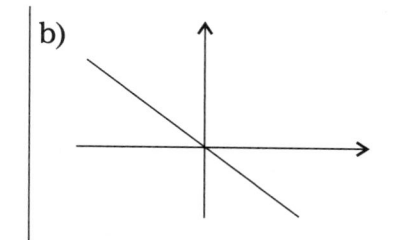

c) [gráfico: reta decrescente cortando eixo x em 6]

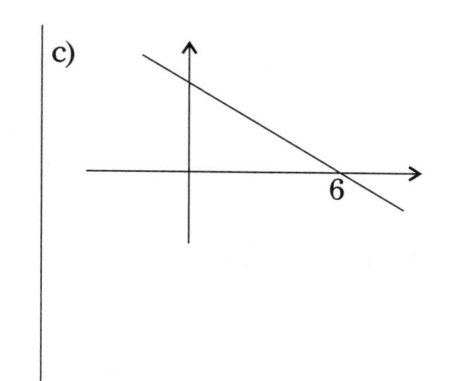

91 Dado o esboço do gráfico de uma função afim f(x) = ax + b, suprimindo, para simplificar, o eixo das ordenadas (eixo vertical), fazer o estudo da variação do sinal de f, nos casos:

a) [reta decrescente cortando eixo x em 10]

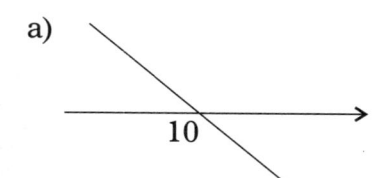

b) [reta crescente cortando eixo x em −20]

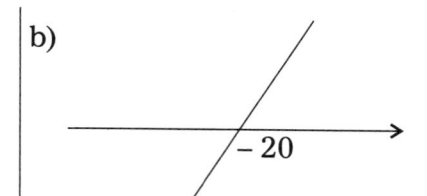

c) [reta decrescente cortando eixo x em −51]

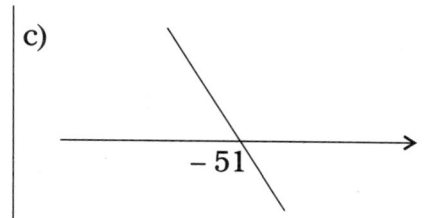

92 Dada a função afim f(x) = ax + b, sabendo que f é crescente para a positivo (a > 0) e decrescente para a negativo (a < 0), determinando a raiz de f e esboçando o gráfico simplificado de f, suprimindo o eixo vertical, fazer o estudo da variação do sinal de f, nos casos:

a) f(x) = 2x − 20

b) f(x) = − 3x − 18

c) f(x) = − 8x + 6

Resp: **85** a) r ∩ s = {(5, 3)}. Note que (5, 3), que tinha sido dado, é o elemento que pertence, simultaneamente, às duas funções. As retas r e s são concorrentes.   b) r ∩ s = ∅ Isto significa que não há elemento que pertença, simultaneamente, a f e g. As retas r e s são paralelas distintas.   **86** a) (− 10, − 24)   b) (− 3, 24)   c) (1, − 2)   d) (3, 2)   **87** 24

93 Sendo x' a raiz da função afim f(x) = ax + b, sabemos que f(x) tem o mesmo sinal de **a** (m · a) para x à direita de a (x > a) e f(x) tem o sinal contrário (c · a) para x à esquerda de a (x < a). Determinando a raiz x' de f(x) e usando o dispositivo mostrado abaixo, fazer o estudo da variação do sinal de f, nos casos:

```
                    x'
f(x)    c · a    0    m · a
```

a) f(x) = 5x – 20

b) y = – 7x + 35

94 Usando o dispositivo prático, estudar a variação do sinal da função f(x), nos casos:

a) f(x) = 5

f(x) _____→

b) f(x) = – 4

f(x) _____→

c) f(x) = $\sqrt{3}$

f(x) _____→

d) f(x) = 5x – 40

e) f(x) = 16 – 24x

f) f(x) = – x + 9

95 Usando o dispositivo prático (c·a e m·a) estudar a variação do sinal da função f(x), nos casos:

a) $f(x) = g(x) \cdot h(x)$, dados
$g(x) = 3x - 18$ e $h(x) = -4x - 32$

b) $f(x) = \dfrac{g(x)}{h(x)}$
$g(x) = 21 - 7x$ e $h(x) = -27 - 9x$

---

96 Fazer o estudo da variação do sinal da função $f(x) = 9x(3x - 6)(-6x - 24)$

Resp: **88** 18   **89** 48   **90** a) $\begin{cases} f(x)=0 \Leftrightarrow x=-8 \\ f(x)<0 \Leftrightarrow x<-8 \\ f(x)>0 \Leftrightarrow x>-8 \end{cases}$ b) $\begin{cases} y=0 \Leftrightarrow x=0 \\ y<0 \Leftrightarrow x>0 \\ y>0 \Leftrightarrow x<0 \end{cases}$ c) $\begin{cases} f(x)=0 \Leftrightarrow x=6 \\ f(x)<0 \Leftrightarrow x>6 \\ f(x)>0 \Leftrightarrow x<6 \end{cases}$ **91** a) $\begin{cases} f(x)=0 \Leftrightarrow x=0 \\ f(x)<0 \Leftrightarrow x>10 \\ f(x)>0 \Leftrightarrow x<10 \end{cases}$

b) $\begin{cases} y=0 \Leftrightarrow x=-20 \\ y<0 \Leftrightarrow x<-20 \\ y>0 \Leftrightarrow x>-20 \end{cases}$ c) $\begin{cases} f(x)=0 \Leftrightarrow x=-51 \\ f(x)<0 \Leftrightarrow x>-51 \\ f(x)>0 \Leftrightarrow x<-51 \end{cases}$ **92** a) $\begin{cases} f(x)=0 \Leftrightarrow x=10 \\ f(x)<0 \Leftrightarrow x<10 \\ f(x)>0 \Leftrightarrow x>10 \end{cases}$ b) $\begin{cases} y=0 \Leftrightarrow x=-6 \\ y<0 \Leftrightarrow x>-6 \\ y>0 \Leftrightarrow x<-6 \end{cases}$ c) $\begin{cases} y=0 \Leftrightarrow x=\dfrac{3}{4} \\ y<0 \Leftrightarrow x>\dfrac{3}{4} \\ y>0 \Leftrightarrow x<\dfrac{3}{4} \end{cases}$

97 Estudar a variação do sinal da função f(x) = ax + b, nos casos

a) Dado o gráfico de f

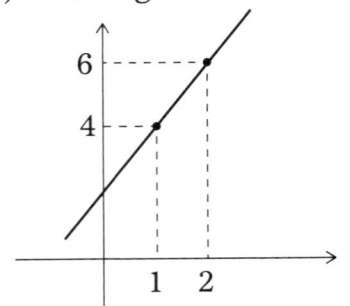

b) Dado o gráfico de f

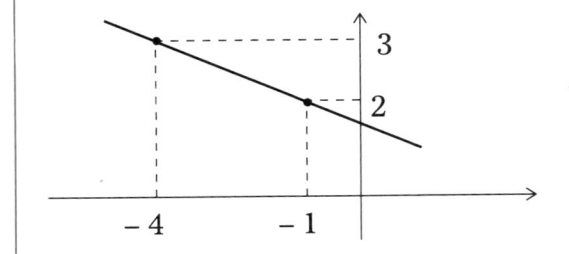

c) $\{(-3, 8), (4, 6)\} \subset f$

d) $\{(-3, 15), (3, -3)\} \subset f$

6 – Problemas

Quando em um problema for dito que o valor V de um imóvel tem um crescimento linear em função do tempo t em anos, ou que o valor V de um veículo decresce linearmente em função do tempo, estar-se-a querendo dizer que a função que se adequa ao problema é a função afim V(t) = at + b.

Exemplo 1: O valor de uma casa tem um crescimento linear em função do tempo (t em anos). Se hoje ela vale R$ 100 000,00 e daqui a 3 anos ela valerá R$ 130 000,00, quanto ela valerá daqui a 7 anos?

Resolução: Vamos determinar a equação que define a função V(t) = at + b, que dá o valor do imóvel V em mil reais em função do tempo t em anos

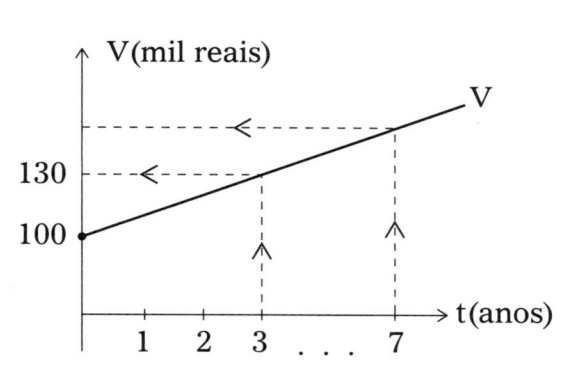

1) $t = 0 \Rightarrow 100 = a(0) + b \Rightarrow \boxed{b = 100}$

2) $t = 3 \Rightarrow 130 = a \cdot (3) + b \Rightarrow$

$130 = 3a + 100 \Rightarrow 3a = 30 \Rightarrow \boxed{a = 10} \Rightarrow$

$\boxed{V(t) = 10t + 100}$

3) O valor daqui a 7 obtemos para t = 7

$V(7) = 10(7) + 100 \Rightarrow V(7) = 170$

Resp: R$ 170 000,00

Exemplo 2: O valor de um veículo em 2010 era de R$ 50 000,00 e ele desvalorizou linearmente entre 2010 e 2018, valendo R$ 26 000,00 em 2018. Determinar a função que dá o valor do veículo em função do número de anos decorridos neste período.

Resolução:

1) V(t) = a(t) + b

$t = 0$ (valor em 2010) $\Rightarrow 50\,000 = a(0) + b \Rightarrow \boxed{b = 50\,000}$

$\Rightarrow V(t) = at + 50\,000$

2) $t = 8$ (valor em 2018) $\Rightarrow 26\,000 = a \cdot 8 + 50\,000 \Rightarrow$

$8a = -24000 \Rightarrow a = -3000 \Rightarrow$

$\boxed{V(t) = -3000t + 50\,000}$

Resp:

93 a) $\begin{cases} f(x) = 0 \Leftrightarrow x = 4 \\ f(x) < 0 \Leftrightarrow x < 4 \\ f(x) > 0 \Leftrightarrow x > 4 \end{cases}$ b) $\begin{cases} y = 0 \Leftrightarrow x = 5 \\ y < 0 \Leftrightarrow x > 5 \\ y > 0 \Leftrightarrow x < 5 \end{cases}$ **94** a) $f(x) > 0, \forall x \in \mathbb{R}$ b) $f(x) < 0, \forall x \in \mathbb{R}$ c) $f(x) > 0, \forall x \in \mathbb{R}$

d) $\begin{cases} y = 0 \Leftrightarrow x = 8 \\ y < 0 \Leftrightarrow x < 8 \\ y > 0 \Leftrightarrow x > 8 \end{cases}$ e) $\begin{cases} y = 0 \Leftrightarrow x = \frac{2}{3} \\ y < 0 \Leftrightarrow x > \frac{2}{3} \\ y > 0 \Leftrightarrow x < \frac{2}{3} \end{cases}$ f) $\begin{cases} y = 0 \Leftrightarrow x = -9 \\ y < 0 \Leftrightarrow x > -9 \\ y > 0 \Leftrightarrow x < -9 \end{cases}$ **95** a) $\begin{cases} f = 0 \Leftrightarrow x = -8 \vee x = 6 \\ f < 0 \Leftrightarrow x < -8 \vee x > 6 \\ f > 0 \Leftrightarrow -8 < x < 6 \end{cases}$ b) $\begin{cases} f = 0 \Leftrightarrow x = 3 \\ f < 0 \Leftrightarrow -3 < x < 3 \\ f > 0 \Leftrightarrow x < -3 \vee x > 3 \end{cases}$

96 $\begin{cases} f = 0 \Leftrightarrow x = -4 \vee x = 0 \vee x = 2 \\ f < 0 \Leftrightarrow -4 < x < 0 \vee x > 2 \\ f > 0 \Leftrightarrow x < -4 \vee 0 < x < 2 \end{cases}$

98 Supondo que o valor de uma casa crescerá linearmente nos próximos 10 anos e que o valor dela atual é de R$ 500 000,00 e que daqui a 9 anos ela valerá R$ 950 000,00, determinar:

a) A função que dá o valor desta casa em função do tempo em anos, nos próximos 10 anos.

b) Qual será o valor desta casa daqui a 6 anos?

99 O valor de um veículo no início de 2013 era de R$ 69 000,00 e ele teve uma davlorização linear até o início de 2018. Sabendo que o seu valor no início de 2015 era de R$ 55 000,00, determinar;

a) A função que dá o seu valor no início de cada ano, em função do número t de anos decorridos.

b) O valor dele no início de 2018.

100 (FGV – 2011) Uma pequena empresa fabrica camisetas de um único modelo e as vende por R$ 80,00 a unidade. Devido ao aluguel e a outras despesas fixas que não dependem da quantidade produzida, a empresa tem um custo fixo anual de R$ 96 000,00. Além do custo fixo, a empresa tem que arcar com custos que dependem da quantidade produzida, chamados custos variáveis, tais como matéria-prima, por exemplo; o custo variável por camisetas é R$ 40,00.

a) Obtenha uma expressão para a receita R(x), para o custo C(x) e para o lucro L(x) em função da quantidade de camisetas x.

b) Em 2009, a empresa lucrou R$ 60 000,00. Quantas camisetas terá de vender para dobrar o lucro em 2010, em relação ao lucro de 2009?

101 (UFPR – 2012) Numa expedição arqueológica em busca de artefatos indígenas, um arqueólogo e seu assistente encontraram um úmero, um dos ossos do braço humano. Sabe-se que o comprimento desse osso permite calcular a altura aproximada de uma pessoa por meio de uma função do primeiro grau.

a) Determine essa função do primeiro grau, sabendo que o úmero do arqueólogo media 40 cm e sua altura era 1,90 m, e o úmero de seu assistente media 30 cm e sua altura era 1,60 m.

b) Se o úmero encontrado do sítio arqueológico media 32 cm, qual era a altura aproximada do indivíduo que possuía esse osso?

Resp: 97 a) $y = 2x + 2$
$\begin{cases} f = 0 \Leftrightarrow x = -1 \\ f < 0 \Leftrightarrow x < -1 \\ f > 0 \Leftrightarrow x > -1 \end{cases}$

b) $y = -\dfrac{1}{3}x + \dfrac{5}{3}$
$\begin{cases} f = 0 \Leftrightarrow x = 5 \\ f < 0 \Leftrightarrow x < 5 \\ f > 0 \Leftrightarrow x > 5 \end{cases}$

c) $y = 2x - 2$
$\begin{cases} y = 0 \Leftrightarrow x = 1 \\ y < 0 \Leftrightarrow x < 1 \\ y > 0 \Leftrightarrow x > 1 \end{cases}$

d) $y = -3x + 6$
$\begin{cases} y = 0 \Leftrightarrow x = 2 \\ y < 0 \Leftrightarrow x > 2 \\ y > 0 \Leftrightarrow x < 2 \end{cases}$

102 (FGV – 2011) Nos últimos anos, o salário mínimo tem crescido mais rapidamente que o valor da cesta básica, contribuindo para o aumento do poder aquisitivo da população. O gráfico abaixo ilustra o crescimento do salário mínimo e do valor da cesta básica na região Nordeste, a partir de 2005.

Suponha que, a partir de 2005, as evoluções anuais dos valores do salário mínimo e dos preços da cesta básica, na região Nordeste, possam ser aproximados mediante funções polinomiais do 1º grau, $f(x) = ax + b$, em que x representa o número de anos trascorridos após 2005.

a) Determine as funções que expressam os crescimentos anuais dos valores do salário mínimo e dos preços da cesta básica, na região Nordeste.

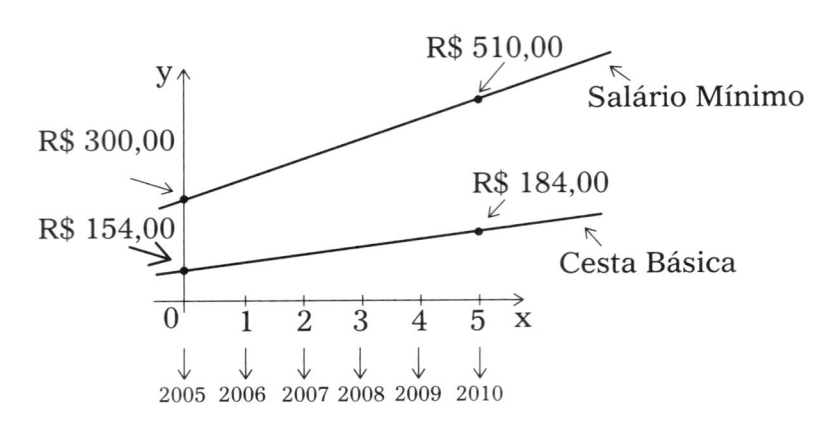

b) Em que ano, aproximadamente, um salário mínimo poderá adquirir cerca de três cestas básicas, na região Nordeste? Dê a resposta aproximando o número de anos, após 2005, ao inteiro mais próximo.

103 (FGV – 2011) O gráfico de uma função polinomial do primeiro grau passa pelos pontos de coordenadas (x, y) dados abaixo.

x	y
0	5
m	8
6	14
7	k

Podemos concluir que o valor de k + m é:

a) 15,5   b) 16,5   c) 17,5   d) 18,5   e) 19,5

104 (FGV – 2010) Como consequência da construção de futura estação de metrô, estima-se que uma casa que hoje vale R$ 280 000,00 tenha um crescimento linear com o tempo (isto é, o gráfico do valor do imóvel em função do tempo é uma reta), de modo que a estimativa de seu valor daqui a 3 anos seja de R$ 325 000,00.

Nessas condições, o valor estimado dessa casa daqui a 4 anos e 3 meses será de:

a) R$ 346 000,00   b) R$ 345 250,00   c) R$ 344 500,00
d) R$ 343 750,00   e) R$ 343 000,00

105 (FMJ – 2013) A temperatura de um aquecedor variou, durante o tempo em que foi observada, como mostra o gráfico seguinte.

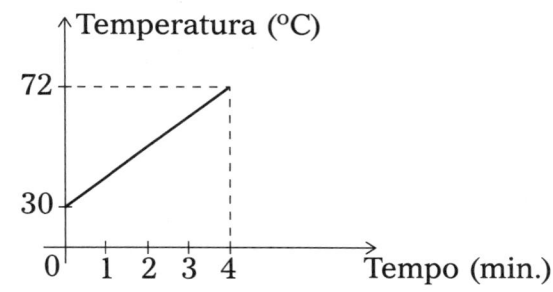

Assim, pode-se afirmar que, ao final de 3 minutos, esse aquecedor apresentava a temperatura de:

a) 10,5°C   b) 31,5°C   c) 51°C   d) 61,5°C   e) 68°C

Resp: **98** R$ 800 000,00   **99** R$ 34 000,00   **100** a) R(x) = 80x, C(x) = 96 000 + 40x L(x) = 40x – 96 000   b) 5 400
101 a) y = (3x + 70) (cm)   b) 166 cm = 1,66 m

106 (UNICAMP – 2012) Em uma determinada região do planeta, a temperatura média anual subiu de 13,35°C em 1995 para 13,8°C em 2010. Seguindo a tendência de aumento linear observada entre 1995 e 2010, a temperatura média em 2012 deverá ser de

a) 13,83°C   b) 13,86°C   c) 13,92°C   d) 13,89°C

107 (Enem – 2016) Um dos grandes desafios do Brasil é o gerenciamento dos seus recursos naturais, sobretudo os recursos hídricos. Existe uma demanda crescente por água e o risco de racionamento não pode ser descartado. O nível de água de um reservatório foi monitorado por um período, sendo o resultado mostrado no gráfico. Suponha que essa tendência linear observada no monitoramento se prolongue pelos próximos meses.

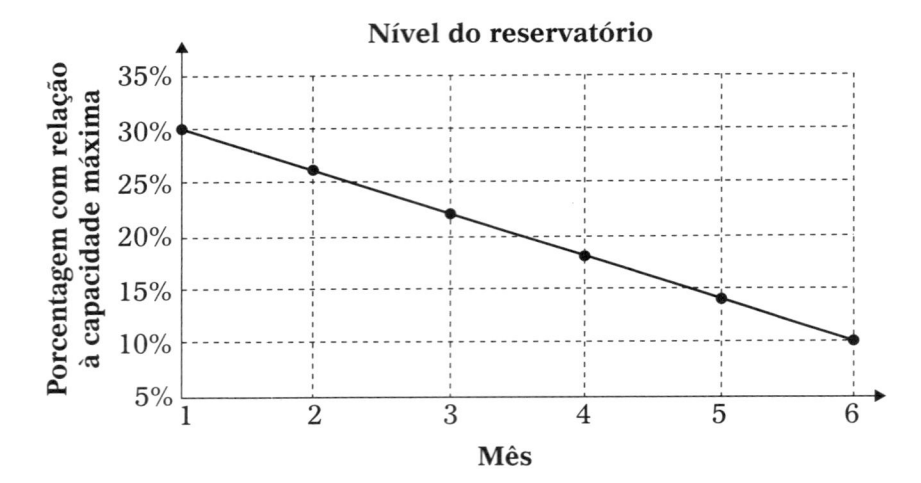

Nas condições dadas, qual o tempo mínimo, após o sexto mês, para que o reservatório atinja o nível zero de sua capacidade?

a) 2 meses e meio   b) 3 meses e meio   c) 1 mês e meio   d) 4 meses   e) 1 mês

IV — FUNÇÃO POLINOMIAL DO 2º GRAU (FUNÇÃO QUADRÁTICA)

1 – Definição

A função $f: \mathbb{R} \to \mathbb{R}$ definida por $f(x) = ax^2 + bx + c$ (ou $y = ax^2 + bx + c$) com a, b e c sendo números reais com $a \neq 0$ é chamada **função quadrática** ou função polinomial do 2º grau.

Exemplos: $f(x) = 2x^2 - 5x + 3$; $f(x) = 2x^2 - 16x$; $f(x) = 4x^2$

$f(x) = -3x^2 + 7x - 4$; $f(x) = \dfrac{1}{4}x^2 + 10$; $f(x) = 2x^2 - 8$

O domínio desta função é $D = \mathbb{R}$. A imagem, vai ser visto adiante.

2 – Parábola

Dada uma reta **d** e um ponto **F** não pertencente a **d**, o conjunto dos pontos, do plano de **d** e **F**, que são equidistante de **d** e **F** é chamado parábola.

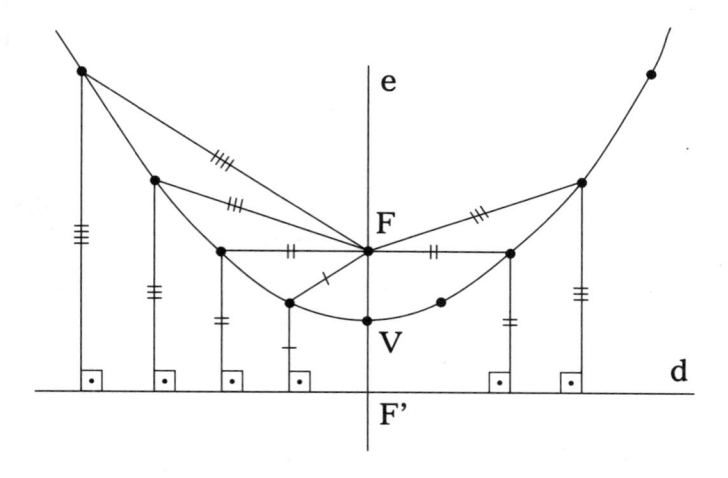

- A reta **d** é chamada diretriz da parábola.

- O ponto **F** é chamado foco da parábola.

- A reta **e** conduzida por **F** e perpendicular à reta **d** é o eixo de simetria da parábola.

- Sendo **F'** a projeção ortogonal de **F** sobre **d**, o ponto médio **V** de **FF'** é chamado vértice da parábola.

- **FF'** é chamado parâmetro da parábola.

3 – Gráfico da função quadrática

Prova-se que o gráfico de uma função quadrática $y = ax^2 + bx + c$ é uma parábola. O estudo de parábolas envolvendo foco, diretriz e parâmetro é visto em um assunto chamado **geometria analítica**, normalmente estudado no terceiro ano do ensino médio. Nesta abordagem vamos voltar nossa atenção para o vértice, eixo de simetria, as raízes de **f**, os intervalos nas quais ela é crescente, decrescente, positiva, negativa e os valores máximo e mínimo de **f**, conforme for o caso.

Resp: **102** a) $S(x) = 42x + 300$, $C(x) = 6x + 154$ b) 2012   **103** C   **104** D   **105** D

Observar:

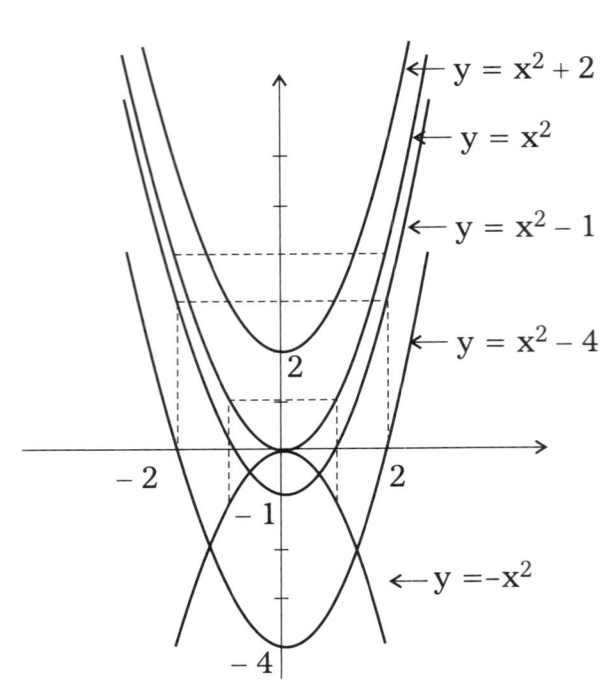

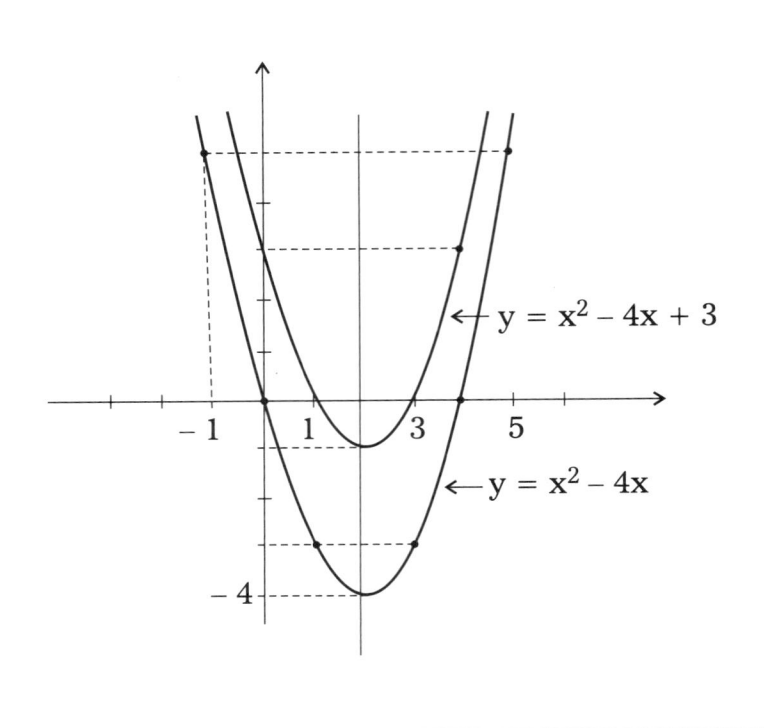

$y = x^2 + 2$
$y = x^2$
$y = x^2 - 1$
$y = x^2 - 4$
$y = -x^2$

$y = x^2 - 4x + 3$
$y = x^2 - 4x$

4 – Concavidade da parábola e raízes da função quadrática

De acordo com o sinal de a da função $f(x) = ax^2 + bx + c$, prova-se que:

$a > 0 \Leftrightarrow$ a concavidade está voltada para cima

$a < 0 \Leftrightarrow$ a concavidade está voltada para baixo

Dada a função quadrática $f(x) = ax^2 + bx + c$, se $f(x) = 0$, obtemos $ax^2 + bx + c = 0$. Se o discriminante (Δ) desta equação for maior ou igual a zero ela terá duas raízes reais, e essas raízes são chamadas raízes da função quadrática $f(x) = ax^2 + bx + c$. Se o discriminante (Δ) for menor que zero, não existe x real que torne $f(x) = 0$. Neste casos dizemos que o gráfico da parábola não corta o eixo x. Observe os casos.

Para facilitar vamos suprimir, por enquanto, o eixo das ordenadas (eixo dos y).

$a > 0 \Leftrightarrow$ " boca" para cima $\Delta > 0 \Leftrightarrow$ corta o eixo das abcissas	$a > 0 \Leftrightarrow$ " boca" para cima $\Delta = 0 \Leftrightarrow$ tangencia o eixo das abcissas	$a > 0 \Leftrightarrow$ " boca" para cima $\Delta < 0 \Leftrightarrow$ não tem ponto em comum com o eixo das abcissas
Raízes x' e x" distintas	**Raízes x' e x" iguais**	**Não tem raízes reais**
$a < 0 \Leftrightarrow$ " boca" para baixo $\Delta > 0$	$a < 0 \Leftrightarrow$ " boca" para baixo $\Delta = 0$	$a < 0 \Leftrightarrow$ " boca" para baixo $\Delta < 0$
Raízes x' e x" distintas	**Raízes x' e x" iguais**	**Não tem raízes reais**

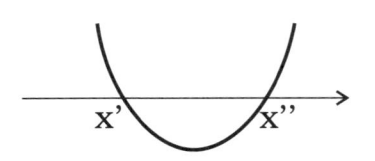

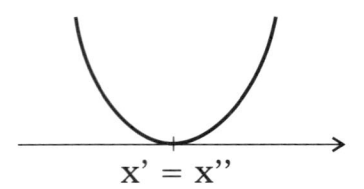

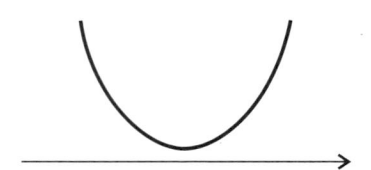

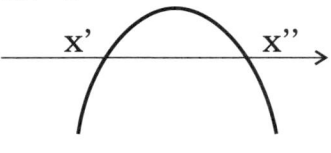

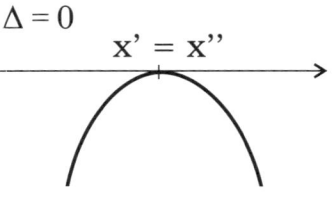

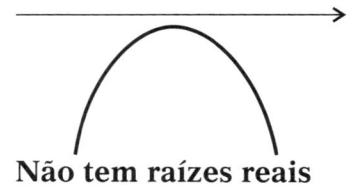

5 – Vértice da parábola e valor máximo ou valor mínimo

O vértice da parábola é o ponto dela que pertence ao eixo de simetria e a ordenada dele é o valor máximo da função se a for negativo e é o valor mínimo da função se a for positivo.

Considerando a função $y = f(x) = ax^2 + bx + c$, quando $\Delta > 0$ a parábola corta o eixo dos x em pontos cujas abscissas são as raízes de $f(x)$.

O eixo de simetria passa pelo ponto médio do segmento que as raízes determinam no eixo x.

E note que a abscissa deste ponto, x_M, é dada por $x_M = \dfrac{x' + x''}{2}$

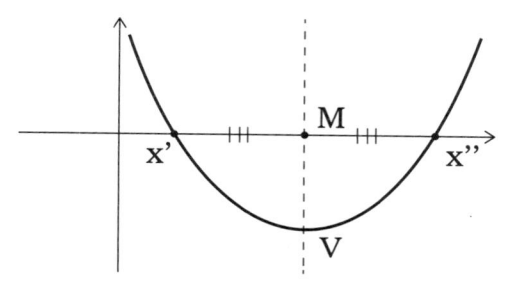

$x_M - x' = x'' - x_M \Rightarrow x_M + x_M = x' + x'' \Rightarrow$

$2x_M = x' + x'' \Rightarrow \boxed{x_M = \dfrac{x' + x''}{2}}$

Note que a abscissa do vértice, x_V, da parábola é igual a x_M.

$x_V = x_M \Rightarrow x_V = \dfrac{x' + x''}{2} \Rightarrow x_V = \dfrac{1}{2}(x' + x'')$

Sabemos que a soma das raízes de $ax^2 + bx + c = 0$ ($\Delta \geqslant 0$) é dada por $-\dfrac{b}{a}$.

Então: $x' + x'' = -\dfrac{b}{a}$ e $x_V = \dfrac{1}{2}(x' + x'') \Rightarrow x_V = \dfrac{1}{2}\left(-\dfrac{b}{a}\right) \Rightarrow \boxed{x_V = -\dfrac{b}{2a}}$

Substituindo $x = -\dfrac{b}{2a}$ em $y = ax^2 + bx + c$, obtemos ordenada y_V do vértice.

$x_V = -\dfrac{b}{2a} \Rightarrow y_V = a\left(-\dfrac{b}{2a}\right)^2 + b\left(-\dfrac{b}{2a}\right) + c \Rightarrow y_V = a \cdot \dfrac{b^2}{4a^2} - \dfrac{b^2}{2a} + c \Rightarrow$

$y_V = \dfrac{b^2}{4a} - \dfrac{b^2}{2a} + c \Rightarrow y_V = \dfrac{b^2 - 2b^2 + 4ac}{4a} \Rightarrow y_V = \dfrac{-b^2 + 4ac}{4a} \Rightarrow y_V = \dfrac{-(b^2 - 4ac)}{4a}$

Como $\Delta = b^2 - 4ac$, obtemos: $\boxed{y_V = \dfrac{-\Delta}{4a}} \Rightarrow \boxed{V = \left(-\dfrac{b}{2a}, -\dfrac{\Delta}{4a}\right)}$

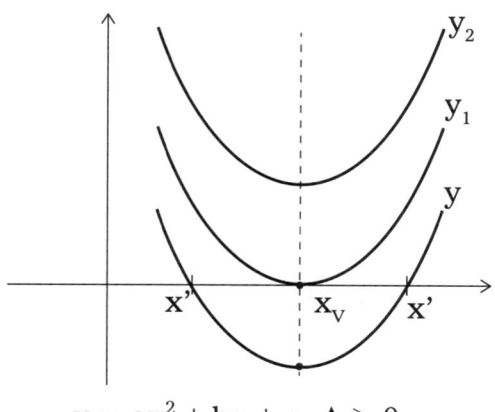

Se alterarmos apenas o valor de c em $y = ax^2 + bx + c$, a parábola sofre apenas uma translação vertical, sendo que a abscissa do vértice continuará sendo a mesma. Então:

$x_V = -\dfrac{b}{2a}$ para $\Delta \geqslant 0$ ou $\Delta < 0$

E para $x = x_V$ em $y = ax^2 + bx + c$, obtemos:

$y_V = -\dfrac{\Delta}{4a}$. Então, em qualquer caso:

$\boxed{V = \left(-\dfrac{b}{2a}, -\dfrac{\Delta}{4a}\right)}$

$y = ax^2 + bx + c, \Delta > 0$
$y_1 = ax^2 + bx + c_1, \Delta = 0$
$y_2 = ax^2 + bx = c_2, \Delta < 0$

Resp: 106 B   107 A

Se $a > 0$, $y_v = \dfrac{-\Delta}{4a}$ é o valor mínimo de $f(x) = ax^2 + bx + c$

Se $a < 0$, $y_v = \dfrac{-\Delta}{4a}$ é o valor máximo de $f(x) = ax^2 + bx + c$

Observar: $V = \left(\dfrac{-b}{2a}, \dfrac{-\Delta}{4a}\right)$ $\qquad\qquad V = \left(\dfrac{-b}{2a}, \dfrac{-\Delta}{4a}\right)$

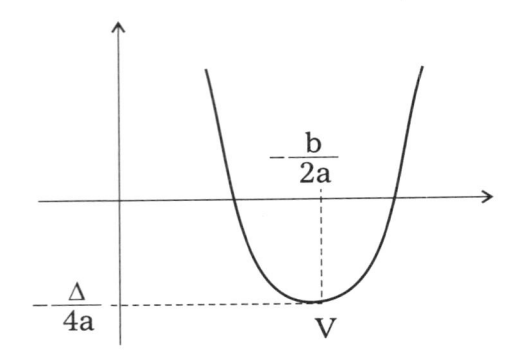

Nenhuma ordenada abaixo de

$\dfrac{-\Delta}{4a}$ é imagem de algum x de $y = f(x)$

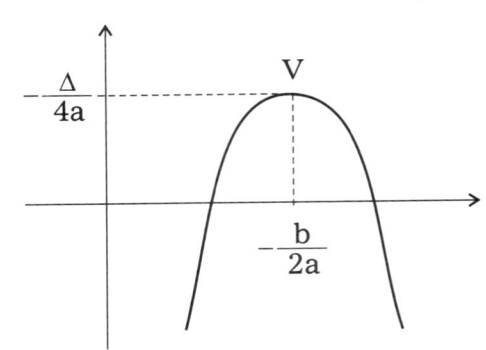

Então: $V_{mínimo} = \dfrac{-\Delta}{4a}$

Nenhuma ordenada acima de

$\dfrac{-\Delta}{4a}$ é imagem de algum x de $y = f(x)$

Então: $V_{máximo} = \dfrac{-\Delta}{4a}$

Exemplo: Determinar o vértice da parábola $y = 2x^2 - 8x + 1$

1º modo: Determinando $\Delta = b^2 - 4ac$ e $x_v = -\dfrac{b}{2a}$ e $y_v = -\dfrac{\Delta}{4a}$

$\Delta = (-8)^2 - 4 \cdot 2 \cdot 1 \Rightarrow \Delta = 64 - 8 \Rightarrow \Delta = 56$

$\left.\begin{array}{l} x_v = -\dfrac{b}{2a} \Rightarrow x_v = \dfrac{-(-8)}{2(2)} \Rightarrow x_v = 2 \\[8pt] y_v = \dfrac{-\Delta}{4a} \Rightarrow y_v = -\dfrac{56}{4(2)} \Rightarrow y_v = -7 \end{array}\right\} \Rightarrow \boxed{V = (2, -7)}$

2º modo: Determinando a abscissa x_v e substituir em $y = 2x^2 - 8x + 1$ para obter a ordenada do vértice.

$x_v = -\dfrac{b}{2a} \Rightarrow x_v = \dfrac{-(-8)}{2(2)} \Rightarrow \boxed{x_v = 2} \Rightarrow$

$y_v = 2(2)^2 - 8(2) + 1 \Rightarrow y_v = 8 - 16 + 1 \Rightarrow y_v = -7 \Rightarrow \boxed{V = (2, -7)}$

Obs: Como $a = 2 > 0$, y_v é o valor mínimo de $y = 2x^2 - 8x + 1 \Rightarrow \boxed{V_{mínimo} = -7}$

6 – Pontos de interseção da parábola com os eixos coordenados

I) $x = 0 \Rightarrow y = a(0)^2 + c \Rightarrow y = c \Rightarrow (0, c) \in f$

A parábola corta o eixo das ordenadas no ponto $(0, c)$

II) $y = 0 \Rightarrow 0 = ax^2 + bx + c \Rightarrow ax^2 + bx + c = 0$

$\Delta > 0$ e x' e x" são as raízes de $f(x) \Rightarrow (x', 0) \in f$ e $(x", 0) \in f$

A parábola corta o eixo das abscissas nos pontos $(x', 0)$ e $(x", 0)$.

$\Delta = 0$ e x' é raiz de f(x) $\Rightarrow$ (x', 0) $\in$ f

A parábola tangencia o eixo das absissas no ponto (x', 0).

Este ponto (x', 0) é também o vértice da parábola. V= (x', 0).

$\Delta < 0 \Rightarrow$ não há raízes reais $\Rightarrow$ A parábola não tem ponto em comum com o eixo das abscissas.

a > 0, Δ > 0, x' < x"   a > 0, Δ = 0   a > 0, Δ < 0

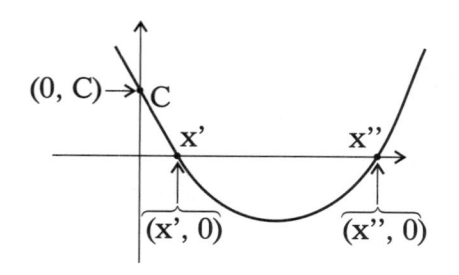

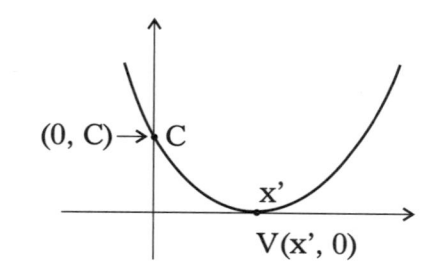

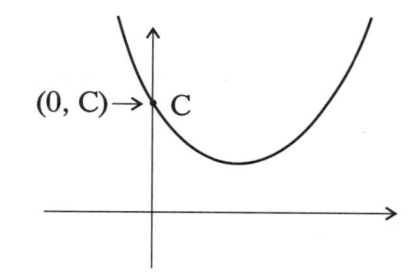

Note que o gráfico da função quadrática f(x) = ax² + bx + c sempre corta o eixo das ordenadas (eixo dos y) no ponto (0, c). E que nem sempre ele corta o eixo das abscissas (eixo dos x).

7 – Eixo de simetria do gráfico da função quadrática

Para a função polinomial do 2º grau y = ax² +bx + c, a reta vertical (reta paralela ao eixo dos y) que passa pelo vértice da parábola é o eixo de simetria da parábola. Dizemos que a equação.

$x = \dfrac{-b}{2a}$ $\left(\text{ou } x + \dfrac{b}{2a} = 0 \text{ ou } 2ax + b = 0\right)$ é a equação deste eixo de simetria.

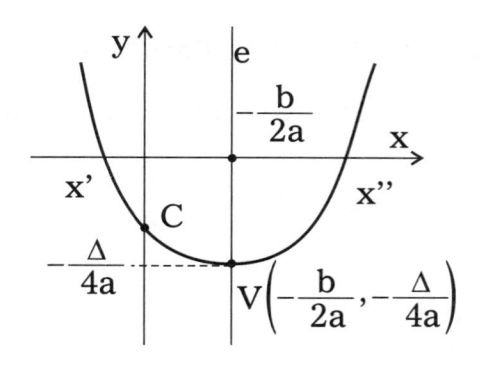

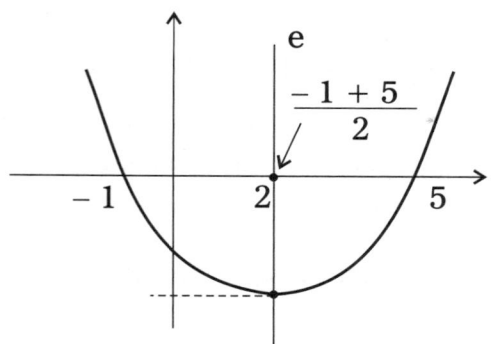

Obs.: 1) Sabemos que a soma das raízes de ax² + bx + c = 0 é $-\dfrac{b}{a}$. Então, note que $-\dfrac{b}{2a}$ é a metade da soma das raízes. Então o eixo de simetria passa pelo ponto médio do segmento determinado no eixo das abscissas pelas raízes da função y = ax² + bx +c

2) A equação do eixo de simetria na segunda figura é x = 2 ou x – 2 = 0

E observe que $2 = \dfrac{-1+5}{2}$

3) Quando b = 0 (y = ax² ou y = ax² +c) o eixo de simetria da parábola é o próprio eixo das ordenadas (eixo dos y).

4) Se a e b tiverem **sinais iguais** o eixo de simetria está **à esquerda** do eixo das ordenadas.

Se a e b tiverem **sinais diferentes** o eixo de simetria está **à direita** do eixo das ordenadas.

8 – Imagem da função quadrática

A imagem da função do 2º grau y = f(x) = ax² + bx + c é o conjunto das ordenadas dos pares que pertencem a f.

$$Im = \{y \in \mathbb{R} | (x, y) \in f\}$$

É o conjunto representado na reta dos números reais pela projeção ortogonal da parábola sobre o eixo das ordenados (eixo dos y).

a > 0 ⇒ Valor mínimo igual a $\frac{-\Delta}{4a}$

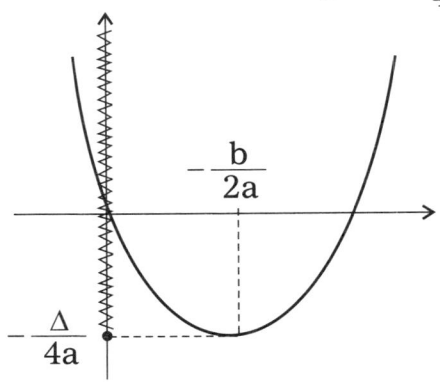

a < 0 ⇒ Valor máximo igual a $\frac{-\Delta}{4a}$

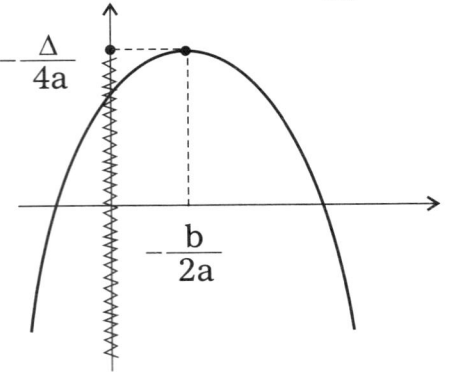

$\boxed{a > 0}$ ⇔ $Im = \left\{y \in \mathbb{R} | y \geq \frac{-\Delta}{4a}\right\}$

$Im = \left[\frac{-\Delta}{4a}, +\infty\right[$

$\boxed{a < 0}$ ⇔ $Im = \left\{y \in \mathbb{R} | y \leq \frac{-\Delta}{4a}\right\}$

$Im = \left]-\infty, \frac{-\Delta}{4a}\right]$

9 – Intervalos no qual f(x) é crescente e no qual f(x) é decrescente

Considere a função polinomial do 2º grau y = f(x) = ax² + bx + c e observe o intervalo na qual ela é crescente e o na qual ela é decrescente.

a > 0 ⇒ decrescente à esquerda de $-\frac{b}{2a}$ e crescente à direita.

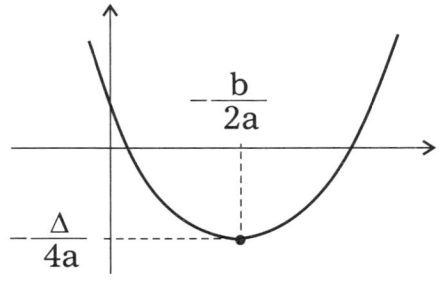

a > 0 ⇒ crescente à esquerda de $-\frac{b}{2a}$ e decrescente à direita.

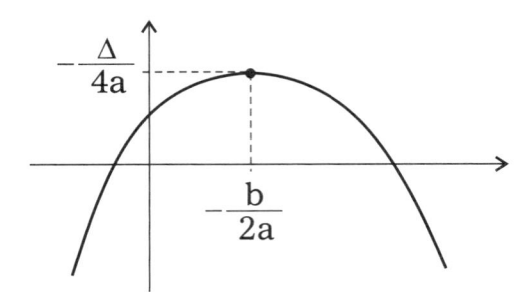

f é decrescente para $x \leq -\frac{b}{2a}$

f é crescente para $x \geq -\frac{b}{2a}$

f é crescente para $x \leq -\frac{b}{2a}$

f é decrescente para $x \geq -\frac{b}{2a}$

Obs.: $\boxed{a > 0}$ ⇒ f é decrescente em qualquer subconjunto de $\left]-\infty, \frac{-b}{2a}\right]$ e crescente em qualquer subconjunto de $\left[\frac{-b}{2a}, +\infty\right[$.

$\boxed{a < 0}$ ⇒ f é crescente em qualquer subconjunto de $\left]-\infty, \frac{-b}{2a}\right]$ e decrescente em qualquer subconjunto de $\left[\frac{-b}{2a}, +\infty\right[$.

10 – Variação do sinal da função quadrática

Consideremos a função quadrática $y = f(x) = ax^2 + bx + c$. Observar o estudo da variação do sinal de $f(x)$ em $\mathbb{R}$, nos casos $a > 0$ e $a < 0$ e em cada caso, as possibilidades $\Delta > 0, \Delta = 0$ e $\Delta < 0$.

1º caso:

I) $a > 0, \Delta > 0, x' < x''$

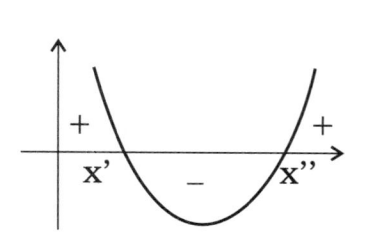

$f(x) = 0 \Leftrightarrow x = x' \lor x = x''$
$f(x) < 0 \Leftrightarrow x' < x < x''$
$f(x) > 0 \Leftrightarrow x < x' \lor x > x''$

II) $a > 0, \Delta = 0$

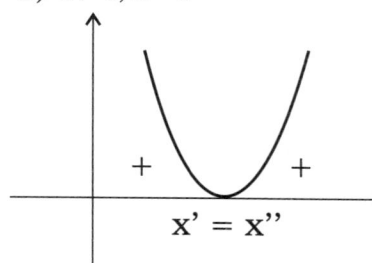

$f(x) = 0 \Leftrightarrow x = x'$
$f(x) > 0 \Leftrightarrow x \neq x', x \in \mathbb{R}$

III) $a > 0, \Delta = 0$

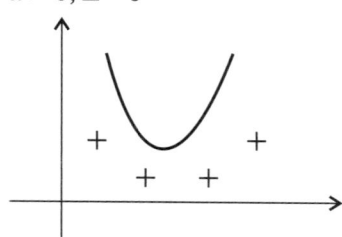

$f(x) > 0, \forall x \in \mathbb{R}$

2º caso:

I) $a < 0, \Delta > 0, x' < x''$

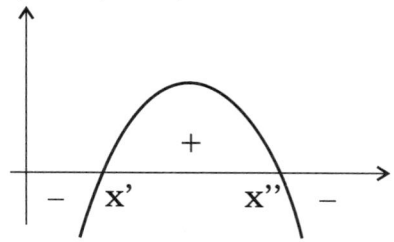

$f(x) = 0 \Leftrightarrow x = x' \lor x = x''$
$f(x) < 0 \Leftrightarrow x < x' \lor x > x''$
$f(x) > 0 \Leftrightarrow x' < x < x''$

II) $a < 0, \Delta = 0$

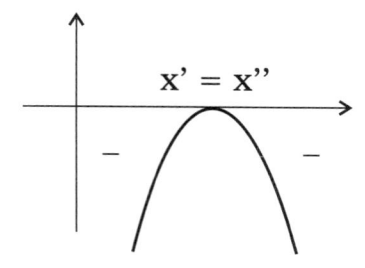

$f(x) = 0 \Leftrightarrow x = x'$
$f(x) < 0 \Leftrightarrow x \neq x', x \in \mathbb{R}$

III) $a < 0, \Delta < 0$

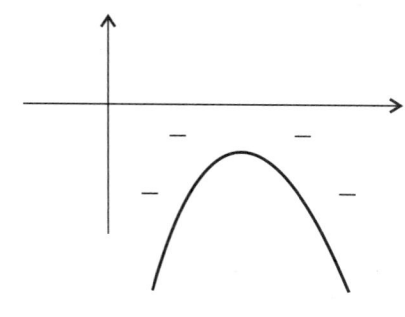

$f(x) < 0, \forall x \in \mathbb{R}$

Note que para $\Delta > 0$, no intervalo das raízes $f(x)$ tem o sinal contrário ao ele **a** e que fora do intervalo das raízes $f(x)$ tem o mesmo sinal de **a**.

Para $\Delta = 0$, $f(x)$ tem o mesmo sinal de **a**, dos dois lados da raiz.

Para $\Delta < 0$, $f(x)$ tem sempre o mesmo sinal de **a**.

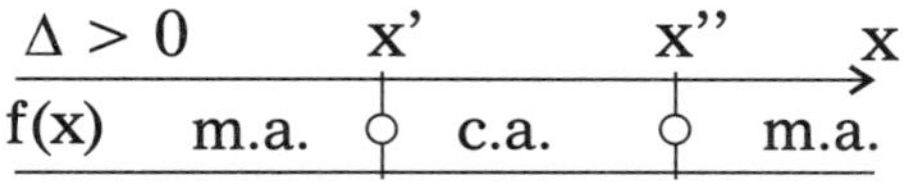

$\Delta > 0$	x'	x''	x
f(x)	m.a. ⊙ c.a. ⊙ m.a.		

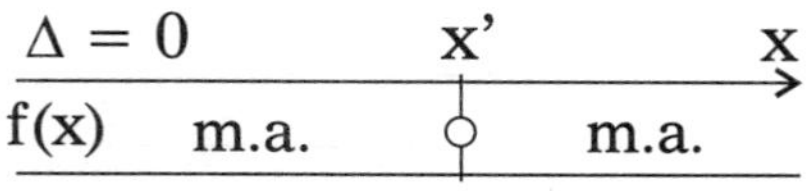

$\Delta = 0$	x'	x
f(x)	m.a. ⊙ m.a.	

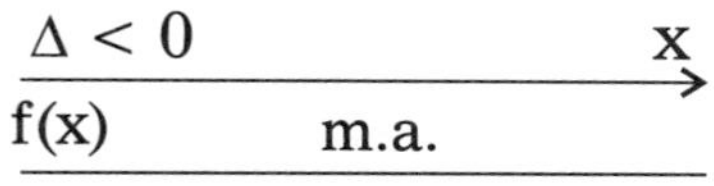

$\Delta < 0$		x
f(x)	m.a.	

1º caso: $a > 0$

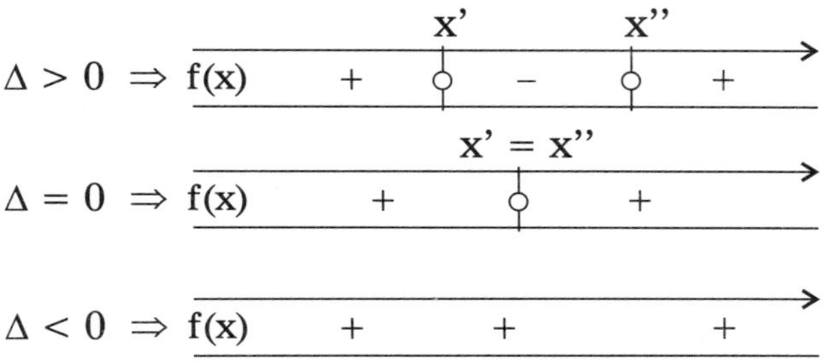

$\Delta > 0 \Rightarrow f(x)$: + ⊙ − ⊙ + (raízes x', x'')

$\Delta = 0 \Rightarrow f(x)$: + ⊙ + (raiz x' = x'')

$\Delta < 0 \Rightarrow f(x)$: + + +

2º caso: $a < 0$

$\Delta > 0 \Rightarrow f(x)$: − ⊙ + ⊙ − (raízes x', x'')

$\Delta = 0 \Rightarrow f(x)$: − ⊙ − (raiz x' = x'')

$\Delta < 0 \Rightarrow f(x)$: − − −

81

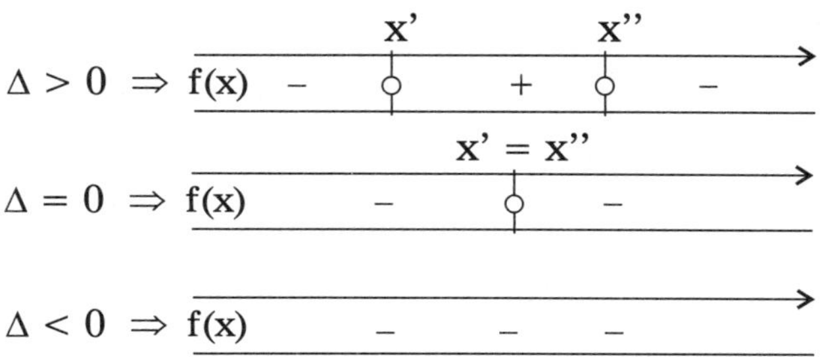

Exemplo 1: Dada a função polinomial do 2º grau $f(x) = 2x^2 + 5x - 3$, determinar as imagens pedidas e o par em questão, pertencente a f.

a) $f(0)$

$f(0) = 2(0)^2 + 5(0) - 3$

$f(0) = -3 \Rightarrow (0, -3) \in f$

b) $f\left(\dfrac{1}{2}\right)$

$f\left(\dfrac{1}{2}\right) = 2\left(\dfrac{1}{2}\right)^2 + 5\left(\dfrac{1}{2}\right) - 3$

$f\left(\dfrac{1}{2}\right) = \dfrac{1}{2} + \dfrac{5}{2} - 3 = 3 - 3$

$f\left(\dfrac{1}{2}\right) = 0 \Rightarrow \left(\dfrac{1}{2}, 0\right) \in f$

c) $f(5)$

$f(5) = 2(5)^2 + 5(5) - 3$

$f(5) = 50 + 25 - 3$

$f(5) = 72 \Rightarrow (5, 72) \in f$

Exemplo 2: Dada uma função quadrática, determinar o ponto onde o gráfico de f corta o eixo das ordenadas, nos casos:

a) $f(x) = 2x^2 - 7x - 8$

$x = 0 \Rightarrow y = -8 \Rightarrow (0, -8)$

b) $y = -3x^2 + 16$

$x = 0 \Rightarrow y = 16 \Rightarrow (0, 16)$

c) $y = \dfrac{7}{3}x^2$

$x = 0 \Rightarrow y = 0 \Rightarrow (0, 0)$

Exemplo 3: Dada a função quadrática $y = ax^2 + bx + c$, determinar as suas raízes e os pontos onde ela corta o eixo das abscissas, nos casos:

a) $y = 2x^2 + 5x - 3$

$y = 0 \Rightarrow 2x^2 + 5x - 3 = 0$

$\Delta = 25 + 24 = 49$

$x = \dfrac{-5 \pm 7}{4} \Rightarrow$

$\boxed{x = \dfrac{1}{2} \lor x = -3}\Rightarrow$

$\left(\dfrac{1}{2}, 0\right)$ e $(-3, 0)$

b) $y = 4x^2 - 9$

$y = 0 \Rightarrow 4x^2 - 9 = 0 \Rightarrow$

$4x^2 = 9 \Rightarrow x^2 = \dfrac{9}{4} \Rightarrow$

$\boxed{x = \pm \dfrac{3}{2}}$

$\left(-\dfrac{3}{2}, 0\right)$ e $\left(\dfrac{3}{2}, 0\right)$

c) $y = 4x^2 - 12x$

$y = 0 \Rightarrow 4x^2 - 12x = 0 \Rightarrow$

$4x(x - 3) = 0 \Rightarrow$

$\boxed{x = 0 \lor x = 3}$

$(0, 0)$ e $(3, 0)$

Exemplo 4: Dada a função $f(x) = 3x^2 - 4x - 4$, determinar o x que tem a imagem dada, nos casos:

a) $f(x) = 11$

$3x^2 - 4x - 4 = 11$

$3x^2 - 4x - 15 = 0$

$\Delta = 16 + 12 \cdot 15 = 196$

$x = \dfrac{4 \pm 14}{6} \Rightarrow$

$\boxed{x = 3 \lor x = -\dfrac{5}{3}}$

b) $f(x) = \dfrac{-16}{3}$

$3x^2 - 4x - 4 = -\dfrac{16}{3}$

$9x^2 - 12x + 4 = 0$

$\Delta = 144 - 144 = 0$

$x = \dfrac{12 \pm 0}{18} \Rightarrow$

$\boxed{x = \dfrac{2}{3}}$

c) $f(x) = -6$

$3x^2 - 4x - 4 = -6 \Rightarrow$

$3x^2 - 4x + 2 = 0$

$\Delta = 16 - 24 = -8$

Não existe x real tal que $f(x) = -6$

Exemplo 5: Determinar o vértice da parábola representativa de $y = 3x^2 - 4x - 4$.

1º modo: $V = \left(\dfrac{-b}{2a}, \dfrac{-\Delta}{4a}\right)$

$\Delta = 16 + 12 \cdot 4 \Rightarrow \Delta = 64$

$\left.\begin{array}{l} x_V = \dfrac{-b}{2a} = \dfrac{-(-4)}{2(3)} \Rightarrow x_V = \dfrac{2}{3} \\ y_V = \dfrac{-\Delta}{4a} = \dfrac{-64}{4 \cdot 3} \Rightarrow y_V = \dfrac{-16}{3} \end{array}\right\} \Rightarrow V = \left(\dfrac{2}{3}, \dfrac{-16}{3}\right)$

2º modo: $V = \left(\dfrac{-b}{2a}, f\left(\dfrac{-\Delta}{2a}\right)\right)$

$x_V = \dfrac{-b}{2a} = -\dfrac{-(-4)}{2(3)} \Rightarrow x_V = \dfrac{2}{3}$

$y_V = f(x_V) \Rightarrow y_V = f\left(\dfrac{2}{3}\right) = 3\left(\dfrac{2}{3}\right)^2 - 4\left(\dfrac{2}{3}\right) - 4$

$y_V = \dfrac{4}{3} - \dfrac{8}{3} - 4 = \dfrac{-4}{3} - 4 \Rightarrow y_V = \dfrac{-16}{3} \Rightarrow$

$V = \left(\dfrac{2}{3}, \dfrac{-16}{3}\right)$

Exemplo 6: Dado o esboço do gráfico da função $f(x) = ax^2 + bx + c$, determinar o valor máximo ou valor mínimo e a imagem de f, nos casos:

a)

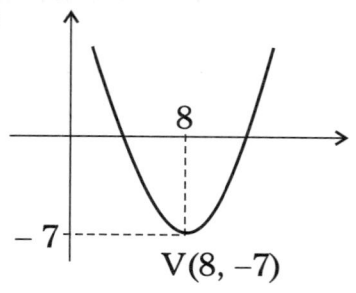

$V_{min.} = -7$
$Im = \{y \in \mathbb{R} | y \geq -7\}$ ou
$Im = [-7, +\infty[$

b)

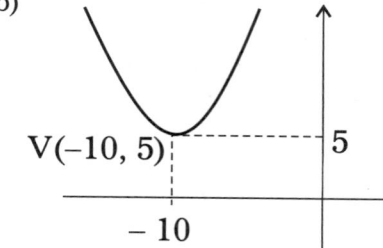

$V_{min.} = 5$
$Im = \{y \in \mathbb{R} | y \geq 5\}$ ou
$Im = [5, +\infty[$

c)

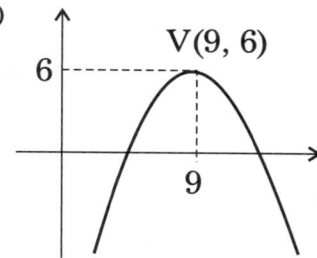

$V_{máx.} = 6$
$Im = \{y \in \mathbb{R} | y \leq 6\}$ ou
$Im =]-\infty, 6]$

Exemplo 7: Dada a função $f(x) = ax^2 + bx + c$, determinar o valor máximo ou mínimo, conforme for o caso, e determinar a imagem de f, nos casos:

a) $y = 2x^2 - 8x - 9$

$a = 2 \Rightarrow a > 0$ Concavidade voltada para cima (boca para cima)

$\Rightarrow f(x)$ tem valor mínimo.

$\Delta = 64 + 72 \Rightarrow \Delta = 136$

$y_V = \dfrac{-\Delta}{4a} \Rightarrow y_V = \dfrac{-136}{4 \cdot 2} \Rightarrow y = -17$

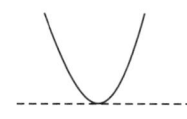

$V_{min.} = -17$
$Im = [-17, +\infty[$

b) $y = -3x^2 - 4x - 2$

$a = -3 \Rightarrow a < 0 \Rightarrow$ Concavidade de voltada para baixo (boca para baixo)

$\Rightarrow f(x)$ tem valor máximo.

$\Delta = 16 - 4(-3)(-2) = 16 - 24 = -8$

$y_V = \dfrac{-\Delta}{4a} = \dfrac{-(-8)}{4(-3)} \Rightarrow y_V = -\dfrac{2}{3}$

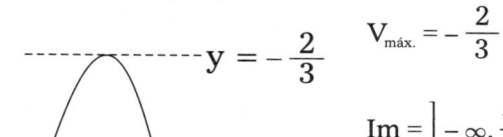

$y = -\dfrac{2}{3}$ $V_{máx.} = -\dfrac{2}{3}$

$Im = \left]-\infty, \dfrac{-2}{3}\right]$

Exemplo 8: Dado o eixo de simetria **e** e dois pontos da parábola representativa de uma função quadrática, determinar os pontos da parábola que são os simétricos dos pontos dados em relação ao eixo e, nos casos:

a) A (8, 2) e B (10, 4)

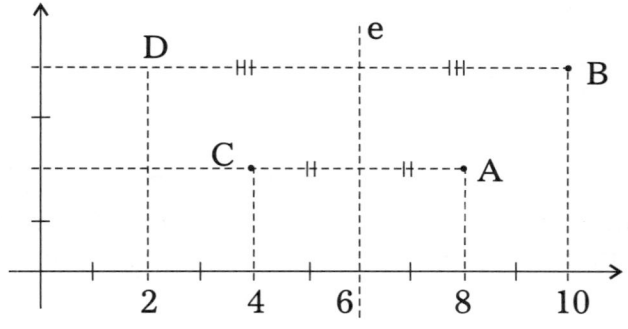

Simétrico de A (8, 2) é C (4,2)
Simétrico de B (10, 4) é D (2, 4)

b) A(– 5, 4) e B(   )

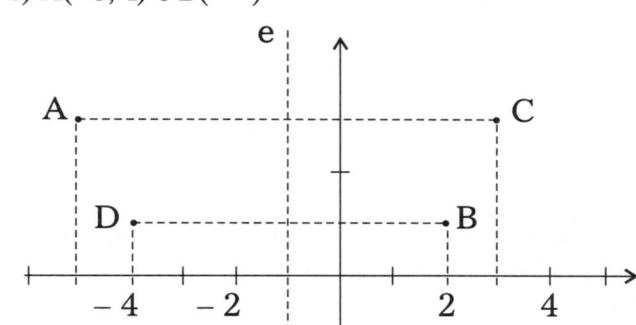

Simétrico de A (– 5, 3) é C (3, 3)
Simétrico de B (2, 1) é D (– 4, 1)

Exemplo 9: Determinar a equação do eixo de simetria da parábola da função dada:

a) $y = 2x^2 - 28x + 7$

$x_V = \dfrac{-b}{2a} \Rightarrow x_V = \dfrac{-(-28)}{2(2)} \Rightarrow x_V = 7$

(e) $x \Rightarrow 7$

b) $y = 3x^2 + 30x - 16$

$x_V = \dfrac{-b}{2a} \Rightarrow x_V = \dfrac{-30}{2 \cdot 3} \Rightarrow x_V = -5$

(e) $x = -5$

Exemplo 10: Determinar a equação que define a função $f(x) = ax^2 + bx + c$, nos casos:

a) São dados os pares de f que pertencem aos eixos (os pontos onde o gráfico corta os eixos): $(0, -45)$, $(-5, 0)$ e $(3, 0)$.

Note que 3 e – 5 são as raízes de $f(x)$. Sabemos que se x' e x'' são as raízes de $ax^2 + bx + c$, podemos escrever $ax^2 + bx + c = a(x - x')(x - x'')$.

Então:

$f(x) = a(x-3)(x+5) \Rightarrow f(x) = a(x^2 + 2x - 15)$

$(0, -45) \in f \Rightarrow f(0) = -45 \Rightarrow -45 = a(0^2 + 2 \cdot 0 - 15) \Rightarrow -15a = -45 \Rightarrow a = 3$

$f(x) = a(x^2 + 2x - 15)$ e $a = 3 \Rightarrow f(x) = 3(x^2 + 3x - 15) \Rightarrow \boxed{f(x) = 3x^2 + 9x - 45}$

---

b) São dados um par de f e as raízes de f: $(-3, 14)$, $x' = \dfrac{1}{2}$ e $x'' = -2$

$f(x) = ax^2 + bx + c = a(x - x')(x - x'') \Rightarrow f(x) = a\left(x - \dfrac{1}{2}\right)(x + 2)$

$(-3, 14) \in f \Rightarrow f(-3) = 14 = a\left(-3 - \dfrac{1}{2}\right)(-3 + 2) \Rightarrow 14 = a \cdot \left(\dfrac{-7}{2}\right)(-1) \Rightarrow$

$\Rightarrow \dfrac{7}{2}a = 14 \Rightarrow 7a = 28 \Rightarrow a = 4 \Rightarrow f(x) = 4\left(x - \dfrac{1}{2}\right)(x + 2) \Rightarrow$

$f(x) = (4x - 2)(x + 2) \Rightarrow \boxed{f(x) = 4x^2 + 6x - 4}$

---

c) São dados três pares quaisquer de f: $(1, -2)$, $(3, 8)$ e $(-2, 13)$

Os intens (a) e (b) podem também ser resolvidos como este.

$\begin{cases}(1,-2) \in f \Rightarrow f(1) = -2 \Rightarrow a(1)^2 + b(1) + c = -2 \\ (3,8) \in f \Rightarrow f(3) = 8 \Rightarrow a(3)^2 + b(3) + c = 8 \\ (-2,13) \in f \Rightarrow f(-2) = 13 \Rightarrow a(-2)^2 + b(-2) + c = 13\end{cases} \Rightarrow \begin{cases}a + b + c = -2 \\ 9a + 3b + c = 8 \\ 4a - 2b + c = 13\end{cases}$

$a + b + c = -2 \Rightarrow c = -a - b - 2 \Rightarrow$

$\begin{cases}9a + 3b - a - b - 2 = 8 \\ 4a - 2b - a - b - 2 = 13\end{cases} \Rightarrow \begin{cases}8a + 2b = 10 \\ 3a - 3b = 15\end{cases} \Rightarrow \begin{cases}4a + b = 5 \\ a - b = 5\end{cases} \Rightarrow 5a = 10 \Rightarrow \boxed{a = 2}$

$a = 2, a - b = 5 \Rightarrow 2 - b = 5 \Rightarrow \boxed{b = -3}$

$a = 2, b = -3, a + b + c = -2 \Rightarrow 2 - 3 + c = -2 \Rightarrow \boxed{c = -1}$

$a = 2, b = -3$ e $c = -1$ e $f(x) = ax^2 + bx + c \Rightarrow \boxed{f(x) = 2x^2 - 3x - 1}$

Exemplo 11: Dado o esboço do gráfico de uma função $f(x) = ax^2 + bx + c$, determiner o maior intervalos possível no qual f é crescente e o maior intervalo possível no qual f é decrescente. V é o vértice

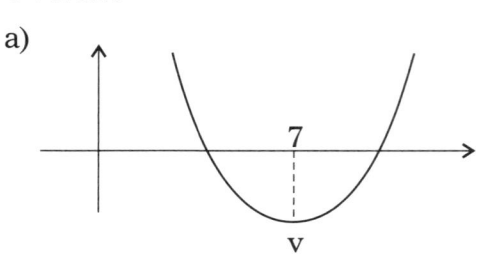

a)

$f(x)$ é decrescente em $]-\infty, 7]$
$f(x)$ é crescente em $[7, +\infty[$

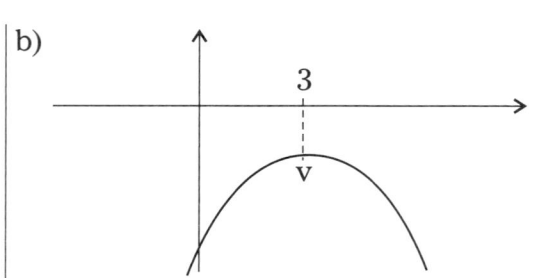

b)

$f(x)$ é crescente em $]-\infty, 3]$
$f(x)$ é decrescente em $[3, +\infty[$

Exemplo 12: Dada a função polinomial do 2º grau $f(x) = ax^2 + bx + c$, determinar o maior intervalo possível para a qual f é crescente e o maior intervalo possível para o qual f é decrescente.

a) $f(x) = 3x^2 - 24x - 701$

$x_v = \dfrac{-b}{2a} \Rightarrow x_v = \dfrac{-(-24)}{2(3)} \Rightarrow \boxed{x_v = 4}$

$a = 3 > 0 \Rightarrow$ f é decrecente à esquerda de $x_v = 4$ e crescente à direita de $x_v = 4$.

f(x) é decrescente em $]-\infty, 4]$

f(x) é crescente em $[4, +\infty[$

b) $f(x) = -5x^2 - 70x - \sqrt{2}$

$x_v = \dfrac{-b}{2a} \Rightarrow x_v = \dfrac{-(-70)}{2(-5)} \Rightarrow \boxed{x_v = -7}$

$a = -5 < 0 \Rightarrow$ f é crescente à esquerda de $x_v -7$ e e decrescente à direita de $x_v = -7$

f(x) é crescente em $]-\infty, -7]$

f(x) é decrescente em $[-7, +\infty[$

Exemplo 13: Dado o esboço simplificado do gráfico, suprimindo o eixo das ordenadas da função $f(x) = ax^2 + bx + c$, estudar a variação do sinal de f(x).

a) 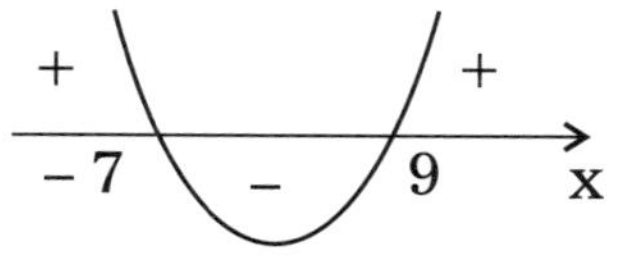
$f(x) = 0 \Leftrightarrow x = -7 \vee x = 9$
$f(x) < 0 \Leftrightarrow -7 < x < 9$
$f(x) > 0 \Leftrightarrow x < -7 \vee x > 9$

b) 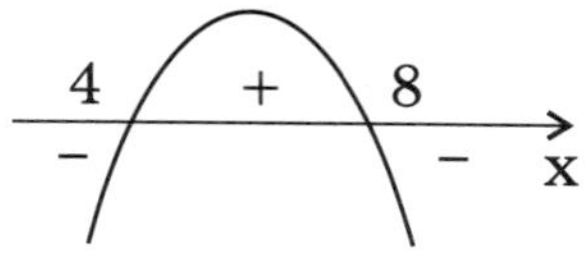
$f(x) = 0 \Leftrightarrow x = 4 \text{ ou } x = 8$
$f(x) < 0 \Leftrightarrow x < 4 \vee x > 8$
$f(x) > 0 \Leftrightarrow 4 < x < 8$

c) 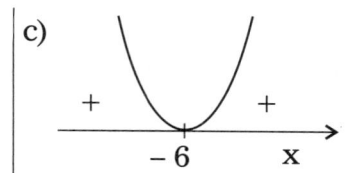
$f(x) = 0 \Leftrightarrow x = -6$
$f(x) > 0 \Leftrightarrow x \neq -6$

d) $f(x) > 0, \forall x \in \mathbb{R}$

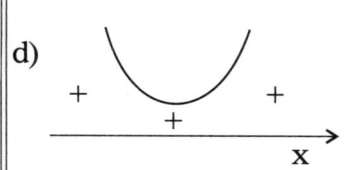

e) $f(x) < 0, \forall x \in \mathbb{R}$

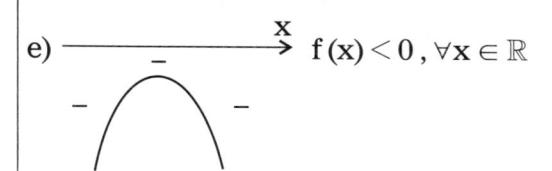

Exemplo 14: Usando o dispositivo prático (ma, ca, ma), (ma, ma) e (ma) estudar a variação do sinal de f(x) dado.

a) $f(x) = 2x^2 - 5x - 3$

$f(x) = 0 \Rightarrow 2x^2 - 5x - 3 = 0$

$\Delta = 25 + 24 = 49$

$x = \dfrac{5 \pm 7}{4} \Rightarrow x' = \dfrac{-1}{2}, x'' = 3$

f	+	0	−	0	+

com $-\dfrac{1}{2}$ e 3

$f(x) = 0 \Leftrightarrow x = -\dfrac{1}{2} \vee x = 3$

$f(x) < 0 \Leftrightarrow -\dfrac{1}{2} < x < 3$

$f(x) > 0 \Leftrightarrow x < -\dfrac{1}{2} \vee x > 3$

b) $f(x) = -3x^2 - 3x + 36 = 0$

$f(x) = 0 \Rightarrow -3x^2 - 3x + 36 = 0$

$x^2 + x - 12 = 0$

$(x+4)(x-3) = 0$

$x' = -4, x'' = 3$

f	−	0	+	0	−

com -4 e 3

$f(x) = 0 \Leftrightarrow x = -4 \vee x = 3$

$f(x) < 0 \Leftrightarrow x < -4 \vee x > 3$

$f(x) > 0 \; -4 < x < 3$

c) $f(x) = -x^2 + 6x - 9$

$f(x) = 0 \Rightarrow -x^2 + 6x - 9 = 0$

$x^2 - 6x + 9 = 0$

$\Delta = 36 - 36 = 0$

$x' = x'' = \dfrac{6}{2} = 3$

f	−	0	−

com 3

$f(x) = 0 \Leftrightarrow x = 3$

$f(x) < 0 \Leftrightarrow x \neq 3$

108 Dada a função polinomial do 2º grau $f(x) = x^2 - 3x - 28$, determinar as imagens pedidas.

a) $f(1) =$

b) $f(7) =$

c) $f(5) =$

d) $f(-4) =$

e) $f(\sqrt{5}) =$

f) $f(\sqrt{3} - 2) =$

g) $f(2a - 3) =$

109 Determinar o ponto onde o gráfico da função $f(x) = ax^2 + bx + c$ corta o eixo das ordenadas, eixos dos y, nos casos:

a) $f(x) = 7x^2 - 9x + 5$

b) $f(x) = -9x^2 - 13x + 5$

c) $f(x) = \sqrt{2}\,x^2 - \sqrt{3}\,x - 1$

d) $y = 4x^2 - x + \dfrac{2}{3}$

e) $y = 6x^2 + 7x$

f) $y = \dfrac{2}{3}x^2$

110 Dada a função $f(x) = -2x^2 - 3x + 4$, determinar

a) $f(-3) =$

b) $f(-\sqrt{2}) =$

c) $f(-2a - 4) =$

111 Fazendo algumas operações mentalmente, determinar as raízes das seguintes equações.

Obs.: Olhe as operações que foram feitas mentalmente no exmplo:

| $2x^2 - 3x + 1 = 0$ $\Delta = \underset{\smile}{} \underset{\smile}{} =$ $x = \dfrac{\pm}{}$ $x = \quad \vee \quad x =$ | $2x^2 - 3x + 1 = 0$ $\Delta = 9 - 8 = 1$ $x = \dfrac{\pm}{}$ | $2x^2 - 3x + 1 = 0$ $\Delta = 9 - 8 = 1$ $x = \dfrac{3 \pm 1}{4}$ | $2x^2 - 3x + 1 = 0$ $\Delta = 9 - 8 = 1$ $x = \dfrac{3 \pm 1}{4}$ $x = 1 \vee x = \dfrac{1}{2}$ |

a) $3x^2 + 5x - 2 = 0$

$\Delta = \underset{\smile}{} \underset{\smile}{} =$

$x = \dfrac{\pm}{}$

$x = \quad \vee \quad x =$

b) $4x^2 - 7x + 3 = 0$

$\Delta =$

$x = \dfrac{}{}$

$x = \quad \vee \quad x =$

c) $10x^2 - 7x + 1 = 0$

d) $3x^2 - 7x + 2 = 0$

e) $4x^2 + x - 3 = 0$

f) $10x^2 + 3x - 1 = 0$

g) $3x^2 - 4x - 15 = 0$

h) $2x^2 + 11x + 12 = 0$

i) $3x^2 - 17x + 10 = 0$

j) $6x^2 - 13x + 6 = 0$

k) $6x^2 - 5x - 6 = 0$

l) $6x^2 - x - 2 = 0$

m) $4x^2 - 12x + 9 = 0$

n) $3x^2 - 5x + 4 = 0$

o) $9x^2 + 6x + 1 = 0$

112 Determinar as raízes da função polinomial f(x) = ax² + bx + c, nos caso:

a) $f(x) = 2x^2 + 3x - 9$

b) $f(x) = 2x^2 + 9x + 4$

c) $y = 5x^2 - 12x + 4$

d) $f(x) = -4x^2 - 20x - 25$

e) $y = -3x^2 + x - 1$

f) $y = -25x^2 + 10x - 1$

g) $f(x) = 3x^2 + 7x$

h) $f(x) = 5x^2$

i) $f(x) = x^2 - 25$

113 Determinar os pontos onde o gráfico da função do 2º grau dada corta o eixo dos x.

a) $f(x) = x^2 - 4x + 3$

b) $f(x) = 2x^2 - 7x - 30$

c) $f(x) = x^2 - 9$

d) $y = 4x^2 - 12x + 9$

e) $y = -2x^2 + 10x$

f) $y = 3x^2$

114 Dado esboço do gráfico de uma função quadrática, determinar os pontos de interseção do gráfico com os eixos, o comprimento n do segmento que o gráfico determina no eixo das abscissas e a área A do triângulo cujos vértices são os pontos de interseção do gráfico com os eixos, nos casos:

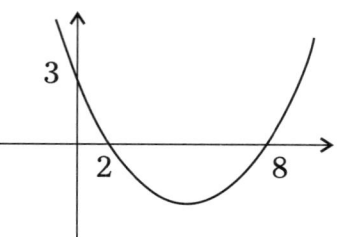

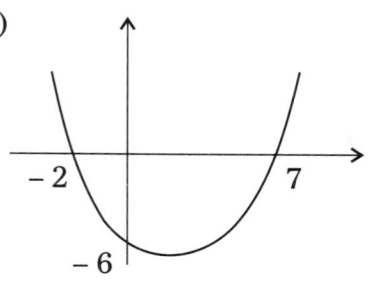

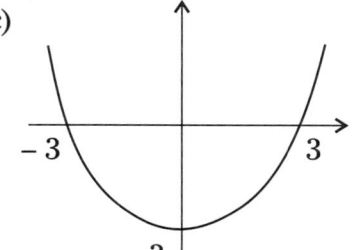

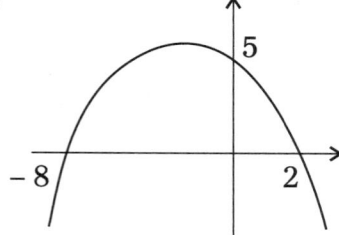

a) [gráfico: parábola com concavidade para cima, passando por (0,3), raízes em 2 e 8]

b) [gráfico: parábola com concavidade para cima, passando por (0,-6), raízes em -2 e 7]

c) [gráfico: parábola com concavidade para cima, passando por (0,-3), raízes em -3 e 3]

d) [gráfico: parábola com concavidade para baixo, passando por (0,5), raízes em -8 e 2]

115 Determinar a área do triângulo cujos vértices são os pontos de interseção do gráfico da função quadrática dada com os eixos coordenados.

a) $y = 2x^2 - 2x - 24$

b) $f(x) = 2x^2 + 17x + 8$

Resp: **108** a) -30 b) 0 c) -18 d) 0 e) $-3\sqrt{5} - 23$ f) $-7\sqrt{3} - 25$ g) $4a^2 - 18a - 10$ **109** a) $(0,5)$ b) $(0,5)$ c) $(0,-1)$ d) $\left(0, \frac{2}{3}\right)$ e) $(0,0)$ f) $(0,0)$ **110** a) -5 b) $3\sqrt{2} + 2$ c) $-8a^2 - 26a - 16$

111 a) -2 e $\frac{1}{3}$ b) $\frac{3}{4}$ e 1 c) $\frac{1}{5}$ e $\frac{1}{2}$ d) $\frac{1}{3}$ e 2 e) $\frac{-3}{4}$ e 1 f) $-\frac{1}{2}$ e $\frac{1}{5}$ g) $-\frac{5}{3}$ e 3 h) -4 e $\frac{-3}{2}$ i) $\frac{2}{3}$ e 5 j) $\frac{2}{3}$ e $\frac{3}{2}$ k) $-\frac{2}{3}$ e $\frac{3}{2}$ l) $-\frac{1}{2}$ e $\frac{2}{3}$ m) $\frac{3}{2}$ e $\frac{3}{2}$ n) não tem raízes reais o) $-\frac{1}{3}$ e $-\frac{1}{3}$

116 Dada a função polinomial do 2º grau $f(x) = 2x^2 - 7x - 4$, determinar o elemento dela (o par ordendo) cuja imagem y está dada, nos casos:

Obs.: Os pontos obtidos são simétricos um do outro em relação ao eixo de simétrica.

a) $f(x) = -9$

b) $y = 0$

c) $f(x) = 56$

d) $f(x) = \dfrac{-81}{8}$

e) $y = 5$

f) $f(x) = -11$

g) $f(x) = -4$

h) $f(x) = 8a^2 - 22a + 5$

117 Dado o esboço do gráfico de uma função polinomial do 2º grau f(x) = ax² + bx + c, determinar o vértice da parábola, o valor máximo ou mínimo, conforme for o caso, e também a imagem da função, nos casos:

a) [gráfico: vértice (5, −7), parábola para cima]

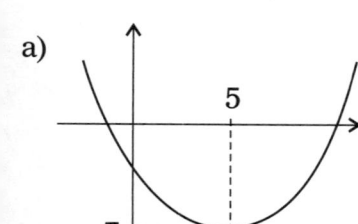

b) [gráfico: vértice (4, 5), parábola para baixo]

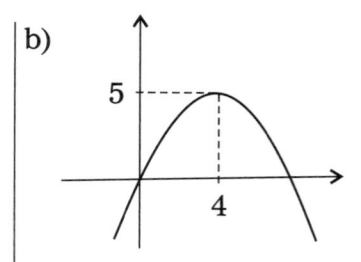

c) [gráfico: vértice (8, −4), parábola para cima]

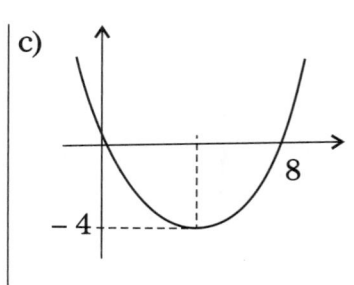

d) [gráfico: vértice (2, −2), parábola para baixo]

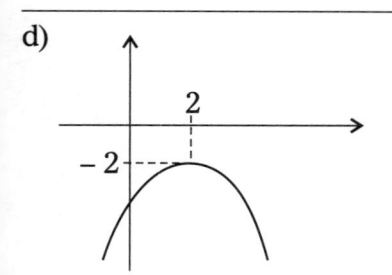

e) [gráfico: vértice em x = 4, parábola para cima]

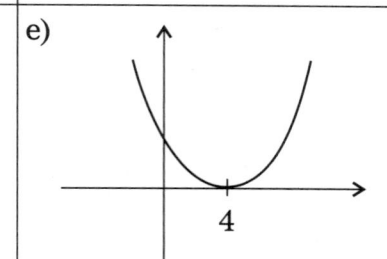

f) [gráfico: vértice (−1, −2), passa por −7; parábola para cima]

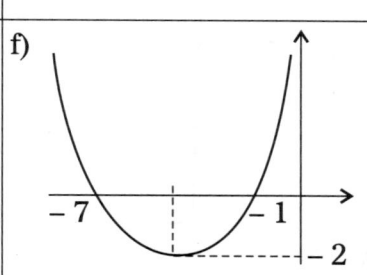

118 Determinar a ordenada do vértice $y_V = \dfrac{-\Delta}{4a}$ e o valor máximo ou mínimo da função dada, nos casos:

a) $f(x) = 2x^2 - 4x - 3$

b) $f(x) = -3x^2 - 6x + 1$

c) $f(x) = x^2 - x + 1$

Resp: 112 a) −3 e $\dfrac{3}{2}$ b) −4 e −$\dfrac{1}{2}$ c) $\dfrac{2}{5}$ e 2 d) raiz dupla −$\dfrac{5}{2}$ e) não tem raízes reais f) raiz dupla $\dfrac{1}{5}$ g) 0 e $\dfrac{-7}{3}$ h) raiz dupla 0 i) ± 5 **113** a)(1, 0) e (3, 0) b) (6,0) e $\left(\dfrac{-5}{2},0\right)$ c)(− 3, 0) e (3, 0) d) $\left(\dfrac{3}{2},0\right)$ e)(0, 0) e (5, 0) f)(0, 0) **114** a) n = 6; (0,3), (2,0), (8, 0) e A = 9 b) n = 9; (0,6),(−2,0), (7,0) e A = 27 c) n=6;(0,3),(− 3,0), (3,0) e A = 9 d) n=10; (0,5),(− 8,0),(2,0) e A = 25 **115** a) A = 84 b) A = 30

91

119 Determinar a imagem das seguintes funções:

a) $f(x) = x^2 - 4x + 1$

b) $y = -x^2 - 2x + 4$

c) $y = x^2 - 6x + 9$

d) $y = -3x^2 + 6x - 5$

e) $y = 2x^2 - 6$

f) $y = -2x^2 - 3$

g) $f(x) = 5x^2$

h) $y = -\sqrt{2}\,x^2$

i) $y = -x^2 + 8x$

120 Dada a função polinomial do 2º grau $f(x) = ax^2 + bx + c$, determinar a abscissa do vértice, nos casos:

a) $y = 2x^2 - 32x - 7$

b) $y = -3x^2 - 12x + 9$

c) $y = 5x^2 - 7x - 2$

d) $f(x) = 4x^2$

e) $f(x) = 3x^2 - 60x$

f) $f(x) = -4x^2 + 9x$

121 Dada a função do 2º grau $y = ax^2 + bx + c$, usando $x_v = \dfrac{-b}{2a}$ e $y_v = \dfrac{-\Delta}{4a}$, determinar o vértice da parábola que é o seu gráfico, nos casos:

a) $y = x^2 - 8x + 12$

b) $y = -3x^2 - 6x + 12$

c) $y = x^2 - 10x + 25$

d) $f(x) = 2x^2 - 20x$

e) $f(x) = -13x^2$

f) $f(x) = -3x^2 - 18$

122 Dada a função polinomial do 2º grau, determinar a abscissa x_v do vértice e em seguida $f(x_v)$ e o vértice, nos casos:

a) $f(x) = 2x^2 - 8x - 5$

b) $y = -3x^2 + 18x - 10$

c) $f(x) = -2x^2 - 12x$

Resp: 116 a) $(1, -9)$ e $\left(\dfrac{5}{2}, -9\right)$ b) $(4, 0)$ e $\left(-\dfrac{1}{2}, 0\right)$ c) $(-4, 56)$ e $\left(-4, \dfrac{15}{2}\right)$ d) $\left(\dfrac{7}{4}, \dfrac{-81}{8}\right)$ Ele é o vértice parábola

e) $(-1, 5)$ e $\left(\dfrac{9}{2}, 5\right)$ f) $\Delta < 0 \Rightarrow$ Não há x real tal que $f(x) = -11$ g) $(0, -4)$ e $\left(\dfrac{7}{2}, -4\right)$

h) $(2a - 1, 8a^2 - 22a + 5)$ e $\left(-2a + \dfrac{9}{2}, 8a^2 - 22a + 5\right)$ **117** a) $V = (5, -7)$, $V_{mín.} = -7$, $Im = \{y \in \mathbb{R} | y \geq -7\} = [-7, +\infty[$

b) $V = (4, 5)$, $V_{máx.} = 5$, $Im = \{y \in \mathbb{R} | y \leq 5\} =]-\infty, 5]$ c) $V = (4, -4)$, $V_{mín.} = -4$, $Im = \{y \in \mathbb{R} | y \geq -4\} = [-4, +\infty[$

d) $V = (2, -2)$, $V_{máx.} = -2$, $Im = \{y \in \mathbb{R} | y \leq -2\} =]-\infty, -2]$ e) $V = (4, 0)$, $V_{mín.} = 0$, $Im = \{y \in \mathbb{R} | y \geq 0\} = \mathbb{R}_+$

f) $V = (-4, -2)$, $V_{mín.} = -2$, $Im = \{y \in \mathbb{R} | y \geq -2\} = [-2, +\infty[$ **118** a) $y_v = -5$, $V_{mín.} = -5$

b) $y_v = 8$, $V_{máx.} = 8$ c) $y_v = \dfrac{3}{4}$, $V_{mín.} = \dfrac{3}{4}$

123 Determinando primeiramente a abscissa do vértice da parábola representativa da função do 2º grau dada, determinar o seu vértice e o valor máximo ou mínimo, conforme for o caso, nos casos:

a) $f(x) = 3x^2 - 12x + 5$

b) $f(x) = -3x^2 - 6x - 1$

c) $y = -2x^2 + 20x$

d) $y = 3x^2 - 10$

e) $f(x) = -9x^2$

f) $y = \frac{2}{3}x^2 - 8x$

124 Dadas as raízes de uma função do 2º grau $f(x) = ax^2 + bx + c$ e o sinal de a, determinar o maior intervalo possível no qual ela é crescente e o no qual ela é decrescente. Para facilitar, faça um esboço simplificado (suprimindo o eixo y) do gráfico de f.

a) 2 e 8 e a > 0

b) –2 e 8 e a > 0

c) –1 e 13 e a < 0

d) 3 e 43 e a < 0

e) 3 e 3 e a > 0

c) –17 e 3 e a < 0

125 Dada o vértice da parábola de equação y = ax² + bx + c, determinar a equação do eixo de simetria desta parábola.

a) V(7, 2)

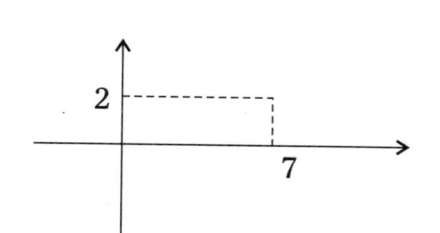

b) V(−3, −2)

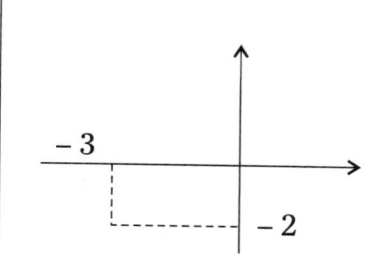

c) V(5, 0)

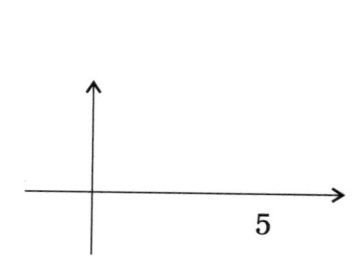

d) V(10, −3)   e) V(−9, 5)   f) V(0, 7)   g) V(−8, 9)

126 Da parábola representativa de uma função do 2º grau são dados o vértices V e outros dois pontos A e B. Determinar os pontos A' e B', respectivamente, os simétricos de A e B, em relação ao eixo de semetria da parábola, nos casos:

a) V(2, 1), A(−4, 7), B(−3, 4)

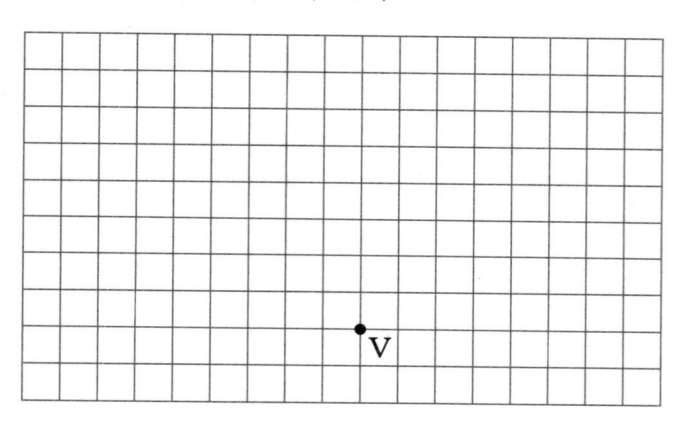

b) V(−2, 4), A(−5, 2), B(−7, −1)

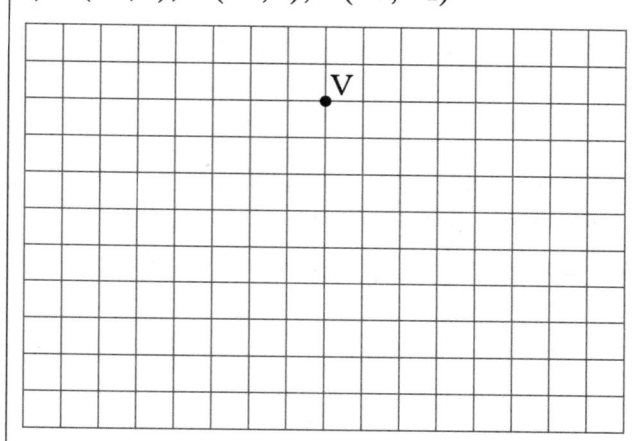

c) V(−3, −3), A(−5, −2), B(2, 3)

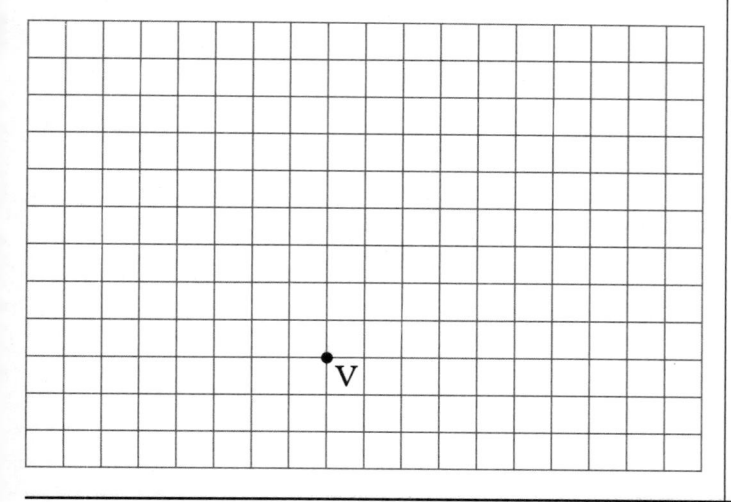

d) V(2, 5), A(7, −3), B(−1, 3)

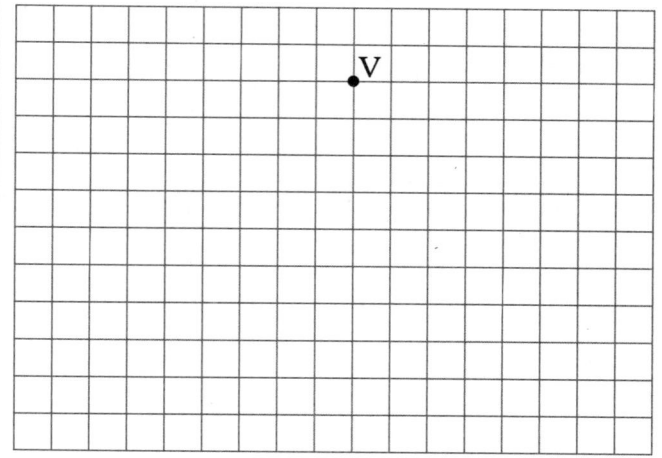

Resp: **119** a) Im = {y ∈ ℝ| y ⩾ −3}   b) Im = {y ∈ ℝ| y ⩽ 5}   c) Im = {y ∈ ℝ| y ⩾ 0} = ℝ₊   d) Im = {y ∈ ℝ| y ⩽ −2}
e) Im = {y ∈ ℝ| y ⩾ −6}   f) Im = {y ∈ ℝ| y ⩽ −6}   g) Im = {y ∈ ℝ| y ⩾ 0} = ℝ₊   h) Im = {y ∈ ℝ| y ⩽ 0} = ℝ₋
i) Im = {y ∈ ℝ| y ⩽ 16}   **120** a) $x_v = 8$ b) $x_v = 2$ c) $x_v = \frac{7}{10}$ d) $x_v = 0$ e) $x_v = 10$ f) $x_v = 0$
121 a) V = (4, −4)   b) V = (−1, 15)   c) V = (5, 0)   d) V = (5, −500)   e) V = (0, 0)   f) V = (0, −18)
122 a) $x_v = 2$, f(2) = −13, V = (2, 13)   b) $x_v = 3$, f(3) = 17, V = (3, 17)   c) $x_v = −3$, f(−3) = 18, V = (−3, 18)

127 Determinar o valor do parâmetro **m** em cada função do 2º grau dada, de modo que o par ordenado dado seja um elemento dela, nos casos:

a) $f(x) = 2x^2 - 4x + 2m + 1$, $(2, 7) \in f$

b) $f(x) = -3x^2 + (3m - 4)x - 5$, $(-1, -10) \in f$

128 Considere em cada caso uma função do 2º grau. Dado um elemento dela, determinar a equação que a define.

a) $f(x) = 3x^2 - x + c$, $(-2, 28) \in f$

b) $f(x) = -x^2 + bx + 4$, $(4, -0) \in f$

129 Considere em cada caso uma função do 2º grau. Dados dois elementos dela, determinar a equação que a define.

a) $f(x) = 2x^2 + bx + c$, $\{(2, 4), (-1, 7)\} \subset f$

b) $f(x) = ax^2 + bx - 4$, $\{(1, 3), (-2, 12)\} \subset f$

c) $f(x) = ax^2 + 3x + c$, $\{(2, -5), (5, -17)\} \subset f$

d) $y = ax^2 + bx - 7$, $\{(1, -4), (-2, 5)\} \subset f$

130 Considere em cada caso uma função do 2º grau. Dados três elementos dela, determinar a equação que a define.

a) $\{(1,3),(2,12),(-1,-3)\} \subset f$

b) $\{(2,-12),(3,-25),(-3,-37)\} \subset f$

c) $\{(-1,0),(3,0),(0,3)\} \subset f$

Resp: **123** a) $V=(2,-9)$, $V_{mín.}=-9$ b) $V=(-1,2)$, $V_{máx.}=2$ c) $V=(5,50)$, $V_{máx.}=50$ d) $V=(0,-10)$, $V_{mín.}=-10$
e) $V=(0,0)$, $V_{máx.}=0$ f) $V=(6,-24)$, $V_{mín.}=-24$ **124** a) decresc. em $]-\infty,5]$ b) decresc. em $]-\infty,3]$
cresc. em $[5,+\infty[$ cresc. em $[3,+\infty[$
c) cresc. em $]-\infty,6]$ d) cresc. em $]-\infty,3]$ e) decresc. em $]-\infty,3]$ f) cresc. em $]-\infty,-7]$
decresc. em $[6,+\infty[$ decresc. em $[3,+\infty[$ cresc. em $[3,+\infty[$ decresc. em $[-7,+\infty[$
125 a) $x=7$ ou $x-7=0$ b) $x=-3$ ou $x+3=0$ c) $x=5$ ou $x-5=0$ d) $x=10$ e) $x=-9$ f) $x=0$ g) $x=-8$
126 a) A'(8, 7), B'(7, -4) b) A'(1, 2), B'(3, -1) c) A'(-1, -2), B'(-8, 3) d) A'(-3, -3), B'(5, 3)

131 A função do 2º grau $f(x) = ax^2 + bx + c$ também pode ser dada por $f(x) = ax^2 + bx + c = a(x-x')(x-x'')$, onde x' e x'' são raízes de $f(x)$. Usando esta fórmula, dadas as raízes e mais um ponto de $f(x)$, determinar esta função, nos casos:

a) -2 e 3 e $(2, -12)$

b) $-\dfrac{1}{2}$ e 4 e $(-1, 5)$

c) 5 e -6 e $(6, 60)$

d) $\dfrac{1}{2}$ e $-\dfrac{2}{3}$ e $(3, 110)$

132 Dado o esboço do gráfico de uma função quadrática, determinar a equação que define esta função, nos casos:

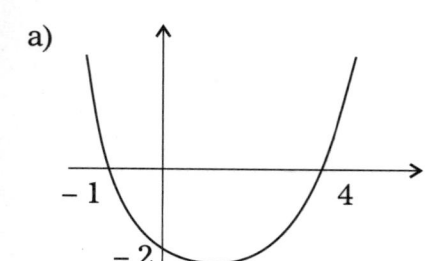

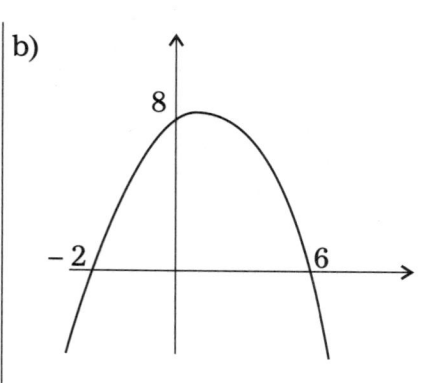

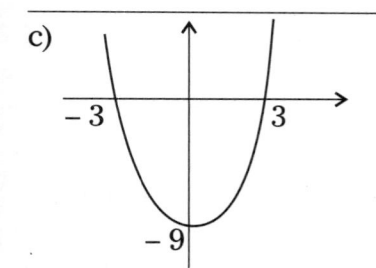

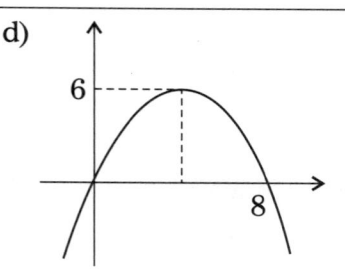

a) (gráfico com raízes -1 e 4, passando por -2)

b) (gráfico com raízes -2 e 6, passando por 8)

c) (gráfico com raízes -3 e 3, passando por -9)

d) (gráfico com vértice em (4, 6) passando por 0 e 8)

Resp: **127** a) m = 3   b) m = 2   **128** a) f(x) = 3x² − x + 14   b) f(x) = − x² + 3x + 4   **129** a) f(x) = 2x² − 3x + 2
b) f(x) = 5x² + 2x − 4   c) f(x) = − x² + 3x − 7   d) f(x) = 3x² − 7   **130** a) f(x) = 2x² + 3x + 2
b) f(x) = − 3x² + 2x − 4   c) f(x) = − x² + 2x + 3

99

133 De uma função polinomial do 2º grau sabemos que f(−3) = 49, f(−1) = 13 e f(2) = 4. Determinar o vértice da parábola a imagem desta função.

134 Determinar as raízes da função f(x) = ax² + bx + c, sabendo que f(0) = 6, f(4) = 6 e f(−3) = 48.

135 Em cada caso é dada uma função do 2º grau com um parâmetro **m**, determinar o que se pede:

a) $f(x) = 3x^2 - 18x + m$. Determinar m para que o valor mínimo de f(x) seja (–30).

b) $f(x) = 2x^2 + mx - 12$. Determinar m para que o valor mínimo de f(x) seja (–20).

c) Dada a função quadrática $f(x) = (m-3)x^2 - (2m-4)x + 3$, determinar o valor do parâmetro **m**, nos casos:

I) Para que f(x) tenha valor mínimo.

II) Para que f(x) tenha valor máximo.

III) Para que o valor mínimo ocorra para $x = \dfrac{3}{2}$.

IV) Para que o valor mínimo ocorra para $x = \dfrac{1}{2}$.

V) Para que o valor máximo de f(x) seja 3.

Resp: **131** a) $f(x) = 3x^2 - 3x - 18$ b) $f(x) = 2x^2 - 7x - 4$ c) $f(x) = 5x^2 + 5x - 150$ d) $f(x) = 12x^2 + 2x - 4$

132 a) $f(x) = \dfrac{1}{2}x^2 - \dfrac{3}{2}x - 2$ b) $f(x) = -\dfrac{2}{3}x^2 + \dfrac{8}{3}x + 8$ c) $f(x) = x^2 - 9$ d) $f(x) = -\dfrac{3}{8}x^2 + 3x$

136 Em cada caso é dada uma função do 2º grau com parâmentro **m**. Determinar **m**:

a) $f(x) = 2x^2 - (2m - 4)x - (m + 4)$. Para que o valor mínimo de $f(x)$ seja (-18)

b) $f(x) = (2 - m)x^2 + (3m - 3)x + (m + 1)$. Para que o seu valor máximo seja 13

c) $f(x) = 2x^2 - 4x + m - 1$. Para que $f(x)$ tenha $\text{Im} = \{y \in \mathbb{R} \mid y \geq -5\}$

137 Dada a função do 2º grau f(x) = (1 − m)x² + (m − 2)x + m + 2, determinar o parâmetro m para que a imagem de f(x) seja Im = {y ∈ ℝ | y ⩽ 4}.

138 Dado o esboço do gráfico de uma função do 2º grau, determinar o maior intervalo possível onde ela é crescente e também o qual ela é decrescente, nos casos:

a) [gráfico: parábola com vértice em x = −9, concavidade para cima]

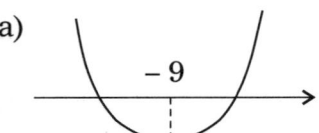

b) [gráfico: parábola com vértice em x = 5, concavidade para baixo]

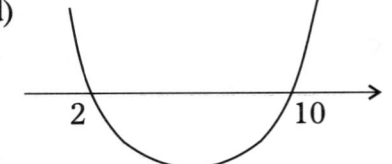

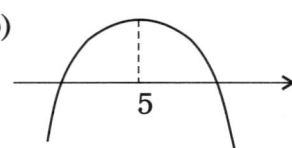

c) [gráfico: parábola com vértice em x = 3, concavidade para cima]

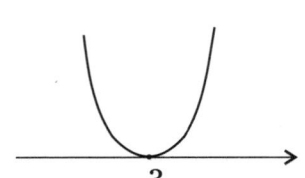

d) [gráfico: parábola com raízes 2 e 10, concavidade para cima]

e) [gráfico: parábola com raízes −2 e −8, concavidade para baixo]

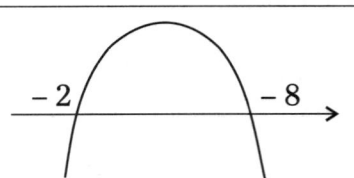

f) [gráfico: parábola com raízes −1 e 19, concavidade para cima]

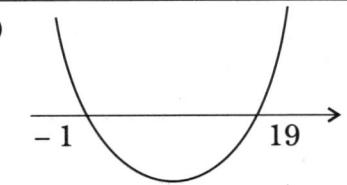

Resp: **133** V = (1, 1), Im = {y ∈ ℝ | y ⩾ 1}   **134** 1 e 3   **135** a) m = −3   b) m = ±8   c) I) m > 3   II) m < 3   III) m = 5   IV) ∄ m   V) m = 2

139 Dada uma função do 2º grau, determinar o maior intervalo no qual ela é crescente e também o qual ela é decrescente, nos casos:

a) $f(x) = 2x^2 - 16x - 39$

b) $f(x) = -3x^2 - 24x + 300$

c) $f(x) = -7x^2 + 28x$

d) $f(x) = 12x^2$

e) $f(x) = -41x^2 - 31,73$

f) $f(x) = 2x^2 - 3x + 111 = 0$

140 Dado o esboço simplificado de uma função do 2º grau $f(x) = ax^2 + bx + c$, estudar a variação do sinal desta função, nos casos:

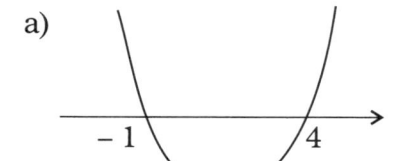

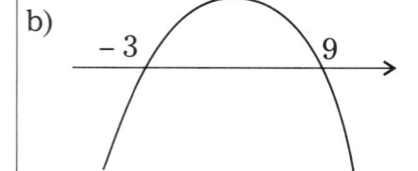

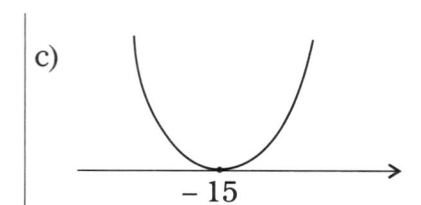

a) parábola com concavidade para cima, raízes -1 e 4

b) parábola com concavidade para baixo, raízes -3 e 9

c) parábola com concavidade para cima, tangente ao eixo x em -15

141 Estudar a variação do sinal da função do 2º grau, dado o esboço do seu gráfico simplificado, suprimindo o eixo das ordenadas, nos casos:

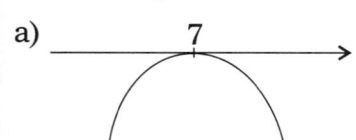

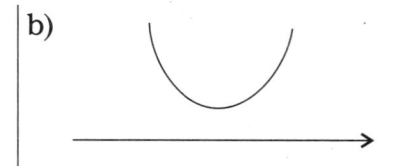

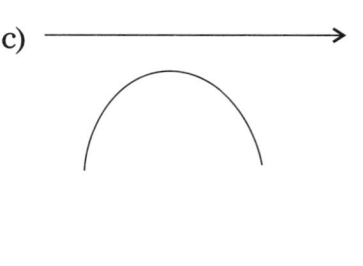

a) [gráfico: parábola com concavidade para baixo tangenciando o eixo em 7]

b) [gráfico: parábola com concavidade para cima acima do eixo]

c) [gráfico: parábola com concavidade para baixo abaixo do eixo]

142 Dada a função do 2º grau $f(x) = ax^2 + bx + c$, estudar a variação do sinal de $f(x)$, nos casos:

a) $f(x) = 2x^2 + 4x - 30$

b) $f(x) = -3x^2 - 12x + 96$

c) $f(x) = 5x^2 - 35x$

d) $f(x) = 9x^2 - 12x + 4$

e) $f(x) = -25x^2 - 10x - 1$

f) $f(x) = 2x^2 - 5x + 4$

Resp: **136** a) – 4 ou 18   b) 3 ou $\frac{35}{13}$ c) m = – 2   **137** 2 ou $\frac{6}{5}$ **138** a) decresc. em $]-\infty, -9]$ b) cresc. em $]-\infty, 5]$
cresc. em $[-9, +\infty[$ decresc. em $[5, +\infty[$

c) decresc. em $]-\infty, 3]$ d) decresc. em $]-\infty, 6]$ e) cresc. em $]-\infty, -5]$ f) decresc. em $]-\infty, 9]$
cresc. em $[3, +\infty[$ cresc. em $[6, +\infty[$ decresc. em $[-5, +\infty[$ cresc. em $[9, +\infty[$

143 Estudar a variação do sinal de f(x), nos casos:

a) $f(x) = -9x^2 - 33x + 12$

b) $f(x) = 30x^2 + 5x - 10$

c) $f(x) = -3x^2 + 27$

144 Usando o dispositivo prático (ma, ca, ma), (ma, ma) e (ma), estudar a variação da sinal de f(x), nos casos: (Dar o dispositivo como resposta).

a) $f(x) = 2x^2 - x - 3$

b) $y = -3x^2 + x + 4$

c) $y = -2x^2 + 10x$

d) $y = 4x^2 - 4x + 1$

e) $y = -x^2 + 6x - 9$

f) $y = -3x^2 + x - 1$

145 Dada uma função do 2º grau, determinar o conjunto dos valores de x que satisfazem I) $f(x) = 0$, II) $f(x) > 0$, III) $f(x) \geq 0$, IV) $f(x) < 0$ e V) $f(x) \leq 0$, nos casos:

a) $f(x) = 4x^2 + 10x - 50$

b) $f(x) = -6x^2 - 39x + 21$

c) $f(x) = 3x^2 - 30x + 75$

d) $f(x) = -98x^2 + 56x - 8$

Resp: **139** a) decresc. em $]-\infty, 4]$ b) cresc. em $]-\infty, -4]$ c) cresc. em $]-\infty, -2]$ d) decresc. em $]-\infty, 0]$
cresc. em $[4, +\infty[$ decresc. em $[-4, +\infty[$ decresc. em $[2, +\infty[$ cresc. em $[0, +\infty[$

e) cresc. em $]-\infty, 0]$ f) decresc. em $\left]-\infty, \dfrac{3}{4}\right]$ **140** a) $f(x) = 0 \Leftrightarrow x = -1 \lor x = 4$ b) $f(x) = 0 \Leftrightarrow x = -3$
decresc. em $[0, +\infty[$ cresc. em $\left[\dfrac{3}{4}, +\infty\right[$ $f(x) < 0 \Leftrightarrow -1 < x < 4$ $f(x) < 0 \Leftrightarrow x < -3 \lor x > 9$
   $f(x) > 0 \Leftrightarrow x < -1 \lor x > 4$ $f(x) > 0 \Leftrightarrow -3 < x < 9$

c) $f(x) = 0 \Leftrightarrow x = -15$ **141** a) $f(x) = 0 \Leftrightarrow x = 7$ b) $f(x) > 0, \forall x \in \mathbb{R}$ c) $f(x) < 0, \forall x \in \mathbb{R}$
$f(x) > 0 \Leftrightarrow x \neq -15$ $f(x) < 0 \Leftrightarrow x \neq 7$

142 a) $f(x) = 0 \Leftrightarrow x = -5 \lor x = 3$ b) $f(x) = 0 \Leftrightarrow x = -8 \lor x = 4$ c) $f(x) = 0 \Leftrightarrow x = 0 \lor x = 7$ d) $f(x) = 0 \Leftrightarrow x = \dfrac{2}{3}$
$f(x) < 0 \Leftrightarrow -5 < x < 3$ $f(x) < 0 \Leftrightarrow x < -8 \lor x > 4$ $f(x) < 0 \Leftrightarrow 0 < x < 7$
$f(x) > 0 \Leftrightarrow x < -3 \lor x > 3$ $f(x) > 0 \Leftrightarrow -8 < x < 4$ $f(x) > 0 \Leftrightarrow x < 0 \lor x > 7$ $f(x) > 0 \Leftrightarrow x \neq \dfrac{2}{3}$

e) $f(x) = 0 \Leftrightarrow x = -\dfrac{1}{5}$, $f(x) < 0 \Leftrightarrow x \neq -\dfrac{1}{5}$ f) $f(x) > 0, \forall x \in \mathbb{R}$

146 Dada uma função do 2º grau, determinar o conjunto dos valores de x que satisfazem

I) $f(x) = 0$, II) $f(x) > 0$, III) $f(x) \geq 0$, IV) $f(x) < 0$ e V) $f(x) \leq 0$, nos casos:

a) $f(x) = 7x^2 + 5x + 2$

b) $f(x) = -2x^2 + 5x - 6$

147 Dadas as funções $f(x) = x^2 - x - 6$, $g(x) = -x^2 - 3x + 4$ e $h(x) = x^2 - 5x$, determinar o conjunto dos valores de x tal que $P(x) \leq 0$, onde $P(x) = f(x) \cdot g(x) \cdot h(x)$

148 Dadas as funções $f(x) = x^2 - x - 30$, $g(x) = -x^2 + 9$ e $h(x) = x^2 + 1$, determinar o conjunto dos valores de x tal que $E(x) \geq 0$, onde $E(x) = f(x) : [h(x) \cdot g(x)]$.

149 De uma função do 2º grau sabemos que $f(-4) = 16$, $f(3) = -5$ e $f(5) = 7$. Determinar:

a) $f(x)$.
b) As raízes de $f(x)$.
c) O vértice da parábola representativa de f.
d) O valor máximo (ou mínimo) de f.
e) A imagem de f.
f) O maior intervalo possível no qual f é crescente e o no qual f é decrescente.

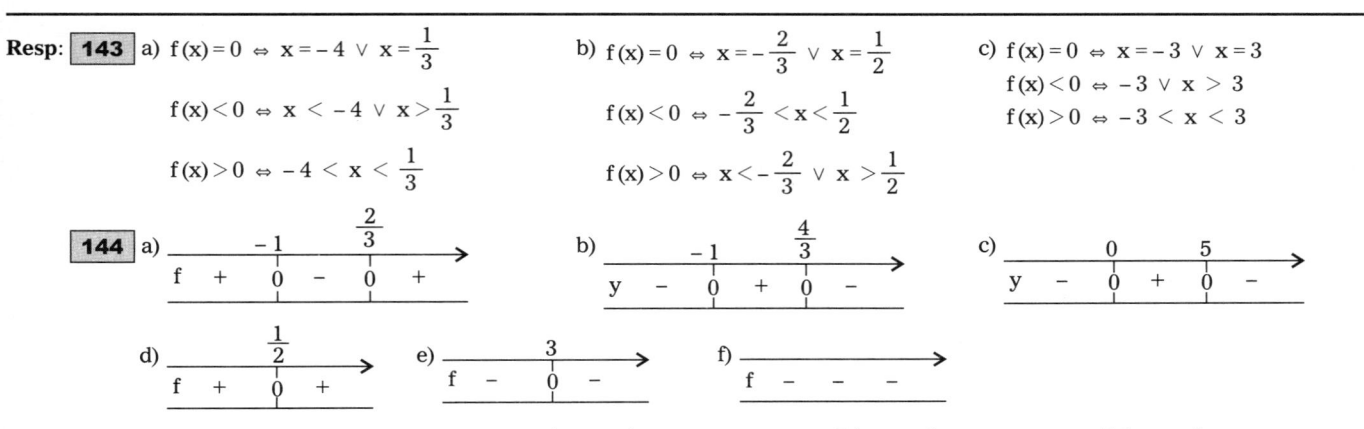

150 Em uma função f(x) = ax² + bx + c, substituindo x por n + 2, foi obtido f(n + 2) = 3n² + 11n + 6. Determinar:

a) f(5), f(3) e f(0)

b) f(x)

151 Em uma função f(x), substituindo x por (2n − 1), obtivemos f(2n − 1) = 8n² + 22n − 21, determinar as raízes de f(x).

152 Se f(n − 2) = 2n² − 5n − 3, determinar **n** tal que f(x) = 0.

153 Determinar a interseção da função f(x) do 2º grau (gráfico é parábola) com a função g(x) do 1º grau (função afim) (gráfico é reta), nos casos:

a) $f(x) = 2x^2 - x + 2$ e $g(x) = 5x - 2$

b) $f(x) = 3x^2 - 2x - 3$ e $g(x) = 4x - 6$

154 Dada a função $f(x) = \dfrac{1}{3}x^2 - 2x + 5$, determinando o seu vértice, o eixo de simetria, o ponto onde ela corta o eixo y e o seu simétrico em relação ao eixo de simetria, esboçar o gráfico desta função.

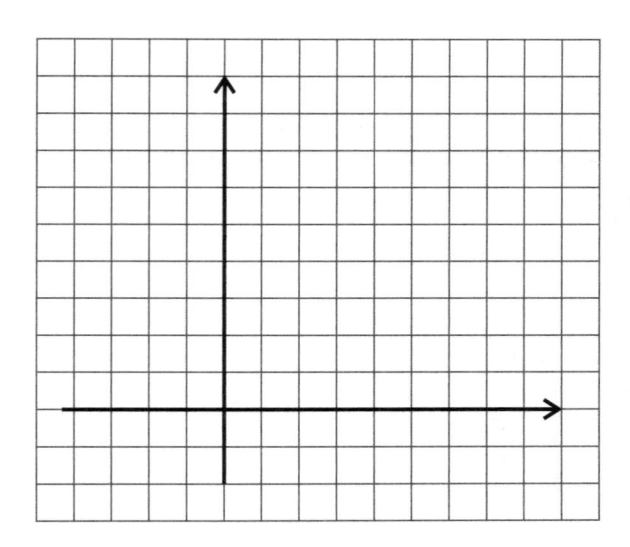

Resp: **146** a) I) $\varnothing$,II) $\mathbb{R}$,III) $\mathbb{R}$,IV) $\varnothing$,V) $\varnothing$ b) I) $\varnothing$,II) $\varnothing$,III) $\varnothing$,IV) $\mathbb{R}$,V) $\mathbb{R}$

147 $\{x \in \mathbb{R}|\ x \leqslant -4 \vee -2 \leqslant x \leqslant 0 \vee 1 \leqslant x \leqslant 3 \vee x \geqslant 5\}$ **148** $\{x \in \mathbb{R}|\ -5 \leqslant x < -3 \vee 3 < x \leqslant 6\}$

149 a) $f(x) = x^2 - 2x - 8$ b) 4 e -2 c) V = (1, -9)   d) $V_{mín} = -9$ e) Im $= \{y \in \mathbb{R}|\ y \geqslant -9\}$

f) Decresc. em $]-\infty, 1]$ e cresc. em $[1, +\infty[$

111

155 Dada um função do 2º grau, determinando as raízes, o ponto onde ela corta o eixo dos y, o vértice e observando o eixo de simetria, esboçar o gráfico de f, nos casos:

a) $y = x^2 - 2x - 3$. Plotar os pontos dela que distam 3 do eixo de símetria.

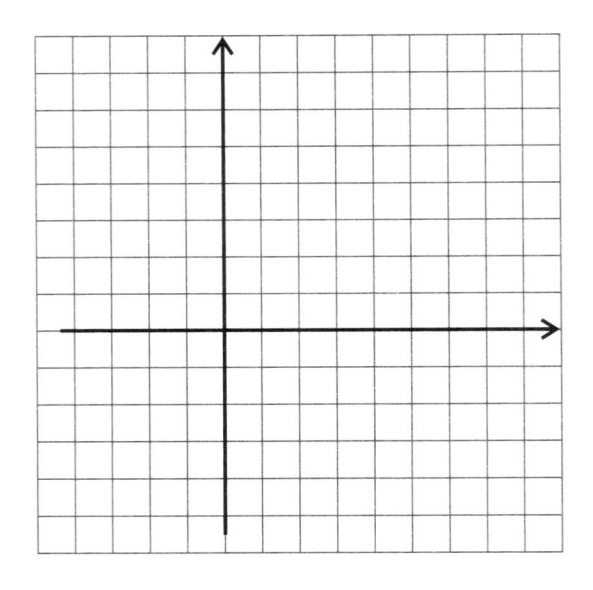

b) $y = x^2 - 4x + 4$. Plotar os pontos dela que distam 3 do eixo de simetria.

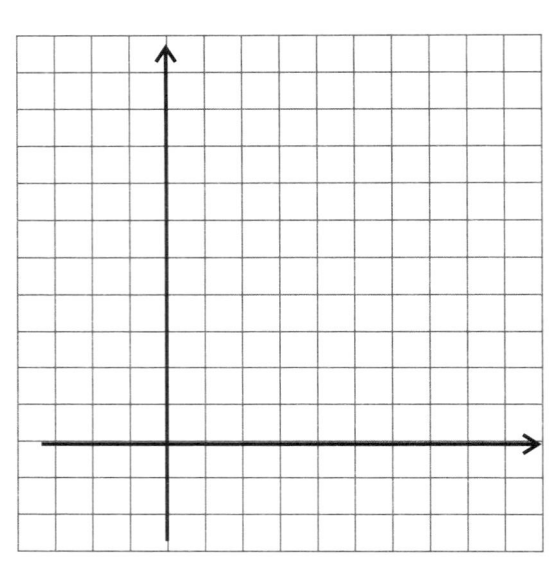

c) $y = -x^2 + 6x - 5$. Plotar os pontos dela que distam 1 do eixo de simetria.

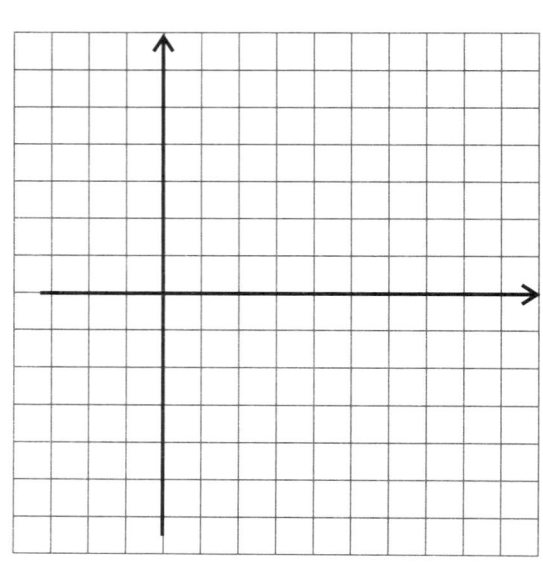

156 Esboçar o gráfico da função dada, nos casos:

a) $f(x) = -\dfrac{1}{2}x^2 - x + 4$

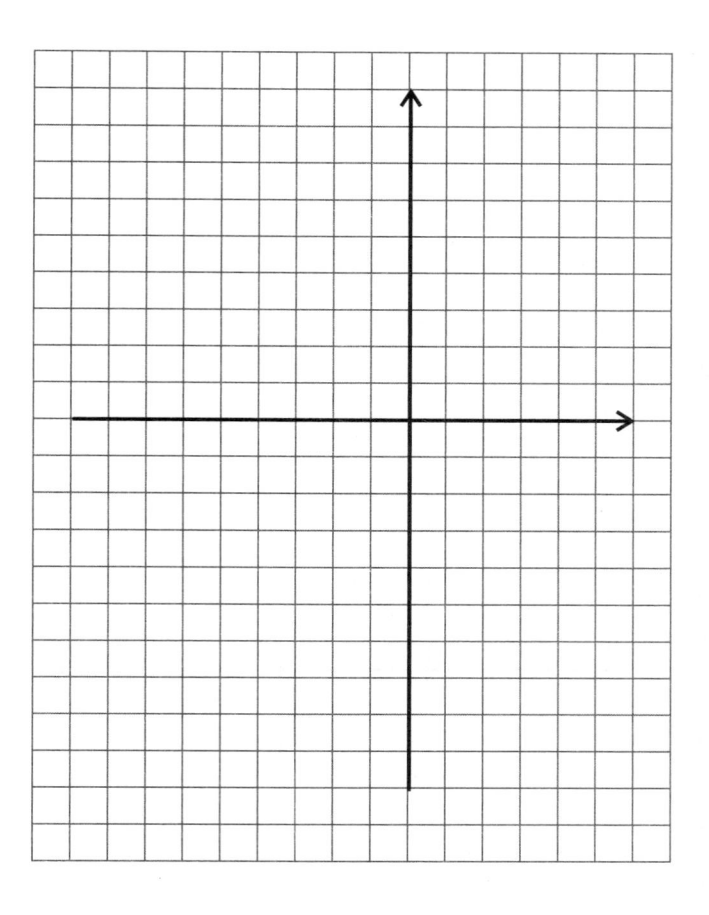

b) $f(x) = x^2 - 6x$

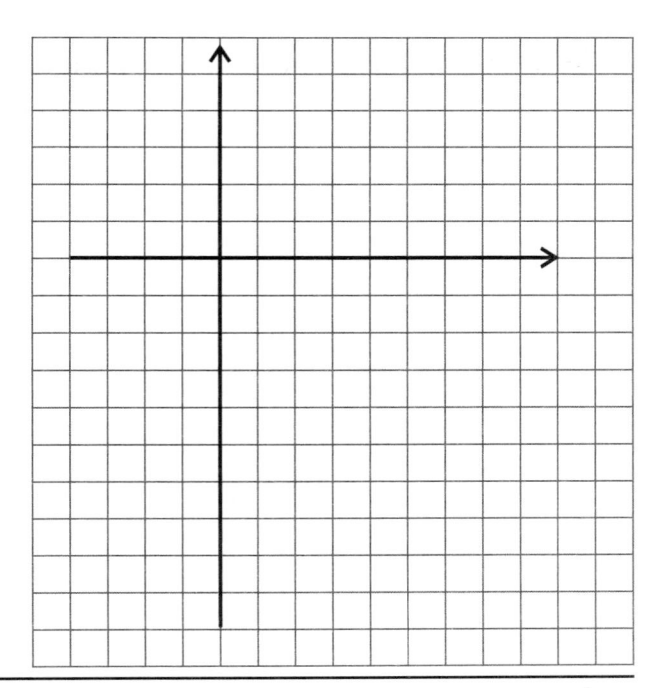

Resp: **150** a) 1) $f(5) = 66$ 2) $f(3) = 20$ 3) $f(0) = -4$ b) $f(x) = 3x^2 - x - 4$ **151** $f(x) = 2x^2 + 15x - 8$, -8 e $\dfrac{1}{2}$ **152** 1) $f(x) = 2x^2 + 3x - 5$, $n = -\dfrac{1}{2}$ ou $n = 3$ **153** a) $\{(1,3)$ e $(2, 8)\}$ Estes pontos são as extremidades do segmento que a parábola determina na reta (ou da corda que a reta determina na parábola) b) $\{(1, -2)\}$ Isto significa que uma reta não vertical tem um único ponto em comum com a parábola. Dizemos neste caso que a reta é tangente à parábola. **154**

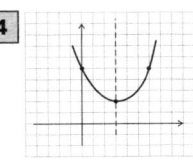

157 Destacando o vértice e mais dois pontos, esboçar o gráfico de f(x), nos casos:

a) $y = -\dfrac{1}{2}x^2 - 2x - 3$

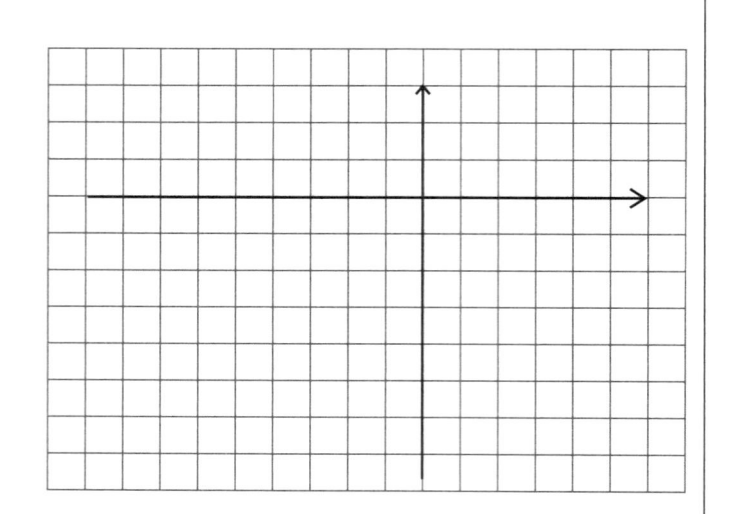

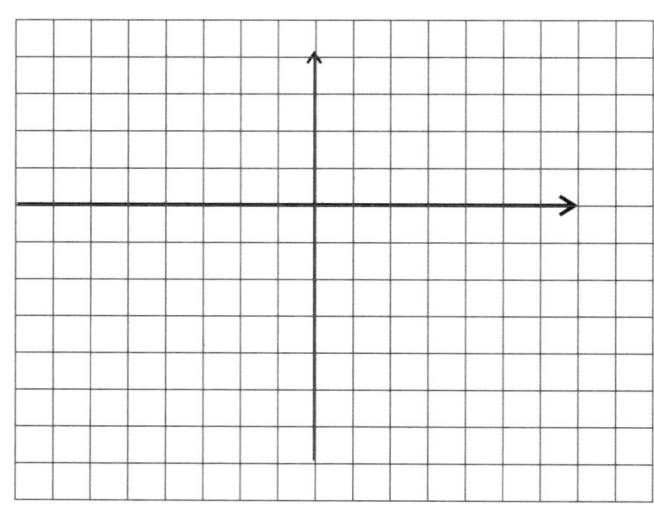

b) $y = \dfrac{2}{3}x^2 - 6$

158 Esboçar no mesmo plano cartesiano os gráficos de $f(x) = -\dfrac{1}{2}x^2 - x + 4$ e $g(x) = \dfrac{1}{2}x^2 - x - 4$

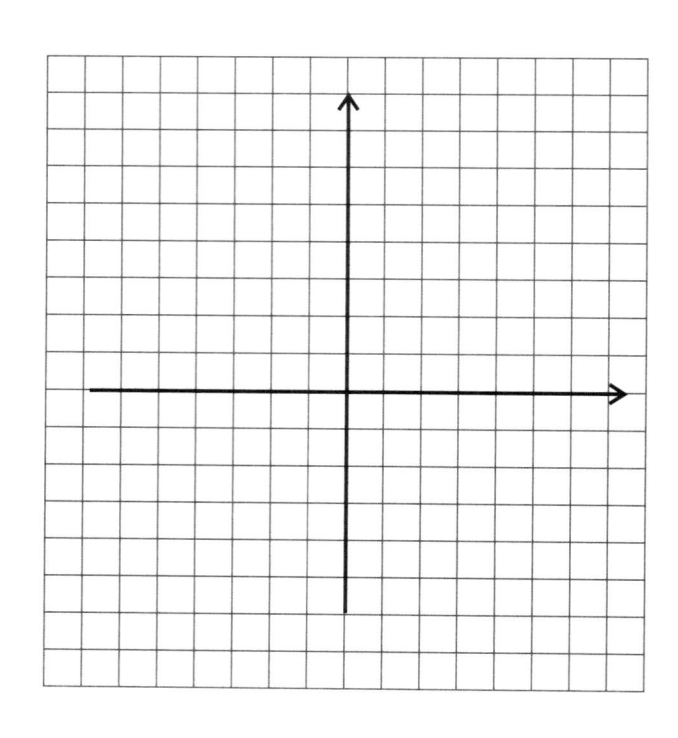

11 – Problemas

Há muitos problemas de geometria, e também problemas que envolvem custo, receita e lucro, em uma fábrica, cuja função que descreve a situação em questão é uma função polinomial do 2º grau.

Na resolução de problemas, dada uma função do 2º grau, é necessário saber:

1) Se a concavidade é voltada para cima ou para baixo (boca para cima ou para baixo).
2) Se a função tem valor máximo ou mínimo.
3) Se corta, tangencia ou não tem ponto em comum o eixo das abscissas.
4) Determinar as suas raízes, quando o discriminante for maior ou igual a zero.
5) Os pontos, da função, pertencentes aos eixos.
6) Determinar o vértice da parábola e o valor máximo ou mínimo da função.
7) O intervalo onde ela é crescente e o intervalo onde ela é decrescente.

Quando for dado o gráfico, onde 3 pontos dele forem dados, é necessário saber obter a equação que define a função.

Exemplo 1: O faturamento mensal F(x) em reais, de uma fábrica, em função do número x de peças produzidas por mês é dado por $F(x) = 200\,000\,(-x^2 + 10x)$. Determinar o número de peças que devem ser produzidas por mês, para que o faturamento seja máximo, e qual será este faturamento máximo.

Resolução: 1) $F(x) = 200\,000\,(-x^2 + 10) \Rightarrow$

$F(x) = -200\,000\,x^2 + 2\,000\,000\,x$

$a = -200\,000 < 0 \Rightarrow F(x)$ tem valor máximo e este valor será obtido quando $x = -\dfrac{b}{2a}$.

2) $x_V = -\dfrac{b}{2a} \Rightarrow x_V = \dfrac{-2\,000\,000}{2\,(-2\,000\,000)} = \dfrac{20}{4} = 5 \Rightarrow \boxed{5\text{ peças}}$

3) O valor máximo é dado pelo y_V que pode ser determinado por $-\dfrac{\Delta}{4a}$ ou por $f(x_V)$. Então:

$y_V = f(x_V) = f(5) \Rightarrow y_V = 200\,000\,(-5^2 + 10 \cdot 5) \Rightarrow$

$y_V = 200\,000\,(25) \Rightarrow V_V = 5\,000\,000$

Resposta: 5 peças e R$ 5 000 000,00

Resp: **155** a) b) 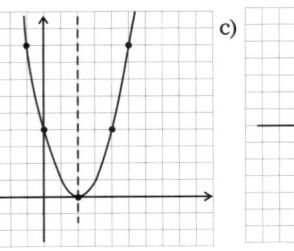 c) **156** a)

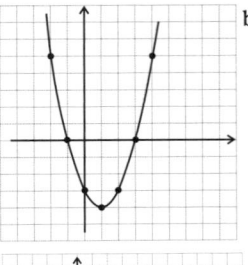

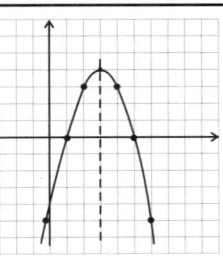

b)

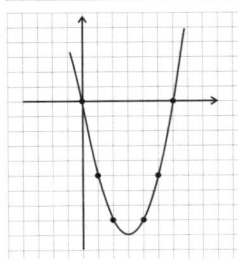

115

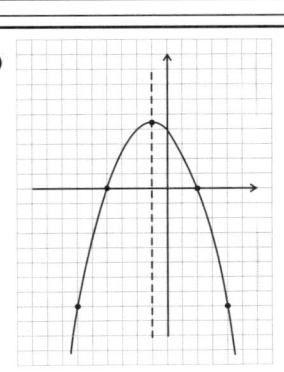

Exemplo 2: De todos os retângulos de perímetro 24 m, quais as medidas dos lados, e qual é área do de área máxima?

Resolução:

1) h em função de x:

$$2h + 2x = 24 \Rightarrow h + x = 12 \Rightarrow \boxed{h = 12 - x}$$

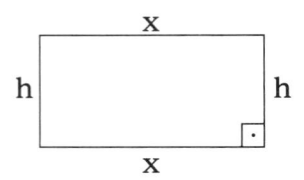

2) Área A em função de x:

$$A(x) = xh \Rightarrow A(x) = x(12 - x) \Rightarrow \boxed{A(x) = -x^2 + 12x}$$

3) Em $A(x) = -x^2 + 12x$ temos $a = -1 < 0$. Então a boca é para baixo. Ela tem valor máximo e esse valor é determinado quando $x = -\dfrac{b}{2a}$.

4) $x_v = \dfrac{-12}{2(-1)} \Rightarrow x_v = 6 \Rightarrow \boxed{x = 6} \Rightarrow h = 12 - 6 \Rightarrow \boxed{h = 6}$.

Note então que a área máxima é obtida quando o retângulo for um quadrado.

5) $A_{máx.} = 6^2 \Rightarrow A_{máx.} = 36$

6) Outro modo para terminar o exercício:

$$A_{máx.} = -\dfrac{\Delta}{4a} \quad \text{ou} \quad A_{máx.} = y_v = f(x_v) = f(6) \Rightarrow A_{máx.} = -6^2 + 12 \cdot 6 \Rightarrow \boxed{A = 36}$$

Resposta: 6 m cada lado e A = 36 m²

Exemplo 3: Com 36 m de tela João quer construir um galinheiro retangular, aproveitando um murro já existente no local para ser um dos lados do retângulo. Qual é a área máxima que poderá ter o galinheiro de João.

Resolução:

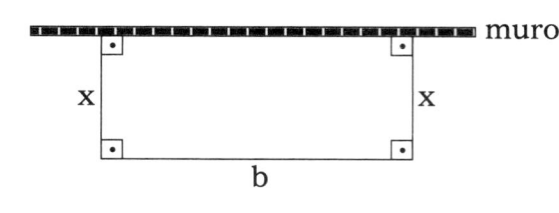

1) b em função de x:

$$b + 2x = 36 \Rightarrow \boxed{b = -2x + 36}$$

2) Área A em função de x:

$$A(x) = b \cdot x = (-2x + 36) \cdot x \Rightarrow$$

$$\boxed{A(x) = -2x^2 + 36x}$$

3) Em $A(x) = -2x^2 + 36x$, $a = -2 < 0$. A parábola tem a boca para baixo. Então ela tem valor máximo que é dado por

$$y_v = -\dfrac{\Delta}{4a} \quad \text{ou} \quad y_v = f(x_v)$$

$$x_v = -\dfrac{b}{2a} = -\dfrac{36}{2(-2)} \Rightarrow x_v = 9 \Rightarrow y_v = f(9) = -2(9)^2 + 36 \cdot 9 \Rightarrow$$

$$y_v = -162 + 324 \Rightarrow y_v = 162 \Rightarrow \boxed{A_{máx.} = 162}$$

Obs.: 1) A área poderia ser determinada por: $x_v = 9 \Rightarrow b = -2(9) + 36 \Rightarrow b = 18$

$A = 9 \cdot 18 \Rightarrow A = 162$

2) Note que se fosse feito um galinheiro quadrado, com $x = 36 : 3 = 12$, a sua área seria $12^2 = 144$, que não é a máxima.

Resposta: 162 m²

Exemplo 4: Dividir 12 em duas parcelas tal que o produto delas seja o maior possível.

Resolução: 1) Sejam x e n as parcelas. Então: $x + n = 12 \Rightarrow \boxed{n = 12 - x}$

2) Cálculo do produto $P = x \cdot n$ en função de **x**

$P(x) = x(12 - x) \Rightarrow \boxed{P(x) = -x^2 + 12x}$

3) $a = -1 < 0 \Rightarrow$ boca para baixo $\Rightarrow P(x)$ tem valor máximo.

$P(x)$ é máximo para $x = x_v = -\dfrac{b}{2a} \Rightarrow$

$x = -\dfrac{12}{2(-1)} \Rightarrow x = 6 \Rightarrow n = 12 - 6 \Rightarrow \boxed{n = 6}$

Resposta: 6 e 6

Exemplo 5: Dividir 12 em duas parcelas **x** e **n** tal que o produto P de (x + 2) por (2n – 4) tenha o maior valor possível. Determinar também este produto.

Resolução: 1) $x + n = 12 \Rightarrow \boxed{n = 12 - x}$

2) Produto $P = (x + 2)(2n - 4)$ em função de x:

$P(x) = (x + 2)[2(12 - x) - 4] = (x + 2)(-2x + 20)$

$P(x) = -2x^2 - 4x + 24x + 48 \Rightarrow \boxed{P(x) = -2x^2 + 20x + 48}$

3) $a = -2 < 0 \Rightarrow$ boca para baixo $\Rightarrow P(x)$ tem valor máximo.

$P(x)$ é máximo para $x = x_v = -\dfrac{b}{2a}$. Então:

$x = -\dfrac{-20}{2(-2)} \Rightarrow \boxed{x = 5} \Rightarrow n = 12 - 5 \Rightarrow \boxed{n = 7}$

4) Note que o produto pedido é $P(x) = -2x^2 + 20x + 48$ para $x = 5$. Então:

$P(5) = -2 \cdot 5^2 + 20 \cdot 5 + 48 \Rightarrow P(5) = -50 + 100 + 48 \Rightarrow \boxed{P(5) = 98}$

Este produto também pode ser obtido por $-\dfrac{\Delta}{4a}$ em $P(x) = -2x^2 + 20x + 48$.

Resposta: x = 5, n = 7 e p = 98

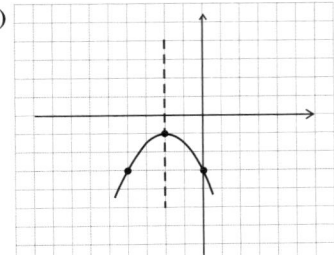

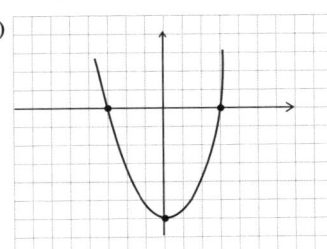

117

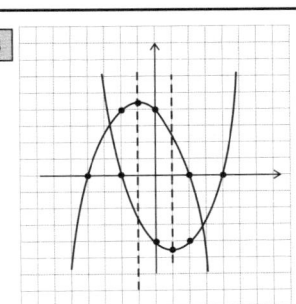

Exemplo 6: Um grupo de estudantes de no máximo 60 pessoas alugou um ônibus de 60 lugares para fazer uma excursão, combinando com a empresa de ônibus que **cada** passageiro pagaria R$ 80,00 pela sua passagem e mais R$ 2,00 por **cada** poltrona vazia.

a) Determinar o faturamento f(x) da empresa nesta excursão em função do número x de passageiros presentes.

b) Determinar o número x de passageiros presentes para que o faturamento seja máximo e qual é esse faturamento.

Resolução: a) Para x passageiros presentes, teremos (60 – x) poltronas vazias (poltrona não ocupada).

1) 80,00 por passagem e x passageiros $\Rightarrow$ 80 · x é (em reais) o faturamento com os lugares ocupados.

2) Cada um dos x passageiros pagará R$ 2,00 para cada um dos (60 – x) lugares vazios, gerando um faturamento de x[(60 – x)· 2] com os lugares vazios.

3) Então o faturamento f(x) será:

$$f(x) = 80 \cdot x + x[(60-x) \cdot 2] \Rightarrow f(x) = 80x + 120x - 2x^2 \Rightarrow$$

$$\boxed{f(x) = -2x^2 + 200x, \text{ em reais}}$$

b) 1) Em $f(x) = -2x^2 + 200x$, $a = -2 < 0 \Rightarrow$ f tem valor máximo, que é dado para

$$x = x_V = -\frac{b}{2a} \Rightarrow$$

$$x_V = -\frac{200}{2(-2)} \Rightarrow \boxed{x_V = 50} \Rightarrow 50 \text{ passageiros}$$

2) Para 50 passageiros presentes teremos faturamento máximo.

Para determinar o faturamento máximo basta determinar f(50).

$f(50) = -2(50)^2 + 200(50) \Rightarrow f(50) = -5000 + 10\,000 = \boxed{5000}$

Obs.: Outro modo de determinar o faturamento máximo pode ser com $y_V = -\frac{\Delta}{4a}$ ou por
50(80) + 50(10 · 2) = 4000 + 1000 = 5000

Resposta: a) f(x) = – 2x² + 200x, em reais b) 50 passageiros, R$ 5000,00

Exemplo 7: Observe o triângulo dado com um lado de medida (12 – x) e altura relativa a ele com medida 4x, onde x está entre 0 e 12 (para que exista o triângulo). Determinar a área máxima que este triângulo pode ter.

Resolução: 1) $A(x) = \frac{(12-x)4x}{2} \Rightarrow A(x) = (12-x)2x \Rightarrow$

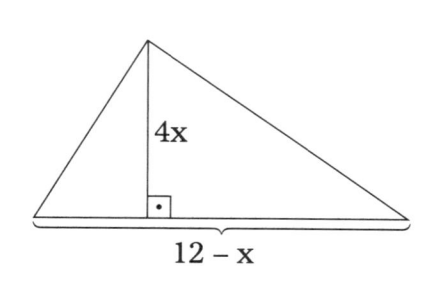

$$\boxed{A(x) = -2x^2 + 24x}$$

2) $a = -2 < 0 \Rightarrow$ boca para baixo $\Rightarrow$ A(x) tem máximo

A(x) é máximo para $x = -\frac{b}{2a} = -\frac{24}{2(-2)} \Rightarrow x_V = 6$

$A_{máx.} = y_V = f(x_V) = f(6) \Rightarrow$

$A_{máx.} = -2(6^2) + 24 \cdot 6 = -72 + 144 \Rightarrow \boxed{A_{máx.} = 72}$

Resposta: 72

Exemplo 8: (UERJ – 1997) Numa partida de futebol, no instante em que os raios solares incidiam perpendicularmente sobre o gramado, o jogador "Chorão" chutou a bola em direção ao gol, de 2,30 m de altura interna. A sombra da bola descreveu uma reta que cruzou a linha do gol. A bola descreveu uma parábola e quando começou a cair da altura máxima de 9 metros, sua sombra se encontrava a 16 metros da linha do gol. Após o chute de "Chorão", nenhum jogador conseguiu tocar na bola em movimento. A representação gráfica do lance em um plano cartesiano está sugerida na figura a seguir.

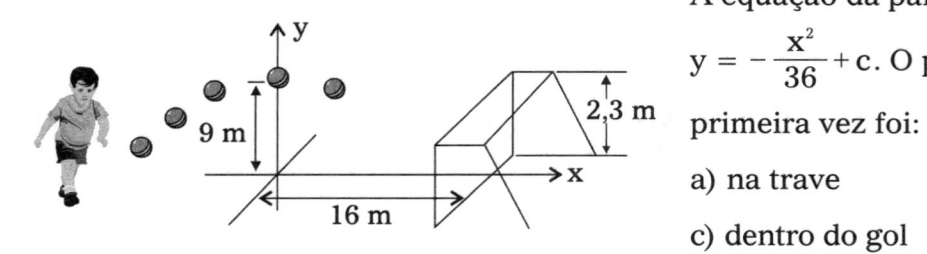

A equação da parábola era do tipo:

$y = -\dfrac{x^2}{36} + c$. O ponto onde a bola tocou pela primeira vez foi:

a) na trave   b) atrás do gol
c) dentro do gol   d) antes da linha do gol

Resolução: 1) y_v é o máximo e é obtido para $x = -\dfrac{b}{2a} \Rightarrow$

$x_v = \dfrac{0}{2a} \Rightarrow x_v = 0 \Rightarrow y_v = f(0) = -\dfrac{1}{36} \cdot 0^2 + c \Rightarrow y_v = c$

$y_v = 9$ e $y_v = c \Rightarrow \boxed{c = 9} \Rightarrow \boxed{f(x) = -\dfrac{1}{36}x^2 + 9}$

2) Vejamos a que altura do solo estava a bola para $x = 16$

$f(16) = -\dfrac{1}{36} \cdot 16^2 + 9 = -\dfrac{1}{36} \cdot 16 \cdot 16 + 9 \Rightarrow f(16) = -\dfrac{4 \cdot 16}{9} + 9 = \dfrac{-64 + 81}{9} \Rightarrow$

$f(26) = \dfrac{17}{9} = 1,88...$

Como 1,88... é menor que a altura do gol (2,3m), a bola tocou dentro do gol.

Resposta: C

Exemplo 9: A figura mostra um retângulo de lados x e h inscrito em um triângulo com um lado 16 e altura relativa 12. Determinar:

a) A altura h em função de x e a área S do retângulo em função de x.
b) A área máxima que este retângulo pode ter.

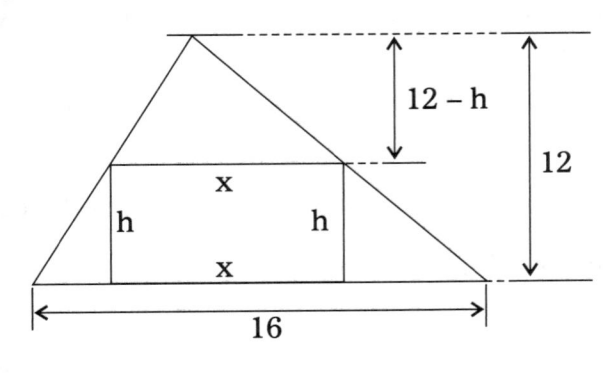

Resolução: a) 1) Por semelhança, obtemos:

$\dfrac{12-h}{12} = \dfrac{x}{16} \Rightarrow \dfrac{12-h}{3} = \dfrac{x}{4} \Rightarrow 3x = 48 - 4h \Rightarrow$

$\Rightarrow 4h = -3x + 48 \Rightarrow \boxed{h = -\dfrac{3}{4}x + 12}$

2) $S(x) = x \cdot h \Rightarrow S = x \cdot \left(-\dfrac{3}{4}x + 12\right) \Rightarrow$

$\boxed{S(x) = -\dfrac{3}{4}x^2 + 12x}$

b) $S_{máx.} = S(x)$ para $x = -\dfrac{b}{2a}$. Então: $x = -\dfrac{12}{2\left(-\dfrac{3}{4}\right)} \Rightarrow \boxed{x = 8}$

$S_{máx.} = S(8) = -\dfrac{3}{4} \cdot (8)^2 + 12 \cdot 8 \Rightarrow$

$S_{máx.} = -48 + 96 \Rightarrow S_{máx.} = 48$

Resposta: a) $h(x) = -\dfrac{3}{4}x + 12$, $S(x) = -\dfrac{3}{4}x^2 + 12x$.   b) 48

Exemplo 10: Uma base um um trapézio é o dobro da outra e a soma das bases com a altura do trapézio deve dar 12 m. Quanto devem medir estas bases para que a área do trapézio seja a maior possível e qual é essa área?

Resolução: 1) Sendo x e 2x as bases, determinemos a altura h em função de x.

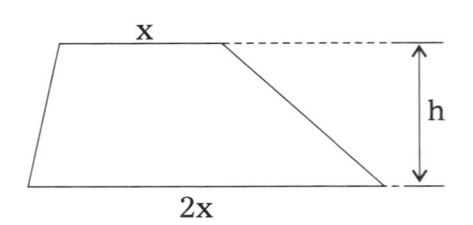

$$h + x + 2x = 12 \Rightarrow \boxed{h = 12 - 3x}$$

2) Área S do trapézio em função de x:

$$S = \frac{(2x + x)h}{2} \Rightarrow S = \frac{3}{2} x \cdot h \Rightarrow$$

$$S(x) = \frac{3x}{2}(12 - 3x) \Rightarrow \boxed{S(x) = -\frac{9}{2}x^2 + 18x}$$

3) $x = x_V = -\frac{b}{2a} \Rightarrow S(x_V)$ será máxima.

$$x_V = -\frac{18}{2\left(-\frac{9}{2}\right)} \Rightarrow \boxed{x_V = 2} \Rightarrow \text{bases medem 2 m e 4 m}$$

4) $S(x_V) = S(2) = -\frac{9}{2}(2)^2 + 18(2) \Rightarrow y_V = -18 + 36 \Rightarrow y_V = 18 \Rightarrow \boxed{S_{máx.} = 18 \text{ m}^2}$

Resposta: 2 m e 4 m e 18 m²

Exemplo 11: (URRJ) Uma bola de beisebol é lançada de um ponto O e, em seguida, toca o solo nos pontos A e B, conforme representado no sistema de eixos ortogonais.

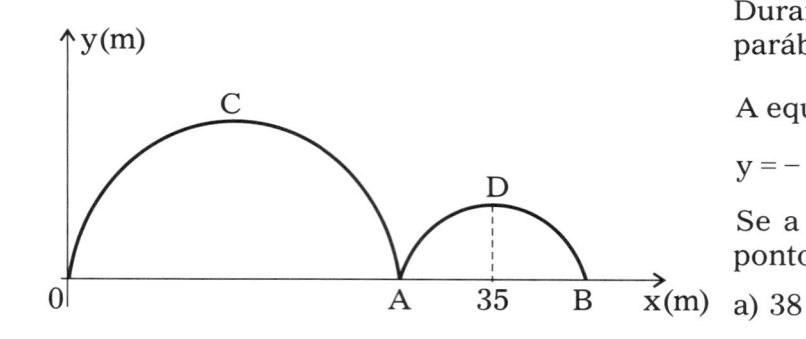

Durante sua trajetória, a bola descreve duas parábolas, com vértices C e D.

A equação de um dessas parábolas é
$y = -\frac{x^2}{75} + \frac{2x}{5}$

Se a abscissa de D é 35 m, a distância do ponto O ao ponto B, em metros é:

a) 38   b) 40   c) 45   d) 50

Resolução: 1) Na parábola de equação $y = -\frac{x^2}{75} + \frac{2x}{5}$, para x = 0 obtemos y = 0 ⇒ (0, 0) pertence a ela. Então a equação dada é da primeira parábola (a de vértice c).

2) Determinemos as suas raízes:

$-\frac{x^2}{75} + \frac{2x}{5} = 0 \Rightarrow -x^2 + 30x = 0 \Rightarrow x^2 - 30x = 0 \Rightarrow x(x - 30) = 0$

⇒ x = 0 ou x = 30 ⇒ abscissa do ponto A é 30.

3) $x_B - 35 = 35 - x_A \Rightarrow x_B = 70 - x_A \Rightarrow x_B = 70 - 30 \Rightarrow x_B = 40 \Rightarrow$

⇒ OB = 40 (metros)

Resposta: B

Exemplo 12: Na figura temos um triângulo ABC inscrito em um triângulo RST, com BC paralelo a RS. Se RS = 8 e a altura relativa igual a 12, qual é a maior área que ABC pode ter?

Resolução:

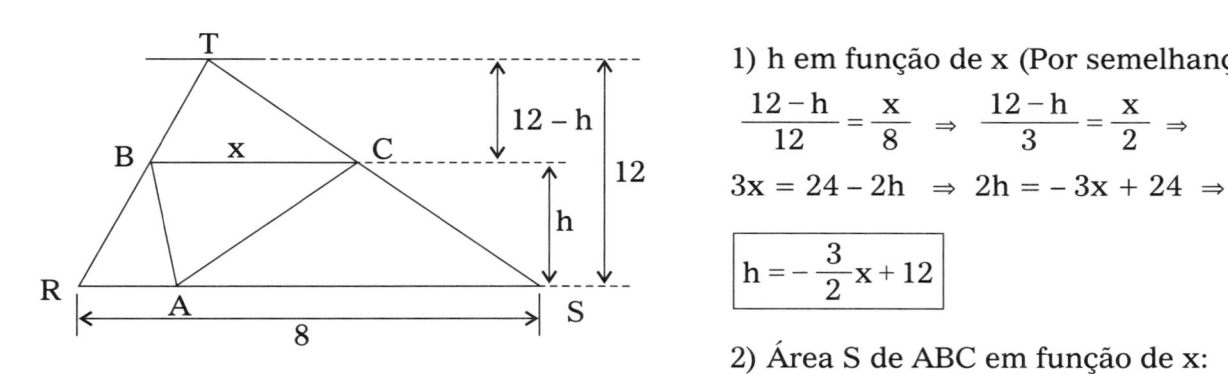

1) h em função de x (Por semelhança)

$$\frac{12-h}{12} = \frac{x}{8} \Rightarrow \frac{12-h}{3} = \frac{x}{2} \Rightarrow$$

$$3x = 24 - 2h \Rightarrow 2h = -3x + 24 \Rightarrow$$

$$\boxed{h = -\frac{3}{2}x + 12}$$

2) Área S de ABC em função de x:

$$S = \frac{xh}{2} \Rightarrow S(x) = \frac{x}{2}\left(-\frac{3}{2}x + 12\right) \Rightarrow S(x) = -\frac{3}{4}x^2 + 6x$$

3) $a = -\frac{3}{4} < 0 \Rightarrow$ S tem máximo $\Rightarrow S_{máx.} = S(x_V)$

$$x_V = -\frac{b}{2a} = -\frac{6}{2\left(-\frac{3}{4}\right)} \Rightarrow \boxed{x_V = 4} \Rightarrow y_V = S(4) = -\frac{3}{4}(4)^2 + 6 \cdot 4 \Rightarrow \boxed{y_V = 12}$$

Resposta: 12

Exemplo 13: Um retângulo está inscrito em um trapézio de bases 5 cm e 20 cm e altura, 12 cm, como mostra a figura ao lado. Qual é a maior área que este retângulo pode ter?

Resolução: 1) Sendo x e h os lados do retângulo, por semelhança, vamos determinar h em função de x. Com o segmento tracejado, paralelo ao lado oblíquo, obtemos os triângulos semelhantes.

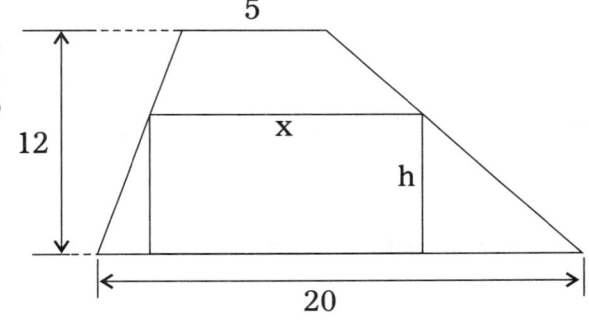

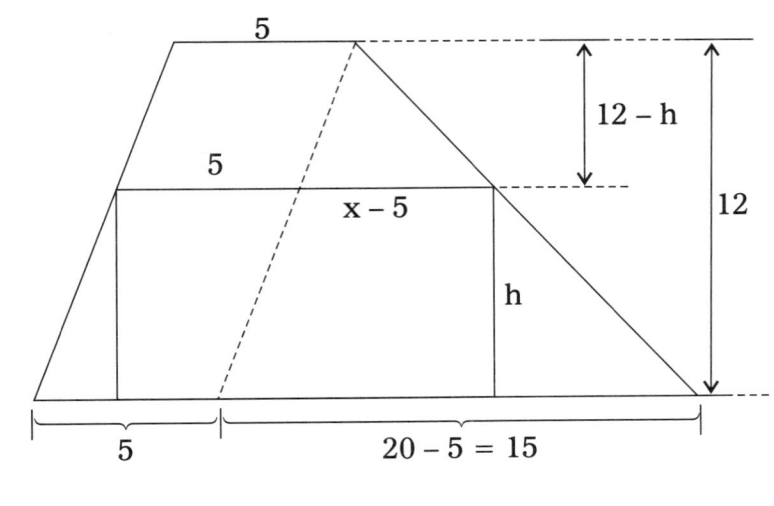

$$\frac{12-h}{12} = \frac{x-5}{15} \Rightarrow \frac{12-h}{4} = \frac{x-5}{5}$$

$$60 - 5h = 4x - 20 \Rightarrow$$

$$5h = -4x + 80 \quad \boxed{h = -\frac{4}{5}x + 16}$$

2) Área S do retângulo, em função de x:

$$S = xh \Rightarrow S(x) = x\left(-\frac{4}{5}x + 16\right) \Rightarrow$$

$$\boxed{S(x) = -\frac{4}{5}x^2 + 16x} \Rightarrow x_V = -\frac{b}{2a} = \frac{16}{2\left(\frac{4}{5}\right)} \Rightarrow \boxed{x_V = 10}$$

$$y_V = S(10) \Rightarrow y_V = -\frac{4}{5}(10)^2 + 16 \cdot 10 \Rightarrow y_V = -80 + 160 \Rightarrow y_V = 80$$

Resposta: 80 cm²

159 O faturamento mensal de uma empresa, em função do número de peças x produzidas por mês é dado por F(x) = 240 000 (– x^2 + 20x), em reais. Qual é o número de peças produzidas por mês para que o faturamento seja o maior possível e qual é esse faturamento. Admitindo que todas as peças produzidas são vendidas.

160 Com 48 m de tela Antônio quer construir um galinheiro de forma retangular, aproveitando um muro, já existente no local, para ser um dos lados do retângulo. Quais as dimensões do retângulo para que o galinheiro tenha a maior área possível e qual é essa área?

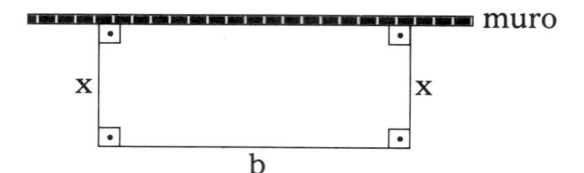

161 Dividir 16 em duas parcelas x e n tal que o produto de (2x – 4) por (n + 2) seja o maior possível. Qual é esse produto máximo?

162 Os técnicos de um grupo de no máximo 36 atletas alugaram um ônibus de 36 lugares para que esses fossem levados para uma competição, combinando com o dono do ônibus que cada passageiro pagaria R$ 60,00 pela sua passagem e mais R$ 3,00 por cada poltrona vazia. Determinar:

a) O faturamento f(x) da empresa em função do número **x** de atletas que viajaram.

b) Determinar o número de atletas que devem ir neste ônibus para que o faturamento seja máximo e qual é esse faturamento?

163 Um triângulo ABC com BC = 20 cm tem os ângulos do lado BC agudos e altura relativa e este lado com 16 cm. Um retângulo inscrito neste triângulo tem um lado sobre BC. Qual é área máxima que este retângulo pode ter?

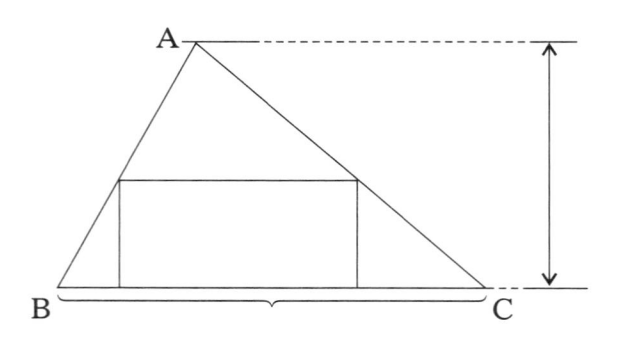

164 Se um lado BC de um triângulo mede **b** e a altura relativa a ele mede h, e um retângulo, com um lado **x** sobre BC, está inscrito neste triângulo, com altura relativa a x igual a y, mostre que para este retângulo ter a maior área possível, deve-se ter $x = \dfrac{b}{2}$ e $y = \dfrac{h}{2}$

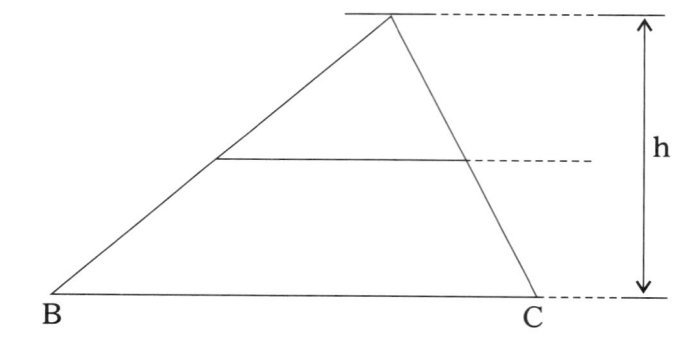

165 As bases de um trapézio medem 8 cm e 24 cm e a sua altura mede 12 cm. Um retângulo está inscrito neste trapézio, como mostra a figura. Qual é a maior área que este retângulo pode ter?

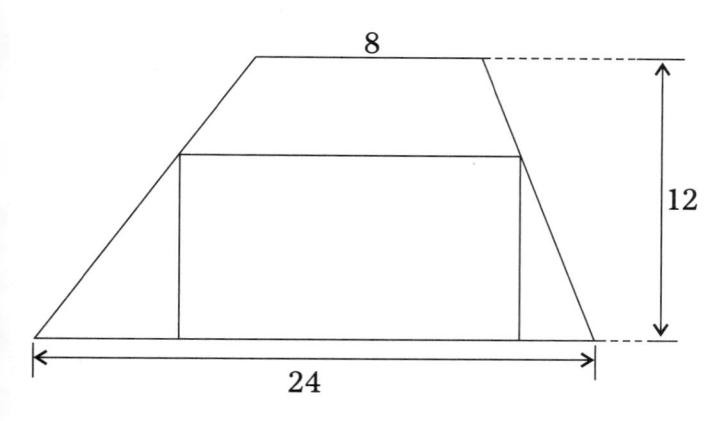

166 Se um trapézio com base maior n tem os ângulos da base maior agudos, mostre que o retângulo inscrito neste trapézio, com um lado sobre **n**, terá a área máxima, quando este lado for a metade de **n**.

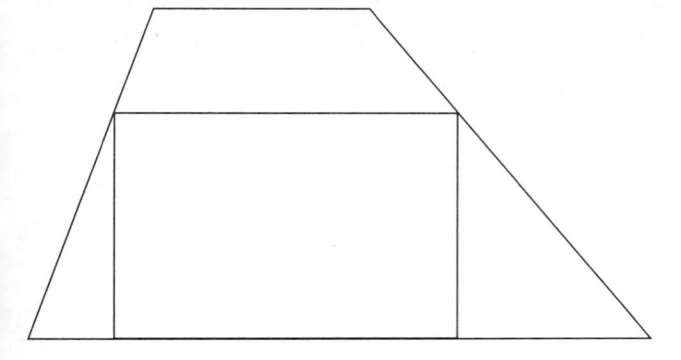

Resp: **159** 10 peças, R$ 24 000 000,00   **160** 12 m e 24 m, 288 m²   **161** x = 10, n = 6 e P = 128
162 f(x) = − 3x² + 168x, 28 atletas, R$ 2352,00

167 Uma pizzaria vende 100 pizzas por dia, quando o preço de cada uma é R$ 32,00. O proprietário percebeu que para cada R$ 2,00 de desconto no preço de cada unidade, ele vendia 10 pizzas a mais por dia. Sendo a receita, o valor arrecadado com as vendas, determinar qual o preço de cada pizza para que a receita seja máxima, e qual é essa receita máxima.

168 (UNIFESP – 2003) A figura representa, na escala 1:50, os trechos de dois rios: um descrito pela parábola $y = x^2$ e o outro pela reta $y = 2x - 5$. De todos os possíveis canais retilíneos ligando os dois rios e construídos paralelamente ao eixo Oy, o de menor comprimento real, considerando a escala da figura, mede

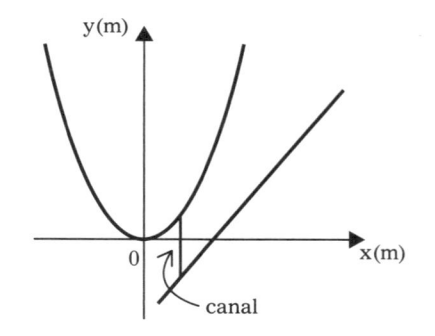

a) 200 m   b) 250 m   c) 300 m   d) 350 m   e) 400 m

169 (ENEM – 2013) A parte interior de uma taça foi gerada pela rotação de uma parábola em torno de um eixo z, conforme mostra a figura. A função real que expressa a parábola, no plano cartesiano da figura, é dada pela lei $f(x) = \dfrac{3}{2}x^2 - 6x + C$, onde C é a medida da altura do líquido contido na taça, em centímetros. Sabe-se que o ponto V, na figura, representa o vértice da parábola, localizado sobre o eixo x.

Nessas condições, a altura do líquido contido na taça, em centímetros, é

a) 1   b) 2   c) 4   d) 5   e) 6

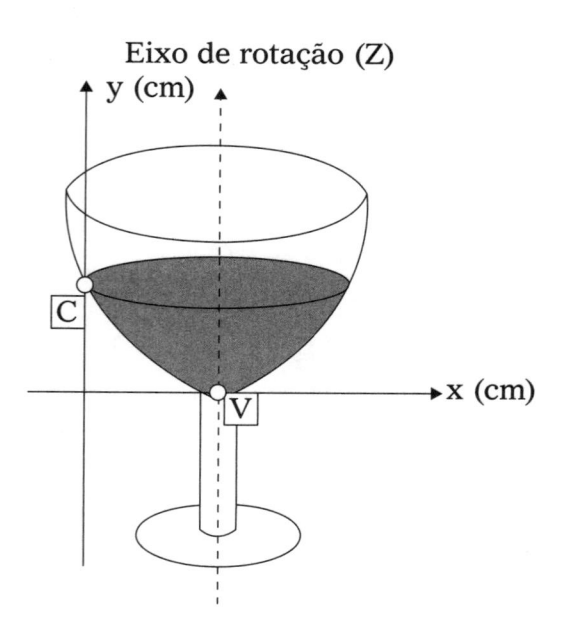

---

170 (ENEM – 2016) Um estudante está pesquisando o desenvolvimento de certo tipo de bactéria. Para essa pesquisa, ele utiliza uma estufa para armazenar as bactérias. A temperatura no interior dessa estufa, em graus Celsius, é dada pela expressão $T(h) = -h^2 + 22h - 85$, em que **h** representa as horas do dia. Sabe-se que o número de bactérias é o maior possível quando a estufa atinge sua temperatura máxima e, nesse momento, ele deve retirá-las da estufa. A tabela associa intervalos de temperatura, em graus Celsius, com as classificações: muito baixa, baixa, média, alta e muito alta.

Intervalos de temperatura (°C)	Classificação
T < 0	Muito baixa
0 ≤ T ≤ 17	Baixa
17 < T < 30	Média
30 ≤ T ≤ 43	Alta
T > 43	Muita Alta

Quando o estudante obtém o maior número possível de bactérias, a temperatura no interior da estufa está classificada como:

a) muito baixa.   b) baixa.   c) média.
d) alta.   e) muito alta.

Resp: **163** 80 cm²   **164** demonstração   **165** 108 cm²   **166** demonstração

127

171 (UPE – 2015) Na figura a seguir, triângulo isósceles OAB tem vértice na origem e base $\overline{AB}$ paralela ao eixo x. Da mesma forma que ele, existem vários outros como o triângulo isósceles OPQ.

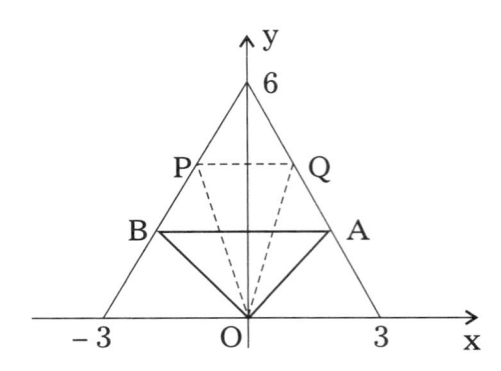

Dentre eles, qual é a área do triângulo que tem a maior área possível?

a) 4,5   b) 6,0   c) 6,5   d) 9,0   e) 9,5

172 (UFPA – 2012) Um estudante, ao construir uma pipa, deparou-se com o seguinte problema: possuía uma vareta de miriti com 80 centímetros de comprimento que deveria ser dividida em três varetas menores, duas necessariamente com o mesmo comprimento x, que será a largura da pipa, e outra de comprimento y, que determinará a altura da pipa. A pipa deverá ter formato pentagonal, como na figura a seguir, de modo que a altura da região retangular seja $\frac{1}{4}y$, enquanto a da triangular seja $\frac{3}{4}y$. Para garantir maior captação de vento, ele necessita que a área da superfície da pipa seja a maior possível.

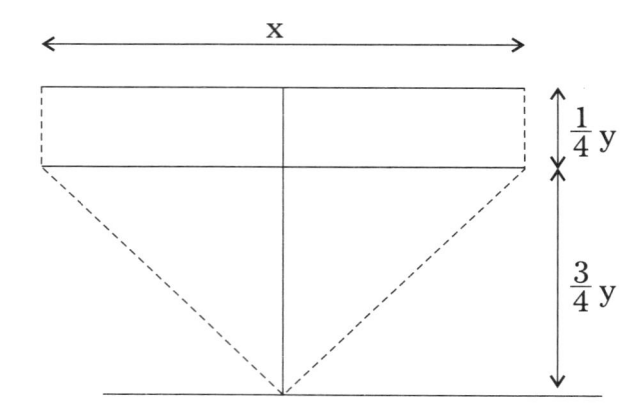

A pipa de maior área que pode ser construída, nessas condições, possui área igual a

a) 350 cm²   b) 400 cm²   c) 450 cm²

d) 500 cm²   e) 550 cm²

173 (ESPM – 2009) Um sitiante quer construir, ao lado de um muro retilíneo, dois viveiros retangulares para criação de galinhas e patos, sendo que a área destinada aos patos (P) tem que ter 40 m² a mais que a destinada às galinhas (G). Para isso ele dispõe de 60 metros lineares de uma tela apropriada, que deverá ser usada para as cercas AB, CD, EF e BF, conforme a figura abaixo.

Para conseguir a maior área possível para os viveiros, a medida DF deverá ser de:

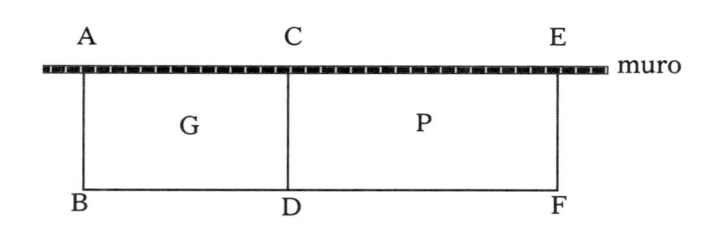

a) 15 metros   b) 16 metros
c) 17 metros   d) 18 metros
e) 19 metros

174 (FUVEST – 2014) A trajetória de um projétil, lançado da beira de um penhasco sobre um terreno plano e horizontal, é parte de uma parábola com eixo de simetria vertical, como ilustrado na figura abaixo. O ponto P sobre o terreno, pé da perpendicular traçada a partir do ponto ocupado pelo projétil, percorre 30 m desde o instante do lançamento até o instante em que o projétil atinge o solo. A altura máxima do projétil, de 200 m acima do terreno, é atingida no instante em que a distância percorrida por P, a partir do instante do lançamento, é de 10 m. Quantos metros acima do terreno estava o projétil quando foi lançado?

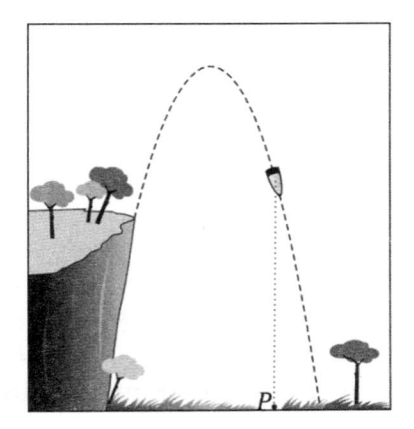

a) 60   b) 90   c) 120   d) 150   e) 180

Resp: **167** R$ 26,00 é o preço de cada para R$ 3 380,00 de faturamento.   **168** A   **169** E   **170** D

175 (FMC – 2014) Uma pista de skate tem o formato mostrado na figura.

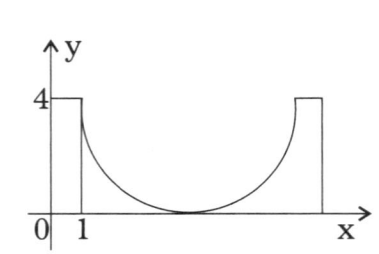

A curva descrita é uma parábola e seu ponto mais baixo é o (5; 0).

A soma dos coeficientes a, b e c da função representada por essa curva é:

a) 16   b) 4   c) 2,25   d) 1,6   e) 0

---

176 (UNESP – 2006) A expressão que define a função quadrática f(x), cujo gráfico está esboçado, é:

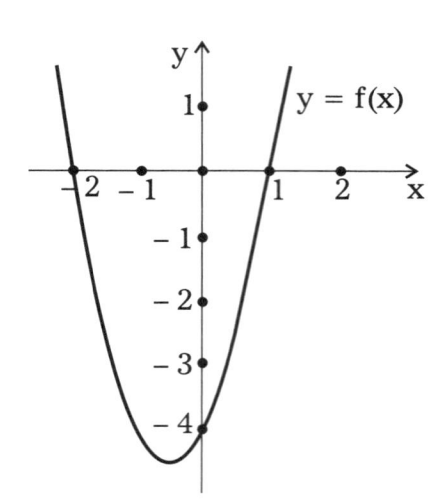

a) $f(x) = -2x^2 + 2x + 4$ b) $f(x) = x^2 + 2x - 4$
c) $f(x) = x^2 + x - 2$ d) $f(x) = 2x^2 + 2x - 4$
e) $f(x) = 2x^2 + 2x - 2$

---

177 (PUC-RJ – 2017) Um vendedor de picolés verificou que a quantidade diária de picolés vendidos (y) varia de acordo com o preço unitário de venda (p), conforme a lei y = 90 - 20p. Seja P o preço pelo qual o picolé deve ser vendido para que a receita seja máxima. Assinale o valor de P.

a) R$ 2,25   b) R$ 3,25   c) R$ 4,25   d) R$ 5,25   e) R$ 6,25

178 (UFSM – 2006) Na parede da sala de aula de Manolito, que tem 4 m de altura e 6 m de largura, será pintado um painel, conforme a figura apresentada. O valor de x para que a área hachurada seja máxima é

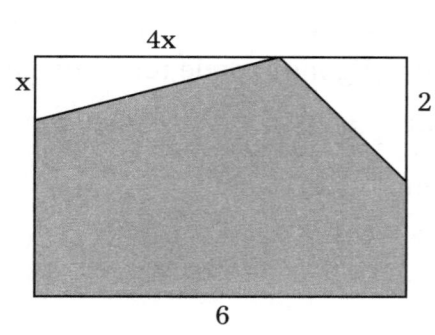

a) $\dfrac{1}{4}$ b) $\dfrac{1}{2}$ c) 1   d) 2   e) 4

179 (UEG – 2012) Em um terreno, na forma de um triângulo retângulo, será construído um jardim retangular conforme figura abaixo.

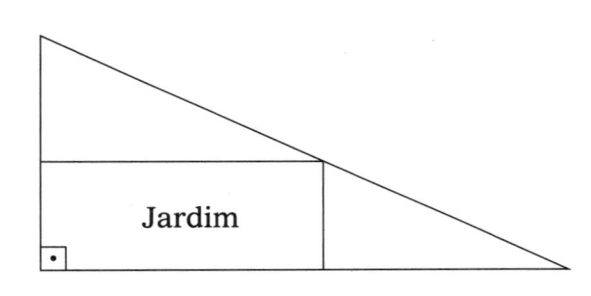

Sabendo-se que os dois menores lados do terreno medem 9 m e 4 m, as dimensões do jardim para que ele tenha maior área possível, serão, respectivamente,

a) 2,0 m e 4,5 m   b) 3,0 m e 4,0 m
c) 3,5 m e 5,0 m   d) 2,5 m e 7,0 m

Resp: 171 A   172 D   173 C   174 D

180 (ESPM – 2012) A figura abaixo mostra um retângulo de lados 7 cm e 8 cm no qual estão contidos os quadrados A. B e C. A medida x pode variar entre 3,5 cm e 7 cm. fazendo com que os lados dos três quadrados se alterem.

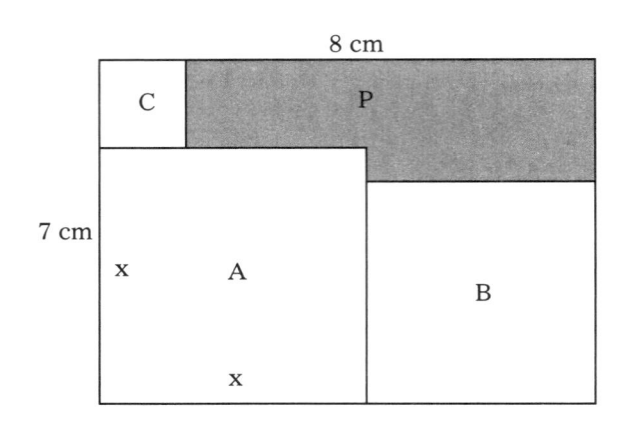

Dentro desse intervalo, o maior valor que a área do polígono P pode ter é igual a:

a) 18 cm²   b) 15 cm²   c) 17 cm²

d) 19 cm²   e) 16 cm²

181 (ESPM – 2017) O lucro de uma pequena empresa é dado por uma função quadrática cujo gráfico está representado na figura abaixo:

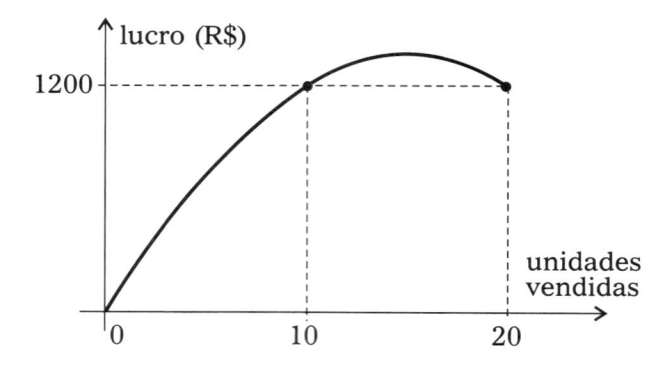

Podemos concluir que o lucro máximo é de:

a) R$ 1.280,00

b) R$ 1.400,00

c) R$ 1.350,00

d) R$ 1.320,00

e) R$ 1.410,00

182 (Fac.Albert Einstein – 2016) Suponha que, em janeiro de 2016, um economista tenha afirmado que o valor da dívida externa do Brasil era de 30 bilhões de reais. Nessa ocasião, ele também previu que, a partir de então, o valor da dívida poderia ser estimado pela lei

$D(x) = -\dfrac{9}{2} \cdot x^2 + 18x + 30$ em que x é o número de anos contados a partir de janeiro de 2016 (x = 0).

Se sua previsão for correta, o maior valor que a dívida atingirá, em bilhões de reais, e o ano em que isso ocorrerá, são, respectivamente,

a) 52 e 2020

b) 52 e 2018

c) 48 e 2020

d) 48 e 2018

183 (UPF – 2016) Na figura, está representada, no referencial xy, parte do gráfico da função f definida por $f(x) = x^2 - 20x + 98$.

O ponto C tem ordenada 7 e o ponto A tem abscissa 8. Desprezando a curvatura da parábola e, assim, considerando o lado AB do trapézio retângulo ABCD como um segmento reto, a área desse trapézio é:

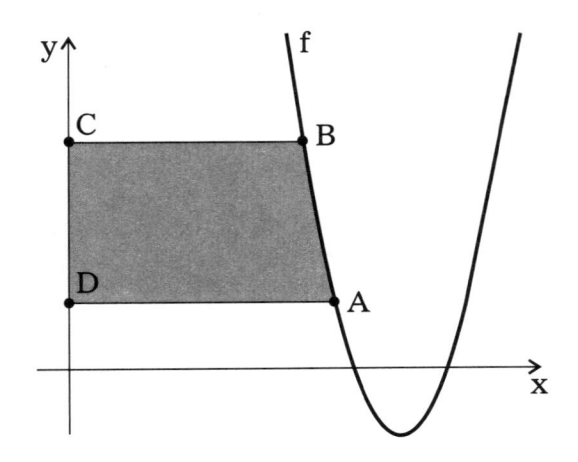

a) 48 unidades de área.

b) 40 unidades de área.

c) 37,5 unidades de área.

d) 35,7 unidades de área.

e) 35 unidades de área.

Resp: **175** B   **176** D   **177** A   **178** C   **179** A

133

184 (FURG – 2013) Um jogador de futebol se encontra a uma distância de 20 metros da trave do gol adversário, quando chuta a bola que vai bater exatamente sobre essa trave, de altura 2 metros. Sabendo que a equação da trajetória da bola em relação ao sistema de coordenadas indicado na figura é $y = ax^2 + (1 - 2a)x$, responda:

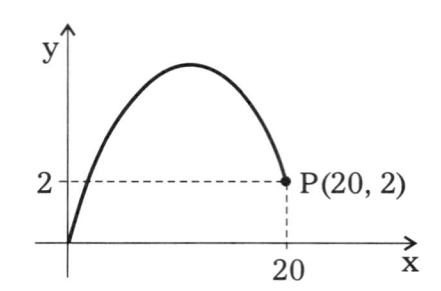

a) Qual o valor de a?

b) Qual a altura máxima atingida pela bola?

c) A que distância do jogador a bola atingiria o chão se não batesse na trave?

185 (UFRJ – 1998) Um fabricante está lançando a série de mesas "Super 4". Os tampos das mesas dessa série são retangulares e têm 4 metros de perímetro. A fórmica usada para revestir o tampo custa R$ 10,00 por metro quadrado. Cada metro de ripa usada para revestir as cabeceiras custa R$ 25,00 e as ripas para as outras duas laterais custam R$ 30,00 por metro.

a) Determine o gasto do fabricante para revestir uma mesa dessa série com cabeceira de medida x.

b) Determine as dimensões da mesa da série "Super 4" para a qual o gasto com revestimento é o maior possível.

186 (UFAL – 2013) O gráfico da função quadrática definida por f(x) = 4x² + 5x + 1 é parábola de vértice V e intercepta o eixo das abscissas nos pontos A e B. A área do triângulo AVB é

a) $\dfrac{27}{8}$ b) $\dfrac{27}{16}$ c) $\dfrac{27}{32}$ d) $\dfrac{27}{64}$ e) $\dfrac{27}{128}$

---

187 (UNICAMP – 2002) Uma piscina, cuja capacidade é de 120 m³, leva 20 horas para ser esvaziada. O volume de água na piscina, t horas após o início do processo de esvaziamento, é dado pela função V(t) = a(b – t)² para 0 ⩽ t ⩽ 20 e V(t) = 0 para t ⩾ 20.

a) Calcule as constantes a e b.

b) Faça o gráfico da função V(t) para t ∈ [0,30].

Resp: **180** A   **181** C   **182** D   **183** C   **184** a) a = $-\dfrac{1}{20}$ b) 6,05m   c) 22 metros   **185** a) G(x) = – 10x² + 10x + 120

b) 0,5m por 1,5m   **186** E   **187** a) a = $\dfrac{3}{10}$ e b = 20   b) V(t)m³

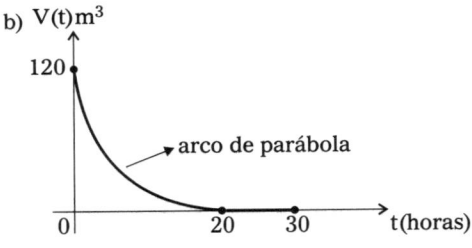

V TEOREMA DE TALES

1 – Segmentos proporcionais

Neste texto os segmentos considerados serão não nulos, isto é, dado o segmento AB, ou dado $\overline{AB}$, considerar que A ≠ B.

Notações:

$\overline{AB}$ = segmento de extremidades A e B = segmento AB.

AB = medida do segmento AB = medida de $\overline{AB}$.

Obs: 1) Em alguns enunciados os símbolos $\overline{AB}$ e AB podem ser usados indistintamente para representar o segmento ou sua medida.

2) Letra minúscula próxima a segmento pode representar o segmento ou a sua medida.

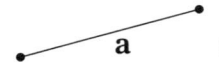

segmento **a** ou segmento de medida **a**

1) Razão entre segmentos

É igual à razão entre suas medidas tomadas em uma mesma unidade.

$$\overline{AB} : \overline{CD} = \frac{\overline{AB}}{\overline{CD}} = \frac{AB}{CD}$$

$$\frac{\overline{AB}}{\overline{CD}} = \frac{24u}{16u} \Rightarrow \frac{\overline{AB}}{\overline{CD}} = \frac{3}{2}$$

Dizemos também que $\overline{AB}$ e $\overline{CD}$ são proporcionais (diretamente proporcionais) a 3 e 2 e podemos escrever $\frac{\overline{AB}}{3} = \frac{\overline{CD}}{2}$.

2) Segmentos proporcionais

Se as medidas de dois (ou mais) segmentos são proporcionais às medidas de outros dois (ou mais) segmentos, dizemos que estes segmentos são proporcionais a esses outros.

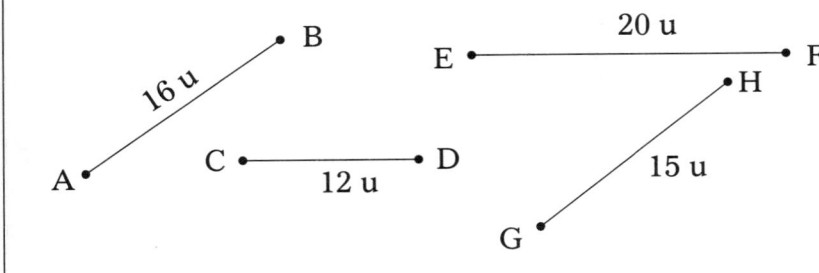

$$\frac{16}{12} = \frac{20}{15} = \frac{4}{3} \Rightarrow$$

$$\frac{AB}{CD} = \frac{EF}{GH} \Rightarrow \frac{\overline{AB}}{\overline{CD}} = \frac{\overline{EF}}{\overline{GH}}$$

3) Razão em que o ponto P divide o segmento AB

1) **P** está entre **A** e **B** (P ∈ $\overline{AB}$, P ≠ A, P ≠ B)

Nestas condições, se $\frac{AP}{PB} = k$, com **k** sendo um número real positivo, dizemos que o ponto P divide o segmento AB internamente na razão k.

$$\boxed{P \text{ divide } \overline{AB} \text{ na razão k}} \Rightarrow \boxed{\frac{\overline{AP}}{\overline{PB}} = k}$$

2) **P** está na reta AB porém fora de $\overline{AB}$.

Nestas condições, se $\dfrac{AP}{PB} = k$, com k sendo um número real positivo e diferente de 1, dizemos que o ponto **P** divide o segmento AB externamente na razão k.

$\dfrac{AP}{PB} = k > 1$ \qquad $\dfrac{AP}{PB} = k < 1$

Obs: Em um outro contexto a razão **k** será positiva se **P** está em $\overline{AB}$ e negativa se P está fora de $\overline{AB}$. Por exemplo, em Geometria Analítica.

Exemplos:

1) Os pontos A, B, C, D, E e F estão, nesta ordem, sobre uma reta (eles são colineares). Levando em conta as medidas indicadas na figura, determine as seguintes razões:

$\dfrac{AB}{BC}$, $\dfrac{BC}{DF}$, $\dfrac{CF}{AF}$ e $\dfrac{AE}{BD}$

A 4 B 6 C 3 D 5 E 7 F

Obs: Quando nada for dito em contrário, considerar o m (metro) como a unidade das medidas indicadas nas figuras.

Resolução:

$\dfrac{AB}{BC} = \dfrac{4}{6} = \dfrac{2}{3}$, $\dfrac{BC}{DF} = \dfrac{6}{12} = \dfrac{1}{2}$, $\dfrac{CF}{AF} = \dfrac{15}{25} = \dfrac{3}{5}$ e $\dfrac{AE}{BD} = \dfrac{18}{9} = 2$

2) Os pontos P e Q sobre um segmento AB de 50 cm, dispostos nesta ordem, dividem o segmento AB em partes proporcionais a 3, 5 e 2. Determine as medidas destas partes.

Resolução:

Sendo a, b e c as medidas dos segmentos determinados, temos:

$\dfrac{a}{3} = \dfrac{b}{5} = \dfrac{c}{2} = x \Rightarrow a = 3x$, $b = 5x$ e $c = 2x$

Como AB = 50, temos:

$a + b + c = 50 \Rightarrow 3x + 5x + 2x = 50 \Rightarrow 10x = 50 \Rightarrow \boxed{x = 5} \Rightarrow$

$a = 3(5)$, $b = 5(5)$, $c = 2(5) \Rightarrow \boxed{a = 15 \ , \ b = 25 \ \text{e} \ c = 10}$

3) Na figura dada sabemos que **P** e **Q** dividem o segmento AB, internamente e externamente, em uma mesma razão. Determine **x**.

A 6 P 4 B x Q

Resolução: $\dfrac{AP}{PB} = \dfrac{AQ}{QB} \Rightarrow \dfrac{6}{4} = \dfrac{10 + x}{x} \Rightarrow \dfrac{3}{2} = \dfrac{10 + x}{x} \Rightarrow 3x = 20 + 2x \Rightarrow \boxed{x = 20}$

Obs: Quando **P** e **Q** dividem o segmento AB, internamente e externamente, em uma mesma razão, chamamos esta divisão de **divisão harmônica** P e Q são chamados conjugadas harmônicos dos pontos A e B.

188 Os pontos A, B, C, D, ... estão na reta r dada. Determine as seguintes razões:

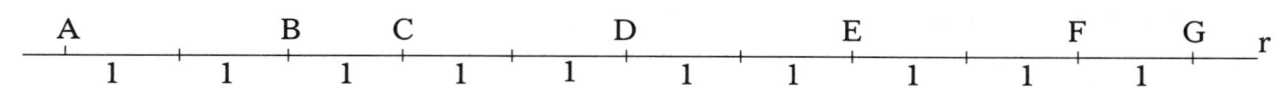

A —1— B —1— C —1— —1— D —1— —1— E —1— —1— F —1— G —1— r

Obs: Considerar o metro como sendo a unidade das medidas indicadas na figura.

a) $\dfrac{AB}{BD} =$ b) $\dfrac{AB}{CE} =$ c) $\dfrac{BE}{AG} =$ d) $\dfrac{CF}{AE} =$

---

189 Os pontos assinalados sobre o segmento AB determinam sobre AB os segmentos **a**, **b**, ... , como mostra a figura. Determine **a**, **b**, ... , nos casos:

a) a e b são proporcionais a 3 e 5 e AB = 56 cm

A ⊢——a——⊢——b——⊣ B

b) a e b são inversamente proporcionais a 3 e 4 e AB = 56 m

A ⊢——a——⊢——b——⊣ B

c) a, b e c são proporcionais a 3, 2 e 5 e AB = 80 m

A ⊢——a——⊢——b——⊢——c——⊣ B

d) a, b e c são inversamente proporcionais a 1, 2 e 4 e AB = 63 m

A ⊢——a——⊢——b——⊢——c——⊣ B

190 Determinar a razão em que o ponto P divide o segmento AB, nos casos:
Considerar a ordem do enunciado. Neste caso, AP:PB.

a) A —24— P —18— B

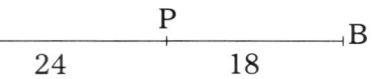

b) A —36— B —18— P

c) B —45— (P —15— A)

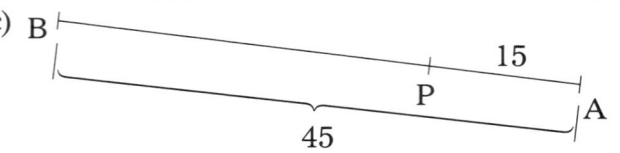

d) P —15— A —45— B

191 Dada a razão k em que o ponto P divide o segmento AB, $K = \frac{AP}{PB}$, determine x, nos casos:

a) $k = \frac{3}{2}$

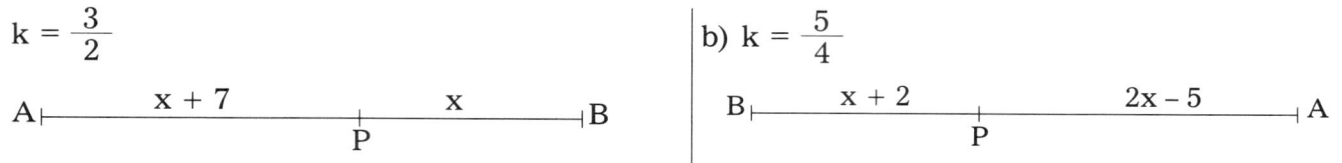

A —x+7— P —x— B

b) $k = \frac{5}{4}$

B —x+2— P —2x-5— A

c) $k = \frac{11}{5}$

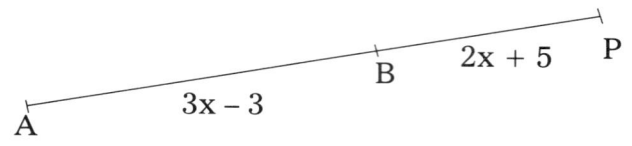

A —3x-3— B —2x+5— P

d) $k = \frac{6}{13}$

P —2x— A —3x-8— B

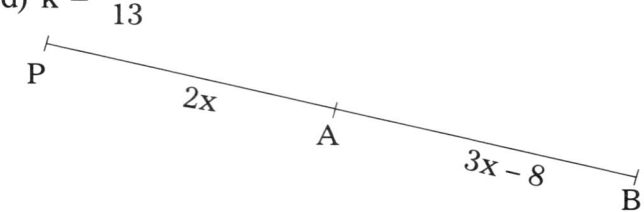

192 Dada a razão k em que o ponto P divide o segmento BC, $k = \dfrac{BP}{PC}$, determine x, nos casos:

a) $k = \dfrac{4}{3}$

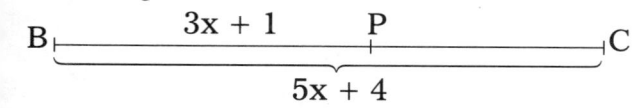

B ⊢——— 3x + 1 ———P————— C, total 5x + 4

b) k = 3

B ⊢——— 7x − 6 ———C————— P, total 9x + 3

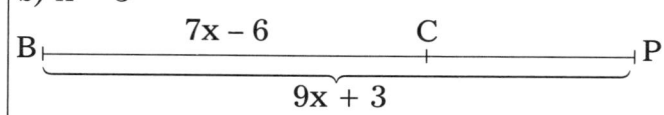

c) $k = \dfrac{3}{4}$

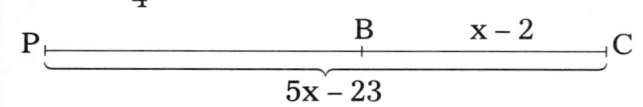

P ⊢————— B — x − 2 — C, total 5x − 23

d) $k = \dfrac{5}{3}$

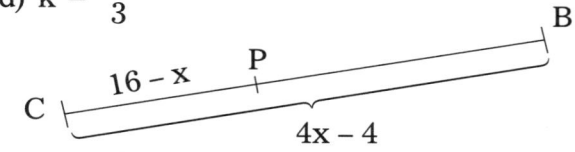

C ⊢— 16 − x — P ————— B, total 4x − 4

e) $k = \dfrac{2}{5}$

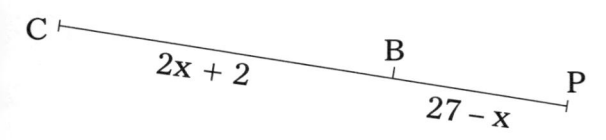

C ⊢— 2x + 2 — B — 27 − x — P

f) $k = \dfrac{9}{8}$

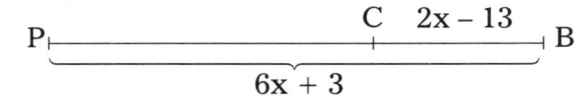

P ⊢————— C — 2x − 13 — B, total 6x + 3

Resp: a) x = 9 b) x = 8 c) x = 15 d) x = 7 e) x = 11 f) x = 10

188 a) $\dfrac{2}{3}$ b) $\dfrac{1}{2}$ c) $\dfrac{1}{2}$ d) $\dfrac{6}{7}$

189 a) a = 21 m; b = 35 m   b) a = 32 m, b = 24 m
c) a = 24 m, b = 16 m, c = 40 m   d) a = 36 m, b = 18 m, c = 9 m

193 Dada a razão k em que e ponto P divide o segmento AB, $k = \dfrac{AP}{PB}$, determine AB, nos casos:

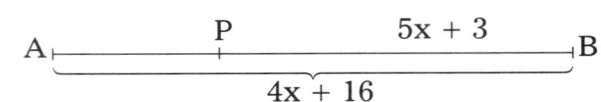

a) $k = \dfrac{2}{7}$

A ⊢——————P————————5x + 3————————B
  ⎣————————————4x + 16————————————⎦

b) $k = \dfrac{5}{2}$

A ⊢————2x + 1————B————————————P
  ⎣————————————x + 32————————————⎦

194 Sabendo que os pontos P e Q dividem AB, interna e externamente, em uma mesma razão (P e Q são os conjugados harmônicos de A e B), determine x, nos casos:

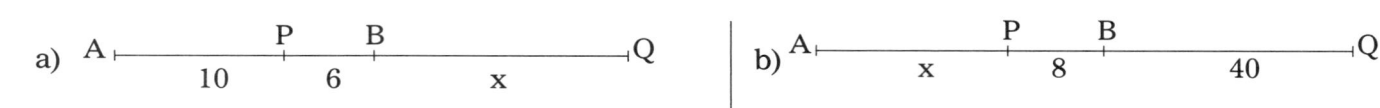

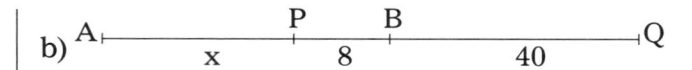

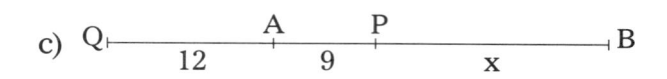

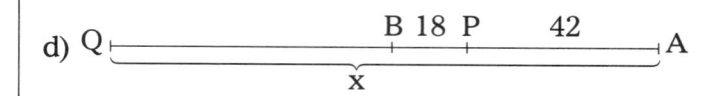

a) A ⊢——10——P——6——B——x——⊣Q

b) A ⊢——x——P——8——B——40——⊣Q

c) Q ⊢——12——A——9——P——x——⊣B

d) Q ⊢————B 18 P 42————A
   ⎣————————x————————⎦

142

195 Sabendo que os pontos P e Q dividem AB, interna e externamente, em uma mesma razão, determine x, nos casos:

a) A ⊢—— 9 ——P— x —B— 6 ——⊣ Q

b) Q ⊢—— 4x – 4 ——B— x – 2 —P— x ——⊣ A

c) B ⊢—— 2x – 6 ——P— x – 2 —A— 4x + 1 ——⊣ Q

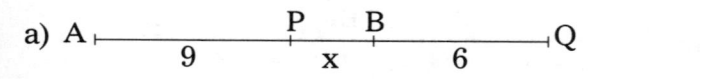

d) A ⊢—— x + 2 ——P— x – 4 —B———⊣ Q, com PQ = 2x + 4

Resp: **190** a) $\frac{4}{3}$ b) 3 c) $\frac{1}{2}$ d) $\frac{1}{4}$ **191** a) 14 b) 10 c) 15 d) 12   **192** a) 9 b) 8 c) 15 d) 7 e) 11 f) 10

143

196 Sabendo que os pontos P e Q dividem o segmento AB, interna e externamente, em uma mesma razão, determine esta razão, nos casos:

a) A ⊢── x+2 ──P── x ──B── 6x+6 ──⊣ Q

b) A ⊢── x+1 ──P── x−3 ──B── x+5 ──⊣ Q

197 O ponto P divide AB internamente na razão k e o ponto Q divide AB na razão k', determine x e y, nos casos:

a) $k = \dfrac{4}{3}$ e $k' = \dfrac{3}{2}$

A ⊢── x ──P── y ──B── x+y+7 ──⊣ Q

b) $k = \dfrac{3}{2}$ e $k' = \dfrac{4}{3}$

A ⊢── x ──P── y−1 ──B── 4x+y+1 ──⊣ Q

2 – Teorema de Tales

[Tales de Mileto (623/625 AC - 556/558 AC)]
Obs: Mileto (Na época, colônia grega, hoje, Turquia).

Teorema: Se um feixe de retas paralelas cortam duas retas transversais, então os segmentos determinados em uma delas são proporcionais aos segmentos determinados na outra.

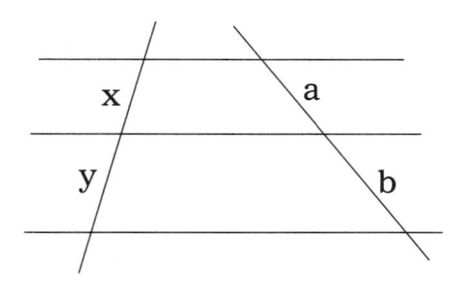

$$\boxed{\frac{x}{a} = \frac{y}{b}} \quad \text{ou} \quad \boxed{\frac{x}{y} = \frac{a}{b}}$$

Demonstração usando áreas

A letra maiúscula no interior do triângulo representa a sua área.
Na figura temos um trapézio. Então, X = W. Observe:
X + A e W + A são áreas de triângulos de mesma base e mesma altura. Então:

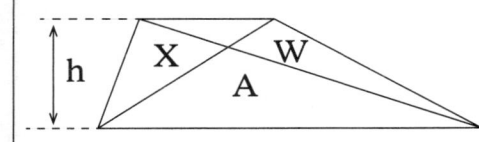

$$X + A = W + A \Rightarrow \boxed{X = W} \Rightarrow$$

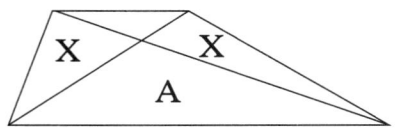

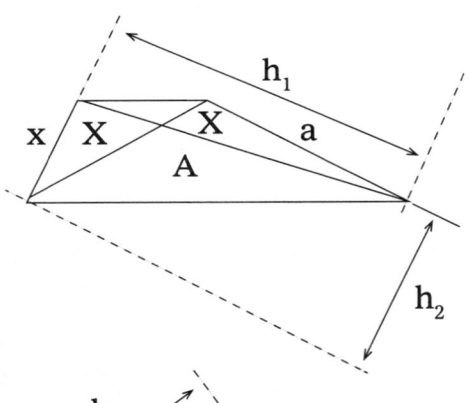

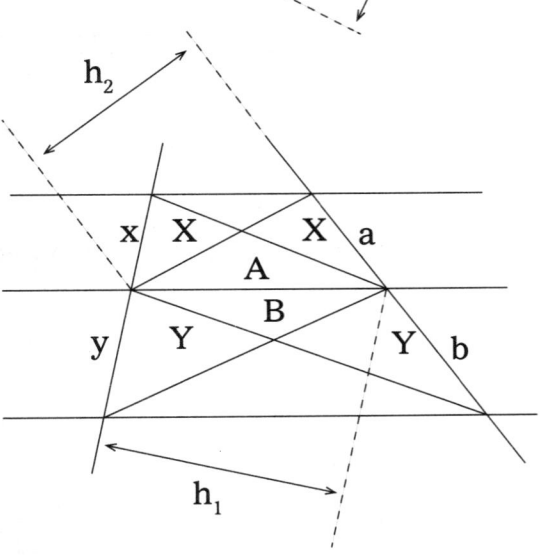

Note que $X + A = \dfrac{xh_1}{2} = \dfrac{ah_2}{2}$

Então: $xh_1 = ah_2$

$$\begin{cases} X + A = \dfrac{x \cdot h_1}{2} = \dfrac{a \cdot h_2}{2} \Rightarrow xh_1 = ah_2 \\ Y + B = \dfrac{y \cdot h_1}{2} = \dfrac{b \cdot h_2}{2} \Rightarrow yh_1 = bh_2 \end{cases}$$

Dividindo, membro a membro, obtemos:

$$\frac{xh_1}{yh_1} = \frac{ah_2}{bh_2} \Rightarrow \boxed{\frac{x}{y} = \frac{a}{b}}$$

$$\boxed{\frac{x}{y} = \frac{a}{b}} \quad \text{ou} \quad \boxed{\frac{x}{a} = \frac{y}{b}}$$

Resp: **193** a) 36   b) 27   **194** a) 24   b) 12   c) 63   d) 105   **195** a) 13   b) 6   c) 5   d) 10

Exemplo: Em cada caso temos um feixe de retas paralelas (r, s, t) cortados por retas transversais. Determine os valores das incógnitas.

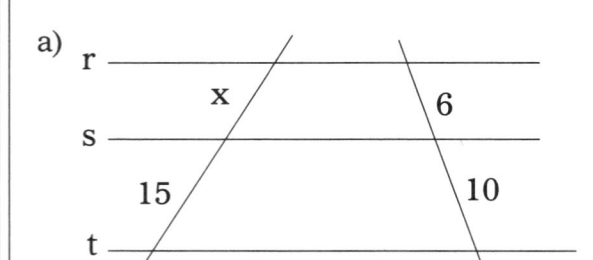

a)

$\dfrac{x}{15} = \dfrac{6}{10}$ $\left(\text{ou } \dfrac{x}{6} = \dfrac{5}{10}\right)$

$\dfrac{x}{3} = \dfrac{6}{2} \Rightarrow \boxed{x = 9}$

b)

1) $\dfrac{x}{6} = \dfrac{8}{4}$

$\boxed{x = 12}$

2) $\dfrac{y}{8} = \dfrac{8+4}{4}$

$\dfrac{y}{8} = 3 \Rightarrow \boxed{y = 24}$

c)

$\begin{cases} \dfrac{y}{2x-2} = \dfrac{6}{9} = \dfrac{2}{3} \\ \dfrac{x}{y+3} = \dfrac{6}{9} = \dfrac{2}{3} \end{cases} \Rightarrow \begin{cases} 4x - 4 = 3y \\ 3x = 2y + 6 \end{cases} \Rightarrow$

$\Rightarrow \begin{cases} 4x - 3y = 4 \quad (-2) \\ 3x - 2y = 6 \quad (3) \end{cases} \Rightarrow \begin{cases} -8x + 6y = -8 \\ 9x - 6y = 18 \end{cases} \Rightarrow \boxed{x = 10} \Rightarrow 4(10) - 3y = 4 \Rightarrow 3y = 36 \Rightarrow \boxed{y = 12}$

3 – Consequências do Teorema de Tales

1) Teorema da bissetriz interna

A bissetriz de um triângulo determina, no lado oposto ao ângulo ao qual ela é relativa, segmentos que são proporcionais aos lados adjacentes a ela.

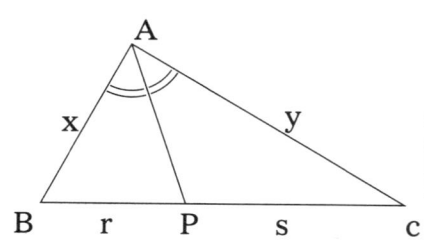

$\boxed{\dfrac{BP}{PC} = \dfrac{AB}{AC}} \Rightarrow \boxed{\dfrac{r}{s} = \dfrac{x}{y}}$ ou $\boxed{\dfrac{x}{r} = \dfrac{y}{s}}$ ou $\boxed{\dfrac{r}{x} = \dfrac{s}{y}}$

Demonstração: Traçando por **B** ou por **C** uma reta paralela à bissetriz AP, determinamos um triângulo isósceles (BAD, neste caso).

Aplicando, em seguida, o teorema de Tales obtemos a relação em questão.

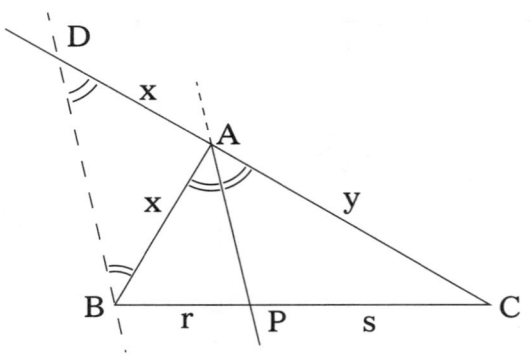

Levando em conta as medidas indicadas na figura, de acordo com o teorema de Tales, temos:

$$\boxed{\frac{x}{y} = \frac{r}{s}} \quad \text{ou} \quad \boxed{\frac{x}{r} = \frac{y}{s}}$$

2) Teorema da bissetriz externa

A bissetriz de um ângulo externo de um triângulo, quando corta a reta do lado oposto, determina com as extremidades deste lado segmentos que são proporcionais aos lados adjacentes a ela.

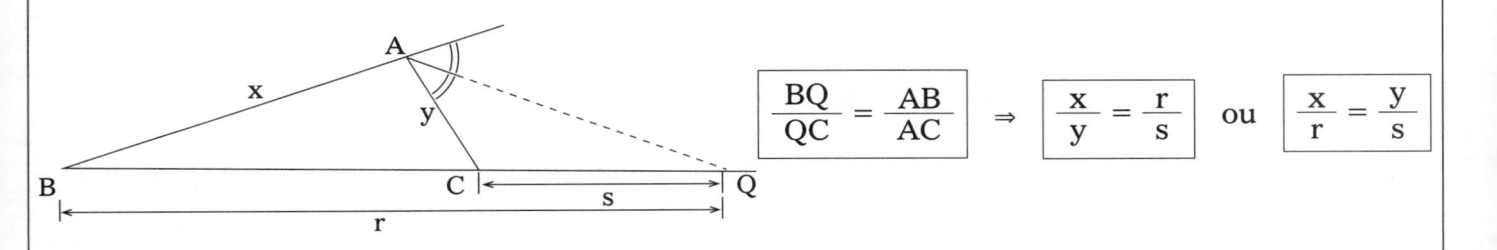

$$\boxed{\frac{BQ}{QC} = \frac{AB}{AC}} \Rightarrow \boxed{\frac{x}{y} = \frac{r}{s}} \quad \text{ou} \quad \boxed{\frac{x}{r} = \frac{y}{s}}$$

Demonstração: Traçando por **C** ou por **B** uma reta paralela à bissetriz AQ, determinamos um triângulo isósceles (ACD, neste caso). Aplicando, em seguida, o teorema de Tales obtemos a relação em questão.

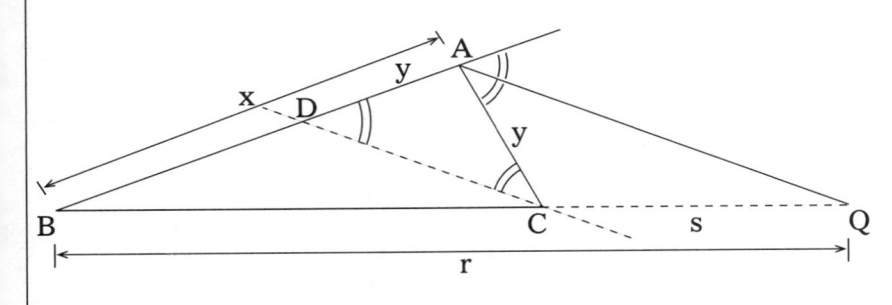

Levando em conta as medidas indicadas na figura, de acordo com o teorema de Tales, temos:

$$\boxed{\frac{x}{y} = \frac{r}{s}} \quad \text{ou} \quad \boxed{\frac{x}{r} = \frac{y}{s}}$$

Resp: **196** a) $\frac{4}{3}$ b) 2   **197** a) x = 4 , y = 3   b) x = 6 , y = 5

Exemplos: Sendo AP bissetriz interna e AQ bissetriz externa do triângulo ABC, determina x, nos casos:

a)

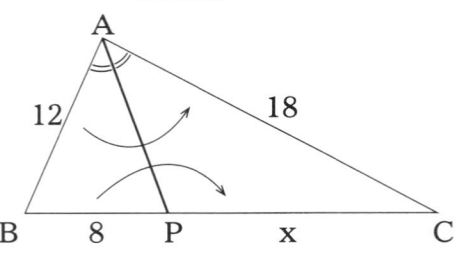

$$\frac{12}{18} = \frac{8}{x} \Rightarrow \frac{2}{3} = \frac{8}{x}$$

$$2x = 24 \Rightarrow \boxed{x = 12}$$

b)

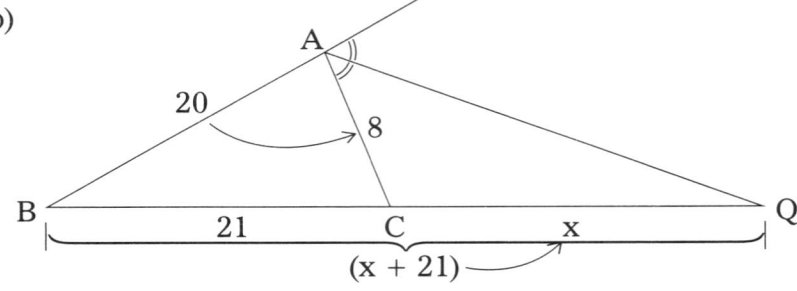

$$\frac{20}{8} = \frac{x+21}{x} \Rightarrow \frac{5}{2} = \frac{x+21}{x} \Rightarrow$$

$$5x = 2x + 42 \Rightarrow 3x = 42 \Rightarrow \boxed{x = 14}$$

c)

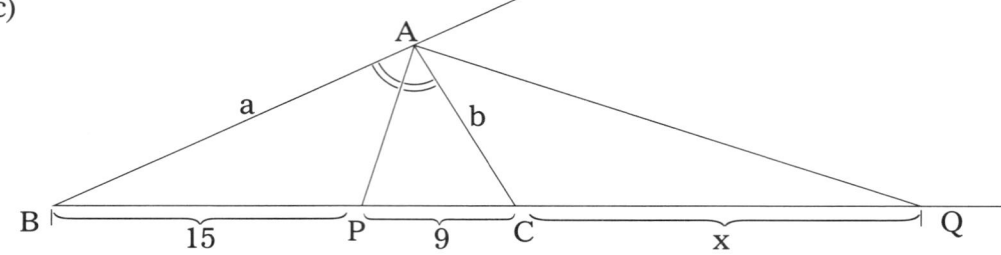

$$\begin{cases} \text{Biss. interna} \Rightarrow \frac{a}{b} = \frac{BP}{PC} \\ \text{Biss. externa} \Rightarrow \frac{a}{b} = \frac{BQ}{QC} \end{cases} \Rightarrow \begin{cases} \frac{a}{b} = \frac{15}{9} \\ \frac{a}{b} = \frac{24+x}{x} \end{cases} \Rightarrow \frac{15}{9} = \frac{24+x}{x} \Rightarrow$$

$$\Rightarrow \frac{5}{3} = \frac{24+x}{x} \Rightarrow 5x = 72 + 3x \Rightarrow 2x = 72 \Rightarrow \boxed{x = 36}$$

Obs: Note que P e Q dividem BC, interna e externamente, na razão $\frac{a}{b}$. Então P e Q dividem AB harmonicamente.

---

198 Em cada caso temos um feixe de retas paralelas cortadas por transversais. Determine **x**.

a) x, 8, 9, 12

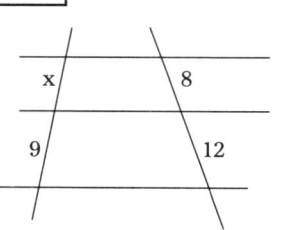

b) 4, 5, x, 10

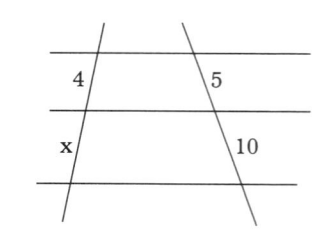

199 Dado um feixe de paralelas, determine **x** nos casos:

a) x, x+3, 6, 8

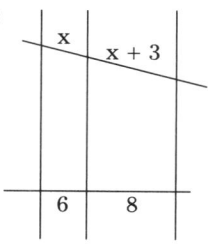

b) x+4, 3x−3, x, 9

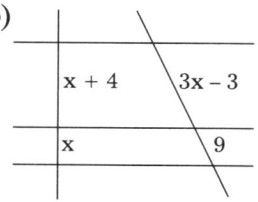

c) x+2, x, 2x−7, x+10

148

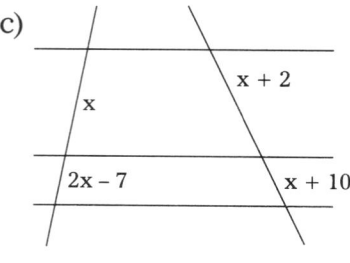

200 As retas **r**, **s** e **t** são paralelas. Determine **x**.

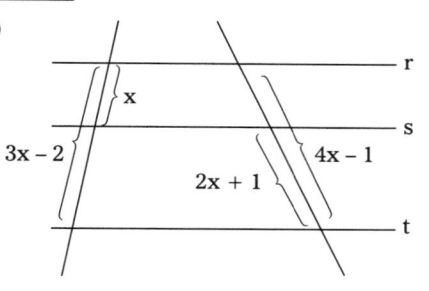

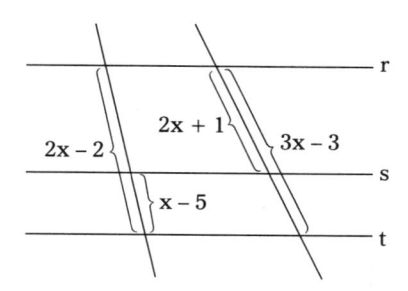

a) Valores: x, $3x-2$, $2x+1$, $4x-1$ entre as retas r, s, t.

b) Valores: $2x-2$, $2x+1$, $3x-3$, $x-5$ entre as retas r, s, t.

201 O segmento interno ao triângulo, em cada caso, é paralelo a um lado. Determine **x**.

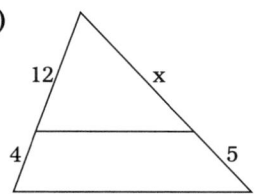

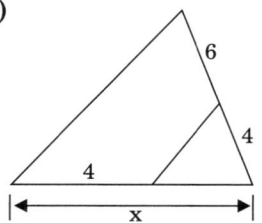

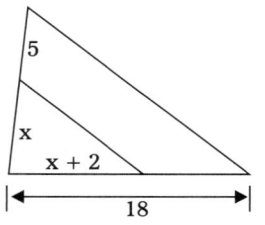

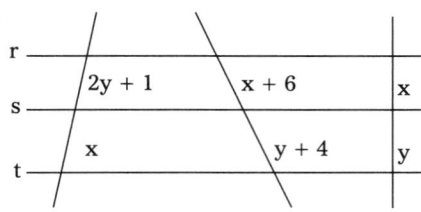

a) Triângulo com lados 12, x, 4, 5.

b) Triângulo com 6, 4, 4, x.

c) Triângulo com 5, x, x+2, 18.

202 As retas **r**, **s** e **t** são paralelas. Determinar as incógnitas nos casos:

a) Valores: 8, 6, x, 15, y, $2y-15$.

b) Valores: $2y+1$, $x+6$, x, x, $y+4$, y.

149

203 Em cada caso as retas **r**, **s** e **t** são paralelas. Determine as incógnitas:

a)

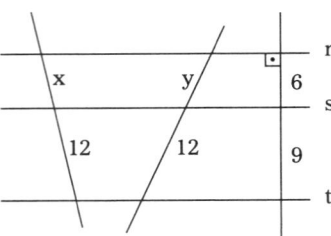

b)

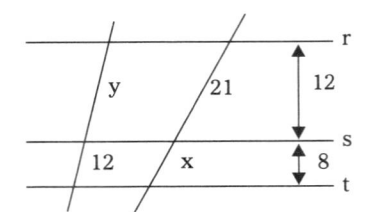

204 Determine as incógnitas:

a)

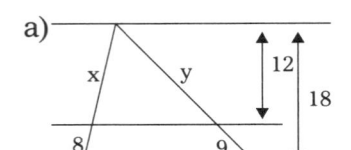

b)

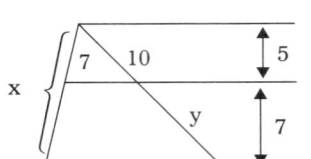

205 Determine a altura relativa ao lado BC do triângulo ABC nos casos:

a)

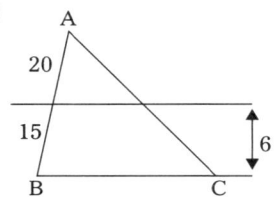

b)

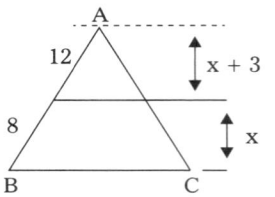

206 Determine a altura do trapézio em questão nos casos:

a)

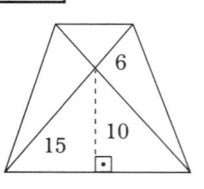

b)

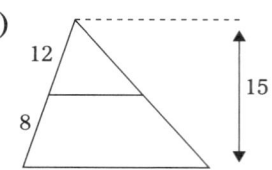

207 Em cada caso AS é bissetriz do triângulo. Determine **x**:

a)

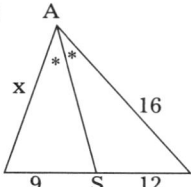

b)

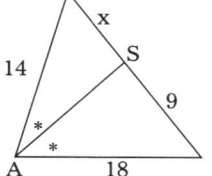

c)

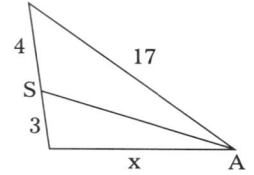

150

207 d) Triangle with A at top, sides 12 and 18, base S = 20, segment x from A to S on base.

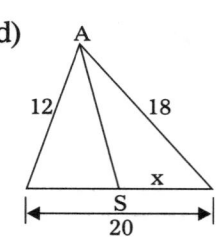

e) Triangle with sides 30 and x+12 from A, with 10 and x at base meeting at S.

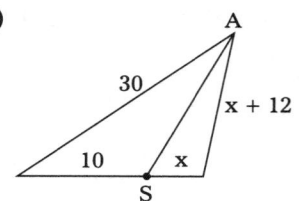

f) Triangle with S at top, sides 6 and x+4, with 4 and x-3 meeting at A.

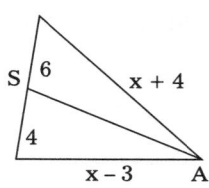

208 Em cada caso AS' é bissetriz externa do triângulo. Determine **x**:

a) Triangle with sides 18, 12 from A, base 16, x, S'.

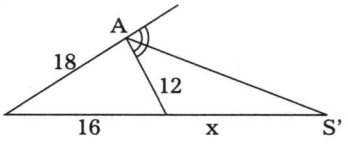

b) Triangle with side 12, segment 8, base x, 12, S'.

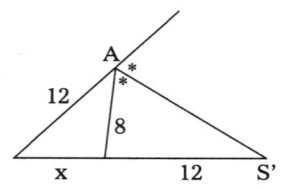

c) Triangle with S', sides 12, 20 from A, base x with 14 segment.

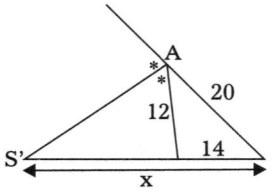

d) Triangle with S', side 26, segment 10, sides x and 15, A.

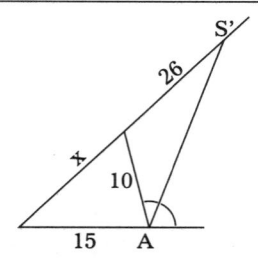

209 Na figura AS é bissetriz interna e AS' é bissetriz externa. Determine **x**.

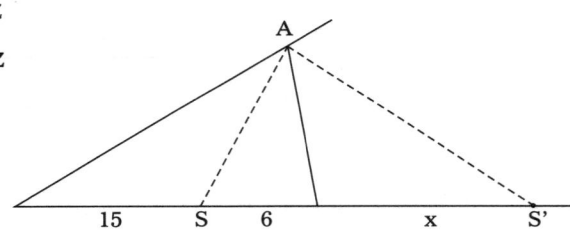

Triangle with apex A, base 15, S, 6, x, S'.

---

210 Determine a área do triângulo ABC nos casos:

a) $\overline{MN} \parallel \overline{BC}$

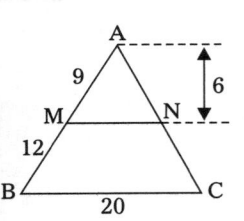

Triangle ABC with A at top, height 6 to MN, M on AB with AM=9, MB=12, BC=20.

b) Triangle ABC with A, side 15, segment 10, BC=24, height 6.

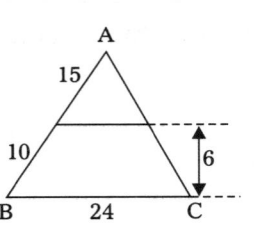

211 Determine a área do trapézio nos casos:

a) Trapezoid with sides 8, 12, parallel segment 10, base 25, height 15.

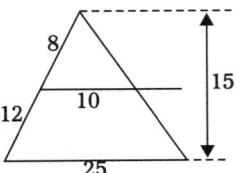

b) Trapezoid with sides 15, then 10, 12, base 20, height 9.

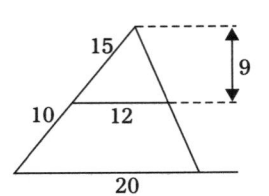

Resp: **198** a) 6 b) 8   **199** a) 9 b) 6 c) 14   **200** a) 4 b) 7   **201** a) 15 b) $\frac{20}{3}$

c) 1 ou 10   **202** a) 28, 25 b) 6, 4

212 Determinar o valor de **x** nos casos, sendo **r**, **s** e **t** retas paralelas entre si:

a)

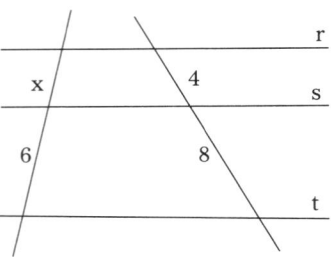

b)

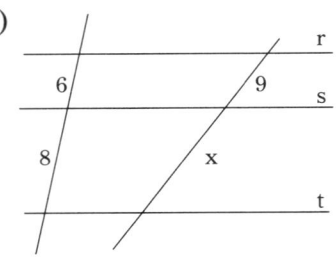

c)

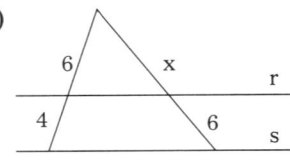

d)

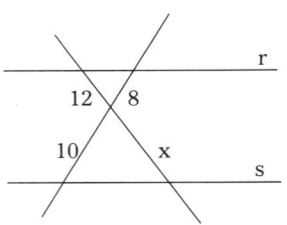

e)

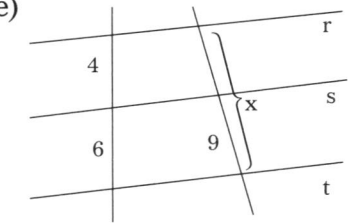

f)

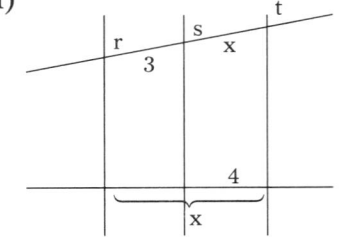

213 Sendo **r**, **s**, **t** e **u** retas paralelas entre si, determinar as incógnitas nos casos:

a)

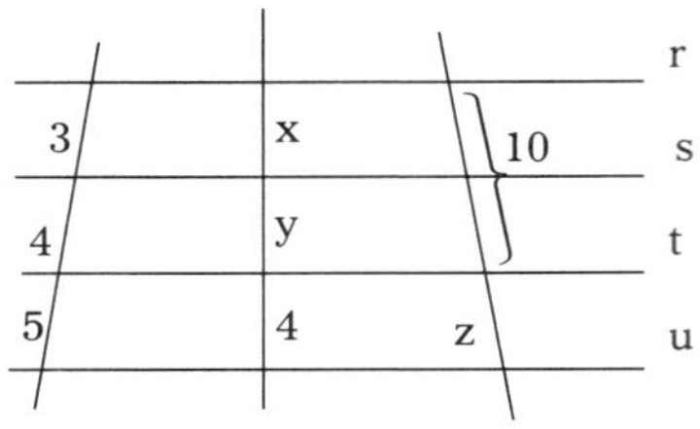

b)

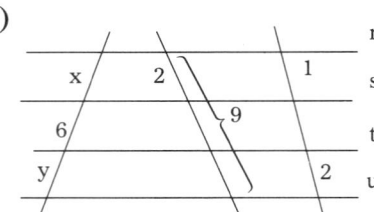

214 Se os ângulos com "marcas iguais" são congruentes, determinar o valor de **x**:

a)

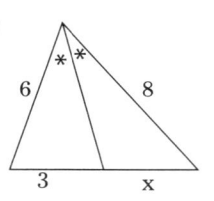

b)

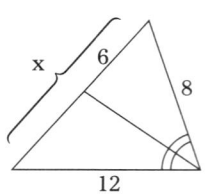

c)

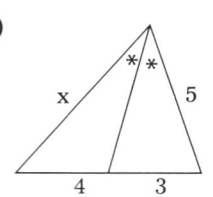

214 d)

12, 12, 6, x

e)

8, 6, 12, x

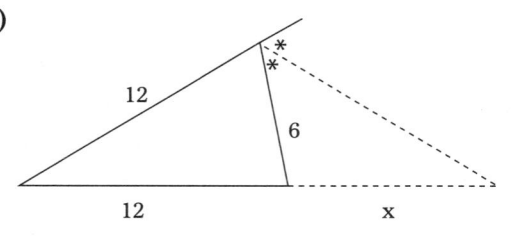

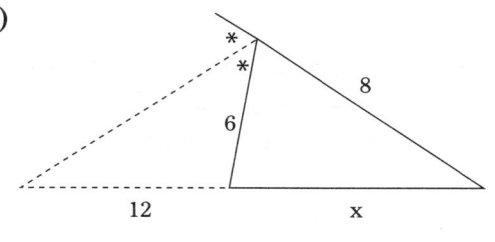

215 Determinar a medida do lado $\overline{AB}$ do triângulo ABC:

a) $\overline{AS}$ é bissetriz e o perímetro do △ABC é 75 m

A, 30 m, B, 10 m, S, C

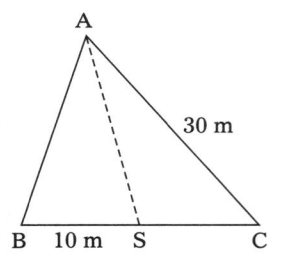

b) $\overline{AP}$ é bissetriz do ângulo externo em **A** e o perímetro de △ABC é 23 m.

A, B, 10 m, C, 8 m, P

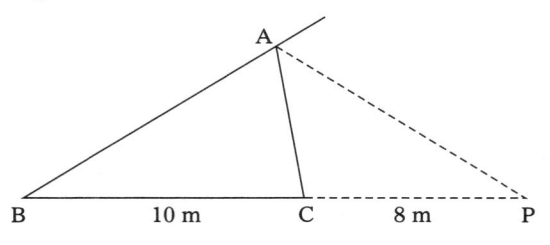

---

216 Se $\overline{AS}$ e $\overline{AP}$ são bissetrizes dos ângulos interno e externo em A, determinar o valor de $\overline{CP}$ dado BS = 8 m e SC = 6 m.

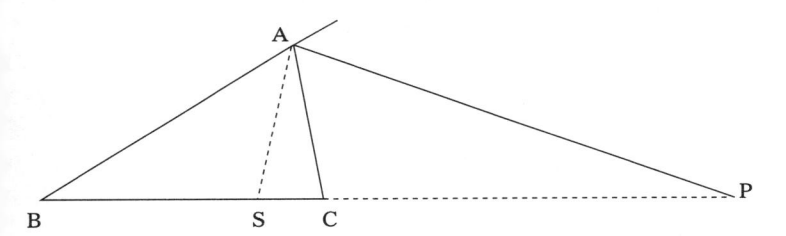

---

217 Determine o valor de **x** nas figuras:

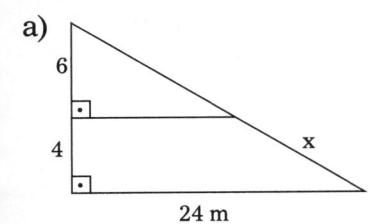

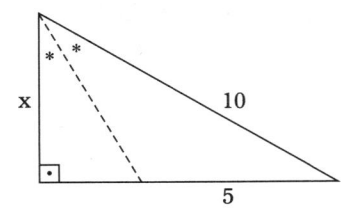

a) 6, 4, x, 24 m

b) x, 10, 5

Resp: **203** a) 8, 8   b) 14, 18   **204** a) 16, 18   b) 16,8; 14   **205** a) 14   b) 15   **206** a) 14   b) 6

207 a) 12   b) 7   c) 12, 75   d) 12   e) 6   f) 17   **208** a) 32   b) 6   c) 35   d) 13   **209** 14

210 a) 140   b) 180   **211** a) 157,5   b) 96

153

218 Resolver:

a) O perímetro de um triângulo ABC é de 100 m e a bissetriz de $\hat{B}$ intercepta o lado $\overline{AC}$ em P. Se AP = 16 m e BC = 36 m, determine AB e AC.

b) A bissetriz externa relativa ao vértice A de um triângulo ABC encontra a semireta $\overrightarrow{BC}$ em P. Se AB = PC = 36 m e o perímetro do triângulo é de 78 m, determine AC e BC.

219 Determine **x** e **y**, sendo **r**, **s** e **t** retas paralelas.

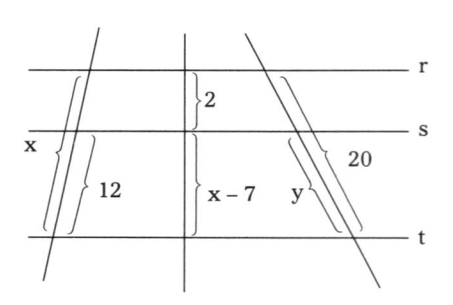

EXTRA De um triângulo ABC sabemos que AB = 15 m, AC = 9 m e BC = 12 m. Determine a bissetriz externa relativa ao lado BC.

220 Determine a medida da hipotenusa BC de um triângulo ABC sabendo que P está em $\overline{BC}$, Q sobre a reta BC, de modo que $\overline{AC}$ seja bissetriz de PAQ, QC = 12 m e CP = 6 m.

154

VI SEMELHANÇA DE TRIÂNGULOS

Definição: Se for possível estabelecer uma correspondência entre vértices e lados de dois triângulos de modo que os ângulos de vértices correspondentes sejam congruentes e lados correspondentes sejam proporcionais, então estes triângulos são semelhantes.

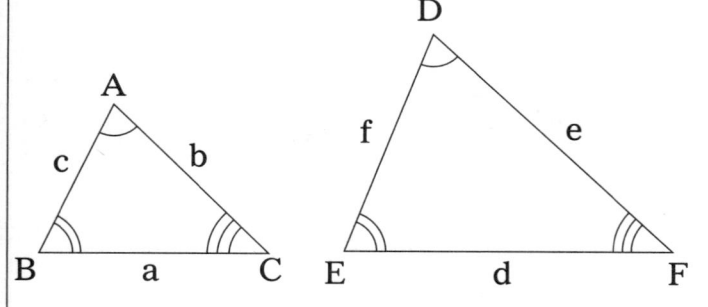

$$\triangle ABC \sim \triangle DEF \Leftrightarrow \begin{cases} \hat{A} = \hat{D} \\ \hat{B} = \hat{E} \\ \hat{C} = \hat{F} \end{cases} \text{ e } \frac{a}{d} = \frac{b}{e} = \frac{c}{f} = k$$

Obs: **k** é chamado razão de semelhança.

Segmentos correspondentes também são chamados **segmentos homólogos**.

Teorema fundamental da semelhança de triângulos: Uma reta paralela a um lado de um triângulo determina com os outros lados (ou seus prolongamentos) um triângulo semelhante a ele.

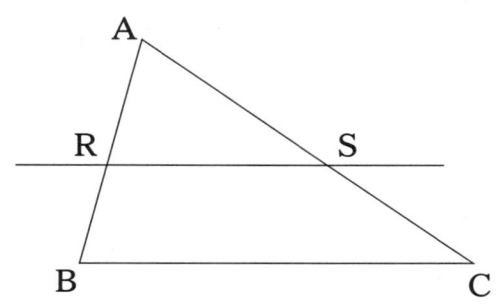

$$\overline{RS} // \overline{BC} \Rightarrow \triangle ARS \sim \triangle ABC$$

Casos de semelhança: (AA, LAL, LLL)

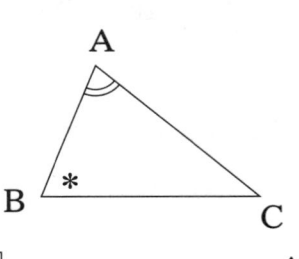

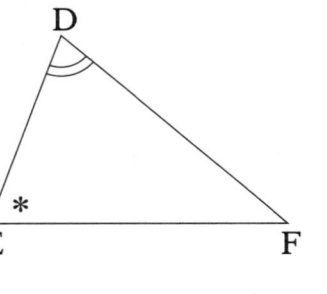

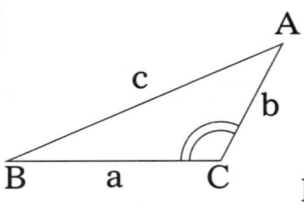

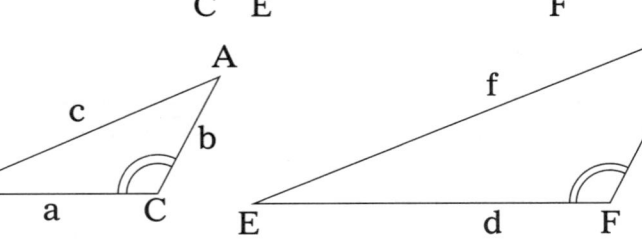

AA:
$$\begin{array}{c} \hat{A} = \hat{D} \\ \hat{B} = \hat{E} \end{array} \Rightarrow \triangle ABC \sim \triangle DEF$$

LAL:
$$\begin{array}{c} \hat{C} = \hat{F} \\ \frac{a}{d} = \frac{b}{e} \end{array} \Rightarrow \triangle ABC \sim \triangle DEF$$

LLL:
$$\frac{a}{d} = \frac{b}{e} = \frac{c}{f} \Rightarrow \triangle ABC \sim \triangle DEF$$

Resp: **212** a) 3   b) 12   c) 9   d) 15   e) 15   f) 6   **213** a) $\frac{12}{5}, \frac{16}{5}, \frac{50}{7}$ b) 4; 8   **214** a) 4   b) 15   c) $\frac{20}{3}$ d) 12   e) 4   **215** a) 15 ou 20   b) 9   **216** 42   **217** a) $\frac{52}{5}$ b) 6

155

Segmentos homólogos: Se dois triângulos são semelhantes, então a razão entre segmentos homólogos é igual à razão de semelhança **k**.

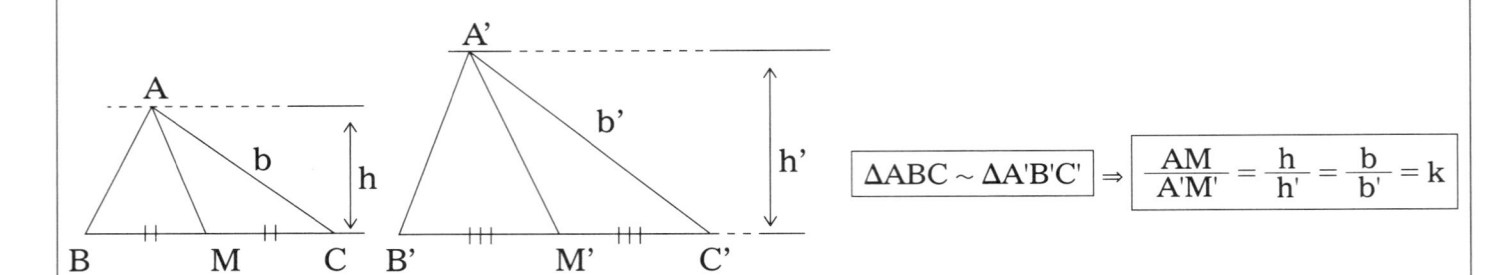

$$\triangle ABC \sim \triangle A'B'C' \Rightarrow \boxed{\frac{AM}{A'M'} = \frac{h}{h'} = \frac{b}{b'} = k}$$

Razão entre perímetros (2p e 2p'): Se dois triângulos são semelhantes, então a razão entre os seus perímetros é igual à razão de semelhança.

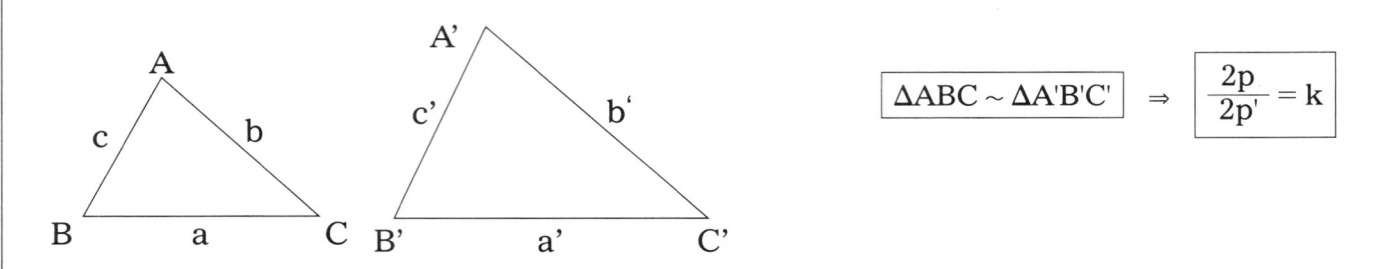

$$\triangle ABC \sim \triangle A'B'C' \Rightarrow \boxed{\frac{2p}{2p'} = k}$$

Demonstração:

1) $\frac{a}{a'} = \frac{b}{b'} = \frac{c}{c'} = k \Rightarrow a = a'k, \ b = b'k, \ c = c'k$

2) $\frac{2p}{2p'} = \frac{a+b+c}{a'+b'+c'} = \frac{a'k+b'k+c'k}{a'+b'+c'} = \frac{(a'+b'+c')k}{a'+b'+c'} \Rightarrow \boxed{\frac{2p}{2p'} = k}$

Razão entre áreas (S e S'): Se dois triângulos são semelhantes, então a razão entre suas áreas é igual ao quadrado da razão **k** de semelhança.

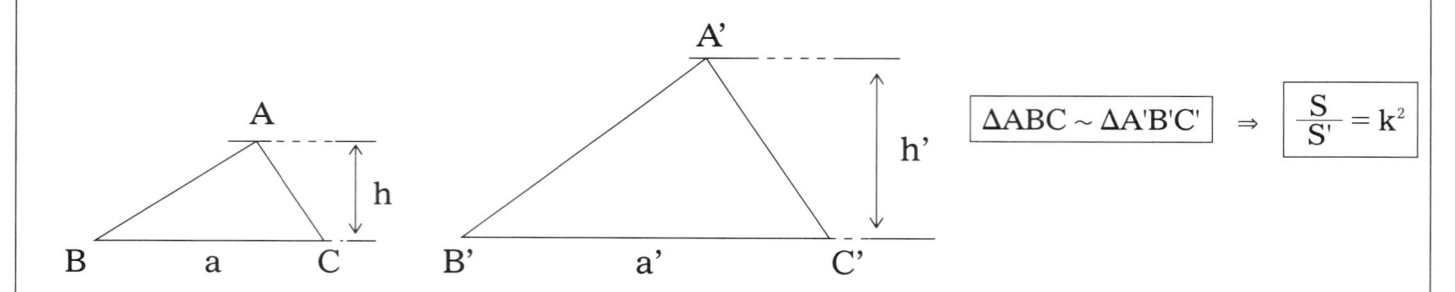

$$\triangle ABC \sim \triangle A'B'C' \Rightarrow \boxed{\frac{S}{S'} = k^2}$$

Demonstração:

1) $\frac{a}{a'} = \frac{h}{h'} = k$

2) $\frac{S}{S'} = \frac{\frac{ah}{2}}{\frac{a'h'}{2}} \Rightarrow S = \frac{ah}{a'h'} = \frac{a}{a'} \cdot \frac{h}{h'} = k \cdot k \Rightarrow \boxed{\frac{S}{S'} = k^2}$

156

Exemplo 1: Em cada caso, ângulos com "marcas" iguais têm medidas iguais. Determinar as incógnitas:

a)

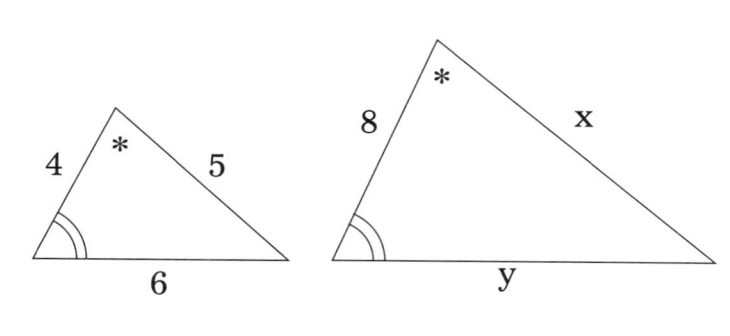

Pelo caso AA os triângulos são semelhantes e então, temos:

Para escrevermos a razão de semelhança, dividimos o lado de um pelo lado homólogo a ele do outro.

$$\frac{4}{8} = \frac{5}{x} = \frac{6}{y} = k \Rightarrow \boxed{k = \frac{1}{2}} \Rightarrow$$

$$\begin{cases} \frac{5}{x} = \frac{1}{2} \Rightarrow \boxed{x = 10} \\ \frac{6}{y} = \frac{1}{2} \Rightarrow \boxed{y = 12} \end{cases}$$

Note que $2p = 4 + 5 + 6 = 15$, $2p' = 8 + x + y = 8 + 10 + 12 = 30$ e

$$\frac{2p}{2p'} = \frac{15}{30} = \frac{1}{2} \Rightarrow \frac{2p}{2p'} = k$$

b)

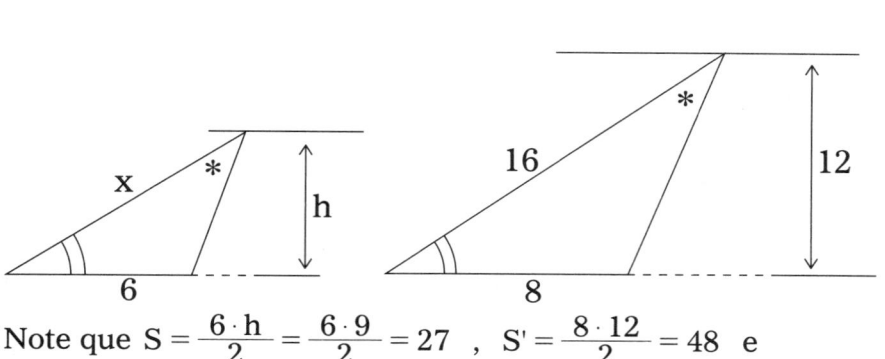

Pelo caso AA os triângulos são semelhantes. Então:

$$\frac{x}{16} = \frac{h}{12} = \frac{6}{8} = k \Rightarrow \boxed{k = \frac{3}{4}}$$

$$\Rightarrow \begin{cases} \frac{x}{16} = \frac{3}{4} \\ \frac{h}{12} = \frac{3}{4} \end{cases} \Rightarrow \begin{cases} \boxed{x = 12} \\ \boxed{h = 9} \end{cases}$$

Note que $S = \frac{6 \cdot h}{2} = \frac{6 \cdot 9}{2} = 27$, $S' = \frac{8 \cdot 12}{2} = 48$ e

$$\frac{S}{S'} = \frac{27}{48} = \frac{9}{16} = \left(\frac{3}{4}\right)^2 \Rightarrow \boxed{\frac{S}{S'} = k^2}$$

c) Procure escrever a proporcionalidade dos lados sem "separar" os triângulos.

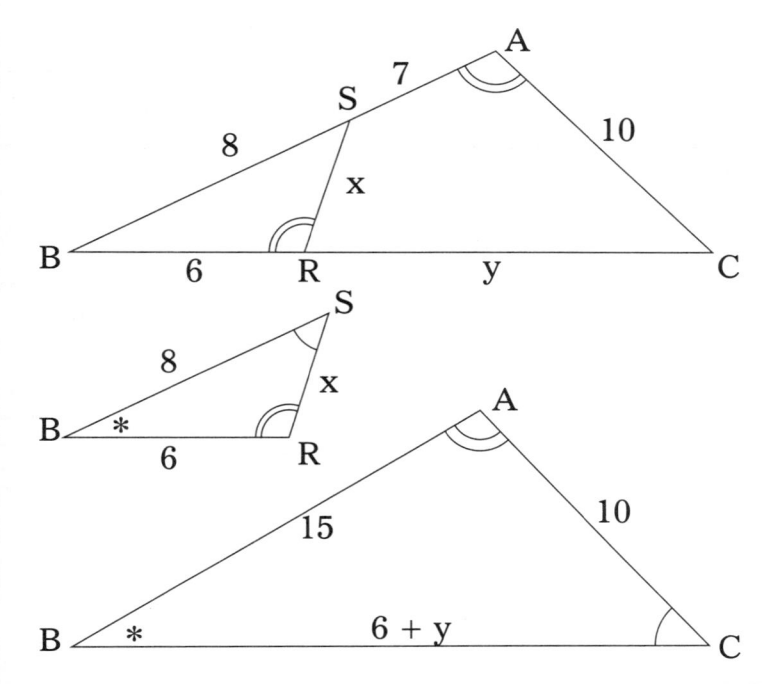

Considere os triângulos ABC e RBS.

$\hat{R} = \hat{A}$ e $\hat{B}$ é comum, então pelo caso AA, eles são semelhantes.

Então:

$$\frac{x}{10} = \frac{8}{6+y} = \frac{6}{15} = \frac{2}{5} = k$$

$$\begin{cases} \frac{x}{10} = \frac{2}{5} \Rightarrow 5x = 20 \Rightarrow \boxed{x = 4} \\ \frac{8}{6+y} = \frac{2}{5} \Rightarrow 12 + 2y = 40 \Rightarrow \boxed{y = 14} \end{cases}$$

Resp: **218** a) 24 m, 40 m   b) 24 m, 18 m   **219** x = 15, y = 16   **EXTRA** $9\sqrt{5}$ **220** 24

157

d) Vamos resolver este sem "separar" os triângulos.

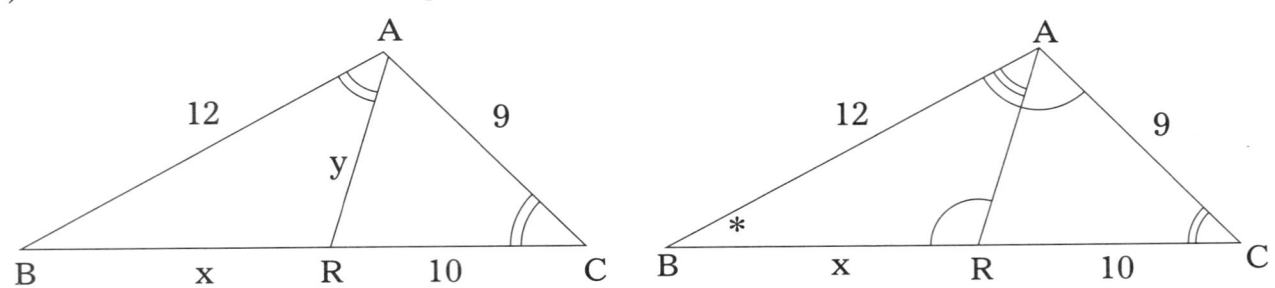

Considere os triângulos ABC e RBA. O Â do RBA é igual ao $\hat{C}$ do ABC e o $\hat{B}$ é comum. Então pelo caso AA eles são semelhantes.

Lados correspondentes: x e 12, y e 9, 12 e x + 10. Então:

$$\frac{x}{12} = \frac{y}{9} = \frac{12}{x+10} \Rightarrow \frac{x}{12} = \frac{12}{x+10} \Rightarrow x^2 + 10x = 144 \Rightarrow$$

$x^2 + 10x - 144 = 0 \Rightarrow (x+18)(x-8) = 0 \Rightarrow \boxed{x = 8}$

Como $\frac{x}{12} = \frac{y}{9}$, obtemos $\frac{8}{12} = \frac{y}{9} \Rightarrow \frac{2}{3} = \frac{y}{9} \Rightarrow 3y = 18 \Rightarrow \boxed{y = 6}$

Exemplo 2: De um triângulo ABC sabemos que BC = 12 m e que a altura relativa a este lado mede 15 m. Determine o lado de um quadrado, com um lado sobre BC, inscrito neste triângulo.

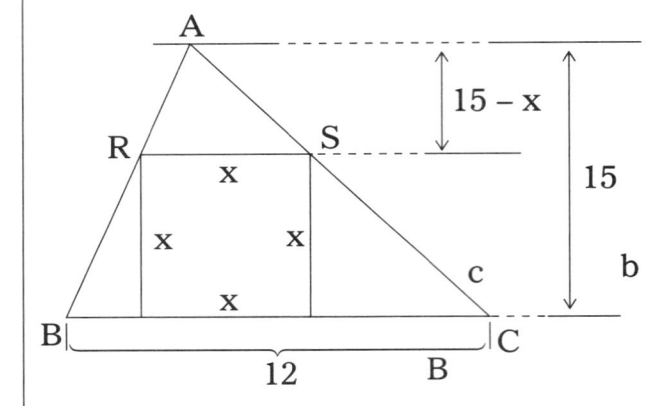

Como lados opostos de um quadrado são paralelos, pelo **teorema fundamental** da semelhança de triângulos, podemos afirmar que ARS e ABC são semelhantes. Então:

$$\frac{x}{12} = \frac{15-x}{15} \Rightarrow \frac{x}{2} = \frac{15-x}{3} \Rightarrow$$

$\Rightarrow 3x = 30 - 2x \Rightarrow 5x = 30 \Rightarrow \boxed{x = 6}$

Exemplo 3: Um triângulo ABC tem 135 m² de área; duas retas paralelas ao lado BC, que dividem a altura relativa a este lado em três partes iguais, determinam três trapézios neste triângulo. Determine a área do maior deles.

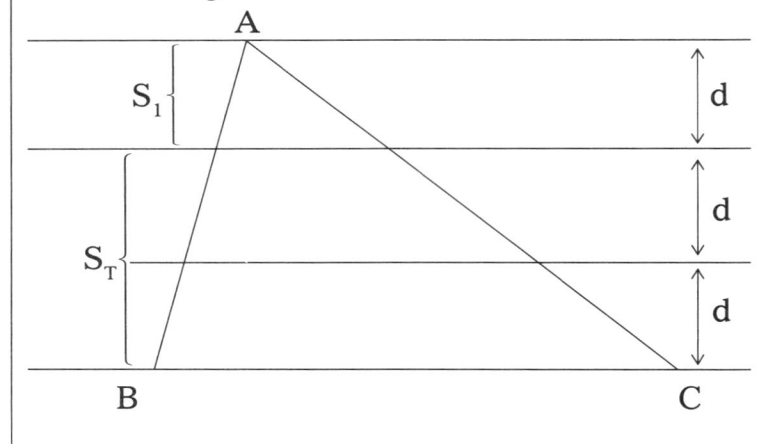

Sejam S_1 e S_T as áreas do menor triângulo e do maior trapézio.

1) Como a razão das áreas é o quadrado da razão de semelhança, temos:

$$\frac{S_1}{135} = \left(\frac{d}{3d}\right)^2 \Rightarrow \frac{S_1}{135} = \frac{1}{9} \Rightarrow$$

$\Rightarrow \boxed{S_1 = 15}$

2) $S_T = 135 - S_1 \Rightarrow \boxed{S_T = 120 \text{ m}^2}$

221 Determine as incógnitas nos casos:

(Nestes exercícios de semelhança, ângulos de medidas iguais estão assinalados com "marcas iguais").

a)

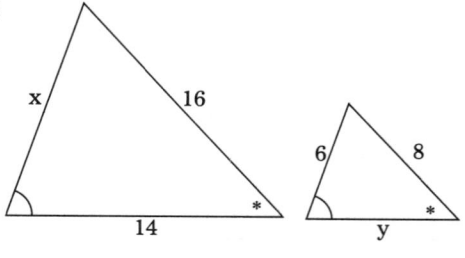

b)

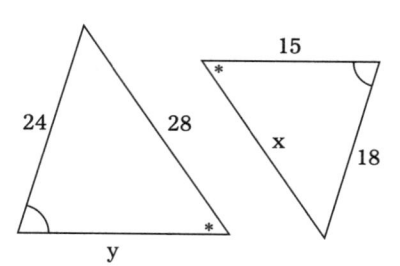

c) **r** e **s** são paralelas

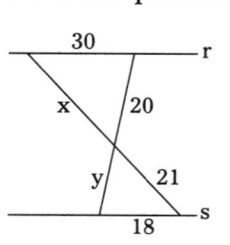

d)

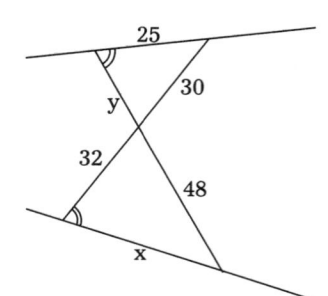

222 Determine **x** nos casos:

a)

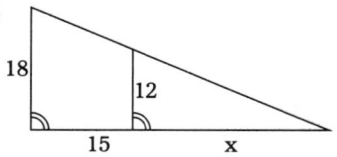

b)

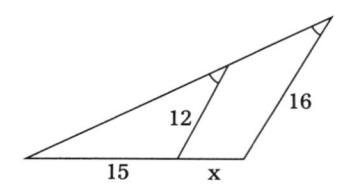

c) **r** e **s** são paralelas

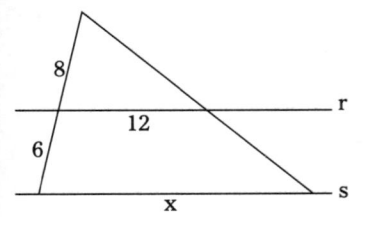

d)

159

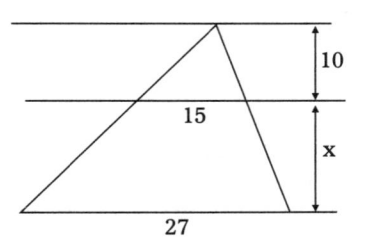

223 Determine as incógnitas nos casos:

a) [triangle figure with x, y, 12, 20, 14]

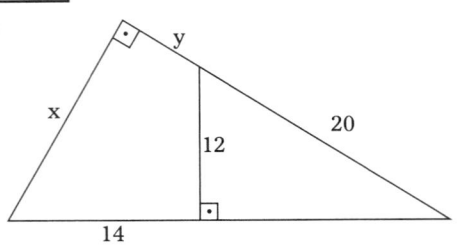

c) [triangle figure with x+3, x, 12, 10, y]

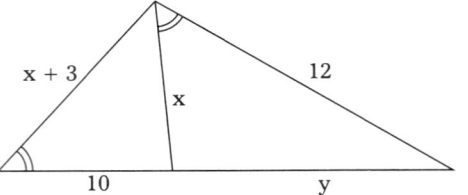

d) [triangle figure with 6, 12, 12, y, x]

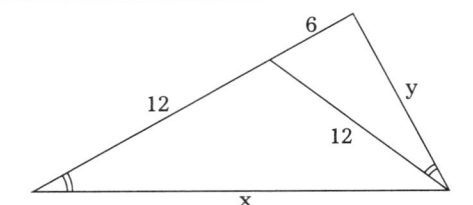

224 Determine **x** nos casos:

a) [triangle figure with x, 48, 12]

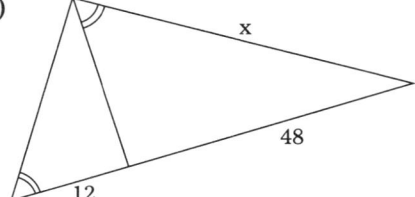

b) [triangle figure with 12, 7, x]

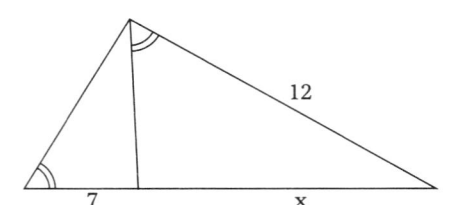

225 O segmento interno ao triângulo é paralelo a um lado. Determine as incógnitas.

a) [triangle figure with 24, 28, 18, x, y, 56]

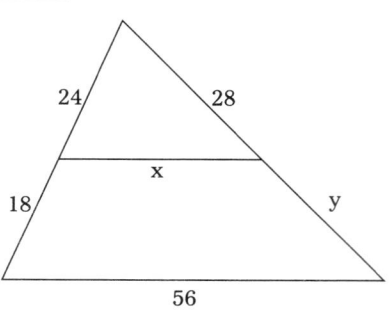

b) [triangle figure with x, 20, x, y, 14, 21]

160

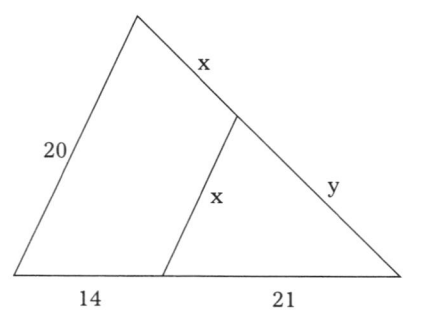

226 Em cada caso temos um trapézio. Determine **x**:

a)

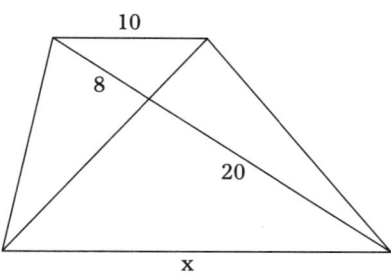

b)

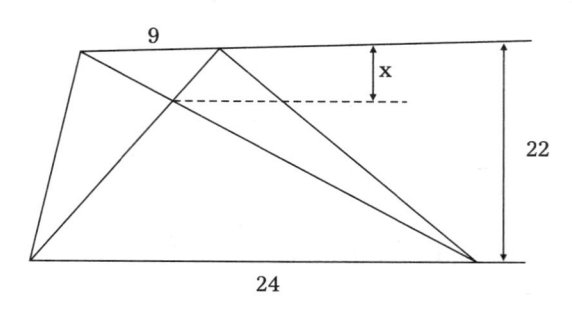

227 Determine **x** nos casos:

a)

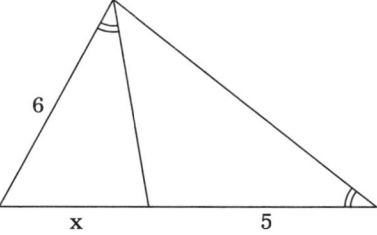

b)

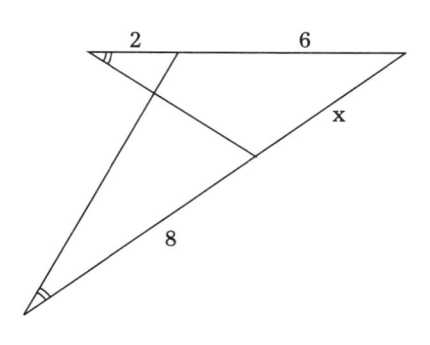

228 Determine **x** nos casos:

a)

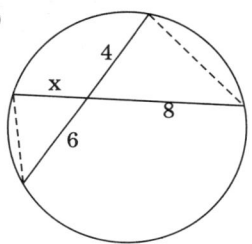

b)

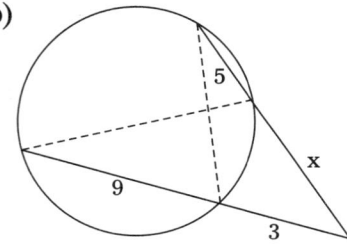

c)

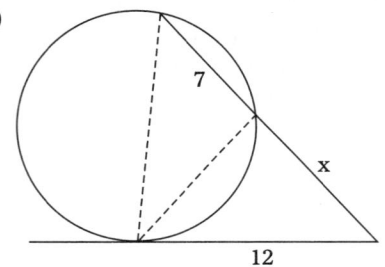

229 Determine **x** nos casos:

a) Quadrado inscrito no triângulo

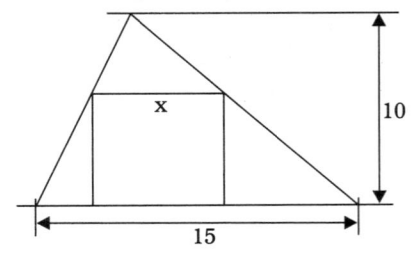

b) Retângulo de 2p = 32 inscrito no triângulo

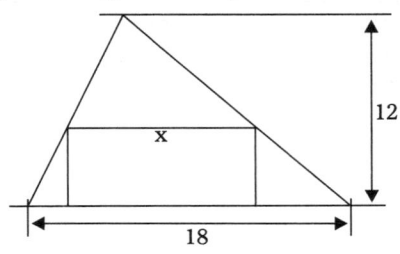

230 Determine a área do triângulo ABC nos casos:

a)

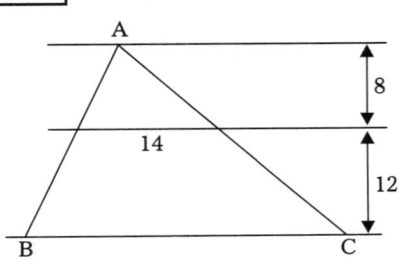

Resp: **221** a) 12, 7   b) 21, 20   c) 35, 12   d) 40, 20   **222** a) 30   b) 5   d) 21   e) 8

161

230 b)

[Figura: triângulo retângulo com A no topo, B e C na base, AB vertical, BC horizontal; AC = 10 + 15, altura interna 9 perpendicular a BC]

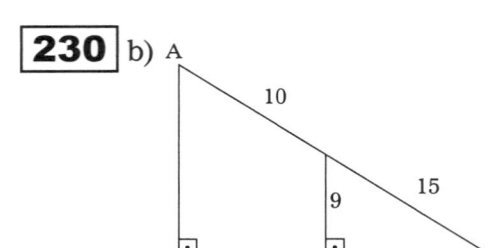

231 Determine a área do trapézio nos casos:

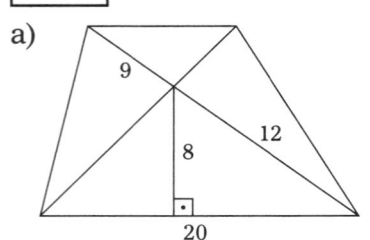

a) [Figura com medidas 9, 8, 12, 20]

b) [Figura com medidas 6, 4, 9, 25]

---

232 Resolver:

a) A razão de semelhança entre dois triângulos é 4 : 5. Se um lado do primeiro mede 20 m, quanto mede o lado homólogo (correspondente) no segundo?

b) A razão de semelhança de dois triângulos 2 : 3. Se um lado de um mede 12 m, quanto mede o lado homólogo do outro? (Considere os dois casos).

c) A razão de semelhança de dois triângulos é 5 : 7. Se o perímetro do primeiro é 40 m, qual é o perímetro do segundo?

d) A razão de semelhança de dois triângulos é 3 : 5 e o perímetro de um é 75 m. Qual é o perímetro do outro?

---

233 Resolver:

a) A razão de semelhança entre dois triângulos é 5 : 8 e os lados do primeiro medem 15 m, 20 m e 30 m. Determine os lados do outro.

162

233 b) Os lados de um triângulo medem 14 m, 21 m e 28 m. Se o perímetro de um triângulo semelhante a ele é 81 m, quanto medem os seus lados?

c) Dois triângulos semelhantes têm 22 m e 55 m de perímetros. Se um lado de um mede 8 m e um lado de outro mede 25 m, determine os outros lados incógnitos desses triângulos.

234 Resolver:

a) Dois quadriláteros são semelhantes e os seus perímetros têm 208 m e 130 m. Se três lados do primeiro medem 32 m, 56 m e 72 m, determine os lados do segundo?

b) Dois pentágonos com 91 m e 117 m de perímetros são semelhantes se um lado do 1° mede 14 m quanto mede o lado homólgo a ele do 2°?

c) Dois heptágonos são semelhantes. Um lado do 1° mede 56 m e o homólogo do 2° mede 24 m. Se uma diagonal do 1° mede 63 m, quanto mede a diagonal homóloga a ela do 2°?

235 Resolver:

a) Dois retângulos são semelhantes se dois lados do primeiro medem 10 m e 35 m e o perímetro do segundo é de 234 m, quanto medem os lados do segundo?

b) Dois trapézios são semelhantes e as bases de um medem 45 m e 65 m. Se uma base do outro mede 39 m, quanto mede a outra base?

236 Resolver:

a) A razão de semelhança entre dois triângulos é 4 : 7. Se a área do primeiro é de 192 m², qual a área do segundo?

Resp: **223** a) 18, 4   c) 6, 8   d) $12\sqrt{3}$, $6\sqrt{3}$ **224** a) $24\sqrt{5}$ b) 9   **225** a) 32, 21   b) 12, 18
226 a) 25   b) 6   **227** a) 4   b) 4   **228** a) 3   b) 4   c) 9   **229** a) 6   b) 12   **230** a) 350

163

236 b) A altura relativa a base de um triângulo é h. A que distância desta base devemos conduzir uma reta paralela à base para que a área do trapézio obtido seja igual a 8 vezes a área do triângulo destacado?

c) Os lados de dois pentágonos regulares medem 7 m e 24 m. Quanto deve medir o lado de um terceiro pentágono, também regular, para que a sua área seja igual a soma das áreas dos dois primeiros?

237 Resolver:

a) As bases de um trapézio medem 6 m e 10 m e os lados oblíquos 6 m e 8 m. Prolongam-se os lados oblíquos até se encontrarem. Determine os lados incógnitos do menor triângulo obtido.

b) As bases de um trapézio medem 16 m e 56 m, um lado oblíquo 30 m e o perímetro do maior triângulo obtido quando prolongamos dois lados do trapézio é de 147 m. Determine o outro lado do trapézio.

c) A base BC e a altura AH de um triângulo medem, respectivamente, 18 m e 12 m. Qual a área do retângulo de maior área que pode-se inscrever neste triângulo de modo que um lado do retângulo esteja sobre BC.

238 Os triângulos ABC e PQR são semelhantes. Determine **x** e **y**.

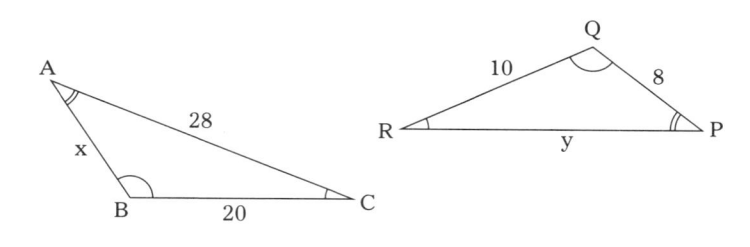

239 Se o △KLM é semelhante ao △FGH, determine x.

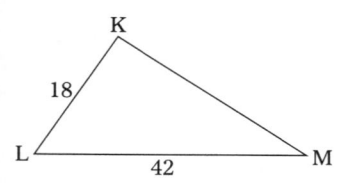

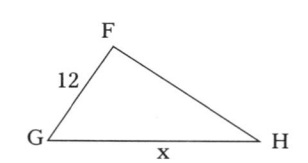

240 Se $\overline{DE}$ é paralelo a $\overline{BC}$, determine x nos casos:
a)
b) x = AD

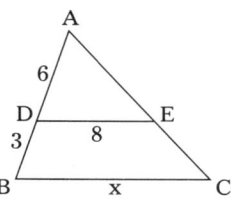

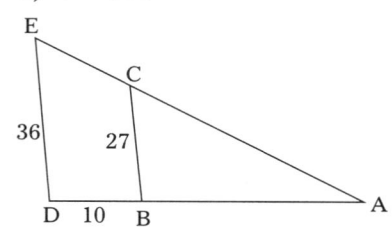

241 De um △ABC sabemos que AB = 20 m, BC = 30 m e AC = 25 m. Se D está em $\overline{AB}$, E em $\overline{AC}$, $\overline{DE}$ é paralelo a $\overline{BC}$ e DE = 18 m, determine x = DB e y = EC.

242 Se ângulos com "marcas iguais" são congruentes, determinar a incógnita nos casos:
a)
b)

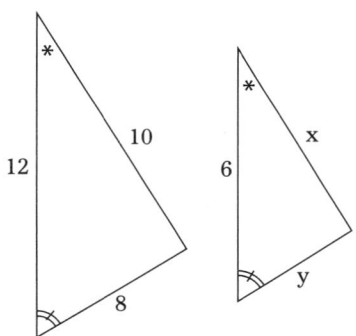

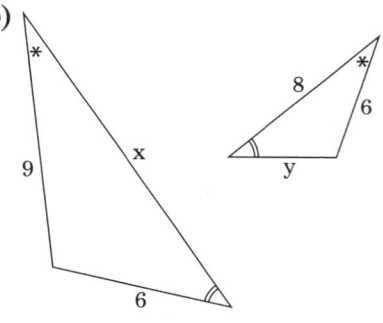

243 Determine as incógnitas:
a)
b)

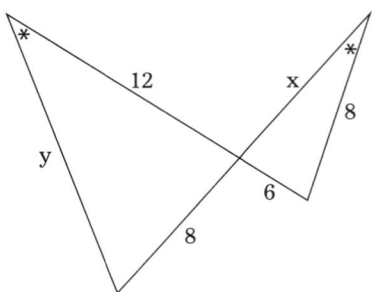

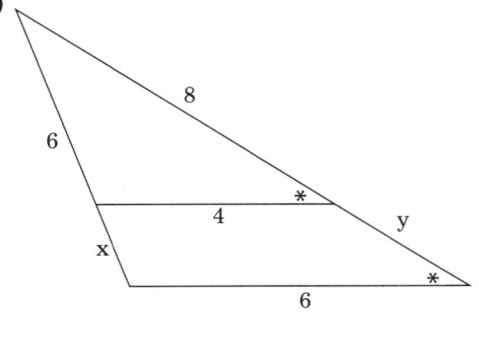

Resp: **230** b) 150 **231** a) 245 b) 105 **232** a) 25 b) 18 ou 8 c) 56 d) 125 ou 45 **233** a) 24, 32, 48 b) 18, 27, 36 c) 4 e 10, 10 e 20 **234** a) 20, 35, 45, 30 b) 18 c) 27 **235** a) 26, 91 b) 27 ou $\frac{169}{3}$ **236** a) 588

165

244 Determine as incógnitas nos casos:

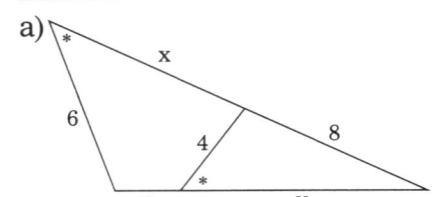

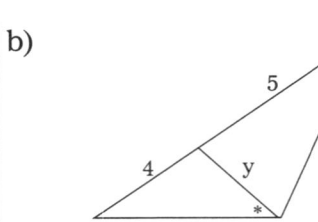

a)

b)

245 Sendo **r** e **s** retas paralelas, determinar o valor de **x**:

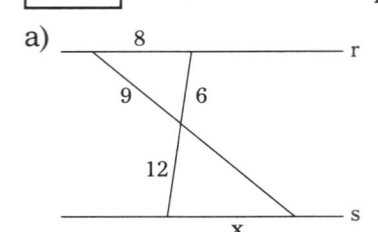

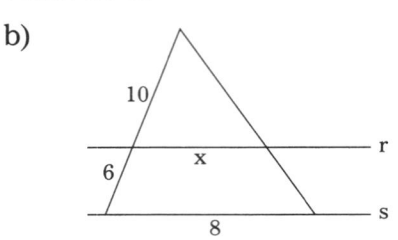

a)

b)

246 Determinar as distâncias pedidas (x) nos casos:

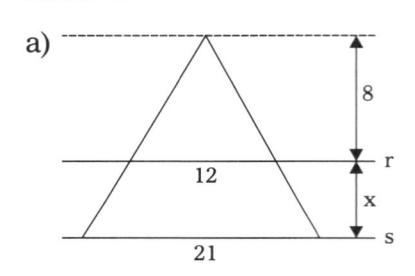

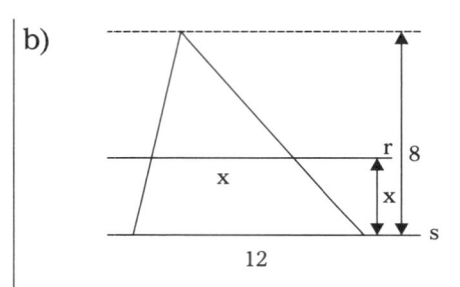

a)

b)

247 Resolver:

a) Sendo AC = 12 m, BC = 10 m e AR = 6 m, determine BS.

b) ABCD é um paralelogramo com AB = 16 m, BC = 12 m e AH = 9 m, determinar AP.

248 Resolver:

a) Na figura temos um quadrado inscrito em um trapézio de bases 5 m e 15 m e altura 30 m. Determine o lado do quadrado.

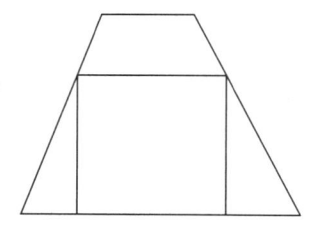

166

248 b) Determine **x** e **y**.

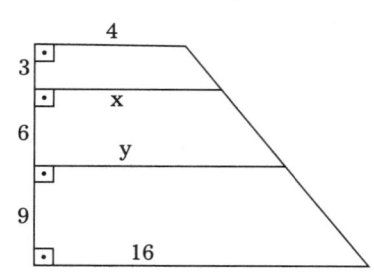

249 Determine **x** nos casos:

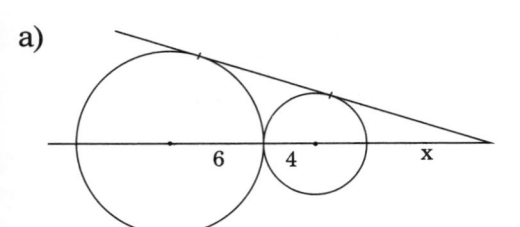

a)

b)

250 Nas figuras temos quadrados. Determine a área do maior deles.

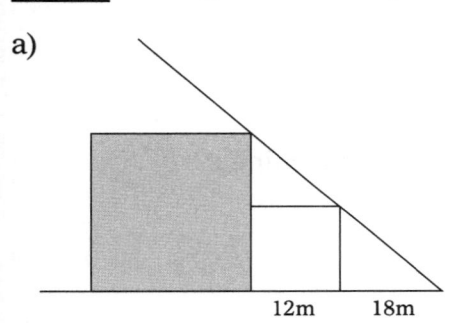

a)

b)

251 Resolver:

a) Dois triângulos são semelhantes. Se os lados do primeiro medem 21 m, 18 m e 27 m e o perímetro do segundo é de 176 m, quanto medem os lados do segundo?

b) A razão de semelhança de dois triângulos é 9 : 5. Se os lados do primeiro medem 54 m, 63 m e 90 m, qual é o perímetro do segundo?

252 Resolver:

a) As bases de um trapézio medem 18 m e 45 m e os lados oblíquos 15 m e 18 m. Qual o perímetro do menor triângulo obtido quando prolongamos os lados oblíquos?

Resp: **236** b) $\frac{2}{3}$h c) 25   **237** a) 9 e 12 b) 35 c) 54   **238** 16; 14   **239** 28   **240** a) 16 b) 40   **241** 8, 10   **242** a) 5; 4 b) 12; 4   **243** a) 9; $\frac{32}{3}$ b) 3; 4

252 b) As bases de um trapézio medem 18 m e 42 m e a altura 16 m. Determine a área do maior triângulo obtido, quando prolongamos os lados não paralelos.

253 Resolver:

a) Dois polígonos são semelhantes e tem 69 m e 115 m de perímetro. Se a área do primeiro é de 99 m², qual é a área do segundo?

b) Dois polígonos semelhantes têm 588 m² e 192 m². Se o primeiro tem 105 m de perímetro, qual é o perímetro do segundo?

254 Determine o raio do círculo sabendo que AB = 24 m, AC = 30 m e AH = 20 m, onde AH é altura relativa ao lado BC.

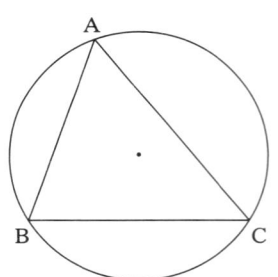

255 Na figura, determine **x**.

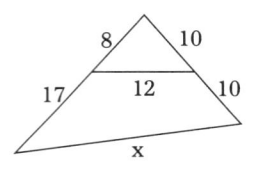

256 Sendo AB = 4 m, BC = 6 m e AE = 2 m, determinar a medida da corda $\overline{FH}$, que é paralelas à corda $\overline{BD}$.

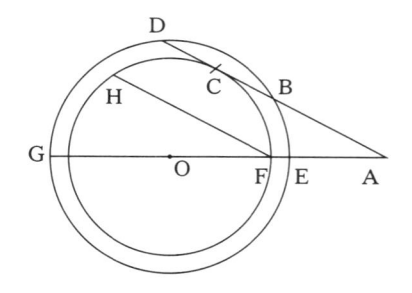

168

257 Determinar **x** sendo 24 m e 6 m os raios do círculo.

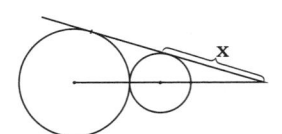

258 O ponto O é a intersecção das diagonais $\overline{AC}$ e $\overline{BD}$ de um losango ABCD. Prolonga-se o lado $\overline{AD}$ até um ponto F de modo que DF = 4 m. Se $\overline{OF}$ encontra $\overline{CD}$ em E e ED = 2 m, determine o lado do losango.

259 De um triângulo ABC sabemos que o ângulo Â é o dobro do ângulo Ĉ, AB = 6 m e que AC = 10 m. Determine $\overline{BC}$.

260 As bases do trapézio isósceles ao lado medem **a** e **b**. Se a altura do trapézio mede **h**, determine a área do triângulo sombreado.

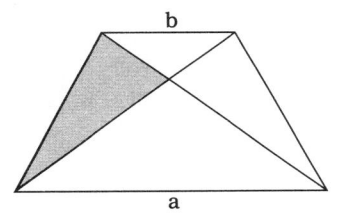

261 Os catetos de um triângulo retângulo medem **a** e **b**. Determine a bissetriz relativa a hipotenusa desse triângulo.

262 As retas t e ℓ são tangentes às circunferências em A. Determine AB em função de a = BC e b = BD.

Resp: **244** a) 7, 10   b) 6, $\frac{10}{3}$ **245** a) 16   b) 5   **246** a) 6   b) $\frac{24}{5}$ **247** a) 5   b) 12   **248** a) $\frac{45}{4}$
b) 6, 10   **249** a) 16   b) 11,25   **250** a) 400   b) 324   **251** a) 56, 48, 72   b) 115   **252** a) 40

169

263 Na figura, as semi-retas $\vec{PA}$ e $\vec{PB}$ são tangentes à circunferência. Se as distâncias entre **Q** e as tangentes são 4 e 9, ache a distância entre **Q** e a corda $\overline{AB}$.

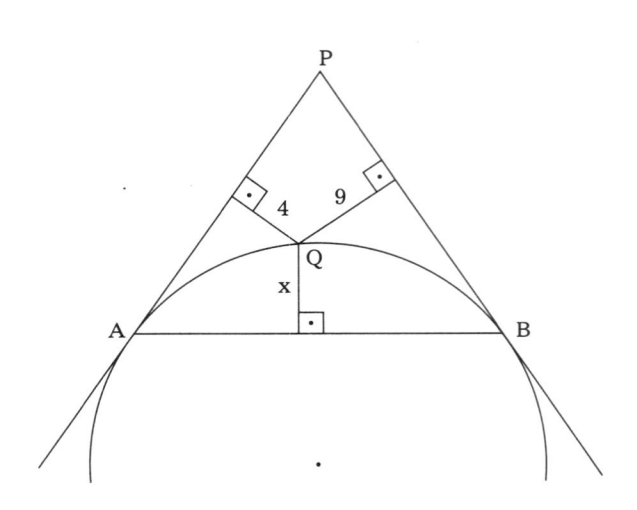

264 As diagonais de um losango medem **a** e **b**. Determine o lado do quadrado inscrito nesse losango.

265 Na figura ao lado AD é bissetriz do triângulo ABC. Mostre que $BE^2 = AE \cdot DE$.

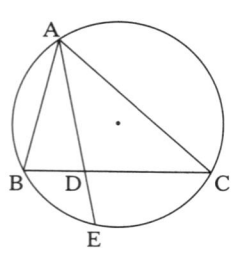

266 Determine o raio x em função dos raios a e b dos outros dois círuclos.

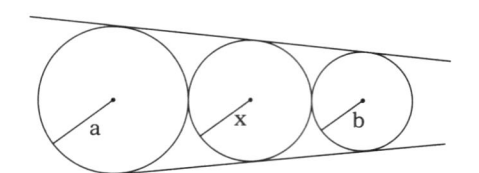

267 Na figura temos um triângulo isósceles ABC de base BC. AE é uma corda que intercepta a base BC em D. Mostre que $AB^2 = AE \cdot AD$.

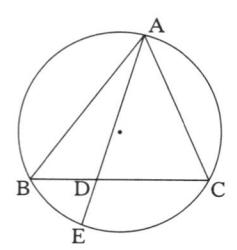

170

VII ÁREAS DE ALGUMAS REGIÕES PLANAS

A área da região determinada por um triângulo (região triangular), por um retângulo (região retangular), etc, chamaremos também de área do triângulo, área do retângulo, etc.

Indicaremos a área por **A** ou por **S**. A área de um triângulo ABC indicaremos também por (ABC), de um quadrilátero ABCD por (ABCD) etc.

Neste capítulo vamos explorar as fórmulas mais elementares e **a**, **b**, **c**, **h**, etc representam medidas dos segmentos aos quais estes símbolos estiverem próximos.

Se nada for dito em contrário, considerar que a unidade das medidas indicadas na figura é o metro (m).

A – Área de um quadrado de lado a

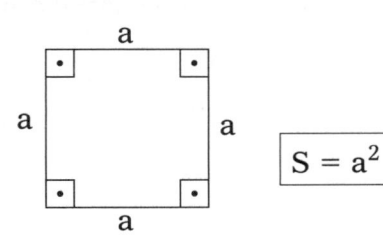

$$S = a^2$$

B – Área de um retângulo de lados a e b

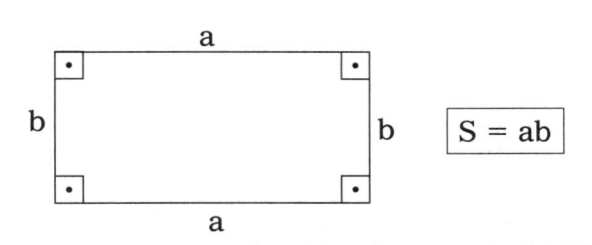

$$S = ab$$

C – Área de um triângulo retângulo de catetos b e c

Note que é igual a metade de um retângulo de lados **b** e **c**.

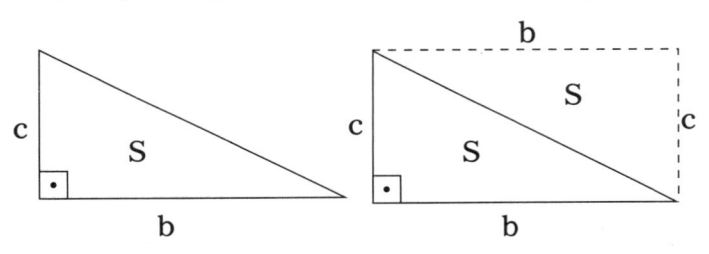

$$2S = bc \Rightarrow S = \frac{bc}{2}$$

D – Área de um paralelogramo com um lado b e altura relativa a ele igual a h

Note que ele é equivalente a um retângulo de lados **b** e **h**.

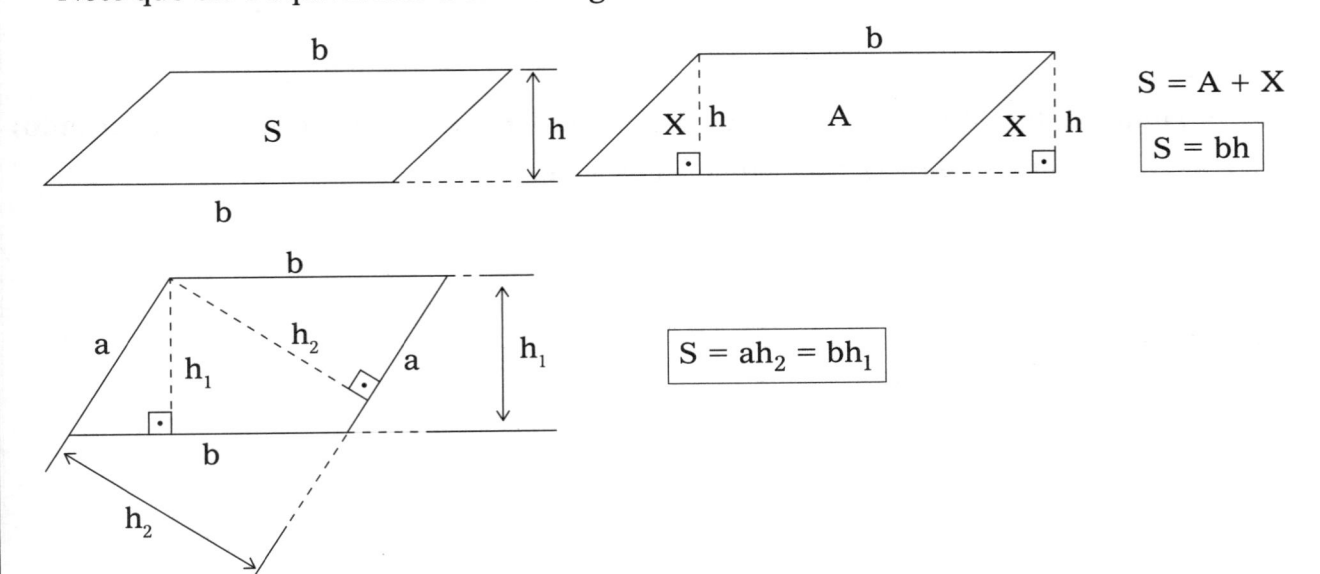

$$S = A + X$$
$$S = bh$$

$$S = ah_2 = bh_1$$

Resp: **252** b) 588   **253** a) 275   b) 60   **254** 8   **255** 30   **256** $\frac{60\sqrt{21}}{17}$ **257** 8   **258** 8

259 $4\sqrt{6}$ **260** $\frac{abh}{2(a+b)}$ **261** $\frac{\sqrt{2}\,ab}{a+b}$ **262** $\sqrt{ab}$

171

E – **Área de um trapézio de bases a e b e altura h**

Note que é igual a metade de um paralelogramo de lado **(a + b)** e altura relativa igual a **h**.

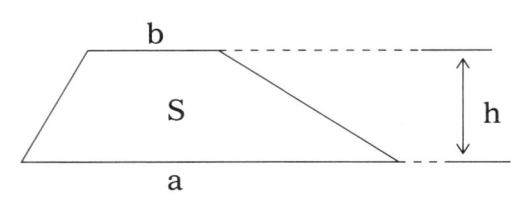

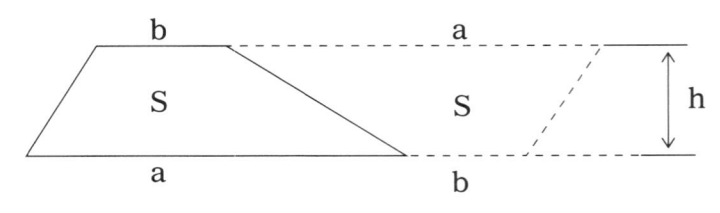

$$2S = (a + b)h \Rightarrow \boxed{S = \frac{(a + b)h}{2}}$$

F – **Área de um triângulo com um lado b e altura relativa a ele h**

Note que é igual a metade de um paralelogramo com um lado **b** e altura relativa a ele igual a **h**.

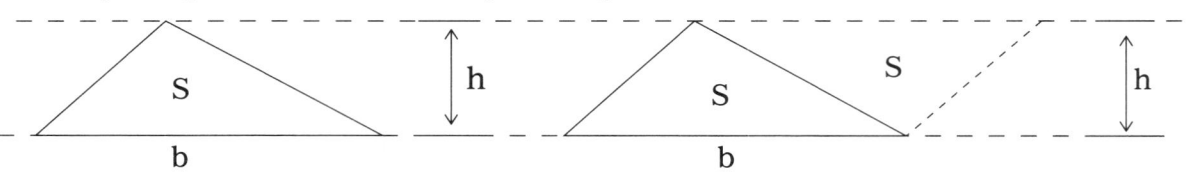

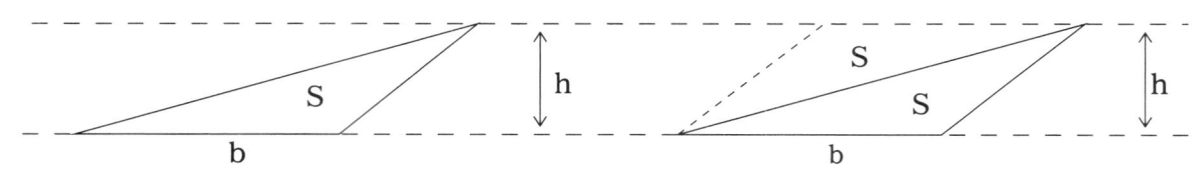

$$2S = bh \Rightarrow \boxed{S = \frac{bh}{2}}$$

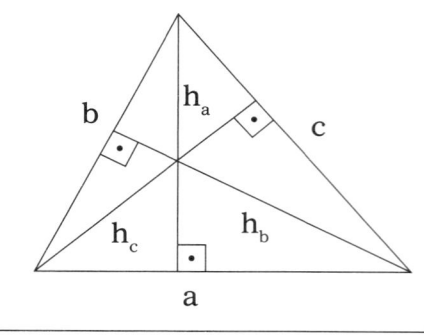

$$\boxed{S = \frac{a \cdot h_a}{2} = \frac{b \cdot h_b}{2} = \frac{c \cdot h_c}{2}}$$

G – **Área de um quadrilátero de diagonais a e b perpendiculares (inclusive losango e quadrado)**

Note que é igual a metade de um retângulo de lados **a** e **b**.

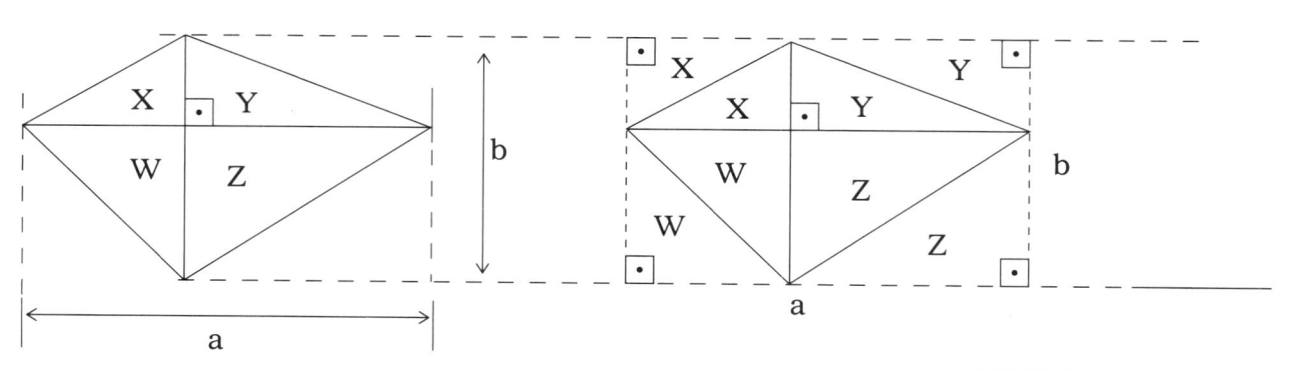

$$X + Y + Z + W = S \qquad 2(X + Y + Z + W) = ab \Rightarrow \boxed{S = \frac{ab}{2}}$$

Como o losango tem diagonais perpendiculares e o quadrado, que também é losango, também as tem perpendiculares, as suas áreas são dadas, também, pela metade do produto das diagonais.

Como todo losango é também um paralelogramo, a sua área também é dada pelo produto de um lado pela altura. Então:

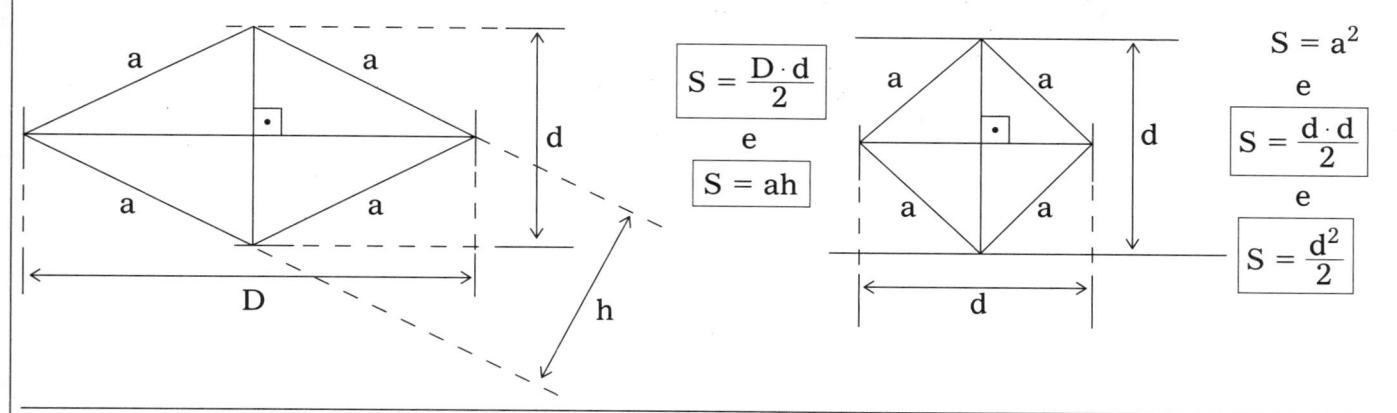

$$S = \frac{D \cdot d}{2}$$

e

$$S = ah$$

$$S = a^2$$

e

$$S = \frac{d \cdot d}{2}$$

e

$$S = \frac{d^2}{2}$$

H – Comprimento da circunferência e área do círculo de raio (π = 3,14159265...)

Consequência imediata: Área da coroa

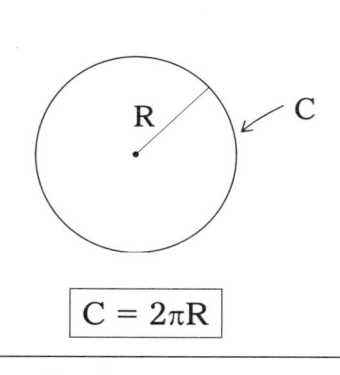

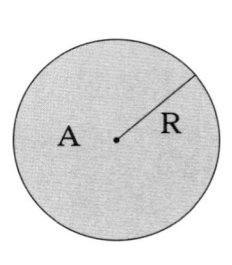

$$C = 2\pi R$$

$$A = \pi R^2$$

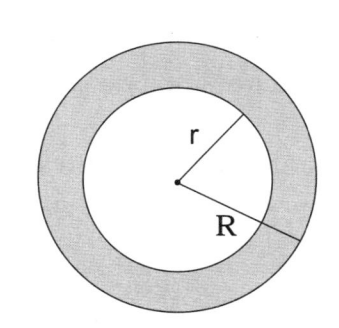

$$A_C = \pi R^2 - \pi r^2$$

ou

$$A_C = \pi(R^2 - r^2)$$

I – Área de um setor e comprimento do seu arco, sendo α (em graus) a sua medida.

Note que a área do setor é uma fração da área do círculo.

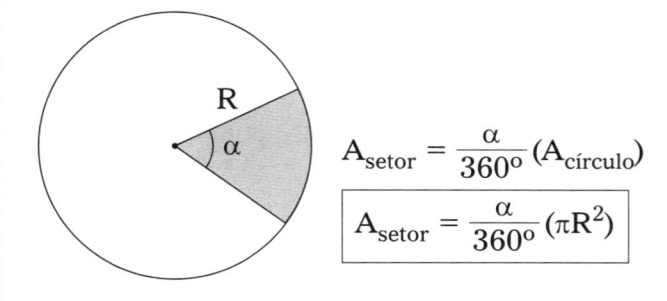

$$A_{setor} = \frac{\alpha}{360°}(A_{círculo})$$

$$A_{setor} = \frac{\alpha}{360°}(\pi R^2)$$

Note que o comprimento do arco é uma fração do comprimento da circunferência.

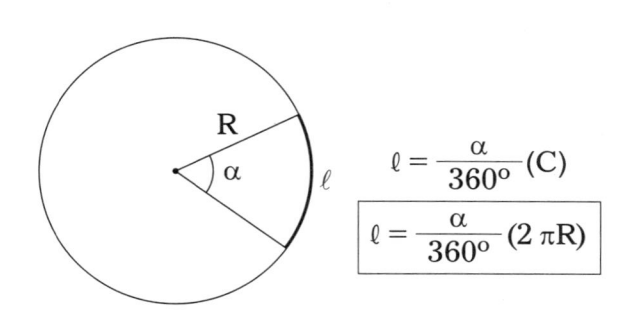

$$\ell = \frac{\alpha}{360°}(C)$$

$$\ell = \frac{\alpha}{360°}(2\pi R)$$

J – Área de um setor com arco de comprimento $\overline{AB}$

Note que a área deste setor é uma fração da área do círculo. Do comprimento $C = 2\pi R$ estamos tomando ℓ. Então:

$$A_{setor} = \frac{\ell}{2\pi R}(A_{círculo}) \Rightarrow A_{setor} = \frac{\ell}{2\pi R}(\pi R^2) \Rightarrow \boxed{A_{setor} = \frac{\ell R}{2}}$$

Resp: 263 | 6   264 | $\frac{ab}{a+b}$ 266 | $\sqrt{ab}$

K – Triângulos equivalentes

Duas regiões planas de mesma área são chamadas equivalentes.

Triângulos de mesmas bases e alturas relativas iguais são equivalentes. Observe:

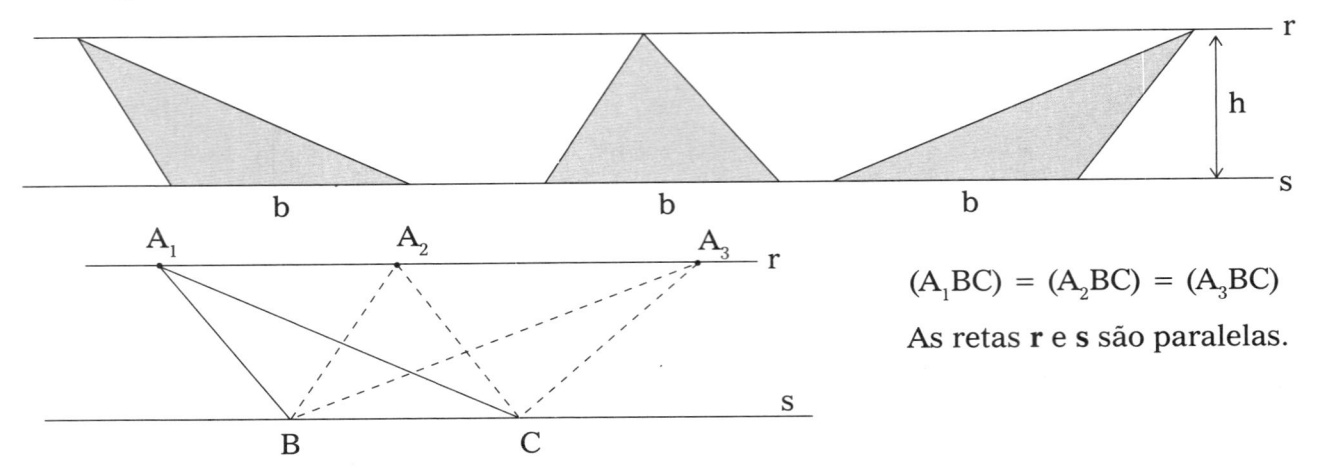

$(A_1BC) = (A_2BC) = (A_3BC)$

As retas **r** e **s** são paralelas.

Obs: Da mesma forma obtemos paralelogramos e trapézios equivalentes.

L – Triângulos de mesma área em um trapézio

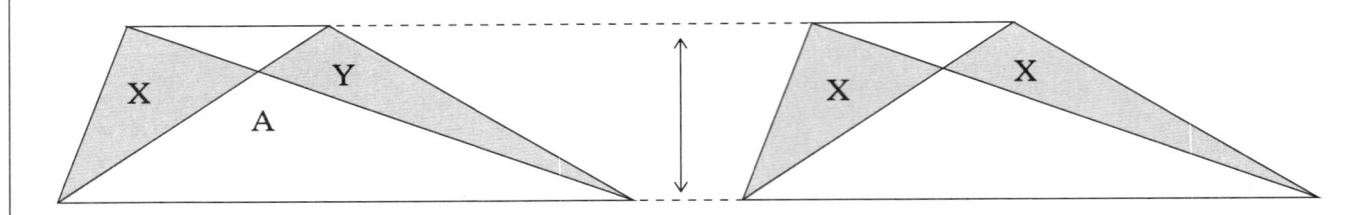

Note que $(X + A)$ e $(Y+A)$ são áreas de triângulos equivalentes.

Então: $X + A = Y + A \Rightarrow \boxed{X = Y}$

M – Razão entre áreas de triângulos de bases iguais ou alturas iguais

M1 – A razão entre as áreas de triângulos de bases iguais é igual à razão entre suas alturas.

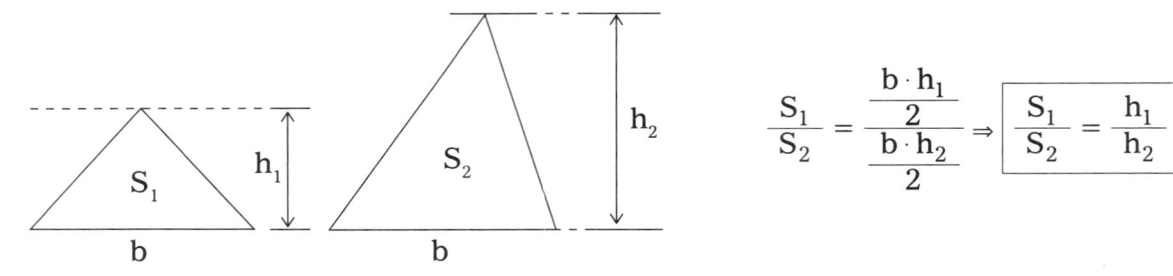

$$\frac{S_1}{S_2} = \frac{\frac{b \cdot h_1}{2}}{\frac{b \cdot h_2}{2}} \Rightarrow \boxed{\frac{S_1}{S_2} = \frac{h_1}{h_2}}$$

M2 – A razão entre as áreas de triângulos de alturas iguais é igual à razão entre suas bases.

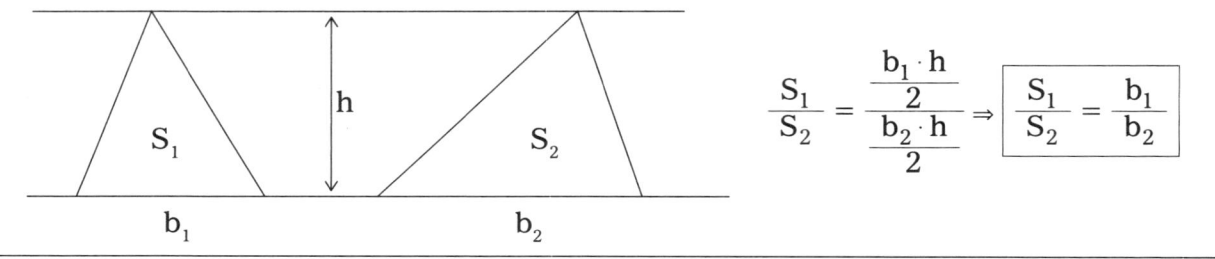

$$\frac{S_1}{S_2} = \frac{\frac{b_1 \cdot h}{2}}{\frac{b_2 \cdot h}{2}} \Rightarrow \boxed{\frac{S_1}{S_2} = \frac{b_1}{b_2}}$$

Exemplo 1: Determinar a área do polígono, nos casos:
(A unidade das medidas indicadas na figura é o membro(m)).

a)

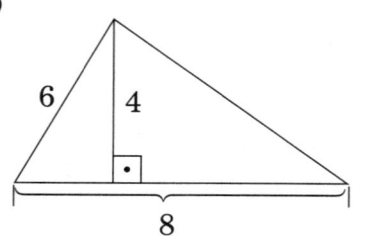

$S = \dfrac{8 \cdot 4}{2} \Rightarrow S = 16$

$\boxed{16 \text{ m}^2}$

b)

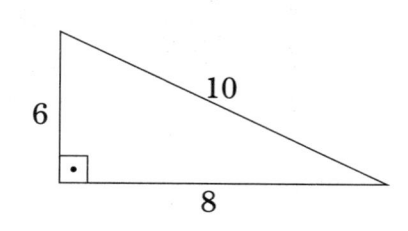

$S = \dfrac{6 \cdot 8}{2} \Rightarrow S = 24$

$\boxed{24 \text{ m}^2}$

c) Paralelogramo

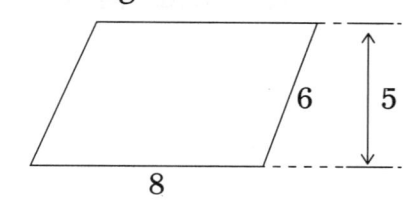

$S = 8 \cdot 5 \Rightarrow S = 40$

$\boxed{40 \text{ m}^2}$

d) Paralelogramo

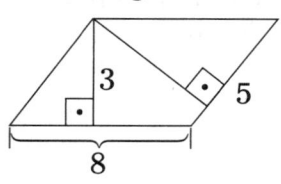

$S = 8 \cdot 3 \Rightarrow S = 24$

$\boxed{24 \text{ m}^2}$

e) Trapézio

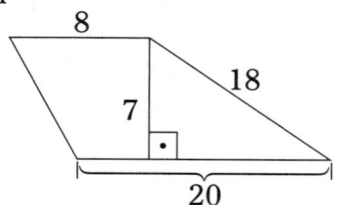

$S = \dfrac{(20 + 8) \, 7}{2} \Rightarrow S = 98$

$\boxed{98 \text{ m}^2}$

f)

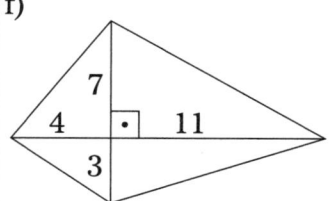

$S = \dfrac{(3 + 7)(11 + 4)}{2} \Rightarrow \boxed{S = 75}$

$\boxed{75 \text{ m}^2}$

Exemplo 2: Determinar o valor de x nos casos:

a)

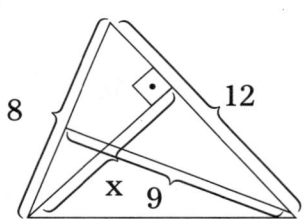

$\dfrac{12 \cdot x}{2} = \dfrac{8 \cdot 9}{2} \Rightarrow 6x = 36 \Rightarrow$

$\boxed{x = 6}$

b) Paralelogramo

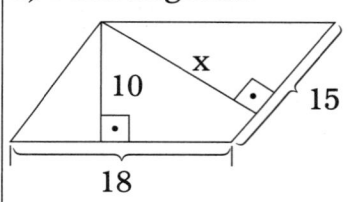

$15x = 18 \cdot 10$

$3x = 18 \cdot 2 \Rightarrow \boxed{x = 12}$

c) Losango

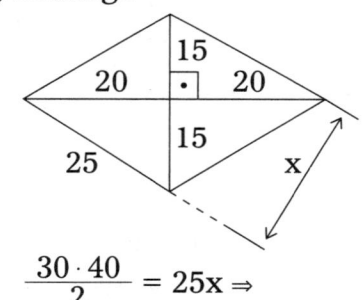

$\dfrac{30 \cdot 40}{2} = 25x \Rightarrow$

$25x = 600 \Rightarrow \boxed{x = 24}$

Exemplo 3: Dada a área do polígono, determinar x, nos casos:

a) Trapézio de 84 m²

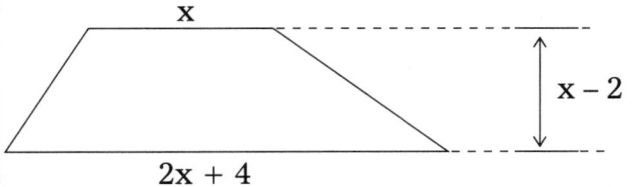

$\dfrac{(2x + 4x + x)}{2} = 84$

$(3x + 4)(x - 2) = 168$

$3x^2 - 6x + 4x - 8 - 168 = 0$

$3x^2 - 2x - 176 = 0$

$\Delta = 4 + 2112 = 2116 = 46^2 \Rightarrow x = \dfrac{2 \pm 46}{6} \Rightarrow$

$\Rightarrow \boxed{x = 8}$

b) Quadrilátero de 72 m²

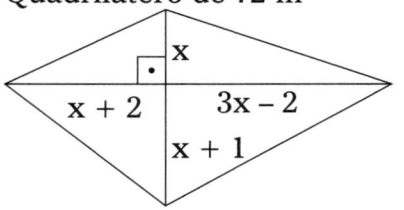

$\dfrac{(x + 2 + 3x - 2)(x + x + 1)}{2} = 72 \Rightarrow$

$4x(2x + 1) = 144 \Rightarrow x(2x + 1) = 36 \Rightarrow$

$2x^2 + x - 36 = 0$

$\Delta = 1 + 288 = 289 \Rightarrow x = \dfrac{-1 \pm 17}{4} \Rightarrow \boxed{x = 4}$

Exemplo 4: Resolver:

a) Determinar a área do círculo e o comprimento da circunferência, sendo 8 m o raio.

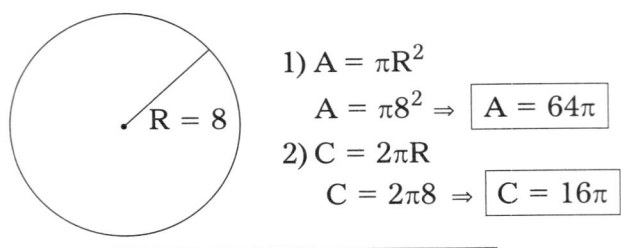

$R = 8$

1) $A = \pi R^2$
   $A = \pi 8^2 \Rightarrow \boxed{A = 64\pi}$
2) $C = 2\pi R$
   $C = 2\pi 8 \Rightarrow \boxed{C = 16\pi}$

$\boxed{A = 64\pi \text{ m}^2 \text{ , } C = 16\pi \text{ m}}$

b) Determinar a área de um círculo cuja circunferência tem 24π m

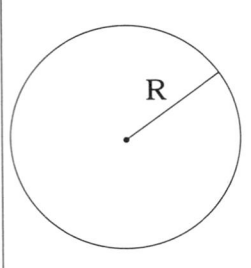

1) Cálculo de R
   $C = 2\pi R \Rightarrow$
   $24\pi = 2\pi R \Rightarrow \boxed{R = 12}$
2) $A = \pi R^2 \Rightarrow$
   $A = \pi \cdot 12^2 \Rightarrow \boxed{A = 144\pi}$

$\boxed{A = 144\pi \text{ m}^2}$

c) Qual é a área de um setor de 72° de um de um círculo de 10 m de raio?

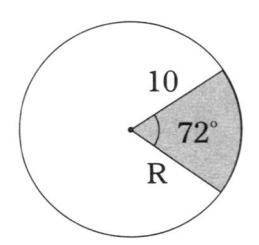

A_{setor} é uma fração de πR^2

$A_S = \dfrac{\alpha}{360°}(\pi R^2) = \dfrac{72°}{360°}(\pi \cdot 10^2)$

$A_S = \dfrac{1}{5}(\pi \cdot 100) \Rightarrow \boxed{A_S = 20\pi}$

$\boxed{A_S = 20\pi \text{ m}^2}$

d) Qual é o comprimento de um arco de circunferência de 70° de um círculo de raio 18 m?

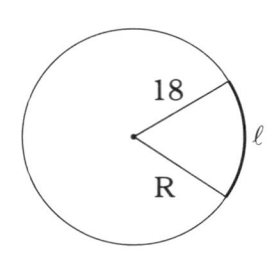

ℓ é uma fração de $2\pi R$

$\ell = \dfrac{\alpha}{360°}(2\pi R) = \dfrac{70°}{360°}(2\pi \cdot 18)$

$\ell = \dfrac{7}{36}(36\pi) \Rightarrow \boxed{7\pi}$

$\boxed{\ell = 7\pi \text{ m}}$

e) Qual é a área de um setor cujo arco mede 24π m e o raio mede 48 m?

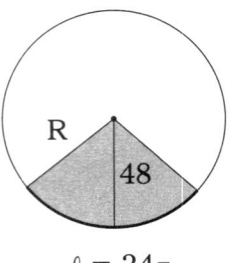

$\ell = 24\pi$

$A_S = \dfrac{\ell}{2\pi R}(\pi R^2)$

$A_S = \dfrac{\ell R}{2} = \dfrac{24\pi \cdot 48}{2}$

$\boxed{A_S = 576\pi \text{ m}^2}$

Exemplo 5: Na figura temos um trapézio e cada número no interior do triângulo é a sua área, em metros quadrados. Determinar **A** e em seguida **X**.

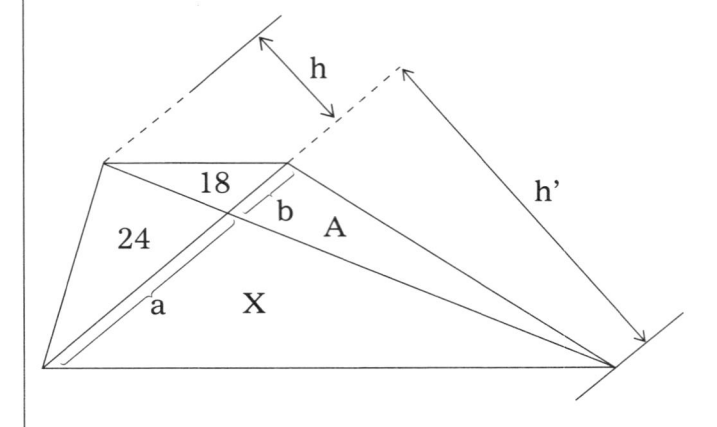

1) Como triângulos com mesmas bases e alturas tem áreas iguais, obtemos:

$X + A = X + 24 \Rightarrow \boxed{A = 24}$

2) $\begin{cases} \dfrac{ah}{2} = 24 \\ \dfrac{bh}{2} = 18 \end{cases} \Rightarrow \dfrac{a}{b} = \dfrac{24}{18} \Rightarrow \boxed{\dfrac{a}{b} = \dfrac{4}{3}}$

$\begin{cases} \dfrac{ah'}{2} = X \\ \dfrac{bh'}{2} = A \end{cases} \Rightarrow \boxed{\dfrac{a}{b} = \dfrac{X}{A}}$

Então: $\dfrac{X}{A} = \dfrac{4}{3} \Rightarrow$

$\dfrac{X}{24} = \dfrac{4}{3} \Rightarrow \dfrac{X}{8} = \dfrac{4}{1} \Rightarrow \boxed{X = 32}$

268 Determinar a área do paralelogramo, nos casos:

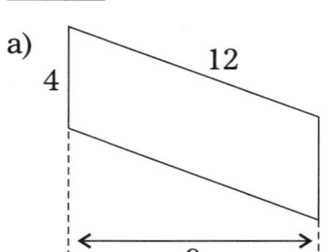

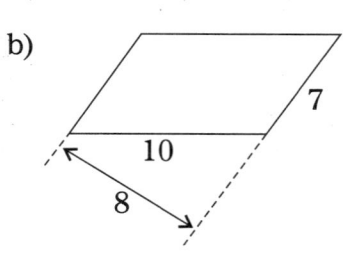

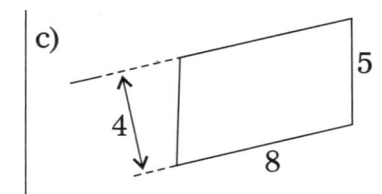

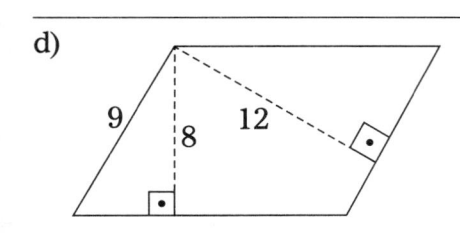

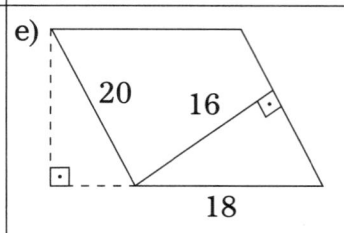

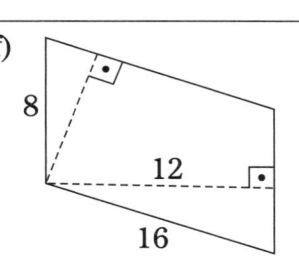

a) 4, 12, 9

b) 7, 10, 8

c) 5, 4, 8

d) 9, 8, 12

e) 20, 16, 18

f) 8, 12, 16

269 Determinar as áreas dos seguintes triângulos:

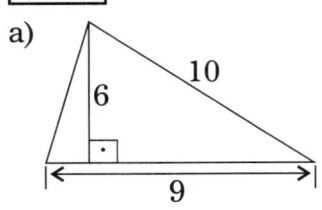

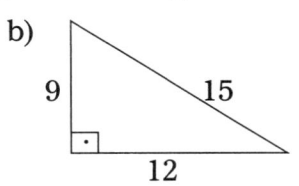

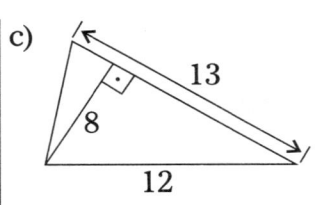

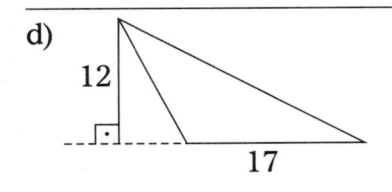

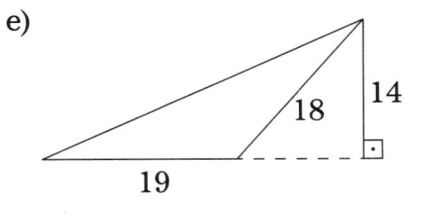

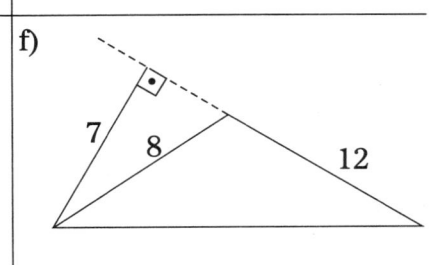

a) 6, 10, 9

b) 9, 15, 12

c) 13, 8, 12

d) 12, 17

e) 18, 14, 19

f) 7, 8, 12

270 Determine a área do polígono nos casos (unidade das medidas: m):

a) Trapézio

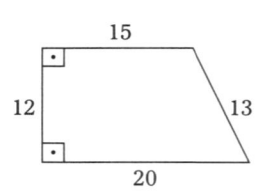

b) Trapézio

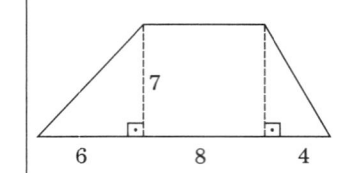

c) Trapézio isósceles

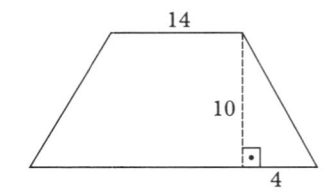

d)

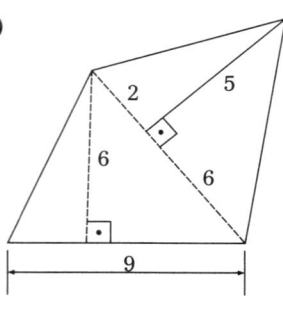

e)

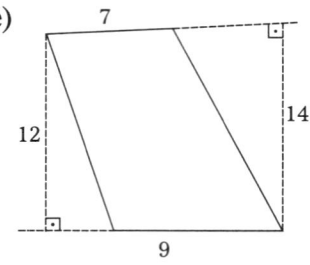

f)

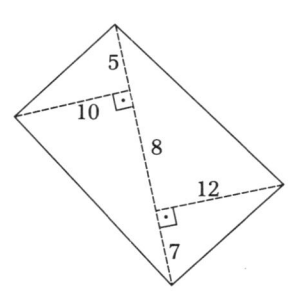

271 Em cada caso é dada a área de um triângulo, determine as áreas pedidas. (Áreas do triângulo ABC = (ABC)). As retas r e s são paralelas.

a) (ABC) = 25 m², (PBC) e (QBC)

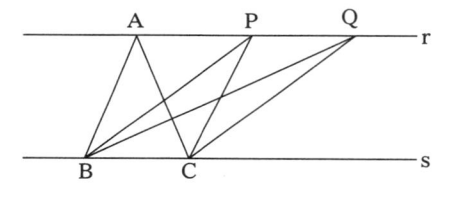

b) (ABC) = 41 m², (PBC) e (QBD)

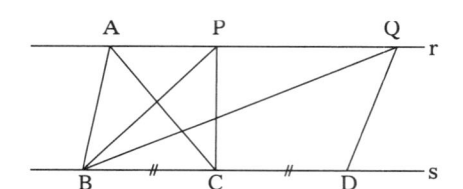

c) (ABC) = 50 m², (PBC), (QBC), (PBD) e (RBD)

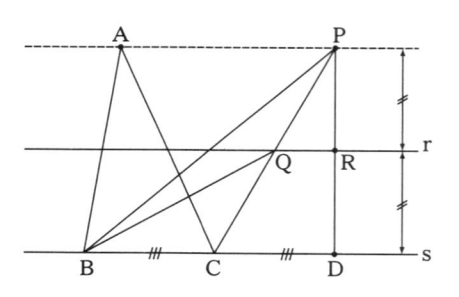

d) (ABC) = 120 m², (ABQ), (ARC) e (ABR)

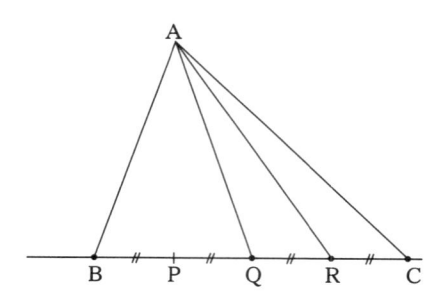

272 Determine o valor de x nos casos:

a)

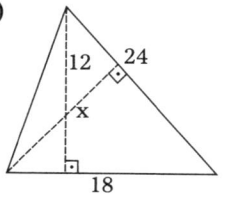

b) Paralelogramo

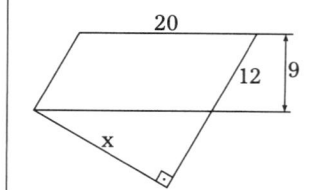

273 Em cada caso é dada a área do polígono. Determine as incógnitas:

a) Triângulo (216 m²)

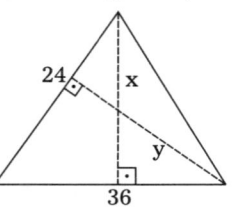

b) Paralelogramo (72 m²)

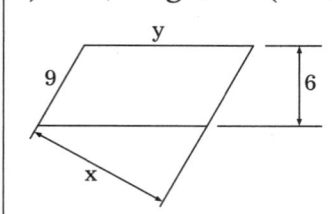

274 Determinar as áreas dos polígonos (unidades das medidas m):

a) Quadrado

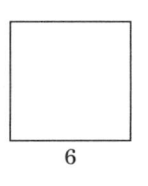

b) Retângulo

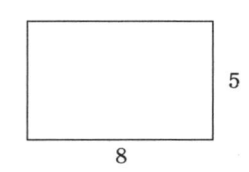

c) Paralelogramo

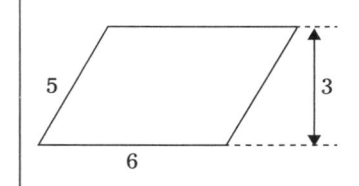

d) Paralelogramo

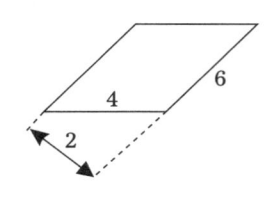

e) Losango

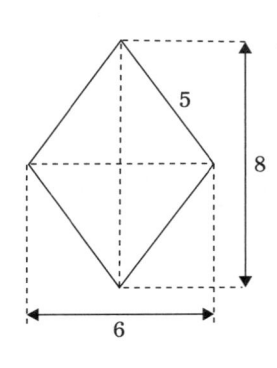

f) Losango

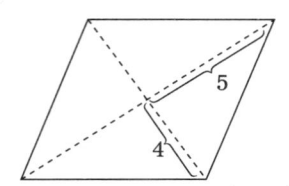

g) Qualquer

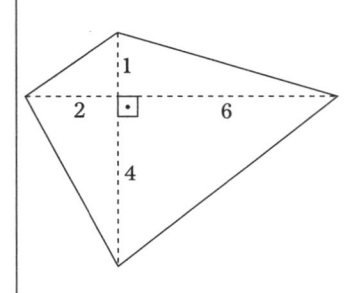

h) Quadrado

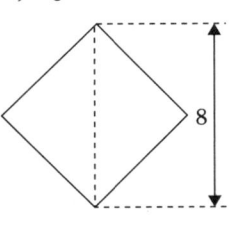

i) Trapézio

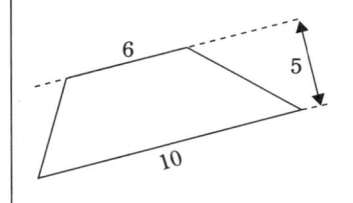

j) Trapézio

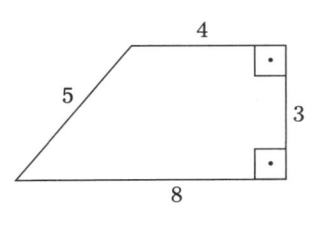

275 Determine a área do triângulo nos casos:

a)

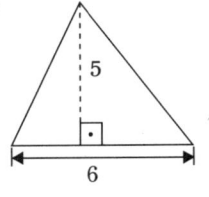

b)

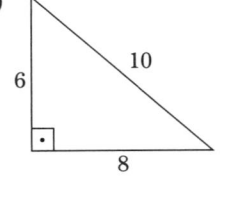

c)

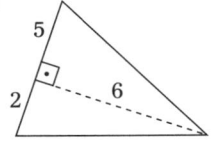

d)

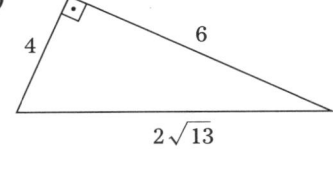

Resp: **268** a) 36 m² b) 56 m² c) 32 m² d) 108 m² e) 320 m² f) 96 m² **269** a) 27 m² b) 54 m² c) 52 m²
d) 102 m² e) 133 m² f) 42 m²

179

276 A área do polígono é dada em cada caso, determinar **x**.

a) Quadrado (36 m²)

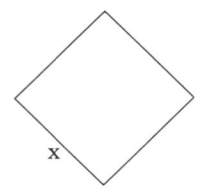

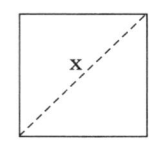

b) Retângulo (24 m²)

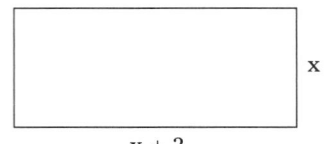

c) Trapézio (10 m²)

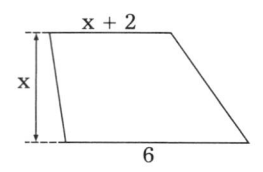

Trapézio (18 m²)

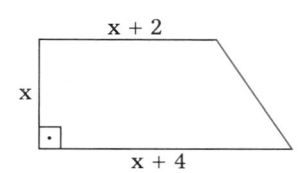

d) Paralelogramo (32 m²)

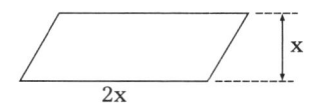

e) Qualquer (21 m²)

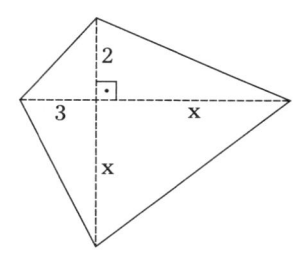

f) Qualquer (15 m²)

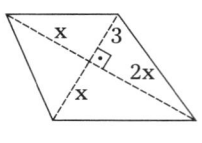

g) Losango (40 m²)

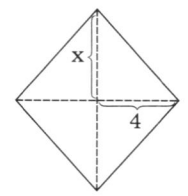

h) Retângulo (18 m²)

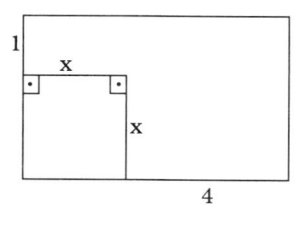

i) Quadrado e Triângulo (Triângulo maior: 75 m²)

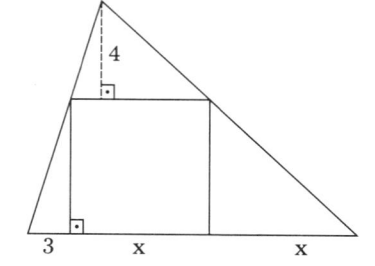

276 j) Paralelogramo (24 m²)

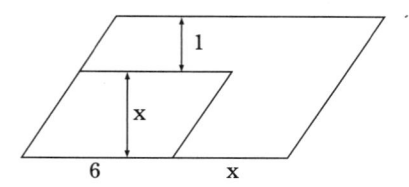

k) Quadrado e Trapézio (Trapézio: 30 m²)

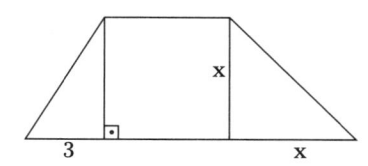

l) Trapézio (grande: 27 m²)

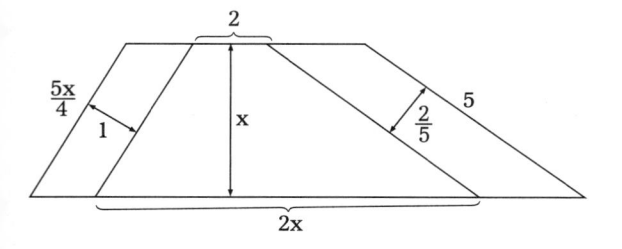

m) Paralelogramo

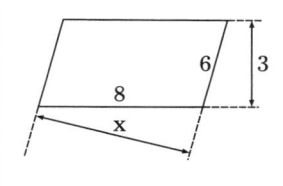

277 Resolver os problemas:

a) Determinar a área de um retângulo de 24 m de perímetro se a sua base é o dobro da altura.

b) Determinar a área de um retângulo de perímetro 40 m se uma dimensão excede a outra em 4 m.

c) A área de um retângulo é de 54 m² e uma dimensão é igual a $\frac{3}{2}$ da outra. Determinar as dimensões.

d) A área de um retângulo é 30 m² e o seu perímetro 22 m. Determinar as dimensões.

e) Uma diagonal de um losango é o dobro da outra. Determine-se a área do losango é de 72 m².

Resp: **270** a) 210   b) 91   c) 180   d) 47   e) 103   f) 220   **271** a) 25, 25   b) 41, 82   c) 50, 25, 100, 50
d) 60, 30, 90   **272** a) 9   b) 15   **273** a) 12, 18   b) 8, 12   **274** a) 36 m²   b) 40 m²
c) 18 m²   d) 12 m²   e) 24 m²   f) 40 m²   g) 20 m²   h) 32 m²   i) 40 m²   j) 18 m²   **275** a) 15   b) 24   c) 21   d) 12

181

278 Resolver:

a) Um retângulo tem 28 m de perímetro e a razão entre os lados é 2:5. Determine a sua área.

b) Um retângulo tem 120 m². Um lado excede o outro em 7 m. Determine o seu perímetro.

c) Um retângulo tem 60 m de perímetro e 221 m². Determine seus lados.

d) A razão entre as diagonais de um losango de 108 m² é 2:3. Determine as diagonais.

e) Os lados oblíquos de um trapézio circuncritível medem 7 m e 11 m e o raio da circunferência inscrita mede 2 m. Qual a área desse trapézio?

279 Se os raios dos círculos medem 4 m. Determine a área do retângulo nos casos:

a)

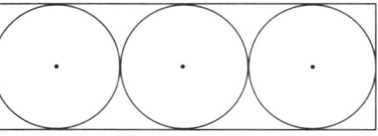

b)

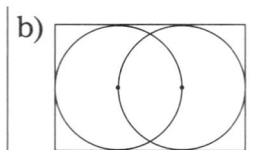

280 Seja **P** um ponto interno de um triângulo equilátero. Mostre que a soma das distâncias entre **P** e os lados do triângulo é igual a altura do triângulo.

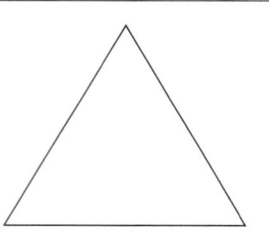

281 Determine a área do triângulo sombreado em função da área k do triângulo ABC nos casos a seguir, sabendo que os pontos assinalados em cada lado o dividem em partes iguais (congruentes).

a)

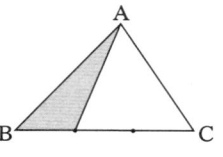

b)

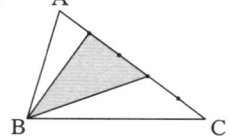

c)

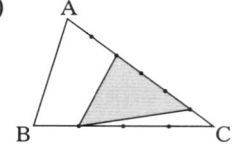

d)

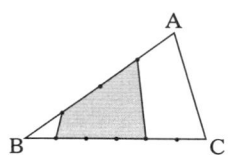

282 Determine a área da região sombreada em função da área **k** do paralelogramo ABCD nos casos a seguir, sabendo que os pontos assinalados sobre cada lado o dividem em partes de medidas iguais.

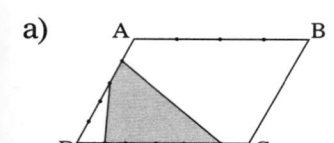

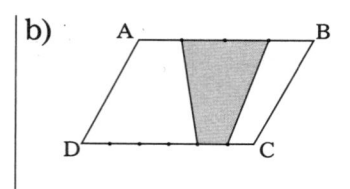

a)

b)

283 Em cada caso é dada a área do polígono. Determine **x**.

a) 90 m²

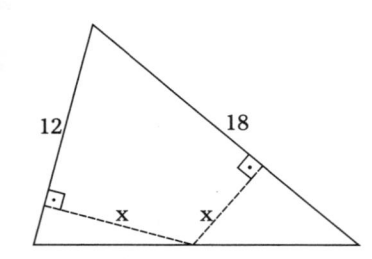

b) 132 m²

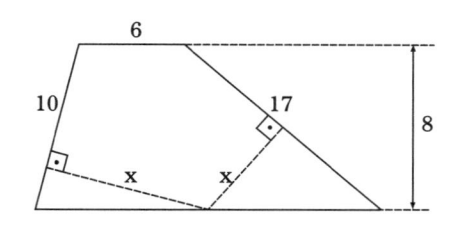

284 Na figura temos um triângulo dividido, por cevianas que passam por um mesmo ponto, em 6 triângulos. O número indicado no interior de 4 deles expressa a sua área. Determinar as áreas X e Y do outros dois triângulos e também área **S** do triângulo maior.

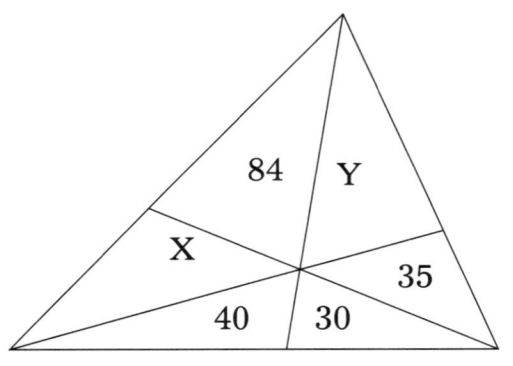

Resp: **276** a) 6 m, $6\sqrt{2}$ m b) 4 m c) 2 m, 3 m d) 4 m e) 4 m f) 2 m g) 5 m h) 2 m i) 6 m j) 2 m
k) 4 m l) 4 m m) 4 m **277** a) 32 m² b) 96 m² c) 6 m, 9 m d) 5 m, 6 m e) $6\sqrt{2}$ m, $12\sqrt{2}$ m

183

VIII TEOREMA DE PITÁGORAS

Pitágoras de Samos [571/570 AC (Samos, Grécia) - 496/495 AC (Mataponto, Itália)]

A – Teorema de Pitágoras [É o mais famoso teorema da matemática]

"Em todo triângulo retângulo a área do quadrado construído sobre a hipotenusa é igual à soma das áreas dos quadrados construídos sobre os catetos".

O mais famoso de todos os triângulos (3, 4, 5)

3 e 4 são os catetos. 5 é a hipotenusa

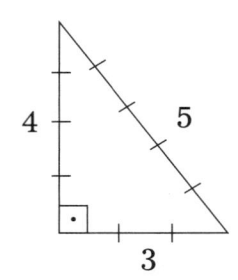

$5^2 = 25$
$\left.\begin{array}{l}3^2 = 9 \\ 4^2 = 16\end{array}\right\} 25$

Note que:
$$\boxed{5^2 = 3^2 + 4^2}$$

"O quadrado da medida da hipotenusa é igual à soma dos quadrados das medidas dos catetos"

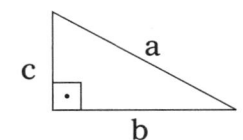

Em símbolos:
$$\boxed{a^2 = b^2 + c^2}$$

$5^2 = 25$
$\left.\begin{array}{l}4^2 = 16 \\ 3^2 = 9\end{array}\right\} 25$

Note que $5^2 = 3^2 + 4^2$

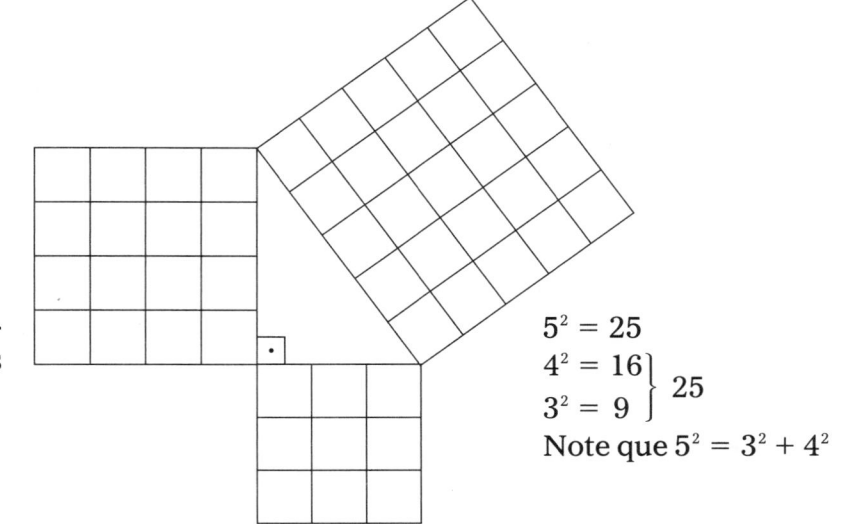

O livro "The Pythagorean Proposition", de Elisha Scott Loomis, contém mais de 360 demonstrações diferentes do teorema de Pitágoras.

Vamos ver uma usando áreas.

Consideremos um triângulo retângulo de catetos **b** e **c** e hipotenusa **a**.

Vamos construir um quadrado de lado b + c e assinalar sobre cada lado um ponto que divide cada lado em partes **b** e **c**, como mostra a figura. Note que a figura determinado por estes pontos é um quadrado de lado **a**. Sendo α e β os ângulos agudos do triângulo retângulo, observe que α + β = 90°, donde se conclui que o ângulo do quadrilátero de lado **a** é reto. Ele é um quadrado de lado **a**.

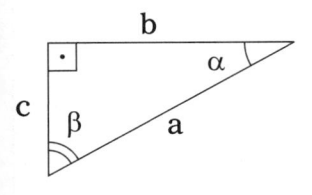

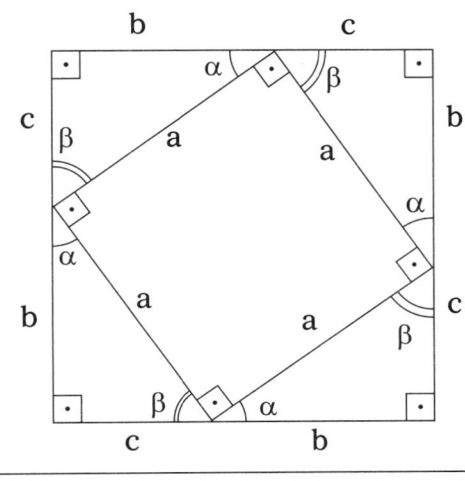

Note que a área do quadrado de lado (b + c) é igual à soma do quadrado de lado **a** com 4 triângulos retângulos de catetos **b** e **c**. Então:

$$(b + c)^2 = a^2 + 4\left[\frac{bc}{2}\right] \Rightarrow$$

$$b^2 + 2bc + c^2 = a^2 + 2bc \Rightarrow$$

$$\boxed{b^2 + c^2 = a^2} \text{ ou } \boxed{a^2 = b^2 + c^2}$$

Resp: **278** a) 40   b) 46   c) 13, 17   d) 12, 18   e) 36   **279** a) 192 m²   b) 96 m²   **281** a) $\frac{1}{3}$k   b) $\frac{2}{5}$k   c) $\frac{3}{8}$k   d) $\frac{11}{24}$k   **282** a) $\frac{17}{60}$k   b) $\frac{1}{3}$k   **283** a) 6   b) 8   **284** X = 56, Y = 70

B – Recíproco de teorema de Pitágoras

"Se em um triângulo, o quadrado de um lado é igual à soma dos quadrados dos outros dois, então ele é um triângulo retângulo.

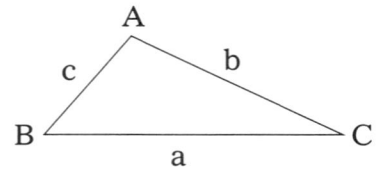

$$a^2 = b^2 + c^2 \Rightarrow \hat{A} \text{ é reto}$$

Demonstração: Vamos construir um triângulos retângulo A'B'C' com catetos **b** e **c** e hipotenusa a', com A' sendo ângulo reto.

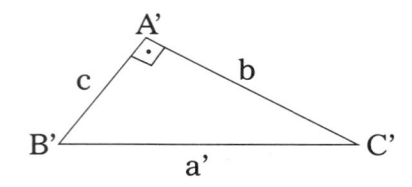

Pelo teorema de Pitágoras obtemos:

$a'^2 = b^2 + c^2$. Então:

$a'^2 = b^2 + c^2$ e $a^2 = b^2 + c^2$ (hipótese), donde obtemos que a' = a.

Então pelo caso LLL de congruência de triângulos, obtemos que ABC e A'B'C' são congruentes. Então, como A' = 90°, obtemos que Â = 90°. Se Â é reto, então o triângulo ABC é triângulo retângulo.

C – Triângulos pitagóricos

Se as medidas dos lados de um triângulo retângulo são (ou podem ser) expressas em uma mesma unidade por números inteiros, dizemos que ele é um triângulo pitagórico.

Os dois ternos pitagóricos primitivos mais conhecidos (3, 4, 5) e (5, 12, 13)

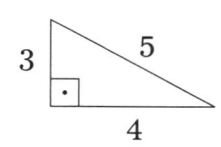

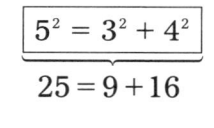

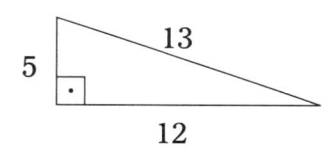

$$5^2 = 3^2 + 4^2$$
$$25 = 9 + 16$$

$$13^2 = 5^2 + 12^2$$
$$169 = 25 + 144$$

Mais alguns ternos pitagóricos primitivos e os semelhantes:

1) (3, 4, 5) , (6, 8, 10) , (9, 12, 15) , (12, 16, 20) , (15, 20, 25), ...

2) (5, 12, 13) , (10, 24, 26) , (15, 36, 39), ...

3) (7, 24, 25) , (14, 48, 50) , ...

4) (8, 15, 17) , (16, 30, 34) , ...

5) (9, 40, 41) , (18, 80, 82) , ...

6) (11, 60, 61) , (22, 120, 122) , ...

7) (12, 35, 37) , (24, 70, 74) , ...

D – Principais consequências

D1 – Diagonal d de um quadrado em função do lado a

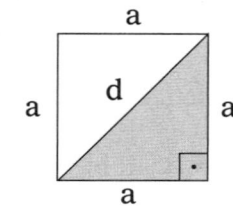

$d^2 = a^2 + a^2 \Rightarrow d^2 = 2a^2 \Rightarrow \boxed{d = a\sqrt{2}}$

D2 – Altura h e área S de um triângulo equilátero em função do lado a

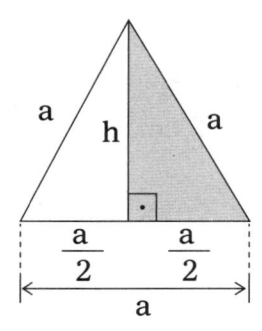

1) $h^2 + \left(\dfrac{a}{2}\right)^2 = a^2 \Rightarrow h^2 + \dfrac{a^2}{4} = a^2 \Rightarrow 4h^2 + a^2 = 4a^2 \Rightarrow$

$\Rightarrow 4h^2 = 3a^2 \Rightarrow h^2 = \dfrac{3a^2}{4} \Rightarrow \boxed{h = \dfrac{a\sqrt{3}}{2}}$

2) $S = \dfrac{ah}{2} \Rightarrow S = \dfrac{a}{2} \cdot h \Rightarrow S = \dfrac{a}{2} \cdot \dfrac{a\sqrt{3}}{2} \Rightarrow \boxed{S = \dfrac{a^2\sqrt{3}}{4}}$

D3 – Diagonal menor d e área S do hexágono regular em função do lado a

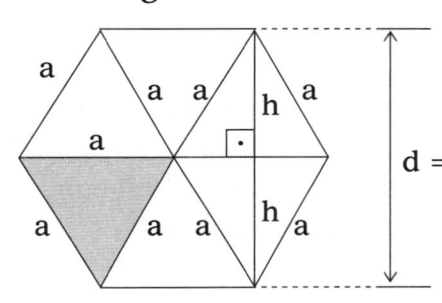

O hexágono regular é a união de 6 triângulos equiláteros. Então:

$d = 2h$

1) $d = 2h \Rightarrow d = 2\left(\dfrac{a\sqrt{3}}{2}\right) \Rightarrow \boxed{d = a\sqrt{3}}$

2) $S = 6\,[A_{\Delta\text{equilátero}}] \Rightarrow \boxed{S = 6\left[\dfrac{a^2\sqrt{3}}{4}\right]}$

Note que a diagonal maior é 2a

D4 – Hipotenusa d de um triângulo retângulo isósceles de cateto a

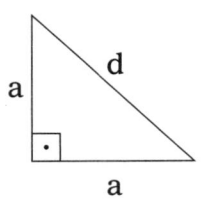

$d^2 = a^2 + a^2 \Rightarrow d^2 = 2a^2$

$\Rightarrow \boxed{d = a\sqrt{2}}$

Ele é a medade de um quadrado

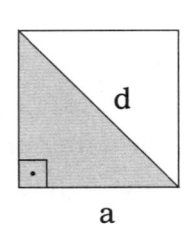

A hipotenusa de um triângulo retângulo isósceles de cateto a é igual à diagonal de um quadrado de lado a.

D5 – Área de um triângulo equilátero em função da altura h

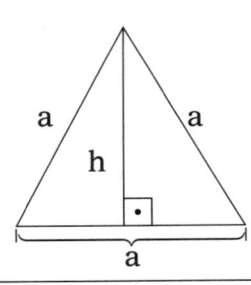

1) $h = \dfrac{a\sqrt{3}}{2} \Rightarrow a = \dfrac{2h}{\sqrt{3}}$

2) $S = \dfrac{a^2\sqrt{3}}{4} \Rightarrow S = a^2\dfrac{\sqrt{3}}{4} = \left(\dfrac{2h}{\sqrt{3}}\right)^2 \cdot \dfrac{\sqrt{3}}{4} \Rightarrow \boxed{S = \dfrac{h^2\sqrt{3}}{3}}$

187

Exemplo 1: Determinar a incógnita, nos casos:

a)

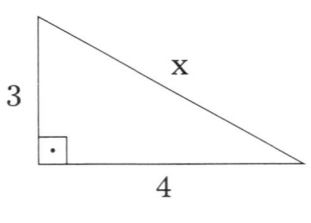

$x^2 = 3^2 + 4^2 \Rightarrow$
$x^2 = 25 \Rightarrow \boxed{x = 5}$

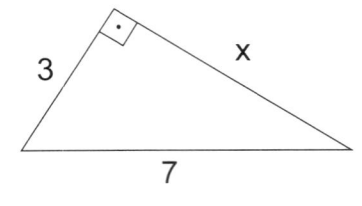

$x^2 + 3^2 = 7^2 \Rightarrow$
$x^2 = 49 - 9 = 40 \Rightarrow$
$x^2 = 4 \cdot 10 \Rightarrow \boxed{x = 2\sqrt{10}}$

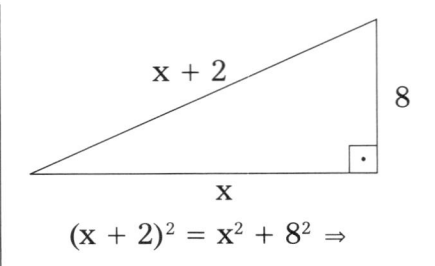

$(x+2)^2 = x^2 + 8^2 \Rightarrow$
$x^2 + 4x + 4 = x^2 + 64 \Rightarrow$
$4x = 60 \Rightarrow \boxed{x = 15}$

Exemplo 2: Resolver:

a) Determinar a altura relativa à base de um triângulo isósceles de base 8 m e perímetro 28 m.

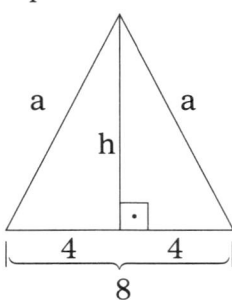

1) $2a + 8 = 28 \Rightarrow a = 10$
2) $h^2 + 4^2 = a^2 \Rightarrow$
$h^2 + 16 = 100 \Rightarrow$
$h^2 = 84 = 4 \cdot 21 \Rightarrow$
$\boxed{h = 2\sqrt{21}}$

b) Determinar o lado de um losango com diagonais de 16 cm e 12 cm.

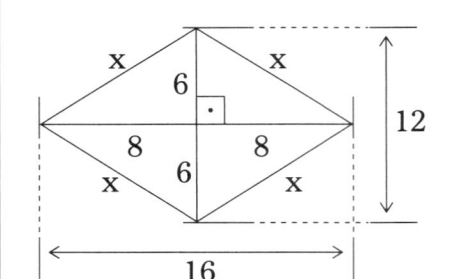

$x^2 = 6^2 + 8^2$
$x^2 = 36 + 64$
$x^2 = 100$
$\boxed{x = 10}$

c) Determinar o lado oblíquo as bases de um trapézio retângulo com bases de 2 m e 6 m e altura de 3 m.

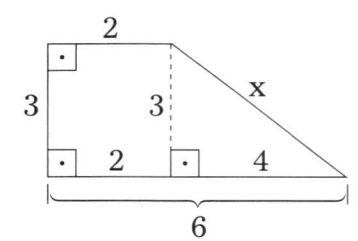

$x^2 = 3^2 + 4^2$
$x^2 = 25$
$\boxed{x = 5}$

d) Duas circunferências de raios 2 cm e 5 cm são tangentes externamente. Determinar o segmento não nulo com uma extremidade em cada uma, contido em uma reta tangente a ambas.

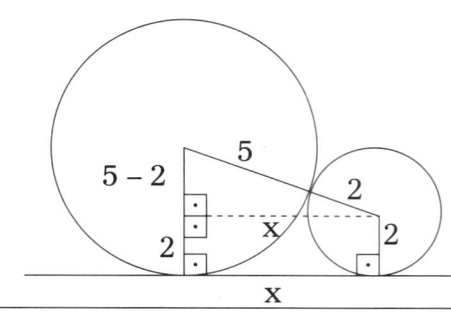

$x^2 + 3^2 = 7^2$
$x^2 + 9 = 49$
$x^2 = 40$
$\boxed{x = 2\sqrt{10}}$

e) Determinar a menor altura de um triângulo com lados de 16 m, 20 m e 24 m

$\begin{cases} h^2 + x^2 = 16^2 \\ h^2 + (24-x)^2 = 20^2 \end{cases}$

$\begin{cases} -h^2 - x^2 = -256 \\ h^2 + 576 - 48x + x^2 = 400 \end{cases}$

$576 - 48x = 144 \Rightarrow$
$\Rightarrow -48x = -432 \Rightarrow \boxed{x = 9} \Rightarrow$
$\Rightarrow h^2 + 9^2 = 16^2 \Rightarrow h^2 = 16^2 - 9^2 \Rightarrow$
$h^2 = (16+9)(16-9) = 25 \cdot 7 \Rightarrow \boxed{h = 5\sqrt{7}}$

f) Determinar altura de um trapézio com bases de 2 m e 23 m e os outros lados com 10 m e 17 m.

$\begin{cases} h^2 + x^2 = 10^2 \\ h^2 + (21-x)^2 = 17^2 \end{cases}$

$\begin{cases} -h^2 - x^2 = -100 \\ h^2 + 441 - 42x + x^2 = 289 \end{cases}$

$441 - 42x = 189 \Rightarrow$
$\Rightarrow 42x = 252 \Rightarrow \boxed{x = 6} \Rightarrow$
$h^2 + 6^2 = 10^2 \Rightarrow h^2 = 64 \Rightarrow \boxed{h = 8}$

Outra demonstração do **Teorema de Pitágonas**, usando áreas.

Como os ângulos agudos de um triângulo retângulo são complementares, isto é somam 90°, considerando um triângulo retângulo de catetos b e c (com b maior que c) e hipotenusa a, observamos que um quadrado de lado a e a união de 4 triângulos congruentes a estes com um quadrado central de lado (b – c).

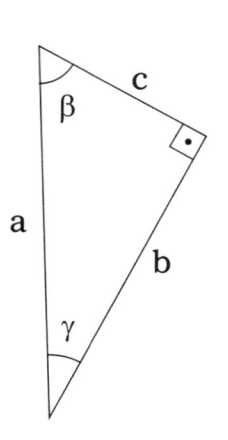

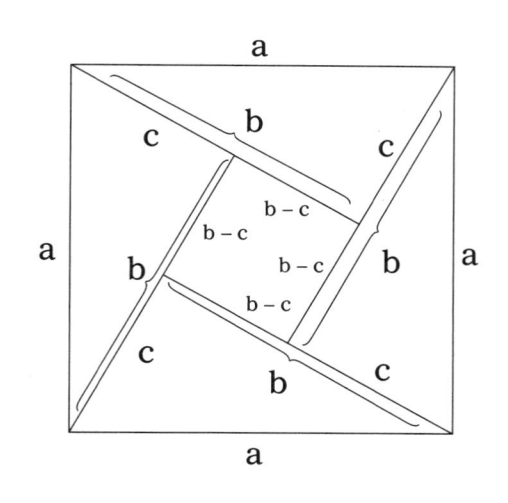

Note que **a** área do quadrado de lado a é a soma das áreas de 4 triângulos retângulos de catetos b e c com a área de um quadrado de lado (b – c).

Então:

$$a^2 = 4\left[\frac{bc}{2}\right] + (b-c)^2 \Rightarrow$$

$$a^2 = 2bc + b^2 - 2bc + c^2 \Rightarrow \boxed{a^2 = b^2 + c^2}$$

285 Determine o valor de **x** nos casos:

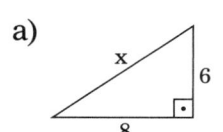

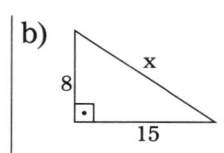

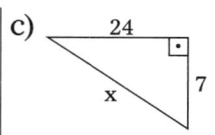

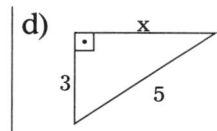

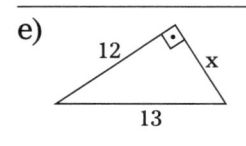

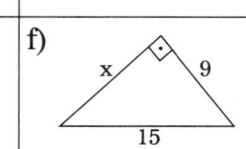

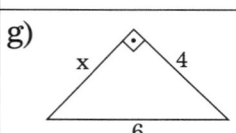

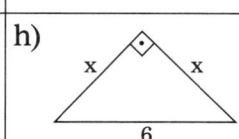

a) catetos 8 e 6, hipotenusa x

b) cateto 8, cateto 15, hipotenusa x

c) hipotenusa 24, cateto 7, cateto x

d) cateto 3, cateto 5, hipotenusa x

e) hipotenusa 13, catetos 12 e x

f) hipotenusa 15, catetos x e 9

g) hipotenusa 6, catetos x e 4

h) hipotenusa 6, catetos x e x

286 Determine **x** nos casos:

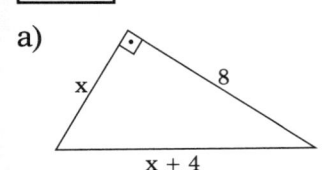

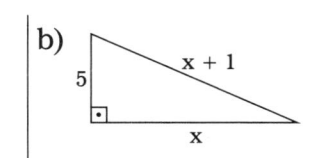

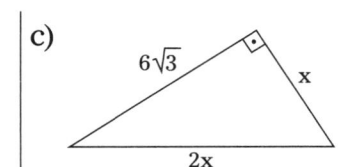

a) catetos x e 8, hipotenusa x + 4

b) cateto 5, cateto x, hipotenusa x + 1

c) hipotenusa 2x, catetos 6√3 e x

189

286 d) [triângulo retângulo: catetos 15 e x, hipotenusa x + 9]

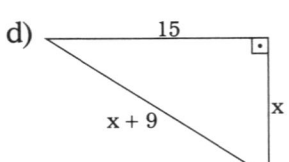

e) [triângulo retângulo isósceles: catetos 5 e 5, hipotenusa x]

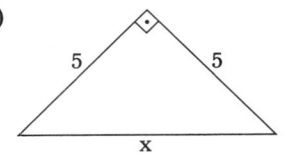

f) [triângulo retângulo: catetos x e x + 3, hipotenusa 15]

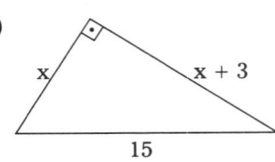

287 Determine **x**:

a) [triângulo retângulo: catetos x e x + 5, hipotenusa 25]

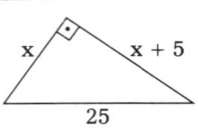

b) [triângulo retângulo: catetos x e x + 4, hipotenusa $4\sqrt{5}$]

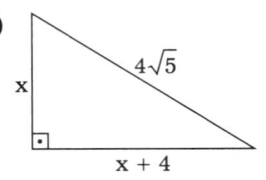

c) [triângulo retângulo: catetos x e x − 7, hipotenusa 17]

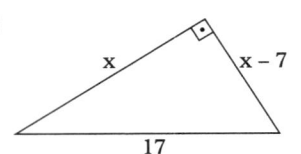

288 Determine as incógnitas, nos casos:

a) [figura com catetos 3 e 4, x, y e $2\sqrt{6}$]

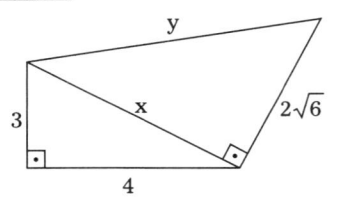

b) [triângulo com altura x, base dividida em 4 e 6, lados 6 e y]

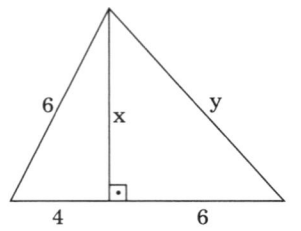

c) [figura com x, 7, y, x − 5 e x + 4]

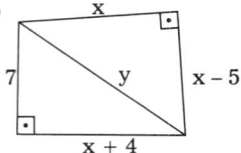

289 Determine **x** nos casos:

a) Quadrado [lado 5, diagonal x]

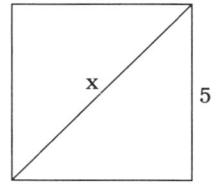

b) Quadrado [diagonal 6, lado x]

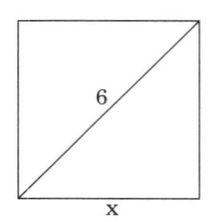

c) Retângulo [lados 4 e 6, diagonal x]

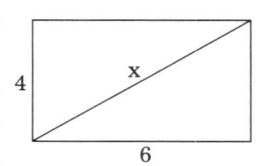

289 d) Retângulo

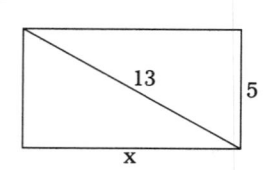

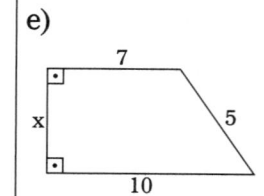

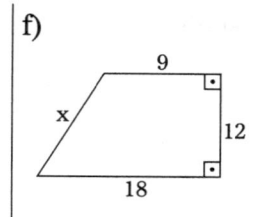

e)

f)

290 Determine x.

a)

b)

c)

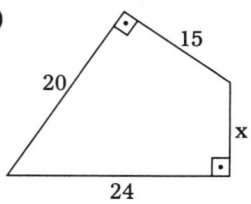

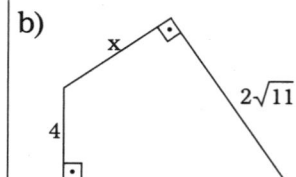

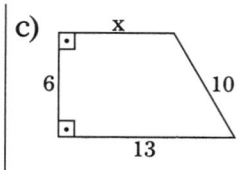

291 Determine a incógnita:

a) Trapézio isósceles

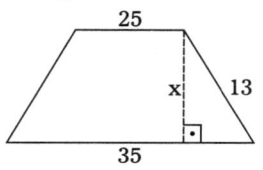

b) Trapézio

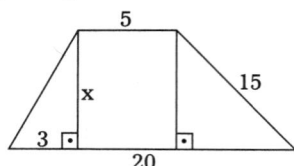

c) Paralelogramo

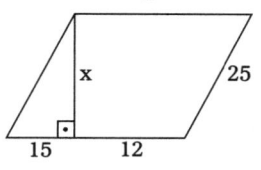

d) Losango

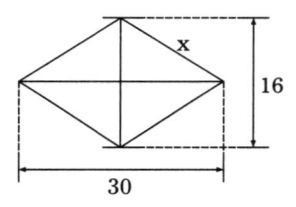

e) Triângulo isósceles

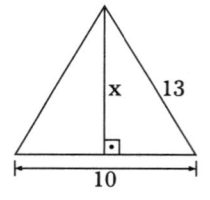

f) Triângulo equilátero

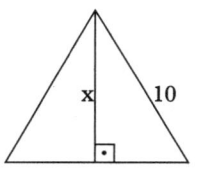

292 Determine x:

a) Trapézio

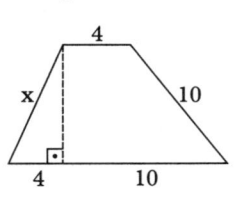

b) Paralelogramo

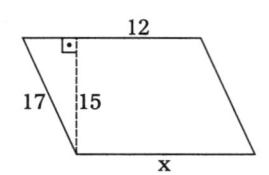

c) Losango

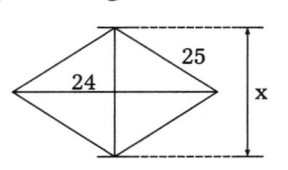

Resp: **285** a) 10 b) 17 c) 25 d) 4 e) 5 f) 12 g) $2\sqrt{5}$ h) $3\sqrt{2}$ **286** a) 6 b) 12 c) 6

191

292 d) Isósceles

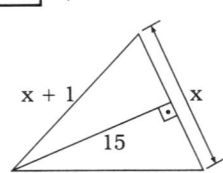

$x+1$, x, 15

e) Equilátero

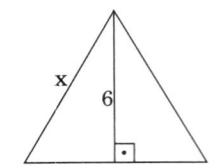

x, 6

f) Retângulo

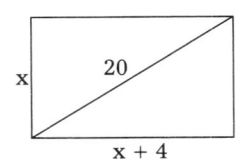

x, 20, $x+4$

293 Determine **x** nos casos:

a) 6, 2, x

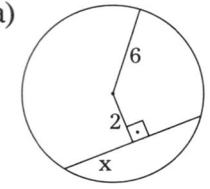

b) x, 6, 16

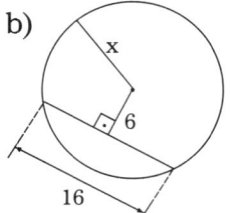

c) x, 3, 5

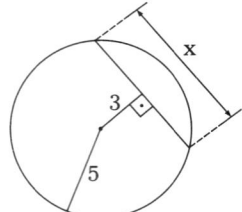

d) 24, x, 13

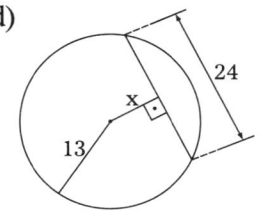

e) x, 4, 6

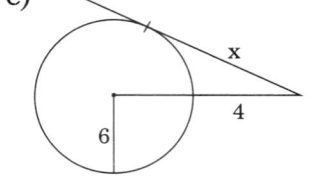

f) x, 9, 15

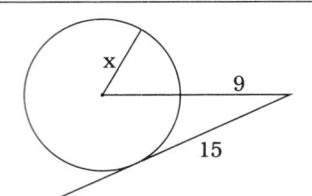

294 Determine **x** nos casos:

a) x, 6, 4, 2

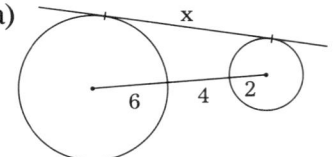

b) x, 16, 9

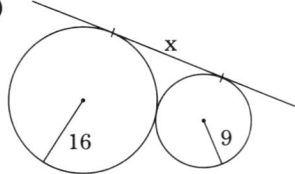

c) $AB = 18$

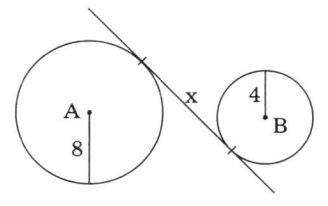

A, 8, x, 4, B

d) $8\sqrt{2}$, $\sqrt{15}$, 3, x, $2\sqrt{7}$

192

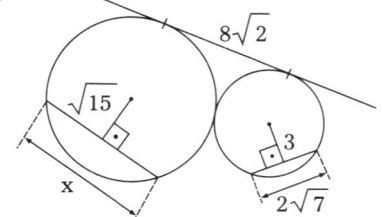

295 Determine **x** e **y** nos casos:

a) [triangle with sides $2\sqrt{5}$, 5, base 5, height x, segment y]

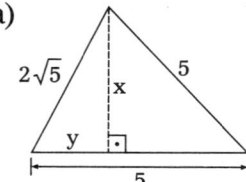

b) [triangle with $2\sqrt{37}$, 8, 6, x, y]

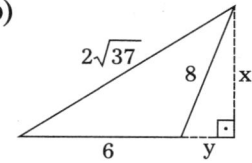

c) [triangle with 5, 7, $4\sqrt{2}$, x, y]

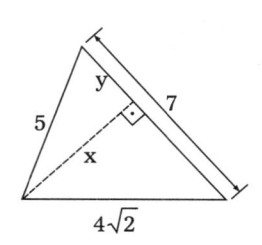

296 Determine a altura **h** indicada em cada triângulo, nos casos:

a) [triangle sides 8, $2\sqrt{23}$, base 14, altura h]

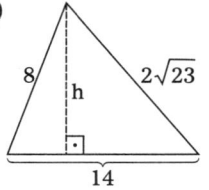

b) [triangle with h, 11, 16, 9]

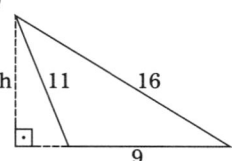

c) [triangle with 8, 10, $2\sqrt{21}$, h]

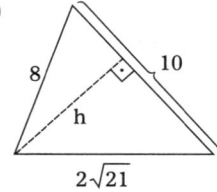

297 Determine a altura dos trapézios:

a) [right trapezoid: 5, 10, 11]

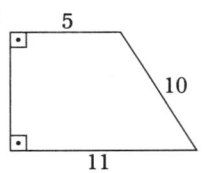

b) [isosceles trapezoid: 10, 15, 15, 28]

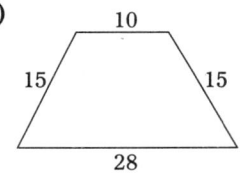

c) [trapezoid: 3, 5, 7, 9]

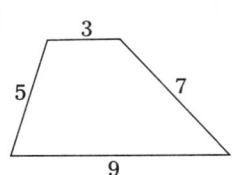

Resp: **286** d) 8 e) $5\sqrt{2}$ f) 9 **287** a) 15 b) 4 c) 15 **288** a) 5, 7 b) $2\sqrt{5}, 2\sqrt{14}$ c) 20, 25 **289** a) $5\sqrt{2}$ b) $3\sqrt{2}$ c) $2\sqrt{13}$ d) 12 e) 4 f) 15 **290** a) 7 b) 6 c) 5 **291** a) 12 b) 9 c) 20 d) 17 e) 12 f) $5\sqrt{3}$ **292** a) $4\sqrt{5}$ b) 20 c) 14

298 Determine a área do quadrilátero nos casos (unidade das medidas: m):

a) Retângulo

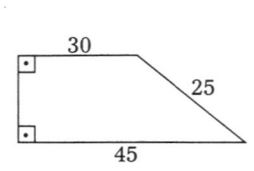

b) Paralelogramo

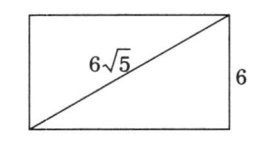

c) Trapézio retângulo

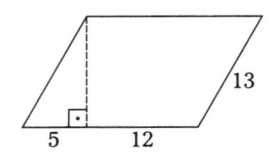

d) Trapézio

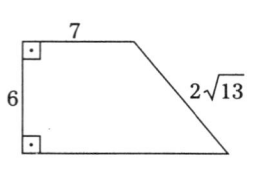

e) Losango

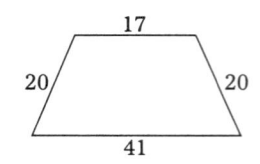

f) Trapézio retângulo

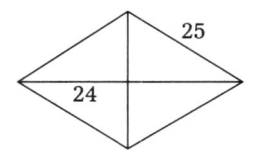

299 Determine a área do triângulo nos casos:

a)

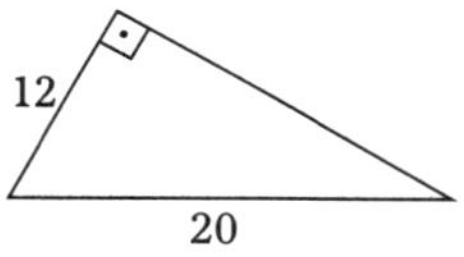

b)

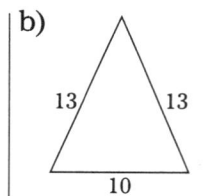

c)

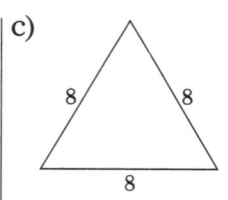

300 Determine a área do triângulo dado o seu perímetro 2p nos casos:

a) $2p = 40$ m

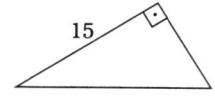

b) Isósceles ($2p = 54$ m)

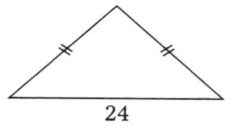

c) Equilátero ($2p = 36$ m)

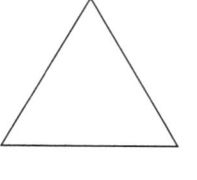

300 d) Isósceles (2p = 64 m)   e) 2p = 60 m 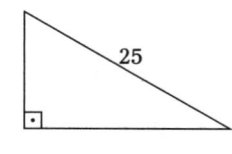   f) Isósceles (2p = 28 m)

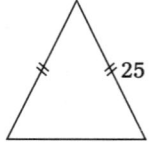

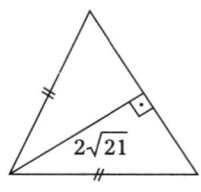

301 Determine a área do trapézio nos casos:

a) Isósceles (2p = 64 m)

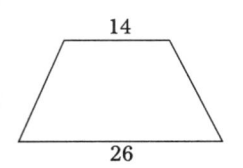

b) Retângulo (2p = 78 m)

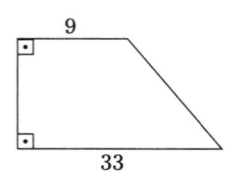

302 Determine a área do polígono nos casos:

a) Triângulo

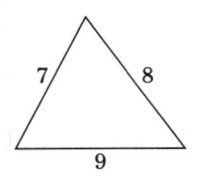

b) Trapézio

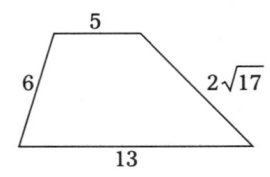

Resp: **292** d) 16 e) $4\sqrt{3}$ f) 12   **293** a) $4\sqrt{2}$ b) 8 c) 10 d) 5 e) 8 f) 8   **294** a) $8\sqrt{2}$ b) 24 c) $6\sqrt{5}$ d) 14
295 a) 4, 2 b) $4\sqrt{3}$, 4 c) 4, 3   **296** a) $2\sqrt{7}$ b) $4\sqrt{3}$ c) $4\sqrt{7}$ **297** a) 8 b) 12 c) $2\sqrt{6}$

195

303 Determine o raio do círculo nos casos:

a)

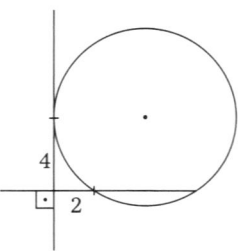

b)

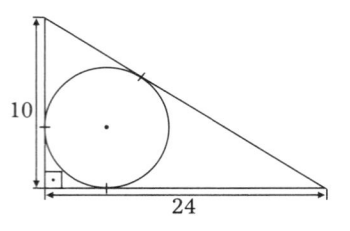

304 Resolver:

a) Determinar a diagonal de um retângulo cuja base mede 16 m e o perímetro é de 72 m.

b) Determinar o lado de um losango cujas diagonais medem 30 m e 40 m.

c) Determinar a altura relativa à base de um triângulo isósceles cuja base mede 24 m e o perímetro é de 60 m.

d) Determinar a altura de um trapézio isósceles cujas bases medem 11 m e 19 m e o perímetro é de 42 m.

e) Determinar a altura de um trapézio retângulo cujas bases medem 4 m e 25 m e o perímetro é de 78 m.

305 Determine o valor de x nos casos:

a)

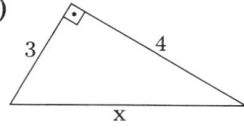

b)

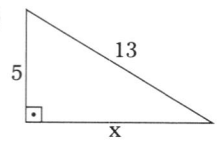

c)

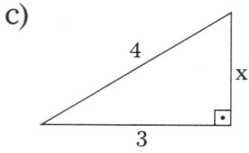

d)

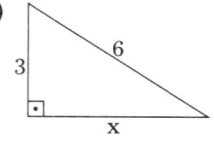

306 Determine x em função de a nos casos:

a)

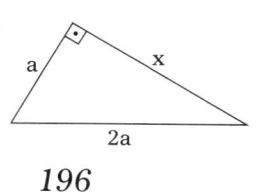

b)

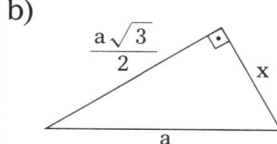

307 Determine **x** nos casos:

a) Triângulo retângulo com catetos 5 e x, hipotenusa x+1.

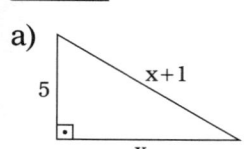

b) Triângulo retângulo com catetos 7 e x, hipotenusa x+1.

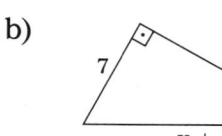

c) Triângulo retângulo com catetos x+1 e x, hipotenusa 29.

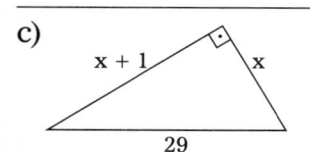

d) Triângulo retângulo com catetos x+2 e 6, hipotenusa x.

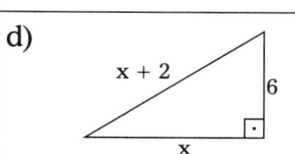

308 Determine **x** nos casos:

a)

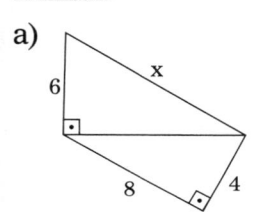

b)

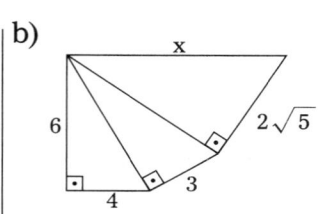

309 Determine **x** nos casos:

a)

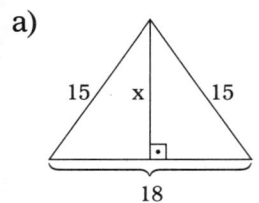

b)

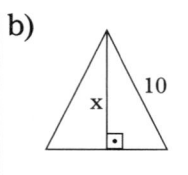

310 Determine o valor de **x** nos casos:

a) Retângulo

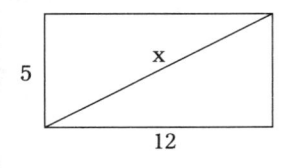

b) Quadrado

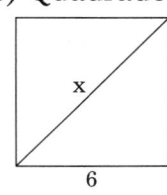

Resp: **298** a) 72   b) 204   c) 750   d) 464   e) 336   f) 54   **299** a) 96   b) 60   c) $16\sqrt{3}$ **300** a) 60   b) 108   c) $36\sqrt{3}$ d) 168   e) 150   f) $8\sqrt{21}$ **301** a) $120\sqrt{3}$ m²   b) 210 m²   **302** a) $12\sqrt{5}$ b) $36\sqrt{2}$

311 Determine o valor de **x** nos trapézios isósceles:

a) [trapézio: base superior 8, base inferior 12, lado 6, altura x]

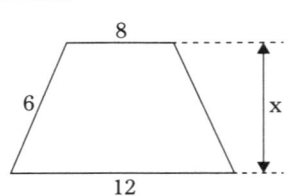

b) [trapézio: base superior x, base inferior 12, lado 5, altura 4]

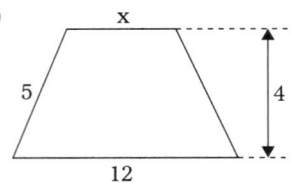

312 Determine o valor de **x** nos trapézios retângulos:

a) [trapézio retângulo: base superior 9, base inferior 17, lado oblíquo 10, lado x]

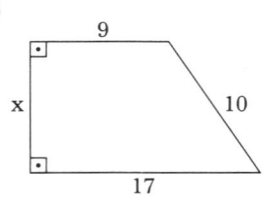

b) [trapézio retângulo: base superior 8, lado esquerdo 5, lado direito 3, base inferior x]

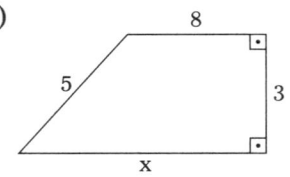

c) [trapézio retângulo: base superior 17, lado esquerdo x, base inferior x, lado oblíquo x+8]

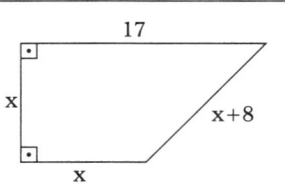

d) [trapézio retângulo: base superior x, lado esquerdo 8, base inferior 32, lado oblíquo x]

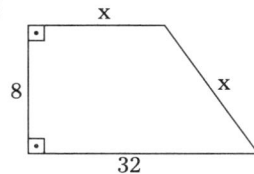

313 Determine o valor de **x** nos losangos:

a) [losango: diagonal vertical com metade x, altura total 30, largura 16]

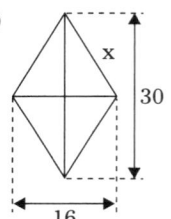

b) [losango: metade superior x, altura x+2, largura x+6]

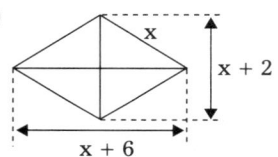

314 Determine o valor de **x** nos paralelogramos:

a) [paralelogramo: base superior 10, lado x, altura 4, segmento 7]

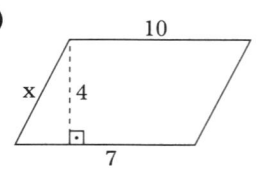

315 Determine a altura do trapézio de bases 10 e 20 da figura.

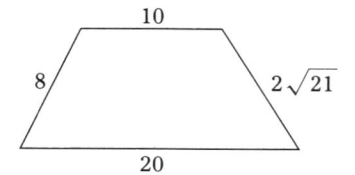

[trapézio: base superior 10, base inferior 20, lado esquerdo 8, lado direito $2\sqrt{21}$]

316 Determine o valor de x nos casos:

a)

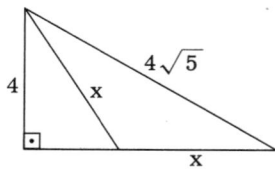

b)

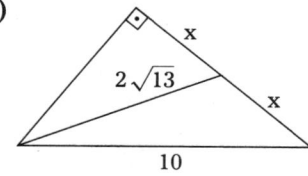

c)

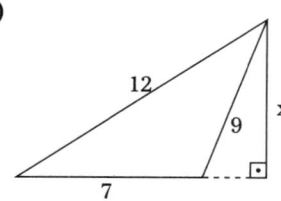

d)

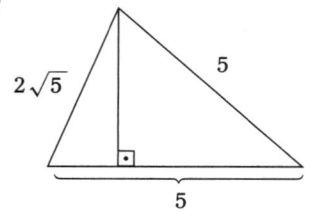

317 Determine o valor de x nos casos:

a)

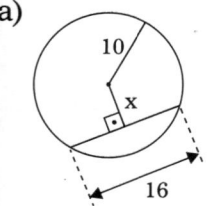

b)

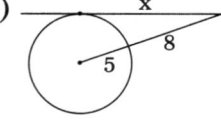

c)

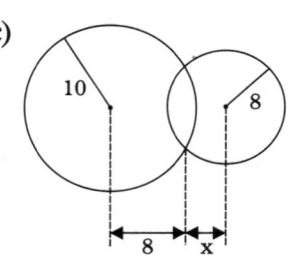

d)

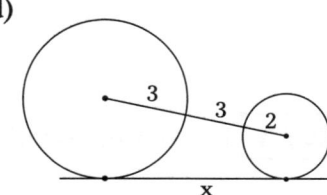

318 Determine o raio do círculo nos casos:

a)

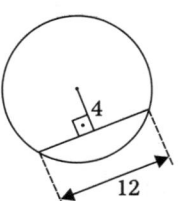

b)

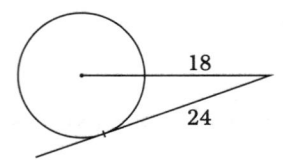

Resp: **303** a) 5   b) 4   **304** a) $4\sqrt{41}$ m   b) 25 m   c) $6\sqrt{5}$ m   **305** a) 5   b) 12   c) $\sqrt{7}$ d) $3\sqrt{3}$ m²   **306** a) $a\sqrt{3}$ m²

b) $\frac{a}{2}$ **307** a) 12   b) 24   c) 20   d) 8   **308** a) $2\sqrt{29}$ m²   b) 9

309 a) 12   b) $5\sqrt{3}$ **310** a) 13   b) $6\sqrt{2}$

199

319 Determine o valor de **x** nos casos:

a)

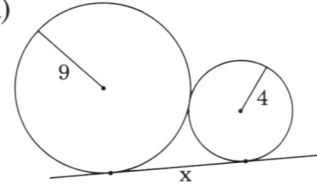

b) AB = 15

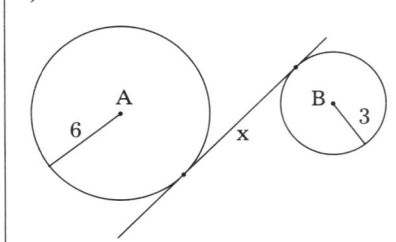

320 Determine o raio do círculo nas figuras:

a) Trapézio retângulo de bases 10 m e 15 m

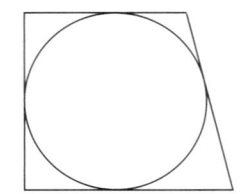

b) AH = 25 m e BC = 30 m e AB = AC

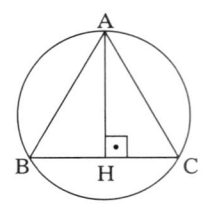

321 Determine o valor de **x** nos casos:

a)

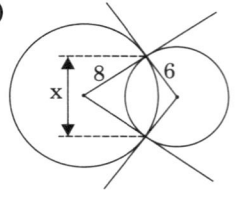

b)

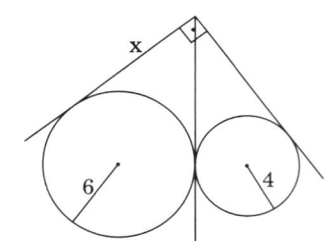

322 Determine o raio do círculo, nos casos, se o triângulo retângulo possui:

a) Catetos de 6 m e 8 m.

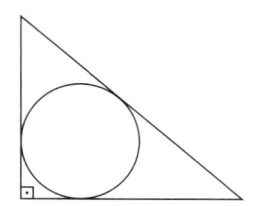

b) um cateto de 8 m e hipotenusa de $4\sqrt{3}$.

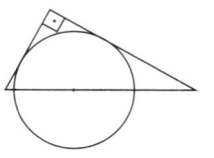

323 Resolva os problemas:

a) Determinar a diagonal de um quadrado de perímetro 20 m.

b) Determinar a diagonal de um retângulo de perímetro 20 m e base 6 m.

c) O perímetro de um losango é 52 m e uma diagonal mede 10 m. Determinar a outra diagonal.

d) As bases de um trapézio isósceles medem 2 m e 18 m e o perímetro 40 m. Determinar a altura.

e) As bases de um trapézio retângulo medem 3 m e 8 m e o lado oblíquo 13 m. Determinar a altura do trapézio.

324 Resolver os problemas:

a) Determinar a altura de um triângulo equilátero de perímetro 24 m.

b) Determinar a altura relativa a base de um triângulo isósceles de base 12 m e perímetro 32 m.

c) Determinar o perímetro de um triângulo equilátero de altura 6 m.

d) Determinar o perímetro de um triângulo isósceles de base 14 m e altura relativa a ela 24 m.

e) O perímetro de um triângulo isósceles é de 18 m e a altura relativa à base mede 3 m. Determinar a base.

f) Determinar a menor altura de um triângulo cujos lados medem 4 m, 5 m e 6 m.

g) Determinar a altura não relativa a base de um triângulo isósceles de lados 10 m, 10 m e 12 m.

Resp: **311** a) $4\sqrt{2}$ b) 6   **312** a) 6   b) 12   c) 5 (o 45 é incorente com a figura)   d) 17   **313** a) 17   b) 10

314 a) 5   b) 10   **315** $4\sqrt{3}$ **316** a) 5   b) 4   c) $4\sqrt{5}$ d) 4   **317** a) 6   b) 12   c) $2\sqrt{7}$ d) $3\sqrt{7}$

318 a) $2\sqrt{13}$ b) 7

201

325 Determine a área do triângulo nos casos:

a) Isósceles (2p = 28m)

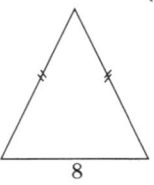

b) Isósceles (2p = 100 m)

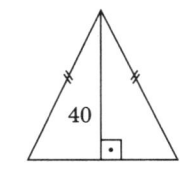

c)

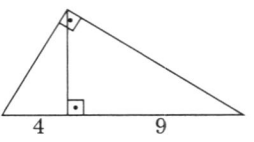

d) Isósceles

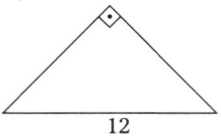

e)

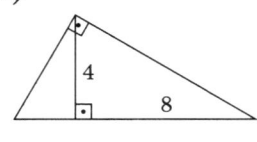

f)

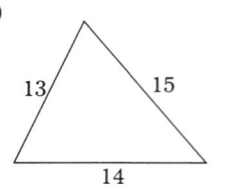

326 Determine a área dos quadriláteros:

a)

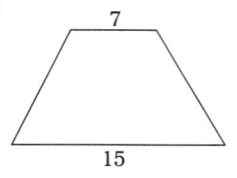

b) 2p = 70 m

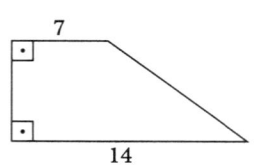

c) Paralelogramo (2p = 64 m)

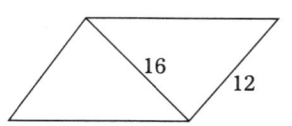

d) Trapézio

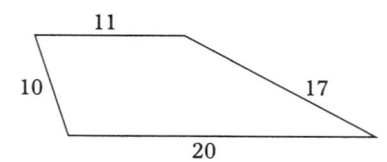

327 Determine a área dos quadriláteros:

a)

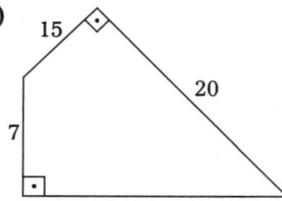

b)

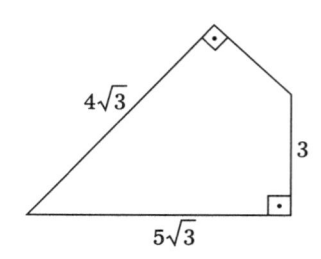

328 Determine o raio do círculo sabendo que AB = 16 e PM = 4, sendo M o ponto médio de $\overline{AB}$.

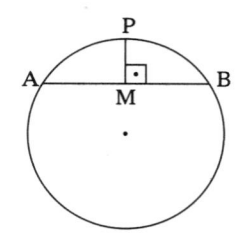

329 Determine o valor de **x** nos casos:

a)

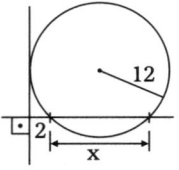

b)

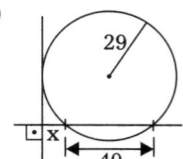

c)

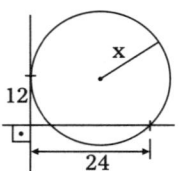

330 Determine o raio da circunferência menor em função do raio **R** da circunferência maior:

a)

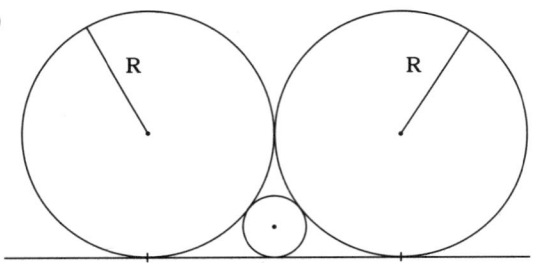

b)

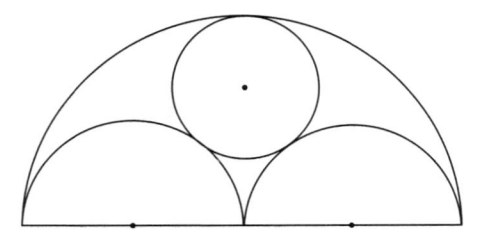

Resp: **319** a) 12 b) 12   **320** a) 6 b) 17   **321** a) 9,6 b) 12   **322** a) 2 b) 4,8   **323** a) $5\sqrt{2}$ m
b) $2\sqrt{13}$ m   c) 24 m   d) 6 m   e) 12 m   **324** a) $2\sqrt{3}$ m   b) 8 m   c) $12\sqrt{3}$ m   d) 64 m   e) 8 m   f) $\frac{5\sqrt{7}}{4}$ m   g) 9,6 m

203

330 c)

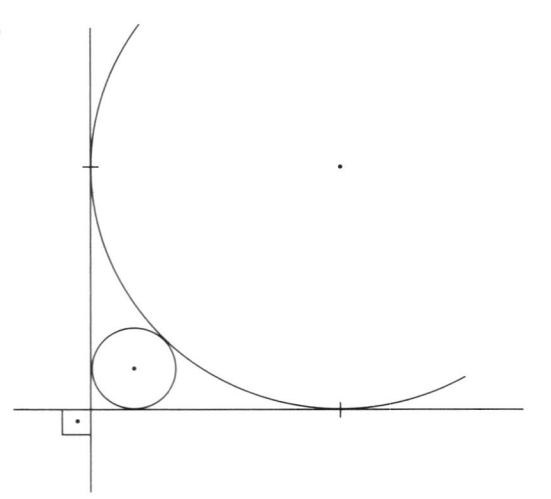

d)

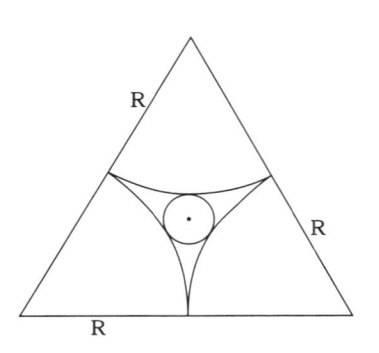

331 Os cinco círculos da figura têm raios iguais e o quadrilátero é um quadrado de lado **a**. Determine o raio em função de **a**.

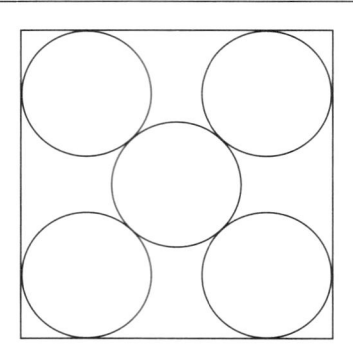

332 Na figura temos um setor de 90° de raio **R**. Determine o raio do círculo menor em função de **R**.

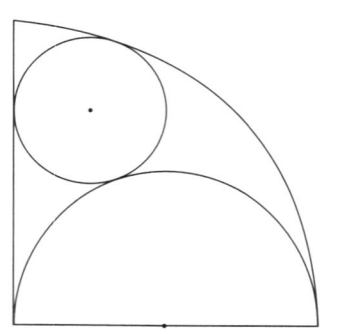

333 Os segmentos PA e PB formam ângulos de 45°

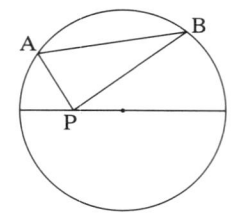

204

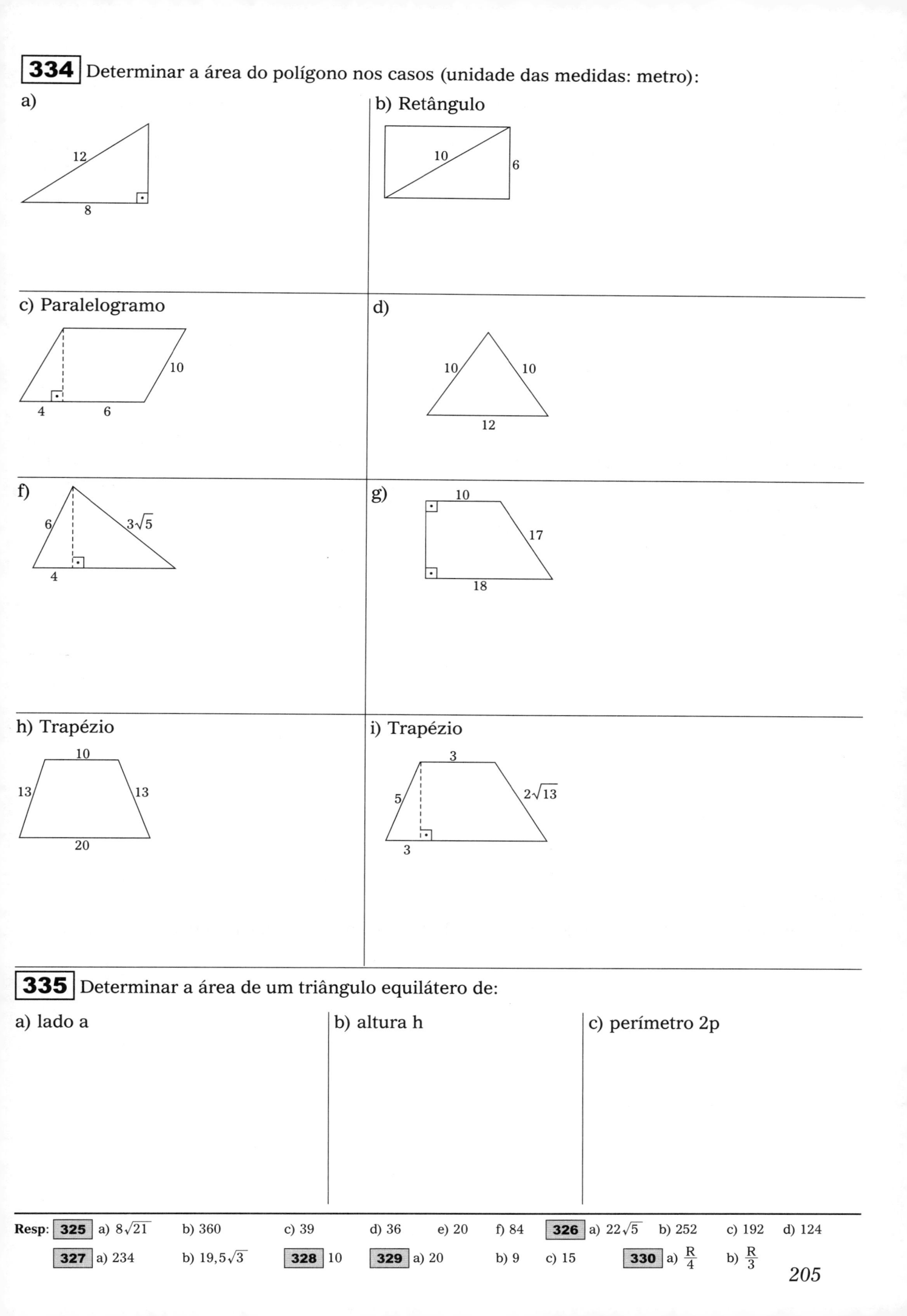

334 Determinar a área do polígono nos casos (unidade das medidas: metro):

a)

b) Retângulo

c) Paralelogramo

d)

f)

g)

h) Trapézio

i) Trapézio

335 Determinar a área de um triângulo equilátero de:

a) lado a

b) altura h

c) perímetro 2p

Resp: **325** a) $8\sqrt{21}$ b) 360   c) 39   d) 36   e) 20   f) 84   **326** a) $22\sqrt{5}$ b) 252   c) 192   d) 124

327 a) 234   b) $19,5\sqrt{3}$ **328** 10   **329** a) 20   b) 9   c) 15   **330** a) $\frac{R}{4}$ b) $\frac{R}{3}$

336 Resolver os problemas:

a) A altura de um retângulo mede 8 m, a diagonal, excede a base em 2 m. Determinar a diagonal.

b) O perímetro de um retângulo é de 30 m e a diagonal mede $5\sqrt{5}$ m. Determinar os lados deste retângulo.

c) A altura relativa à base de um triângulo isósceles excede a base base se o perímetro é de em 2 m. Determinar a 36 m.

337 Resolver:

a) Cada um dos lados congruentes de um triângulo isósceles excede a base em 3 m. Determinar a base se a altura relativa a ela é de 12 m.

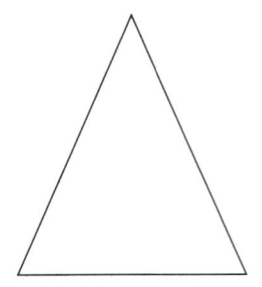

b) A diferença entre as medidas das diagonais de um losango de 68 m de perímetro é 14 m. Determinar as diagonais deste losango.

c) As bases de um trapézio retângulo medem 3 m e 9 m e o seu perímetro é de 30 m. Determinar a altura.

338 Resolver:

a) Determinar a área de um triângulo isósceles de perímetro 36 m se a altura relativa a base mede 12 m.

338

b) Determinar a área de um retângulo de diagonal 15 m e perímetro 42 m.

c) As bases de um trapézio retângulo medem 3 m e 18 m e o perímetro 46 m. Determinar a área.

339 Resolver:

a) A altura de um trapézio isósceles mede $3\sqrt{3}$ m, a base maior 14 m e o perímetro 34 m. Determinar a área desse trapézio.

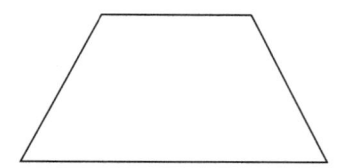

b) As bases de um trapézio medem 4 m e 25 m e os lados oblíquos medem 10 m e 17 m. Determinar a área desse trapézio.

c) De um losango sabemos que uma diagonal excede a outra em 4 m que por sua vez excede o lado em 2 m. Determinar a área desse losango.

340 Resolver:

a) A diagonal de um trapézio isósceles é bissetriz do ângulo da base maior. Se a altura desse trapézio mede $3\sqrt{5}$ m e o perímetro 48 m, determinar a área desse trapézio.

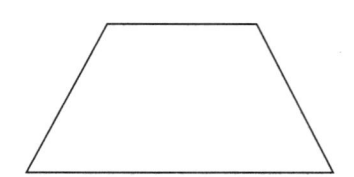

Resp: **330** c) $(3-2\sqrt{2})$R d) $\dfrac{(2\sqrt{3}-3)R}{3}$ **331** $\dfrac{a}{2}(\sqrt{2}-1)$ **332** $\dfrac{R}{4}$ **333** $6\sqrt{2}$ **334** a) $16\sqrt{5}$ b) 48

c) $20\sqrt{21}$ d) 48   e) $16\sqrt{3}$ f) $9\sqrt{5}$ g) 210   h) 180   i) 30   **335** a) $\dfrac{a^2\sqrt{3}}{4}$ b) $\dfrac{h^2\sqrt{3}}{3}$ c) $\dfrac{p^2\sqrt{3}}{9}$

340

b) Um lado de um quadrado é corda de uma circunferência e o lado oposto é tangente a ela. Determinar a área do quadrado sendo 10 m e o raio do círculo.

c) A diagonal maior de um trapézio retângulo é bissetriz do ângulo agudo. Se a altura e a base maior medem 5 m e 25 m, determinar a área desse trapézio.

341 Resolver:

a) A base de um triângulo isósceles excede a altura em 10 m. Se a área desse triângulo é 300 m², quando mede a altura não relativa à base desse triângulo.

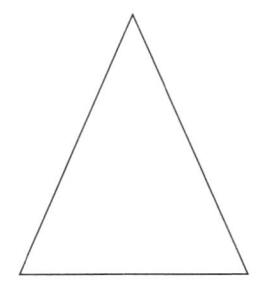

b) Uma diagonal de um losango mede 40 m e a sua altura 24 m. Determinar a área desse losango.

c) As medianas relativas aos catetos de um triângulo retângulo medem $2\sqrt{73}$ m e $4\sqrt{13}$ m. Determinar a área desse triângulo.

342 Resolver:

a) Determinar a menor altura e a área de um triângulo de lados 5m, $3\sqrt{5}$ m e 10 m.

b) Considere um triângulo retângulo e a inscrita nele. Se o ponto de contacto entre a circunferência hipotensa e a circunferência determina na hipotenusa segmentos de 4 m e 6 m, determinar a área do triângulo.

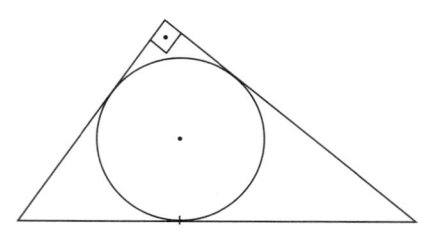

343 Resolver:

a) A altura relativa à base de um triângulo isósceles mede 9 m e um mediana $\frac{15}{2}$ m. Determinar a área desse triângulo.

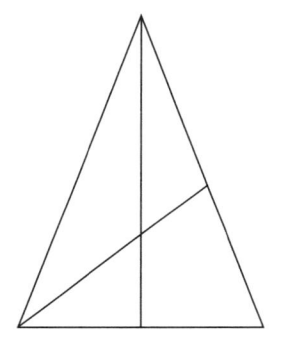

b) Dois lados de um triângulo medem 6 m e 8 m e as medianas relativas a esses lados são perpendiculares. Determinar a área desse triângulo.

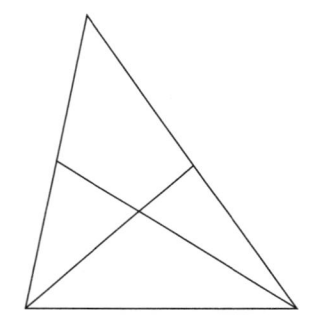

c) As medianas relativas aos lados congruentes de um triângulo isósceles medem 15 m cada uma. Determinar a mediana relativa à base se a área do triângulo é de 144 m².

Resp: **336** a) 17   b) 5 e 10   c) 10   **337** a) 10   b) 30, 16   c) 8   **338** a) 60   b) 108   c) 84
339 a) $33\sqrt{3}$ b) 116   c) 96   **340** a) $45\sqrt{5}$

343 d) A hipotenusa de um triângulo retângulo mede 24 m e uma mediana relativa a um cateto é perpendicular à mediana relativa à hipotenusa. Determinar a área desse triângulo.

344 Resolver:

a) Determinar as diagonais de um trapézio retângulo de bases 2 m e 8 m e lado oblíquo $6\sqrt{2}$ m.

b) Determinar as diagonais de um trapézio isósceles de bases 5 m e 11 m e lado oblíquo $3\sqrt{5}$ m.

c) Determinar as diagonais de um trapézio de bases 3 m e 12 m e lados oblíquos 6 m e $3\sqrt{5}$ m.

345 As medianas de um triângulo medem 9 m, 12 m e 15 m. Determinar a área desse triângulo.

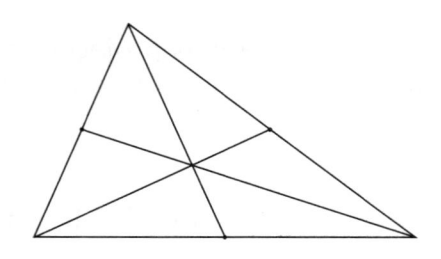

346 Os lados de um triângulo medem 5 m, 9 m e $2\sqrt{13}$ m. Determine as projeções ortogonais dos lados menores sobre o maior.

347 Os lados oblíquos às bases de um trapézio medem 10 m e 17 m e as bases medem 2 m e 23 m. Determine as projeções ortogonais dos outros lados sobre a base maior.

Resp: **340** b) 256 c) 95   **341** a) 24 b) 600 c) 96   **342** a) 3, 15 b) 24   **343** a) 36 b) $4\sqrt{11}$ c) 18 ou 24

IX RELAÇÕES MÉTRICAS

1 – Relações métricas no triângulo retângulo

Sendo **b** e **c** os catetos, **a** a hipotenusa, **h** a altura relativa à hipotenusa e **m** e **n** as projeções ortogonais dos catetos sobre a hipotenusa de um triângulo retângulo, então são válidas as seguintes relações.

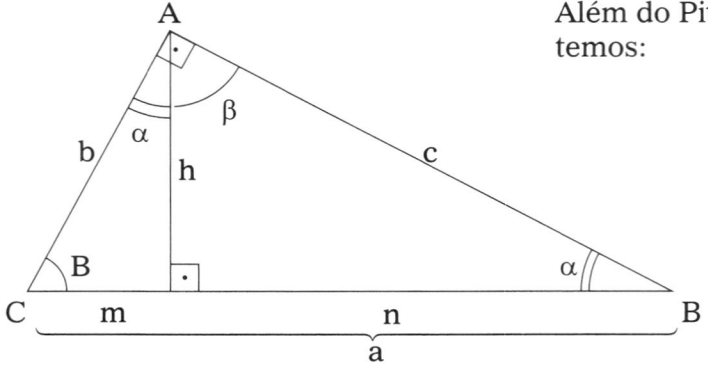

Além do Pitágoras: $a^2 = b^2 + c^2$, $b^2 = h^2 + m^2$, $c^2 = h^2 + n^2$, temos:

$$h^2 = mn, \quad ah = bc$$
$$b^2 = am, \quad c^2 = an$$

$\boxed{h^2 = mn}$ "A altura relativa à hipotenusa é igual à média geométrica (ou média proporcional) entre as medidas das projeções ortogonais dos catetos sobre a hipotenusa".

$\boxed{b^2 = am}$ e $\boxed{c^2 = an}$ "Cada cateto é a média geométrica (ou média proporcional) entre a medida da hipotenusa e a medida da projeção ortogonal dele sobre ela".

Demonstração:

Observe que de fato são válidas as igualdades das medidas dos ângulos indicadas na figura. Então pelo caso AA de semelhança, os três triângulos são semelhantes entre si.

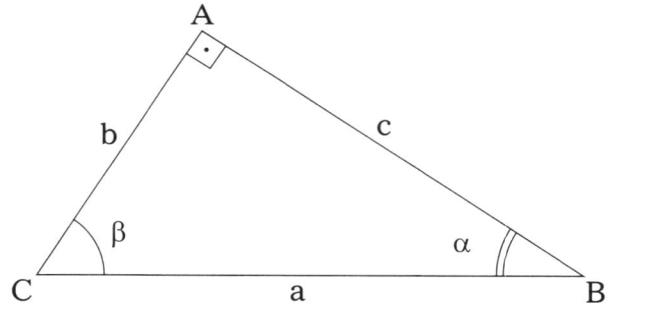

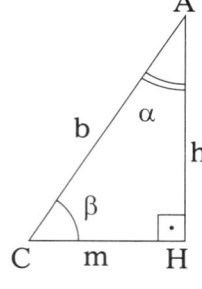

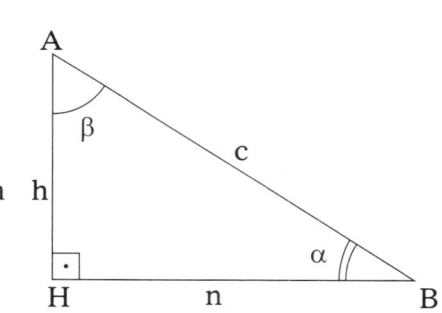

$\triangle AHC \sim \triangle BHA \Rightarrow \dfrac{h}{n} = \dfrac{m}{h} = \dfrac{b}{c} \Rightarrow \boxed{h^2 = mn}$

$\triangle AHC \sim \triangle BAC \Rightarrow \dfrac{b}{a} = \dfrac{h}{c} = \dfrac{m}{b} \Rightarrow \boxed{ah = bc}$ e $\boxed{b^2 = am}$

$\triangle AHB \sim \triangle CAB \Rightarrow \dfrac{c}{a} = \dfrac{n}{c} = \dfrac{h}{b} \Rightarrow \boxed{c^2 = an}$

Exemplo: Determinar as incógnitas nos casos:

a)

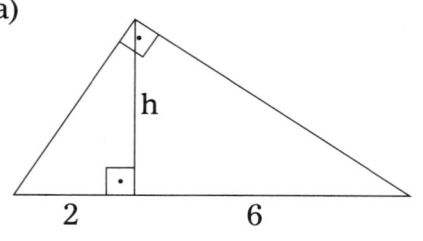

$h^2 = 2 \cdot 6 \Rightarrow h^2 = 12 \Rightarrow$

$\boxed{h = 2\sqrt{3}}$

b)

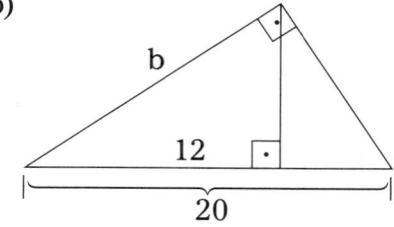

$b^2 = 20 \cdot 12 \Rightarrow$

$b^2 = 4 \cdot 5 \cdot 4 \cdot 3 \Rightarrow \boxed{b = 4\sqrt{15}}$

c)

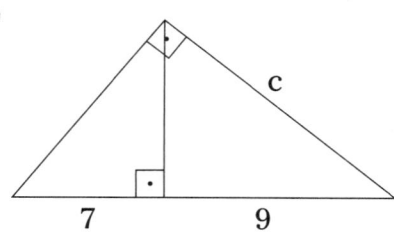

$c^2 = 9(9+7) \Rightarrow$

$c^2 = 9 \cdot 16 \Rightarrow \boxed{c = 12}$

d)

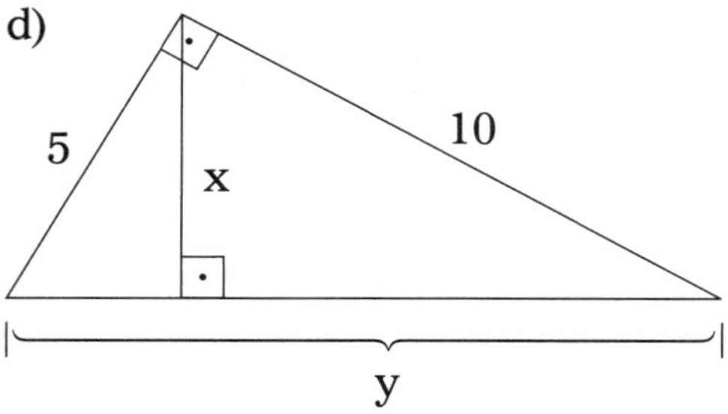

1) $y^2 = 5^2 + 10^2 \Rightarrow y^2 = 25 + 100 \Rightarrow$

$y^2 = 125 = 25 \cdot 5 \Rightarrow \boxed{y = 5\sqrt{5}}$

2) $y \cdot x = 5 \cdot 10 \Rightarrow 5\sqrt{5} \cdot x = 5 \cdot 10$

$\Rightarrow x = \dfrac{10}{\sqrt{5}} \Rightarrow x = \dfrac{10 \cdot \sqrt{5}}{\sqrt{5} \cdot \sqrt{5}} \Rightarrow$

$\Rightarrow x = \dfrac{10\sqrt{5}}{5} \Rightarrow \boxed{x = 2\sqrt{5}}$

e)

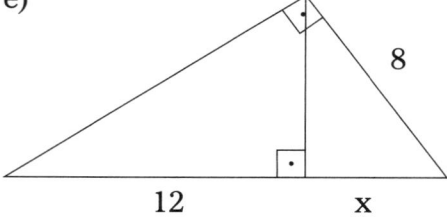

$8^2 = x(x+12) \Rightarrow$

$64 = x^2 + 12x \Rightarrow$

$x^2 + 12x - 64 = 0 \Rightarrow$

$(x+16)(x-4) = 0 \Rightarrow$

$\boxed{x = 4}$

Outra demonstração do Teorema de Pitágoras:

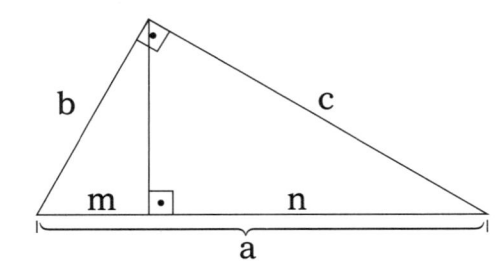

Vamos usar as relações $b^2 = am$ e $c^2 = an$

Somando membro a membro as equações:

$\begin{cases} b^2 = am \\ c^2 = an \end{cases} \Rightarrow b^2 + c^2 = am + an \Rightarrow$

$b^2 + c^2 = a(m+n) \cdot$ Como $m + n = a$, temos:

$b^2 + c^2 = a(a) \Rightarrow \boxed{b^2 + c^2 = a^2}$

Observar as relações entre as medidas indicadas na figura.

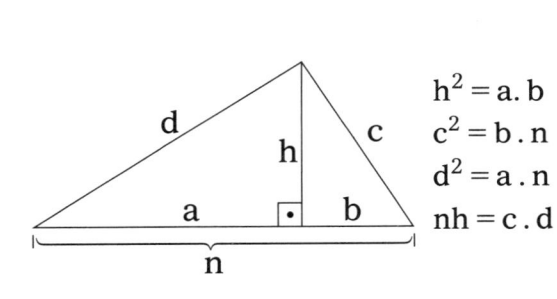

$h^2 = a \cdot b$
$c^2 = b \cdot n$
$d^2 = a \cdot n$
$nh = c \cdot d$

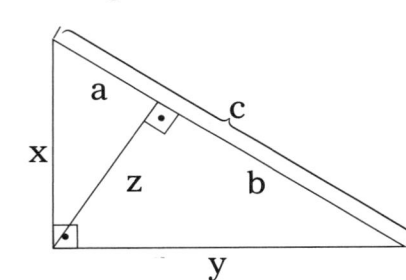

$x^2 = a \cdot c$
$y^2 = b \cdot c$
$z^2 = a \cdot b$
$xy = c \cdot z$

Resp: **343** d) $96\sqrt{2}$ **344** a) $10, 2\sqrt{10}$ b) 10 c) $2\sqrt{21}, \sqrt{69}$ **345** 72 **346** $3, 6$ **347** $6, 15, 2$

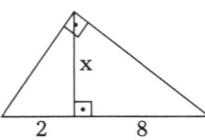

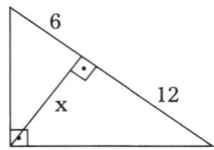

348 Determine o valor de x nos casos:

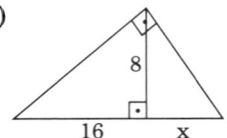

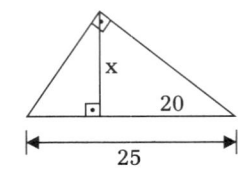

a) [triângulo com catetos 2 e 8 na hipotenusa, altura x]

b) [triângulo com 16 e x na hipotenusa, altura 8]

c) [triângulo com hipotenusa 25, projeção 20, altura x]

d) [triângulo com hipotenusa (6+12), cateto x, projeção 6]

e) [triângulo com projeção 8, cateto x, outro cateto 12]

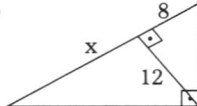

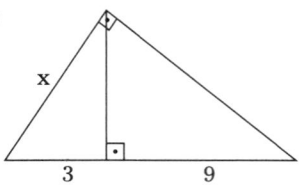

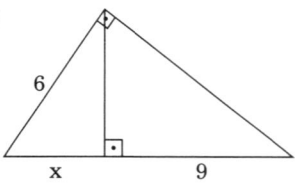

f) [triângulo com hipotenusa (x+6)+27, cateto x]

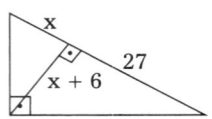

349 Determine o valor de x nos casos:

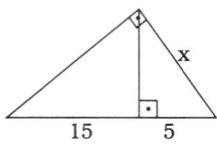

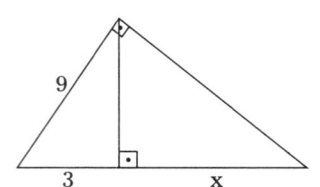

a) [triângulo com projeções 3 e 9, cateto x]

b) [triângulo com projeções 15 e 5, cateto x]

c) [triângulo com cateto 9, projeção 3, outra projeção x]

d) [triângulo com cateto 6, projeções x e 9]

e) [triângulo com projeção 4, cateto x, outra projeção x+4]

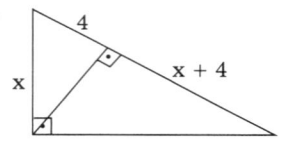

f) [triângulo com catetos 24 e 3x, projeção x]

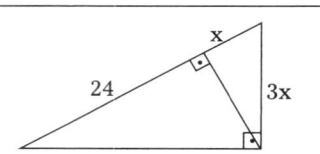

350 Determine a altura de **h** relativa à hipotenusa nos casos:

a) [triângulo com catetos 15 e 20, altura h]

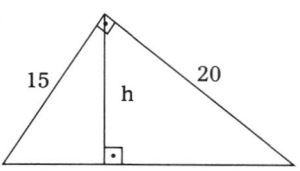

b) [triângulo com cateto $8\sqrt{5}$, hipotenusa 20, altura h]

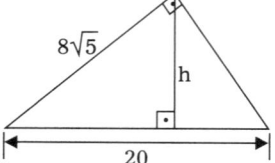

c) [triângulo com cateto $4\sqrt{3}$, hipotenusa 2h, altura h]

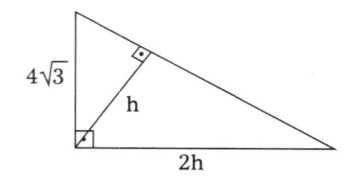

351 Determine as incógnitas nos casos:

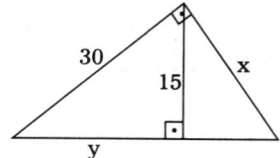

a) [triângulo retângulo com catetos 15 e hipotenusa dividida em y e x pela altura 12]

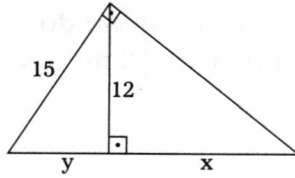

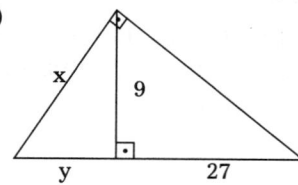

b) [triângulo retângulo com 30, altura 15, x, hipotenusa y]

c) [triângulo retângulo com x, altura 9, hipotenusa dividida em y e 27]

d) [triângulo retângulo com catetos y e z, altura x, hipotenusa 8 + 18]

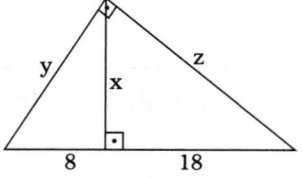

e) [triângulo retângulo com z, y, 6, hipotenusa 9 + x]

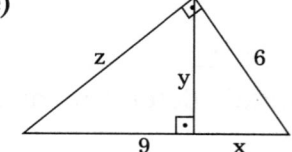

f) [triângulo retângulo com y, x, z, hipotenusa 1 + 2x]

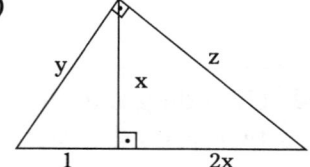

352 Determine as incógnitas:

a) [triângulo retângulo com hipotenusa 7, catetos y e x, altura z, base x+3]

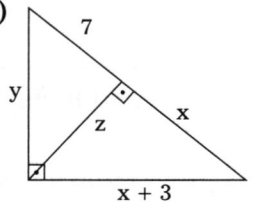

b) [triângulo retângulo com y, $\frac{4}{5}x$, x, hipotenusa x+5, z]

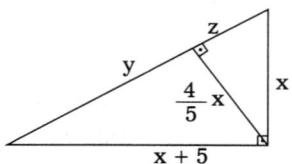

c) [triângulo retângulo com x−11, y, 12, y+1, x]

215

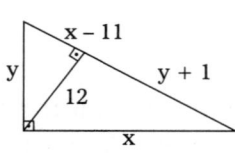

353 Determine a área do triângulo retângulo, nos casos:

a) A soma e a diferença das projeções de catetos sobre a hipotenusa valem 15 m e 9 m.

b) A soma dos catetos é 10 m e a hipotenusa mede $2\sqrt{13}$ m.

c) A diferença dos catetos é 5 m e a menor altura do triângulo mede 12 m.

354 Uma diagonal de um trapézio retângulo determina nele dois triângulos retângulos. Determine a área desse trapézio nos casos:

a) As bases medem 8 m e 26 m.

b) Os lados que não são bases medem 6 m e 12 m.

c) A base menor e a altura medem respectivamente 5 m e 10 m.

d) A base menor mede 15 m e o lado oblíquo às bases 18 m.

355 Determine a área do triângulo retângulo nos casos:

a) A hipotenusa e a projeção de um cateto sobre ela medem 20 m e 16 m.

b) As projeções dos catetos a hipotenusa medem 12 m e sobre 75 m.

c) As duas menores alturas dele medem $5\sqrt{5}$ m e 10 m.

d) Duas de suas alturas medem 6 m e 12 m.

e) As projeções da menor altura sobre as outras duas medem 8 m e 8 m.

f) As projeções da altura relativa, à hipotenusa sobre os catetos medem 6 m e 8 m.

356 Uma diagonal de um trapézio isósceles determina, com a base maior e um lado, um triângulo retângulo. Determine a área desse trapézio nos casos:

a) O lado oblíquo às bases e a altura do trapézio medem $2\sqrt{13}$ m e 6 m.

b) As bases do trapézio medem 30 m e 34 m.

Resp: **348** a) 4   b) 4   c) 10   d) $6\sqrt{2}$ e) 18   f) 3 ou 12   **349** a) 6   b) 10   c) 24   d) 3   e) 8   f) 3

350 a) 12   b) 8   c) 6   **351** a) 16, 9   b) $10\sqrt{3}, 15\sqrt{3}$ c) $3\sqrt{10}, 3$ d) 12, $4\sqrt{13}, 6\sqrt{13}$ e) 3, $3\sqrt{3}, 6\sqrt{3}$

f) 2, $\sqrt{5}, 2\sqrt{5}$ **352** a) 9; $4\sqrt{7}; 3\sqrt{7}$ b) 15; 16; 9   c) 20; 15 ou 15; 20

217

356 c) A base menor mede 32 m e o lado oblíquo $4\sqrt{10}$ m.

d) A base menor e o lado oblíquo medem 6 m e 6 m.

357 Resolver:

a) Quanto medem os catetos de um triângulo retângulo cujas projeções sobre a hipotenusa medem 9 m e 16 m?

b) A medida da altura relativa a hipotenusa de um triângulo retângulo é 24 m e a diferença entre as medidas dos catetos é 10 m. Quanto mede a hipotenusa?

Resp: **353** a) 45 b) 12 c) 150 **354** a) 204 b) $30\sqrt{3}$ c) 150 d) $126\sqrt{5}$ **355** a) 80 m² b) 1305 m² c) 125 m² d) 36 m² ou $24\sqrt{3}$ m² e) 128 m² f) $\frac{625}{6}$ m² **356** a) 54 b) 256 c) 432 d) $27\sqrt{3}$ **357** a) 15 m, 20 m b) 50 m

XI RAZÕES TRIGONOMÉTRICAS

1 – Seno, cosseno e tangente

Dado um triângulo retângulo ABC com $\hat{A} = 90°$, $\hat{B} = \beta$ e $\hat{C} = \gamma$, definimos:

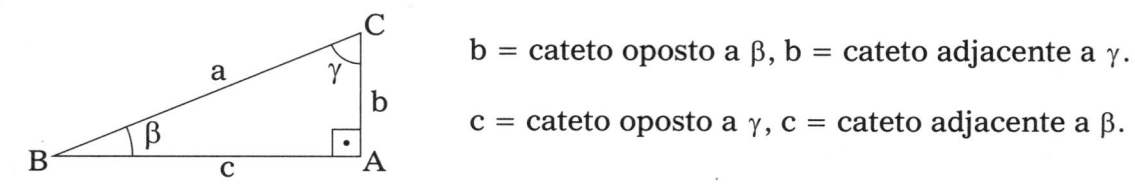

b = cateto oposto a β, b = cateto adjacente a γ.

c = cateto oposto a γ, c = cateto adjacente a β.

Destaquemos as razões $\dfrac{b}{a}$, $\dfrac{c}{a}$, $\dfrac{b}{c}$ e $\dfrac{c}{b}$.

Considere um triângulo A'B'C', semelhante ao triângulo ABC.

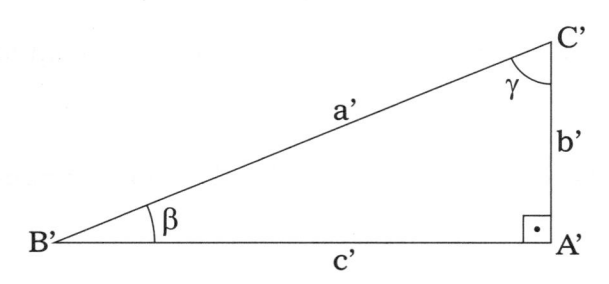

De $\dfrac{a}{a'} = \dfrac{b}{b'} = \dfrac{c}{c'}$, obtemos

I) $\dfrac{a}{a'} = \dfrac{b}{b'} \Rightarrow \boxed{\dfrac{b'}{a'} = \dfrac{b}{a}}$

II) $\dfrac{a}{a'} = \dfrac{c}{c'} \Rightarrow \boxed{\dfrac{c'}{a'} = \dfrac{c}{a}}$

III) $\dfrac{b}{b'} = \dfrac{c}{c'} \Rightarrow \boxed{\dfrac{b'}{c'} = \dfrac{b}{c}}$ ou $\boxed{\dfrac{c'}{b'} = \dfrac{c}{b}}$

"Entre triângulos semelhantes, a razão entre dois lados quaisquer de um é igual à razão entre os lados homólogos a eles do outro".

Quando os triângulos semelhantes são triângulos retângulos, essas razões recebem nomes especiais:

$\dfrac{b}{a}$ = seno de β = cosseno de γ $\Rightarrow$ sen β = cos γ = $\dfrac{b}{a}$

$\dfrac{c}{a}$ = seno de γ = cosseno de β $\Rightarrow$ sen γ = cos β = $\dfrac{c}{a}$

$\dfrac{b}{c}$ = tangente de β, $\dfrac{c}{b}$ = tangente de γ $\Rightarrow$ tg β = $\dfrac{b}{c}$ e tg γ = $\dfrac{c}{b}$

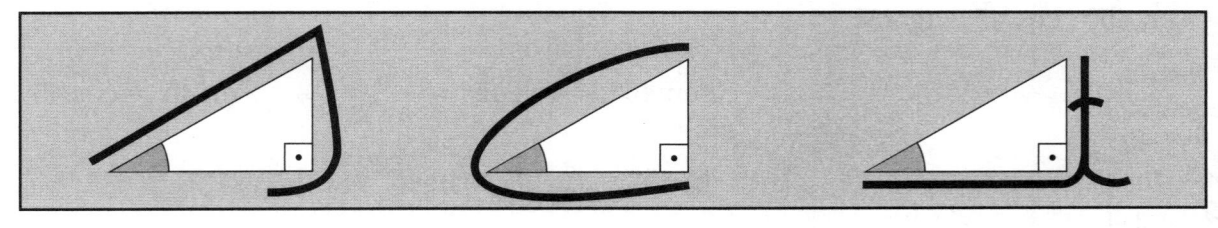

Seno de um ângulo agudo de um triângulo retângulo é a razão **cateto oposto sobre a hipotenusa**.
Cosseno de um ângulo agudo de um triângulo retângulo é a razão **cateto adjacente sobre a hipotenusa**.
Tangente de um ângulo agudo de um triângulo retângulo é a razão **cateto oposto sobre cateto adjacente**.

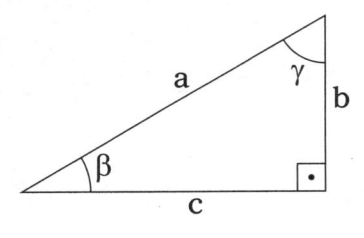

sen β = $\dfrac{\text{cat. oposto}}{\text{hipotenusa}}$ $\Rightarrow$ sen β = $\dfrac{b}{a}$ $\qquad \left(\text{sen } \gamma = \dfrac{c}{a}\right)$

cos β = $\dfrac{\text{cat. adjacente}}{\text{hipotenusa}}$ $\Rightarrow$ cos β = $\dfrac{c}{a}$ $\qquad \left(\cos \gamma = \dfrac{b}{a}\right)$

tg β = $\dfrac{\text{cat. oposto}}{\text{cat. adjacente}}$ $\Rightarrow$ tg β = $\dfrac{b}{c}$ $\qquad \left(\text{tg } \gamma = \dfrac{c}{b}\right)$

Note que o seno e cosseno de um ângulo agudo é sempre menor que 1.

Obs:

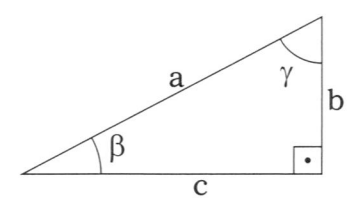

1) $\operatorname{sen} \beta = \dfrac{b}{a}$, $\cos \gamma = \dfrac{b}{a}$ e $\cos \beta = \dfrac{c}{a}$, $\operatorname{sen} \gamma = \dfrac{c}{a}$ $\Rightarrow$

$$\boxed{\beta + \gamma = 90° \Rightarrow \operatorname{sen} \beta = \cos \gamma \text{ e } \operatorname{sen} \gamma = \cos \beta}$$

2) $\operatorname{tg} \beta = \dfrac{b}{c}$, $\operatorname{tg} \gamma = \dfrac{c}{b}$ $\Rightarrow$ $\boxed{\beta + \gamma = 90° \Rightarrow \operatorname{tg} \beta = \dfrac{1}{\operatorname{tg} \gamma}}$

3) $\operatorname{tg} \beta = \dfrac{b}{c}$, $\operatorname{tg} \beta = \dfrac{\frac{b}{a}}{\frac{c}{a}}$ $\Rightarrow$ $\boxed{\operatorname{tg} \beta = \dfrac{\operatorname{sen} \beta}{\cos \beta}}$. Do mesmo modo, obtemos: $\boxed{\operatorname{tg} \gamma = \dfrac{\operatorname{sen} \gamma}{\cos \gamma}}$

4) $\operatorname{sen} \beta = \dfrac{b}{a} \Rightarrow \boxed{b = a \operatorname{sen} \beta}$ (Um cateto é igual ao produto da hipotenusa pelo seno do ângulo oposto).

$\cos \beta = \dfrac{c}{a} \Rightarrow \boxed{b = a \cos \beta}$ (Um cateto é igual ao produto da hipotenusa pelo cosseno do ângulo adjacente).

$\operatorname{tg} \beta = \dfrac{b}{c} \Rightarrow \boxed{b = c \operatorname{tg} \beta}$ (Um cateto é igual ao produto do outro pela tangente do ângulo oposto).

B – Relação pitagórica

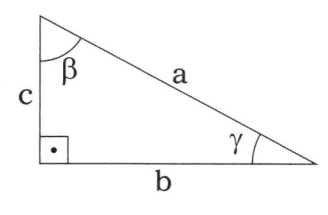

1) $\operatorname{sen} \beta = \dfrac{b}{a}$, $\cos \beta = \dfrac{c}{a}$ $\Rightarrow$ $b = a \operatorname{sen} \beta$ e $c = a \cos \beta$

2) $b^2 + c^2 = a^2 \Rightarrow a^2 \operatorname{sen}^2 \beta + a^2 \cos^2 \beta = a^2 \Rightarrow \boxed{\operatorname{sen}^2 \beta + \cos^2 \beta = 1}$

Da mesma forma, obtemos: $\boxed{\operatorname{sen}^2 \gamma + \cos^2 \gamma = 1}$

C – Alguns valores

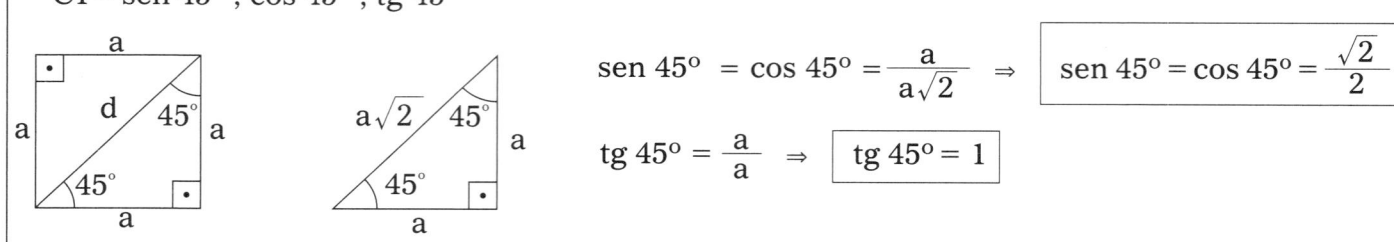

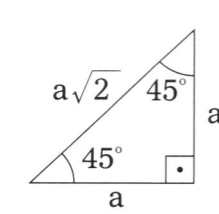

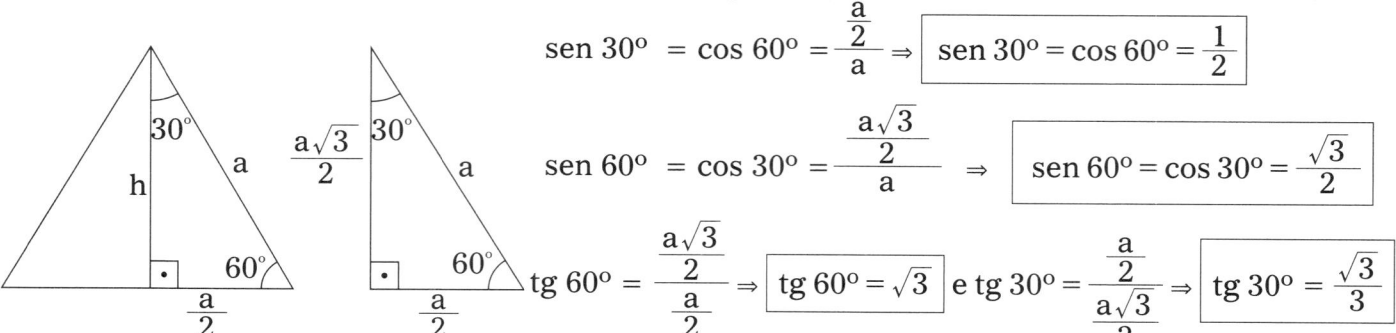

C1 – sen 45°, cos 45°, tg 45°

$\operatorname{sen} 45° = \cos 45° = \dfrac{a}{a\sqrt{2}}$ $\Rightarrow$ $\boxed{\operatorname{sen} 45° = \cos 45° = \dfrac{\sqrt{2}}{2}}$

$\operatorname{tg} 45° = \dfrac{a}{a}$ $\Rightarrow$ $\boxed{\operatorname{tg} 45° = 1}$

C2 – sen 30°, cos 60°, sen 60°, cos 30°, tg 30°, tg 60°

$\operatorname{sen} 30° = \cos 60° = \dfrac{\frac{a}{2}}{a} \Rightarrow \boxed{\operatorname{sen} 30° = \cos 60° = \dfrac{1}{2}}$

$\operatorname{sen} 60° = \cos 30° = \dfrac{\frac{a\sqrt{3}}{2}}{a} \Rightarrow \boxed{\operatorname{sen} 60° = \cos 30° = \dfrac{\sqrt{3}}{2}}$

$\operatorname{tg} 60° = \dfrac{\frac{a\sqrt{3}}{2}}{\frac{a}{2}} \Rightarrow \boxed{\operatorname{tg} 60° = \sqrt{3}}$ e $\operatorname{tg} 30° = \dfrac{\frac{a}{2}}{\frac{a\sqrt{3}}{2}} \Rightarrow \boxed{\operatorname{tg} 30° = \dfrac{\sqrt{3}}{3}}$

Então:

$$\operatorname{sen} 30° = \cos 60° = \frac{1}{2} \qquad \operatorname{tg} 30° = \frac{\sqrt{3}}{3}$$

$$\operatorname{sen} 45° = \cos 45° = \frac{\sqrt{2}}{2} \qquad \operatorname{tg} 45° = 1$$

$$\operatorname{sen} 60° = \cos 30° = \frac{\sqrt{3}}{2} \qquad \operatorname{tg} 60° = \sqrt{3}$$

D – Áreas

D1 – Triângulo (dados dois lados e o ângulo formado por eles).

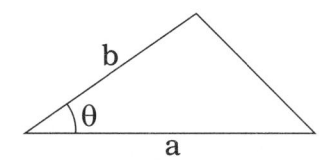

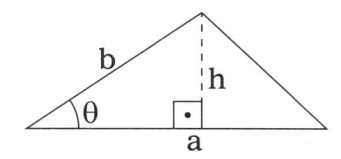

1) $\operatorname{sen} \theta = \frac{h}{b} \Rightarrow h = b \operatorname{sen} \theta$

2) $S = \frac{ah}{2} \Rightarrow \boxed{S = \frac{1}{2} ab \operatorname{sen} \theta}$

D2 – Paralelogramo (dados os lados e um ângulo).

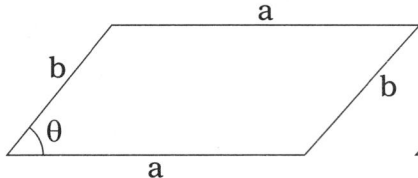

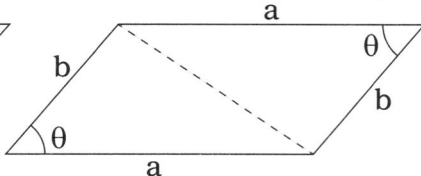

$S = 2 \left(\frac{1}{2} ab \operatorname{sen} \theta \right)$

$\boxed{S = ab \operatorname{sen} \theta}$

D3 – Quadrilátero (dadas as diagonais e dado o ângulo formado por elas).

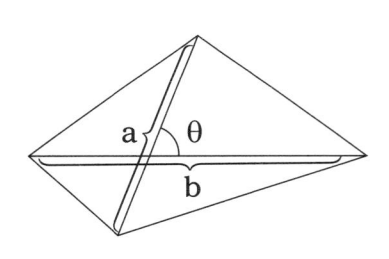

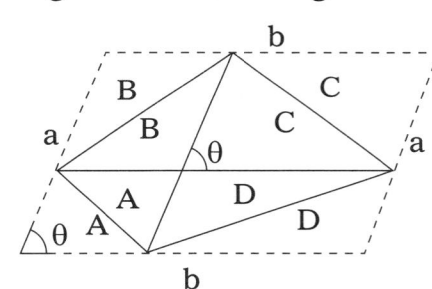

$2S = 2A + 2B + 2C + 2D$

$2S = ab \operatorname{sen} \theta$

$\boxed{S = \frac{1}{2} ab \operatorname{sen} \theta}$

E – Lei dos cossenos

"O quadrado de um lado de um triângulo é igual à soma dos quadrados dos outros dois menos duas vezes o produto desses dois lados pelo cosseno do ângulo formado por eles"

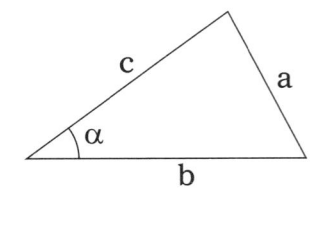

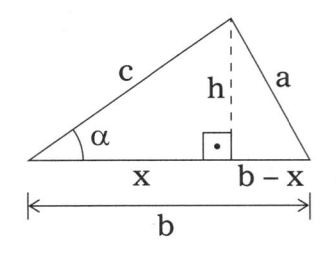

1) $\cos \alpha = \frac{x}{c} \Rightarrow \boxed{x = c \cdot \cos \alpha}$

2) $\begin{cases} h^2 + x^2 = c^2 \\ h^2 + (b-x)^2 = a^2 \end{cases}$

$\begin{cases} -h^2 - x^2 = -c^2 \\ h^2 + b^2 - 2bx + x^2 = a^2 \end{cases}$

$b^2 - 2bx = -c^2 + a^2 \Rightarrow$

$\Rightarrow a^2 = b^2 + c^2 - 2bx \quad \text{e} \quad x = c \cos \alpha \Rightarrow \boxed{a^2 = b^2 + c^2 - 2bc \cos \alpha}$

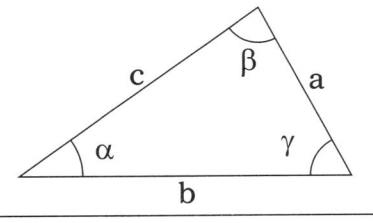

Então: $\boxed{\begin{array}{l} a^2 = b^2 + c^2 - 2bc \cos \alpha \\ b^2 = a^2 + c^2 - 2ac \cos \beta \\ c^2 = a^2 + b^2 - 2ab \cos \gamma \end{array}}$

F – Lei dos senos

"Os lados de um triângulo são proporcionais aos senos dos ângulos opostos e esta razão lado sobre seno do ângulo oposto é igual ao diâmetro da circunferência circunscrita ao triângulo."

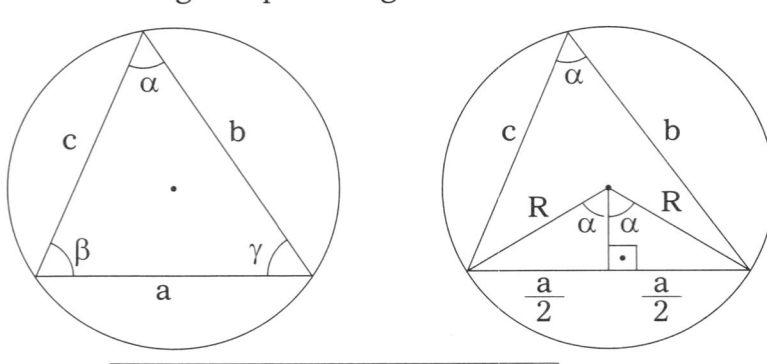

$$\text{sen } \alpha = \frac{\frac{a}{2}}{R} \Rightarrow \text{sen } \alpha = \frac{a}{2R}$$

$$\Rightarrow \boxed{\frac{a}{\text{sen } \alpha} = 2R}$$

De modo análogo obtemos:

$$\frac{b}{\text{sen } \beta} = 2R \quad \text{e} \quad \frac{c}{\text{sen } \gamma} = 2R$$

Então: $\boxed{\dfrac{a}{\text{sen } \alpha} = \dfrac{b}{\text{sen } \beta} = \dfrac{c}{\text{sen } \gamma} = 2R}$

Obs: A lei dos cossenos e a lei dos senos são válidas também para triângulos retângulos e triângulos obtusângulos.

Exemplo 1: Determinar os senos, os cossenos e as tangentes dos ângulos agudos da figura dada.

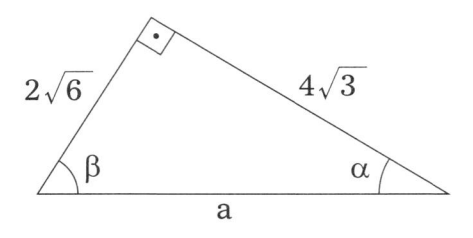

1) $a^2 = (2\sqrt{6})^2 + (4\sqrt{3})^2 \Rightarrow a^2 = 24 + 48 \Rightarrow a^2 = 72 \Rightarrow \boxed{a = 6\sqrt{2}}$

2) $\text{sen } \beta = \cos \alpha = \dfrac{4\sqrt{3}}{a} = \dfrac{4\sqrt{3}}{6\sqrt{2}} = \dfrac{2\sqrt{3}}{3\sqrt{2}} \cdot \dfrac{\sqrt{2}}{\sqrt{2}} = \dfrac{\sqrt{6}}{3}$

$$\boxed{\text{sen } \beta = \cos \alpha = \dfrac{\sqrt{6}}{3}}$$

3) $\text{sen } \alpha = \cos \beta = \dfrac{2\sqrt{6}}{a} = \dfrac{2\sqrt{6}}{6\sqrt{2}} = \dfrac{\sqrt{3}}{3} \Rightarrow \boxed{\text{sen } \alpha = \cos \beta = \dfrac{\sqrt{3}}{3}}$

4) $\text{tg } \alpha = \dfrac{2\sqrt{6}}{4\sqrt{3}} \Rightarrow \boxed{\text{tg } \alpha = \dfrac{\sqrt{2}}{2}}$

5) $\text{tg } \beta = \dfrac{4\sqrt{3}}{2\sqrt{6}} \Rightarrow \text{tg } \beta = \dfrac{2}{\sqrt{2}} = \dfrac{2}{\sqrt{2}} \cdot \dfrac{\sqrt{2}}{\sqrt{2}} \Rightarrow \boxed{\text{tg } \beta = \sqrt{2}}$

Note que tg α é o inverso da tg β.

Exemplo 2: Da figura dada sabemos que $\text{tg } \beta = \dfrac{3}{4}$. Determinar tg α.

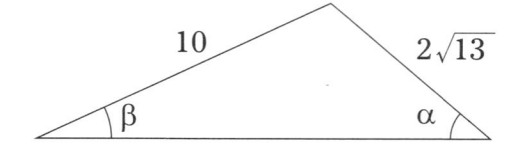

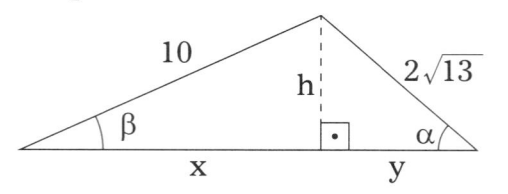

1) $\text{tg } \beta = \dfrac{h}{x} \Rightarrow \dfrac{3}{4} = \dfrac{h}{x} \Rightarrow x = \dfrac{4}{3}h$

2) $x^2 + h^2 = 10^2 \Rightarrow \dfrac{16}{9}h^2 + h^2 = 100 \Rightarrow 16h^2 + 9h^2 = 100 \cdot 9 \Rightarrow 25h^2 = 100 \cdot 9 \Rightarrow \boxed{h = 6}$

3) $y^2 + h^2 = (2\sqrt{13})^2 \Rightarrow y^2 + 36 = 52 \Rightarrow y^2 = 16 \Rightarrow \boxed{y = 4}$

4) $\text{tg } \alpha = \dfrac{h}{y} \Rightarrow \text{tg } \alpha = \dfrac{6}{4} \Rightarrow \boxed{\text{tg } \alpha = \dfrac{3}{2}}$

Exemplo 3: Determinar a área dos seguintes polígonos:

a)

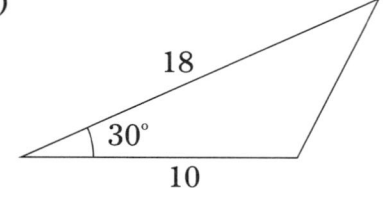

$S = \dfrac{1}{2} ab \operatorname{sen} \theta$

$S = \dfrac{1}{2} \cdot 10 \cdot 18 \cdot \operatorname{sen} 30º$

$S = 5 \cdot 18 \cdot \dfrac{1}{2}$

$\boxed{S = 45}$

b)

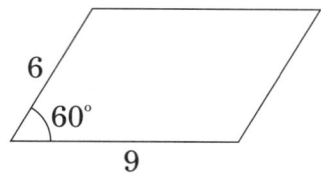

$S = ab \operatorname{sen} \theta$

$S = 6 \cdot 9 \cdot \operatorname{sen} 60º$

$S = 6 \cdot 9 \cdot \dfrac{\sqrt{3}}{2}$

$\boxed{S = 27\sqrt{3}}$

c)

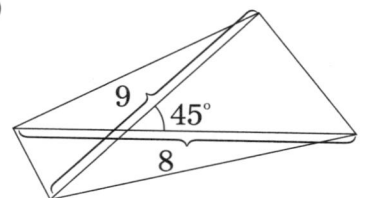

$S = \dfrac{1}{2} xy \operatorname{sen} \theta$

$S = \dfrac{1}{2} \cdot 8 \cdot 9 \cdot \operatorname{sen} 45º$

$S = 4 \cdot 9 \cdot \dfrac{\sqrt{2}}{2}$

$\boxed{S = 18\sqrt{2}}$

Exemplo 4: Determinar x nos casos:

a)

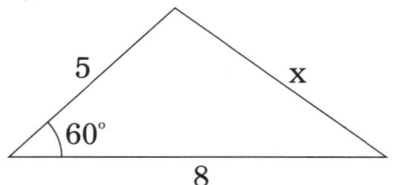

Lei dos cossenos:

$x^2 = 5^2 + 8^2 - 2 \cdot 5 \cdot 8 \cdot \cos 60º$

$x^2 = 25 + 64 - 2 \cdot 40 \cdot \dfrac{1}{2} \Rightarrow$

$x^2 = 89 - 40 \Rightarrow x^2 = 49 \Rightarrow \boxed{x = 7}$

b)

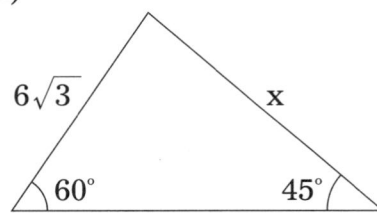

Lei dos senos:

$\dfrac{x}{\operatorname{sen} 60º} = \dfrac{6\sqrt{3}}{\operatorname{sen} 45º} \Rightarrow x \cdot \operatorname{sen} 45º = 6\sqrt{3} \cdot \operatorname{sen} 60º$

$x \dfrac{\sqrt{2}}{2} = 6\sqrt{3} \cdot \dfrac{\sqrt{3}}{2} \Rightarrow x = \dfrac{18}{\sqrt{2}} \cdot \dfrac{\sqrt{2}}{\sqrt{2}} \Rightarrow \boxed{x = 9\sqrt{2}}$

Exemplo 5: Determinar o raio da circunferência circunscrita ao triangulo, nos casos:

a)

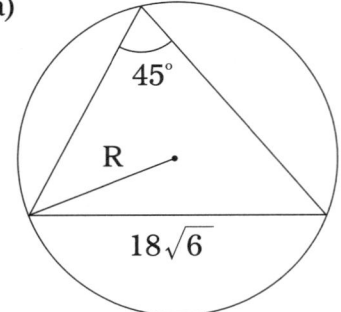

$\dfrac{18\sqrt{6}}{\operatorname{sen} 45º} = 2R \Rightarrow$

$2R = \dfrac{18\sqrt{6}}{\dfrac{\sqrt{2}}{2}} \Rightarrow$

$2R = 36\sqrt{3} \Rightarrow \boxed{R = 18\sqrt{3}}$

b)

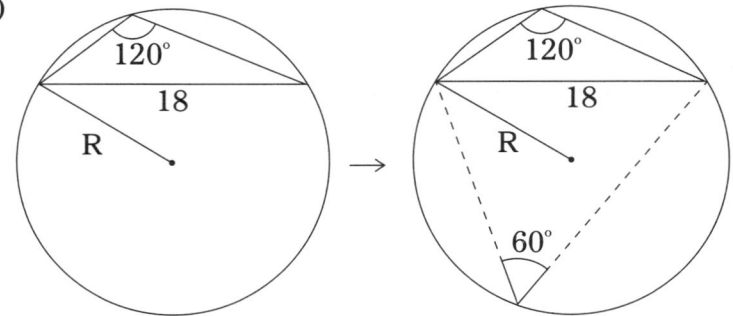

$\dfrac{18}{\operatorname{sen} 120º} = \dfrac{18}{\operatorname{sen} 60º} = 2R \Rightarrow 2R = \dfrac{18}{\dfrac{\sqrt{3}}{2}} \Rightarrow$

$2R = \dfrac{36}{\sqrt{3}} \Rightarrow R = \dfrac{18}{\sqrt{3}} \Rightarrow R = \dfrac{18\sqrt{3}}{\sqrt{3} \cdot \sqrt{3}} \Rightarrow$

$\boxed{R = 6\sqrt{3}}$

Obs: Podemos considerar que $\operatorname{sen}(180º - \alpha) = \operatorname{sen}\alpha$

358 Determine sen α e cos β nos casos:

a) [triângulo retângulo: hipotenusa 12, cateto 8, ângulos α e β]

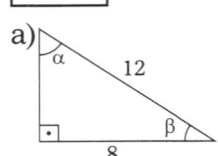

b) [triângulo retângulo: catetos 27 e 45, ângulos α e β]

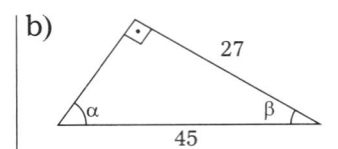

c) [triângulo retângulo: hipotenusa 25, cateto 7, cateto 24, ângulos α e β]

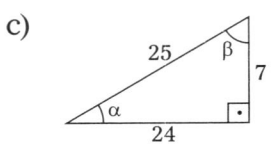

359 Determine tg α e tg β nos casos:

a) [triângulo retângulo: catetos 21 e 14, ângulos α e β]

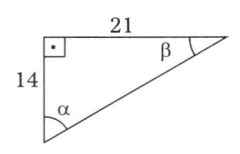

b) [triângulo retângulo: hipotenusa 30, cateto 24, cateto 18, ângulos α e β]

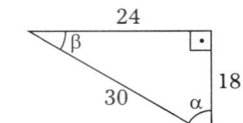

c) [triângulo retângulo: catetos 30 e 16, hipotenusa 34, ângulos α e β]

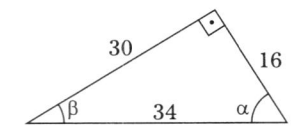

360 Determine sen α nos casos:

a) [triângulo retângulo: catetos 6 e 8, ângulo α]

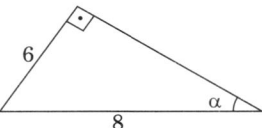

b) [triângulo retângulo: catetos 8 e 6, ângulo α]

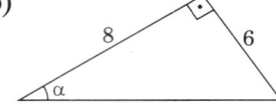

c) [triângulo retângulo: hipotenusa 10, cateto $5\sqrt{3}$, ângulo α]

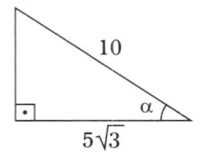

361 Determine cos α nos casos:

a) [triângulo retângulo: cateto 12, hipotenusa 16, ângulo α]

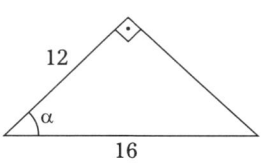

b) [triângulo retângulo: cateto 15, hipotenusa 20, ângulo α]

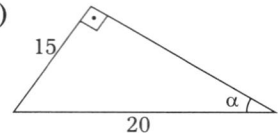

c) [triângulo retângulo: hipotenusa 12, cateto 6, ângulo α]

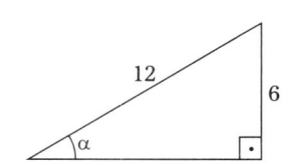

362 Determina tg α nos casos:

a) [triângulo retângulo: hipotenusa 10, cateto 6, cateto 8, ângulo α]

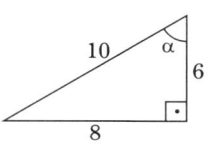

b) [triângulo retângulo: hipotenusa 21, cateto 35, ângulo α]

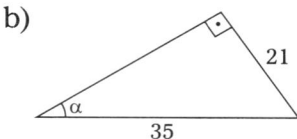

c) [triângulo retângulo: cateto 4, cateto 8, ângulo α]

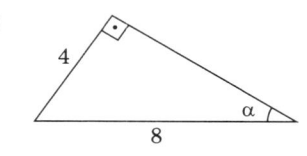

363 Em cada caso é dada uma razão trigonométrica. Determine **x**.

a) $\operatorname{sen} \alpha = \dfrac{3}{4}$

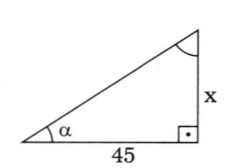

b) $\cos \alpha = \dfrac{2}{3}$

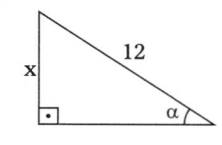

c) $\operatorname{tg} \alpha = \dfrac{2}{5}$

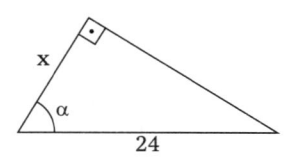

d) $\cos \alpha = \dfrac{5}{6}$

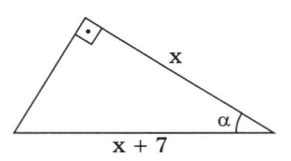

e) $\operatorname{tg} \alpha = \dfrac{2}{3}$

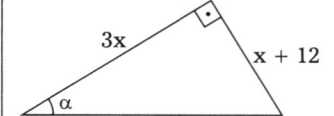

f) $\operatorname{sen} \alpha = \dfrac{3}{5}$

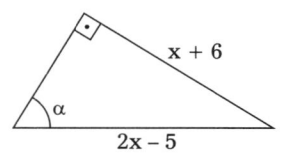

364 Dada uma razão trigonométrica, determine **x** nos casos:

a) $\operatorname{sen} \alpha = \dfrac{5}{9}$

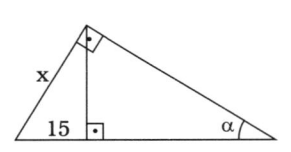

b) $\operatorname{tg} \beta = \dfrac{4}{3}$

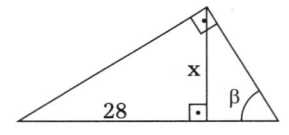

365 Dadas duas razões, determine as incógnitas nos casos:

a) $\operatorname{tg} \alpha = \dfrac{4}{3}$, $\operatorname{tg} \beta = \dfrac{1}{2}$

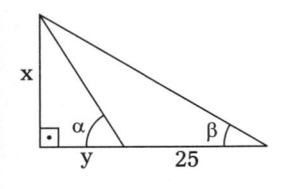

b) $\operatorname{sen} \alpha = \dfrac{8}{9}$, $\operatorname{tg} \beta = \dfrac{4}{3}$

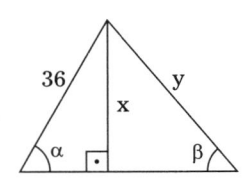

366 Determine as incógnitas nos casos:

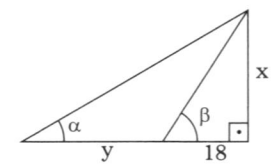

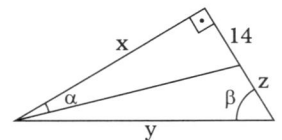

a) tg α = $\frac{4}{7}$, cos β = $\frac{3}{5}$

b) tg α = $\frac{7}{24}$, cos β = $\frac{3}{5}$

367 Determine **x** nos casos:

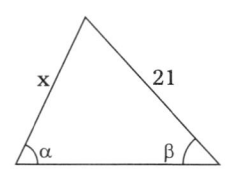

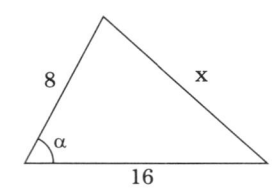

a) sen α = $\frac{2}{3}$, sen β = $\frac{4}{7}$

b) cos α = $\frac{3}{4}$

368 Lembrando que a diagonal de um quadrado **a** mede $a\sqrt{2}$ e que a altura de um triângulo equilátero de lado **a** mede $\frac{a\sqrt{3}}{2}$, como mostram as figuras seguintes, determine os valores, nos casos:

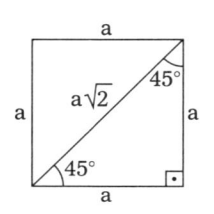

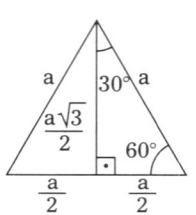

a) sen 45° b) cos 45° c) tg 45°

d) sen 60° e) cos 60° f) tg 60°

g) sen 30° h) cos 30° i) tg 30°

EXTRA Escrever os seguintes valores:

a) sen 30° = cos 60° =
b) sen 60° = cos 30° =
c) sen 45° = cos 45° =
d) tg 30° =
e) tg 45°
f) tg 60° =

226

369 Determine o valor de **x** nos casos:

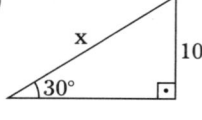

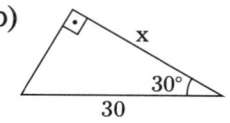

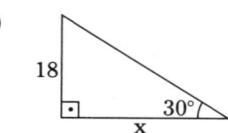

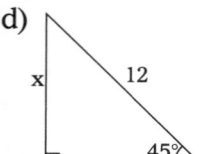

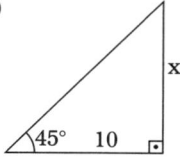

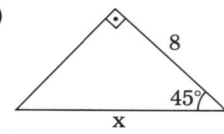

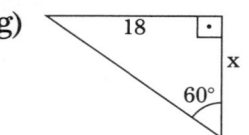

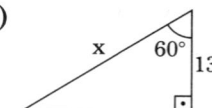

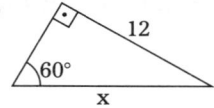

a) [triangle: x, 10, 30°]

b) [triangle: x, 30, 30°]

c) [triangle: 18, x, 30°]

d) [triangle: x, 12, 45°]

e) [triangle: x, 10, 45°]

f) [triangle: 8, x, 45°]

g) [triangle: 18, x, 60°]

h) [triangle: x, 13, 60°]

i) [triangle: 12, x, 60°]

370 Determine **x** nos casos:

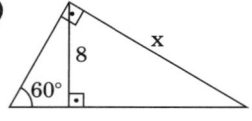

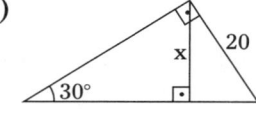

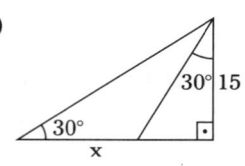

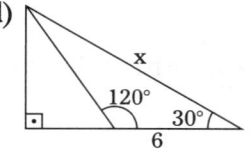

a) [triangle: 8, x, 60°]

b) [triangle: 20, x, 30°]

c) [triangle: 15, x, 30°, 30°]

d) [triangle: x, 6, 120°, 30°]

371 Determine as incógnitas:

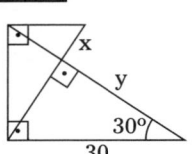

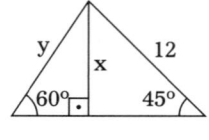

a) [triangle: x, y, 30, 30°]

b) [triangle: y, x, 12, 60°, 45°]

Resp: **358** a) $\frac{2}{3}$, $\frac{2}{3}$ b) $\frac{3}{5}$, $\frac{3}{5}$ c) $\frac{7}{25}$, $\frac{7}{25}$ **359** a) $\frac{3}{2}$, $\frac{2}{3}$ b) $\frac{4}{3}$, $\frac{3}{4}$ c) $\frac{15}{8}$, $\frac{8}{15}$ **360** a) $\frac{3}{4}$ b) $\frac{3}{5}$ c) $\frac{1}{2}$ **361** a) $\frac{3}{4}$ b) $\frac{\sqrt{7}}{4}$ c) $\frac{\sqrt{3}}{2}$ **362** a) $\frac{4}{3}$ b) $\frac{3}{4}$ c) $\frac{\sqrt{3}}{3}$

363 a) 9   b) 16   c) 18   d) 35   e) 12   f) 45   **364** a) 27   b) 21   **365** a) 20, 15   b) 32, 40

227

372 Determine as incógnitas sabendo que o quadrilátero é um retângulo:

a) [retângulo com diagonal 30, ângulo 60°, lado x, lado y]

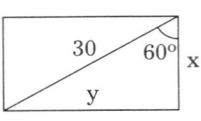

b) [retângulo com lado 8, diagonal com x e y, ângulo 30°]

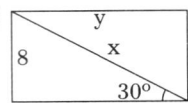

373 Em cada caso é dado um paralelogramo. Determine as incógnitas:

a) [paralelogramo, lado superior 24, altura $7\sqrt{3}$, ângulo 60°, lados x e y]

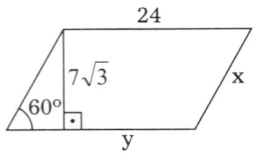

b) [paralelogramo, lado superior 18, ângulo 30°, base parcial 6, altura y, lado x]

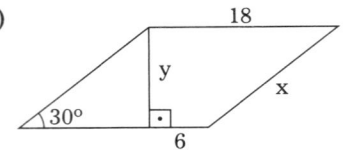

374 Em cada caso temos um triângulo isósceles. Determine **x**.

a) [triângulo isósceles, lado 20, ângulo 120°, base x]

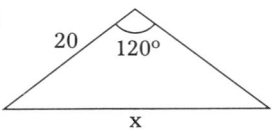

b) [triângulo, lado 36, ângulo 120°, lado x]

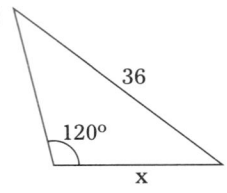

375 Em cada caso temos um trapézio isósceles. Determine as incógnitas.

a) [trapézio isósceles, base menor 6, base maior 24, lado y, altura x, ângulo 30°]

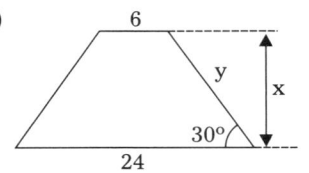

b) [trapézio isósceles, base menor 24, ângulo 120°, lado 22, altura y, base maior x]

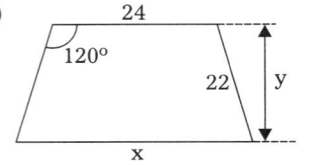

376 Em cada caso temos um trapézio retângulo. Determine as incógnitas.

a) [trapézio retângulo, base menor $6\sqrt{3}$, ângulo 150°, lado 20, lado x, base maior y]

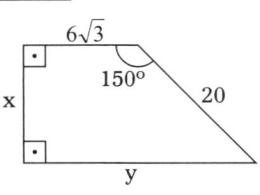

b) [trapézio retângulo, base menor 26, ângulo 120°, lado y, lado x, base maior 40]

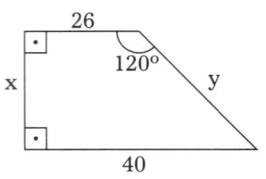

377 Em cada caso é dado um trapézio. Determine as incógnitas.

a) [trapézio, base menor 36, lado x, lado 36, ângulos 45° e 60°, base maior y]

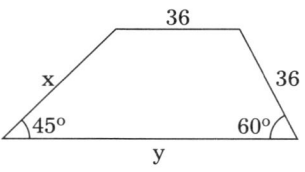

b) [trapézio, base menor $6\sqrt{3}$, lado x, lado y, ângulos 60° e 30°, base maior $26\sqrt{3}$]

228

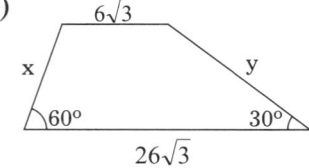

378 Determine α nos casos:

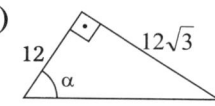

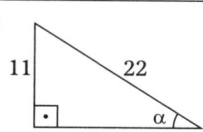

a) [triângulo retângulo: hipotenusa 20, cateto adjacente a α = 10√3]

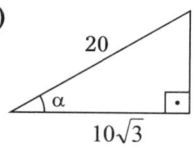

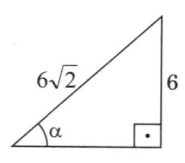

b) [triângulo retângulo: catetos 12 e 12√3, α no vértice entre eles]

c) [triângulo retângulo: hipotenusa 6√2, cateto oposto a α = 6]

d) [triângulo retângulo: catetos 11 e 22, α oposto ao cateto 11]

e) [triângulo retângulo: hipotenusa 6, cateto adjacente 4√3]

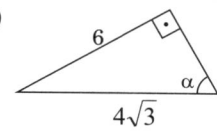

f) [triângulo retângulo: cateto oposto 8√3, cateto adjacente 24]

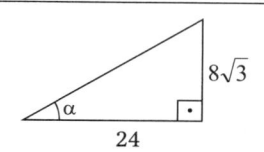

379 Determine cos α nos casos:

a) Isósceles (2p = 84) — base 36

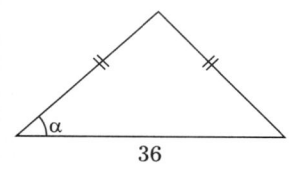

b) Trapézio Isósceles (2p = 120) — base menor 20, base maior 52

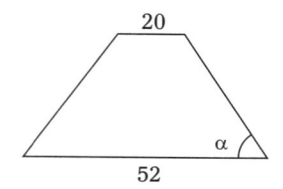

380 Determine sen α nos casos:

a) Isósceles (2p = 64) — base 24

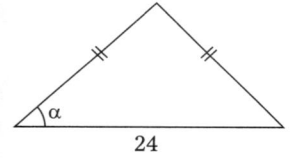

b) Trapézio Isósceles (2p = 168) — base menor 34, base maior 66

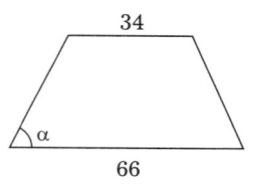

381 Determine tg α nos casos:

a) Isósceles (2p = 96) — base 36

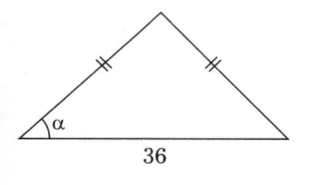

b) Trapézio Isósceles (2p = 128) — base menor 28, base maior 48

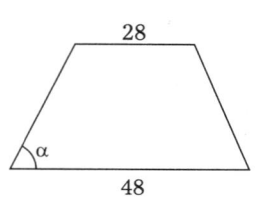

382 Determine a área do triângulo nos casos: (Unidade das medidas: m).

a) [triângulo retângulo: hipotenusa 24, ângulo 30°]

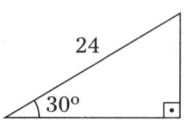

b) [triângulo retângulo: hipotenusa 24, ângulo 60°]

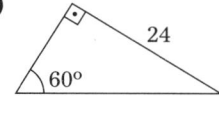

c) [triângulo retângulo: cateto 8, ângulo 45°]

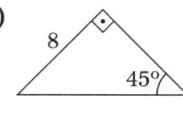

Resp: **366** a) 24, 24 b) 48, 60, 22 **367** a) 18 b) 8√2 **368** a) $\frac{\sqrt{2}}{2}$ b) $\frac{\sqrt{2}}{2}$ c) 1 d) $\frac{\sqrt{3}}{2}$ e) $\frac{1}{2}$ f) $\sqrt{3}$ g) $\frac{1}{2}$ h) $\frac{\sqrt{3}}{2}$ i) $\frac{\sqrt{3}}{3}$

369 a) 20 b) 15√3 c) 18√3 d) 6√2 e) 10 f) 8√2 g) 6√3 h) 26 i) 8√3 **370** a) 16 b) 10√3 c) 10√3 d) 6√3 **371** a) 5, 15√3 b) 6√2, 4√6

229

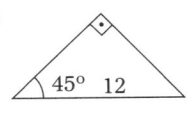

382 d) [triangle: 20, 60°, right angle]   e) [triangle: 45°, 12, right angle]   f) [triangle: 14, 30°, right angle]

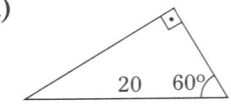

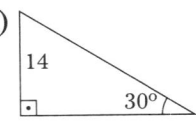

383 Determine a área do triângulo nos casos:

a) Retângulo [20, 30°]

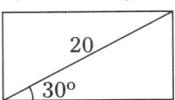

b) [parallelogram: 8, 12, 60°]

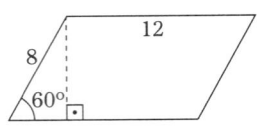

c) Paralelogramo [6, 6, 45°]

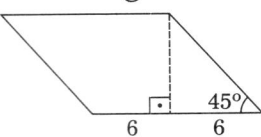

d) Paralelogramo [16, 18, 30°]

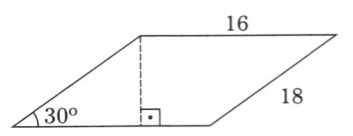

e) Trapézio isósceles [60°, 6, 18]

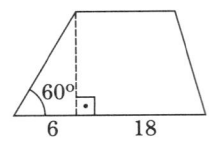

384 Determine a área do polígono nos casos:

a) [triangle: 12, 30°, 14]

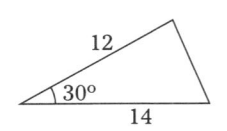

b) Paralelogramo [12, 45°, 18]

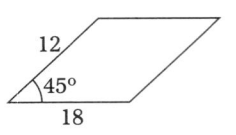

c) Trapézio isósceles [$4\sqrt{3}$, 6, 6, 30°]

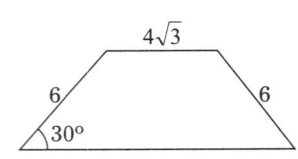

d) Trapézio isósceles (2p = 44 m) [8, 8, 60°]

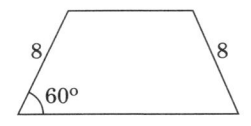

e) Trapézio retângulo [15, 16, 60°]

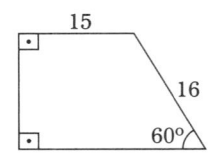

f) Trapézio [$30 - 2\sqrt{3}$, 135°, 120°, $8\sqrt{3}$]

230

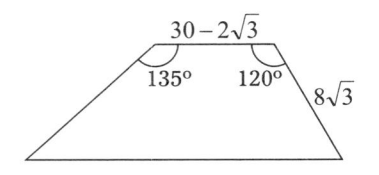

385 Determine **x** e **y** nos casos:

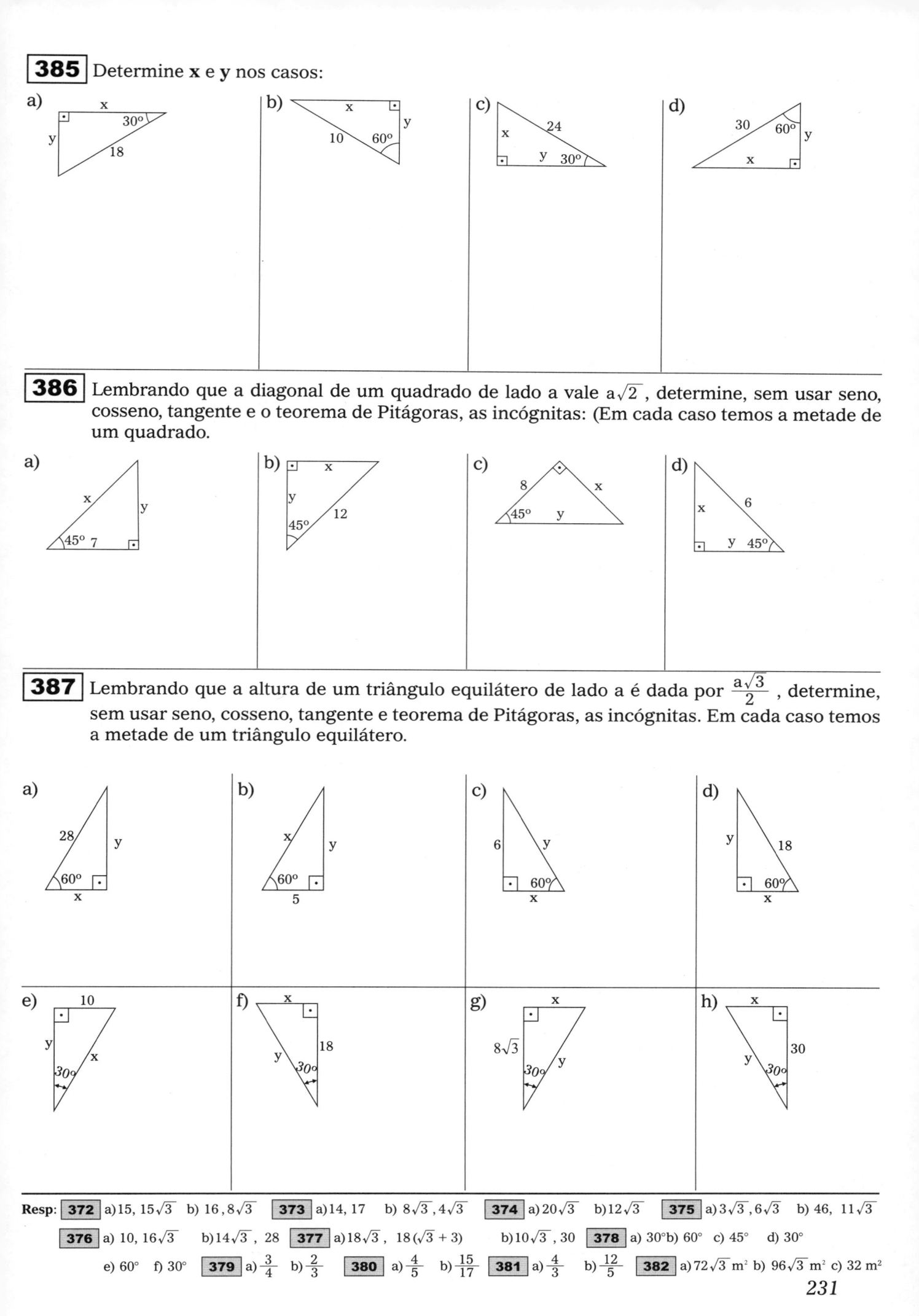

a) [triângulo com x, 30°, y, 18]
b) [triângulo com x, y, 10, 60°]
c) [triângulo com x, 24, y, 30°]
d) [triângulo com 30, 60°, y, x]

386 Lembrando que a diagonal de um quadrado de lado a vale $a\sqrt{2}$, determine, sem usar seno, cosseno, tangente e o teorema de Pitágoras, as incógnitas: (Em cada caso temos a metade de um quadrado.

a) [triângulo com x, y, 45°, 7]
b) [triângulo com x, y, 45°, 12]
c) [triângulo com 8, x, 45°, y]
d) [triângulo com x, 6, y, 45°]

387 Lembrando que a altura de um triângulo equilátero de lado a é dada por $\dfrac{a\sqrt{3}}{2}$, determine, sem usar seno, cosseno, tangente e teorema de Pitágoras, as incógnitas. Em cada caso temos a metade de um triângulo equilátero.

a) [28, y, 60°, x]
b) [x, y, 60°, 5]
c) [6, y, 60°, x]
d) [y, 18, 60°, x]

e) [10, y, x, 30°]
f) [x, y, 18, 30°]
g) [x, 8√3, y, 30°]
h) [x, y, 30, 30°]

Resp: **372** a) 15, 15√3 b) 16, 8√3   **373** a) 14, 17   b) 8√3, 4√3   **374** a) 20√3   b) 12√3   **375** a) 3√3, 6√3   b) 46, 11√3   **376** a) 10, 16√3   b) 14√3, 28   **377** a) 18√3, 18(√3 + 3)   b) 10√3, 30   **378** a) 30° b) 60°   c) 45°   d) 30°   e) 60°   f) 30°   **379** a) $\dfrac{3}{4}$ b) $\dfrac{2}{3}$ **380** a) $\dfrac{4}{5}$ b) $\dfrac{15}{17}$ **381** a) $\dfrac{4}{3}$ b) $\dfrac{12}{5}$ **382** a) 72√3 m²   b) 96√3 m²   c) 32 m²

231

388 Se dois lados de um triângulo medem **a** e **b** e forma ângulo α, mostre que a área S do triângulo é dada por:
$S = \frac{1}{2} a\, b\, \operatorname{sen} \alpha$.

Escrever os seguintes valores:
a) sen 30° = cos 60° =
b) sen 45° = cos 45°
c) sen 60° = cos 30° =
d) tg 30° =
e) tg 45° =
f) tg 60° =

389 Determine a área do triângulo nos casos: (Usar $\frac{1}{2}$ ab sen θ)
a) lados 10 e 12, ângulo 30°
b) lados 12 e 16, ângulo 45°
c) lados 8 e 9, ângulo 60°

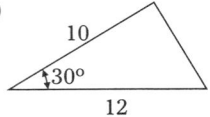

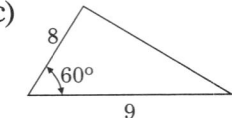

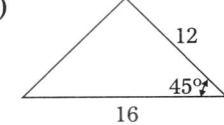

390 Determine a razão entre as áreas dos triângulos nos casos:
a) triângulo de lados 15, 12 e subdividido por segmento 6, com base 8
b) triângulos opostos pelo vértice, lados 20, 24 e 42, 30

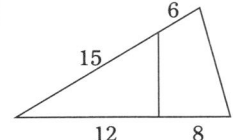

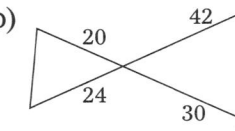

Observação: sen α = sen (180° − α) ⟹ sen 150° = sen 30°, sen 135° = sen 45° e sen 120° = sen 60°

391 Os pontos assinalados sobre os lados do triângulo os dividem em partes iguais. Determine a razão entre as áreas dos triângulos.

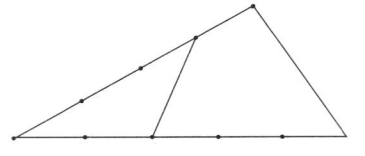

392 Mostre que sendo α obtuso, como mostra a figura ao lado, a área do triângulo será dada por:
$S = \frac{1}{2} a\, b\, \operatorname{sen}(180° − \alpha)$.

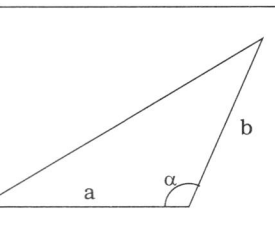

393 Determine a área dos triângulos:
a) lados 10 e 18, ângulo 150°
b) lados 12 e 10, ângulo 135°
c) lados 14 e 16, ângulo 120°

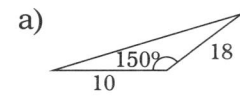

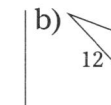

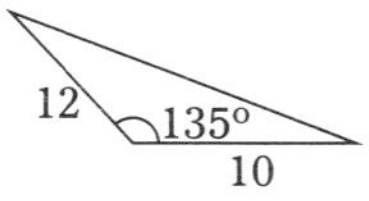

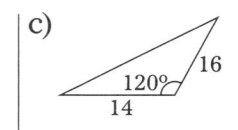

394 Se dois lados consecutivos **a** e **b** de um paralelogramo formam um ângulo obtuso α então a sua área **S** é dada por:

S = a b sen (180° – α).

395 Determine a área do paralelogramo, nos casos:

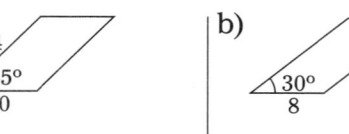

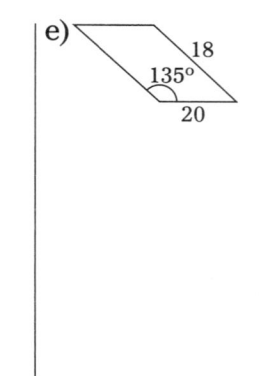

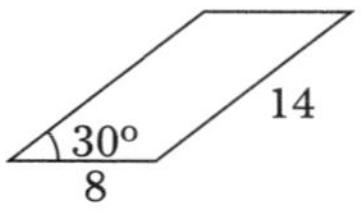

a) 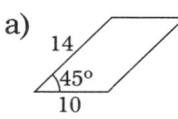 14, 45°, 10
b) 30°, 14, 8
c) 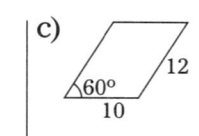 60°, 12, 10
d) 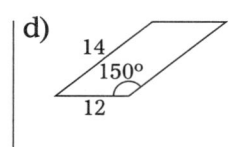 14, 150°, 12
e) 18, 135°, 20

396 Determine a área do quadrilátero nos casos:

a) As diagonais medem 20 m e 30 m. (135°)

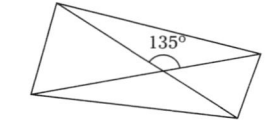

b) As diagonais medem 12 m e 15 m. (120°)

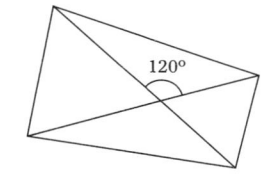

397 Resolver:

a) A diagonal de um retângulo mede 12 m e forma um ângulo de 30° com um lado. Determine os lados.

b) As diagonais de um retângulo medem 20 m cada uma e formam um ângulo de 30°. Qual é a distância entre um vertice e a diagonal a qual ele não pertence?

c) O lado de um losango mede 10 m e um de seus ângulos mede 135°. Quanto mede a altura desse losango?

Resp: **382** d) $50\sqrt{3}$ m² e) 36 m² f) $50\sqrt{3}$ m² **383** a) $100\sqrt{3}$ m² b) $48\sqrt{3}$ c) 72 d) 144 e) $108\sqrt{3}$
384 a) 42 b) $108\sqrt{2}$ c) $21\sqrt{3}$ d) $56\sqrt{3}$ e) $152\sqrt{3}$ f) 432 **385** a) $9\sqrt{3}$; 9 b) $5\sqrt{3}$; 5 c) 12; $12\sqrt{3}$
d) $15\sqrt{3}$; 15 **386** a) $7\sqrt{2}$; 7 b) $6\sqrt{2}$; $6\sqrt{2}$ c) 8; $8\sqrt{2}$ d) $3\sqrt{2}$; $3\sqrt{2}$ **387** a) 14, $14\sqrt{3}$
b) 10, $5\sqrt{3}$ c) $2\sqrt{3}$, $4\sqrt{3}$ d) 9, $9\sqrt{3}$ e) 20, $10\sqrt{3}$ f) $6\sqrt{3}$, $12\sqrt{3}$ g) 8, 16 h) $10\sqrt{3}$, $20\sqrt{3}$

398 Determine a área do trapézio escaleno cujos ângulos da base menor são obtusos nos casos:

a) A base menor mede 14 m, um lado oblíquo, que forma um ângulo de 30° com a base, $12\sqrt{3}$ m e o outro lado oblíquo 12 m.

b) A base menor mede $(7-\sqrt{3})$ m, a altura 6 m e os ângulos obtusos 120° e 135°.

399 Um trapézio têm ângulos de 60° e 30°, a base menor de 12 m e o lado oblíquo adjacente ao ângulo de 60° de 18 m. Determine a sua área.

400 Determine sen α nos casos:

a) [triângulo retângulo: hipotenusa 4, cateto 2, ângulo α]

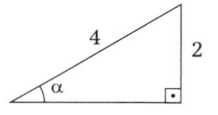

b) [triângulo retângulo: hipotenusa 15, cateto 12, ângulo α]

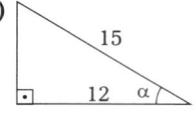

c) [triângulo retângulo: catetos 6 e x−2, hipotenusa x, ângulo α]

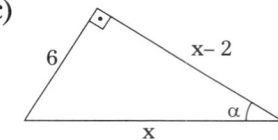

401 Determine cos α nos casos:

a) [triângulo retângulo: hipotenusa 8, cateto 6, ângulo α]

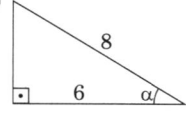

b) [triângulo retângulo: catetos 6 e $6\sqrt{3}$, ângulo α]

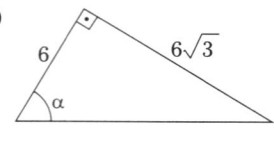

c) [triângulo retângulo: hipotenusa 12, cateto 10, ângulo α]

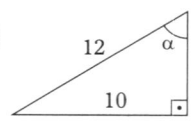

402 Obtenha tg α nos casos:

a) [triângulo retângulo: catetos 12 e 15, ângulo α]

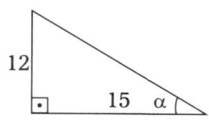

b) [triângulo retângulo: hipotenusa 12, cateto $6\sqrt{3}$, ângulo α]

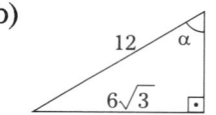

c) [triângulo retângulo: cateto 15, cateto 25, ângulo α]

234

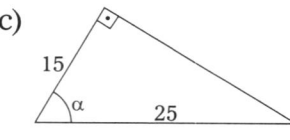

403 Em cada caso é dada uma razão trigonométrica. Determine **x**.

a) $\text{sen}\,\alpha = \dfrac{5}{7}$

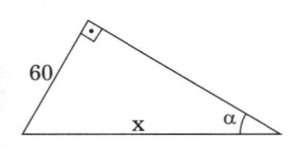

b) $\cos\alpha = \dfrac{3}{4}$

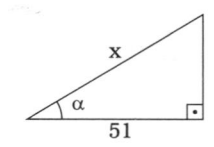

c) $\text{tg}\,\alpha = \dfrac{8}{5}$

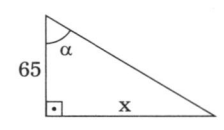

d) $\cos\alpha = \dfrac{3}{5}$

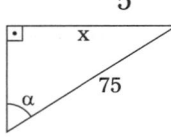

e) $\text{tg}\,\alpha = \dfrac{15}{8}$

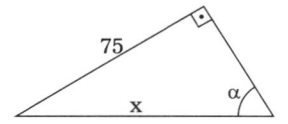

f) $\text{sen}\,\alpha = \dfrac{3}{5}$

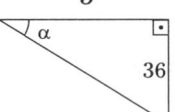

404 Em cada caso são dadas duas razões, determine **x**.

a) $\text{tg}\,\alpha = \dfrac{4}{3}, \text{tg}\,\beta = \dfrac{4}{5}$

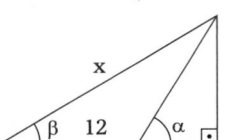

b) $\text{tg}\,\alpha = 2, \text{tg}\,\beta = \dfrac{4}{3}$

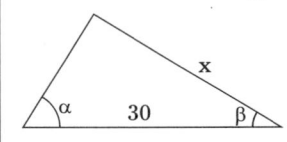

405 Determine o valor de **x** nos casos:

a)

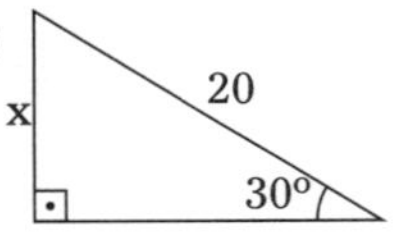

b)

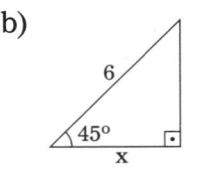

c)

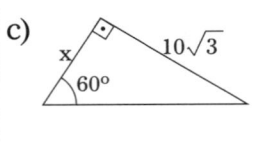

406 Determine o valor de **x** nos casos:

a)

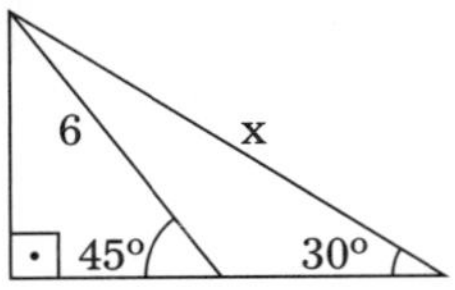

b)

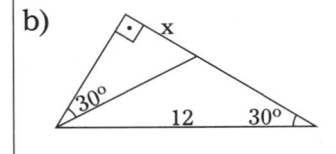

Resp: **389** a) 30 b) $48\sqrt{2}$ c) $18\sqrt{3}$ **390** a) $\dfrac{3}{7}$ b) $\dfrac{8}{21}$ **391** $\dfrac{3}{10}$ **393** a) 45 b) $30\sqrt{2}$ c) $56\sqrt{3}$

395 a) $70\sqrt{2}$ b) 56 c) $60\sqrt{3}$ d) 84 e) $180\sqrt{2}$ **396** a) $150\sqrt{2}$ m² b) $45\sqrt{3}$ m² **397** a) 6, $6\sqrt{3}$ b) 5 c) $5\sqrt{2}$

235

406 Determine o valor de **x** nos casos:

c) [triangle figure with 30°, 60°, x, 12]

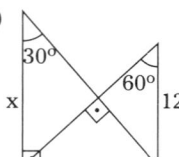

d) [right triangle figure with 12, 30°, x]

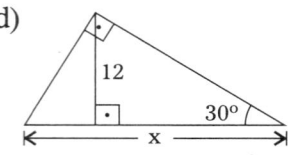

407 Determine o valor de **x** nos casos:

a) [figure with 120°, 3√3, x, 6√3]

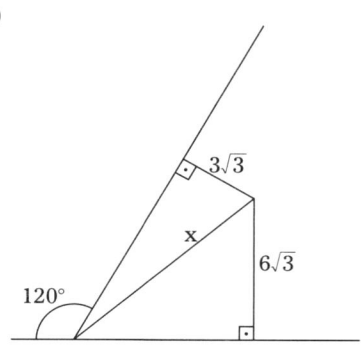

b) [figure with 6, x, 21]

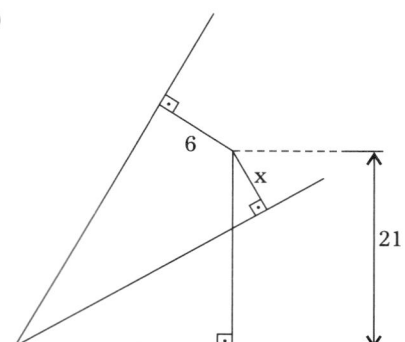

408 Determine os valores de **x** e **y** nos casos:

a) Retângulo [figure with 12, 60°, x, y]

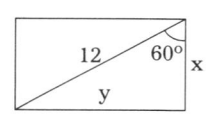

b) Paralelogramo [figure with 12, 60°, x, y, 8]

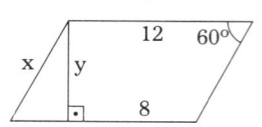

c) Paralelogramo [figure with y, 6, 45°, x]

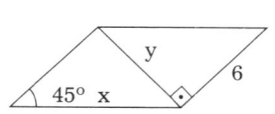

d) Trapézio retângulo [figure with 6, y, 12√2, x, 45°]

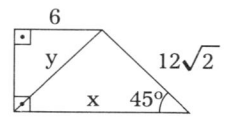

e) Trapézio isósceles [figure with y, 120°, x, 6√3, 22]

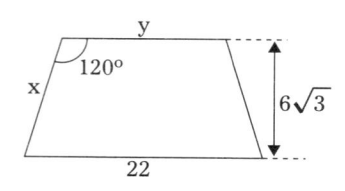

409 Resolver:

a) Um ponto **P** interno de um ângulo reto dista 4 m e 8 m dos lados do ângulo. Qual a distância entre **P** e o vértice desse ângulo?

b) Um ponto interno de um ângulo reto dista 4 m e 10 m dos lados do ângulo. Qual a distância desse ponto à bissetriz desse ângulo?

c) Um ponto **P**, interno de um ângulo reto, dista respectivamente $\sqrt{2}$ m e 2 m de um lado e da bissetriz do ângulo. Determine a distância entre **P** e o vértice desse ângulo.

d) Um ponto **P**, interno de um ângulo de 60°, dista 6 m e 9 m dos lados desse ângulo. Qual a distância entre **P** e a bissetriz do ângulo?

410 Determinar a área nos casos (unidade das medidas: metro).

a) [triângulo retângulo, 30°, hipotenusa 10]

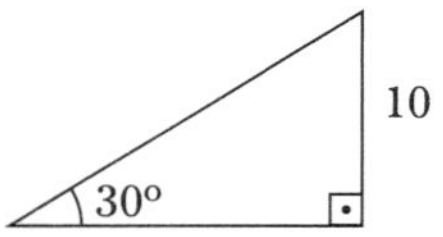

b) [triângulo retângulo, 60°, hipotenusa 12]

c) Retângulo [diagonal 10, 30°]

d) Retângulo [diagonal 12, 30°]

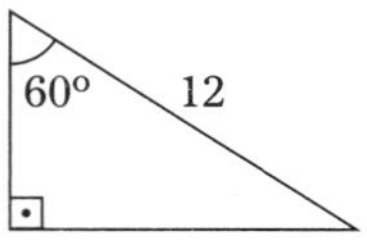

e) Retângulo [diagonal 18, 60°]

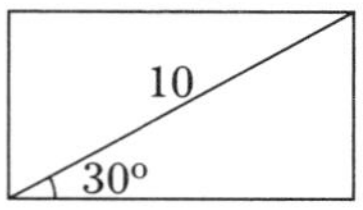

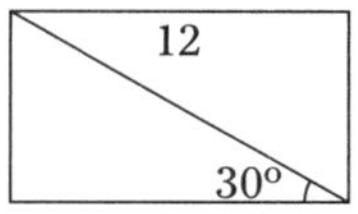

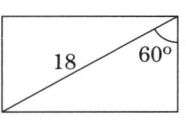

f) Paralelogramo [lado 10, 60°, lado 18]

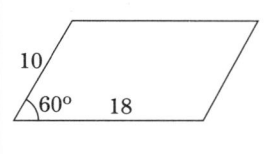

g) Paralelogramo [diagonal 6, lado 8, 30°]

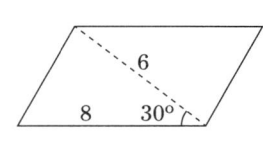

Resp: **398** a) $156\sqrt{3}$ b) 60   **399** $270\sqrt{3}$ ou $189\sqrt{3}$ **400** a) $\frac{1}{2}$ b) $\frac{3}{5}$ c) $\frac{3}{5}$ **401** a) $\frac{3}{4}$ b) $\frac{1}{2}$ c) $\frac{\sqrt{11}}{3}$

402 a) $\frac{4}{5}$ b) $\sqrt{3}$ c) $\frac{4}{3}$ **403** a) 84 b) 68 c) 104 d) 60 e) 85 f) 48   **404** a) $6\sqrt{41}$ b) 30

405 a) 10 b) $2\sqrt{3}$ c) 10   **406** a) $6\sqrt{2}$ b) $2\sqrt{3}$

237

411 Determine a área do polígono nos casos (unidade das medidas: metro).

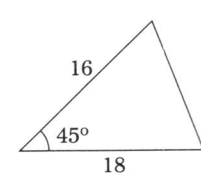

a) [triângulo com lados 6 e 2√13, ângulo 60°]

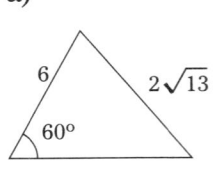

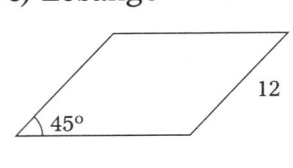

b) [triângulo com lados 16 e 18, ângulo 45°]

c) Losango [lado 12, ângulo 45°]

d) Losango [diagonal 24, ângulo 120°]

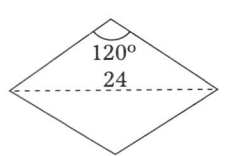

412 Determine a área nos casos:

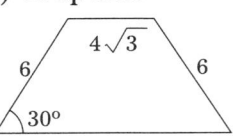

a) [triângulo com lados 6 e 8, ângulo 60°]

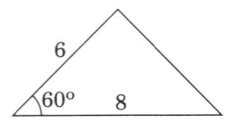

b) Paralelogramo [lados 4 e 8, ângulo 30°]

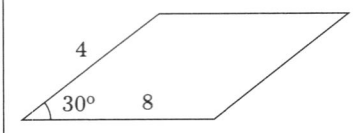

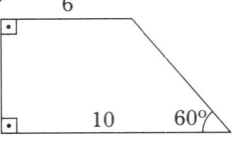

c) [trapézio retângulo, bases 6 e 10, ângulo 60°]

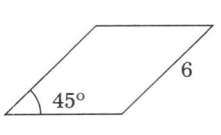

d) Trapézio [bases 4√3 e ?, lados 6, ângulo 30°]

e) Losango [lado 6, ângulo 45°]

f) Trapézio [base 4, lado 6, ângulos 30° e 60°]

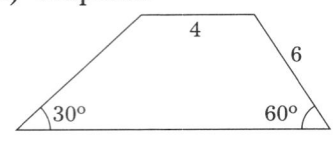

413 Sendo α e β as medidas dos ângulos agudos de um triângulo retângulo, mostre que.

a) sen α = cos β

b) tg α = $\frac{\text{sen }\alpha}{\cos \alpha}$

c) sen²α + cos²α = 1

414 Determine a área do paralelogramo nos casos, sendo o metro a unidade das medidas indicadas.

a) [paralelogramo com lados 10 e 18, ângulo 30°]

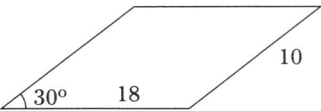

b) [paralelogramo com lados 6 e 12, ângulo 120°]

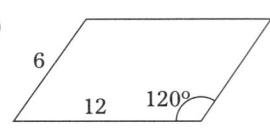

c) [paralelogramo com diagonal 10, lado 8, ângulo 45°]

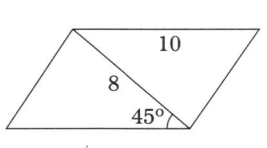

d) AC = 16, BD = 24 [paralelogramo ABCD com diagonais, ângulo 60°]

238

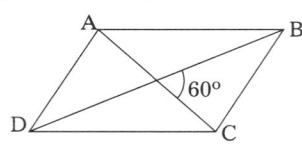

415 Determine a área do quadrilátero nos casos:

a) Trapézio com AB = 8 m
   AC = 20 m e CD = 30 m

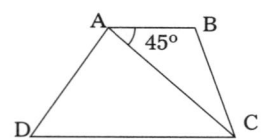

b) AB = 12 m, BC = 18 m e CD = $12\sqrt{2}$ m

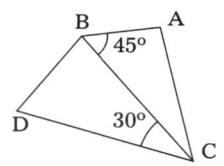

416 Determine a área do quadrilátero nos casos a seguir, sendo o metro a unidade das medidas indicadas.

a)

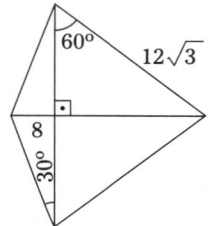

b)

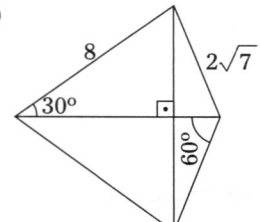

417 Determine a área dos quadriláteros nos casos:

a)

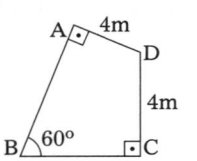

b)

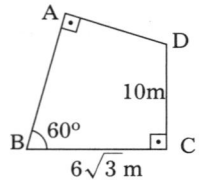

Resp: **406** c) 36   d) $16\sqrt{3}$ **407** a) $6\sqrt{7}$ b) $5\sqrt{3}$ **408** a) 6; $6\sqrt{3}$ b) 8; $4\sqrt{3}$ c) $6\sqrt{2}$; 6   d) 18, $6\sqrt{5}$ e) 12; 10

409 a) $4\sqrt{5}$ b) $3\sqrt{2}$ c) $2\sqrt{5}$ d) $\sqrt{3}$ **410** a) $50\sqrt{3}$ b) $18\sqrt{3}$ c) $25\sqrt{3}$ d) $48\sqrt{3}$ e) $81\sqrt{3}$ f) $90\sqrt{3}$ g) 24

239

418 Resolver:

a) Uma diagonal de um paralelogramo mede 20 m e forma ângulos de 30° e 60° com os lados. Determine sua área.

b) Uma base de um trapézio mede 16m e o lado oblíquo às bases mede 24 m. Se um dos ângulos desse trapézio mede 120°, qual é a sua área?

c) Um lado de um triângulo isósceles mede 30 m e um ângulo dele mede 120°. Qual é a área desse triângulo?

419 Resolver:

a) Uma diagonal de um trapézio retângulo determina nele dois triângulos retângulos. Se uma base do trapézio mede 24 m e um dos ângulos dele mede 30°, qual é a sua área?

b) De um triângulo ABC, com $\hat{B}$ e $\hat{C}$ agudos e $\hat{B} = 2\hat{C}$, sabemos que as projeções (ortogonais) de $\overline{AB}$ e $\overline{AC}$ sobre $\overline{BC}$ medem 2 m e 8 m. Determine a área desse triângulo.

420 Determine a área (unidade das medidas: metro).

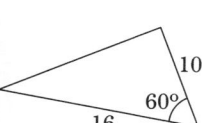

a)

b) Paralelogramo

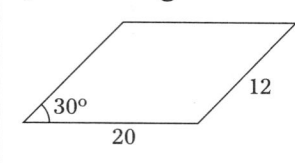

c) Retângulo de diagonal 16

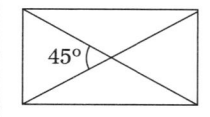

d) Paralelogramo de diagonais 8 e 12

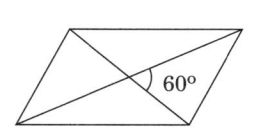

e)

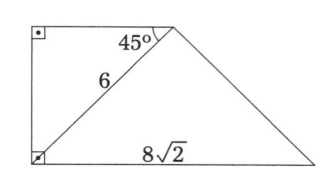

f) Trapézio

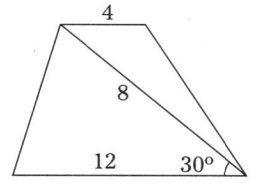

421 O ponto de interesecção das diagonais de um paralelogramo dista **a** e **b** dos lados. Sendo α o ângulo agudo deste paralelogramo, determine a sua área.

Resp: **411** a) $12\sqrt{3}$ b) $72\sqrt{2}$ c) $72\sqrt{2}$ d) $96\sqrt{3}$ **412** a) $12\sqrt{3}$ b) 16 c) $32\sqrt{3}$ d) $21\sqrt{3}$ e) $18\sqrt{2}$ f) $30\sqrt{3}$
414 a) 90 b) $36\sqrt{3}$ c) $40\sqrt{2}$ d) $96\sqrt{3}$ **415** a) $190\sqrt{2}$ b) $108\sqrt{2}$ **416** a) $182\sqrt{3}$ b) $30\sqrt{3}$
417 a) $16\sqrt{3}$ b) $46\sqrt{3}$ **418** a) $100\sqrt{3}$ b) $120\sqrt{3}$ ou $264\sqrt{3}$ c) $225\sqrt{3}$ ou $75\sqrt{3}$ **419** a) $90\sqrt{3}$ ou $1440\sqrt{3}$
b) $20\sqrt{2}$ **420** a) $40\sqrt{3}$ b) 120 c) $64\sqrt{2}$ d) $24\sqrt{3}$ e) 33 f) 32 **421** $\dfrac{4\,ab}{\operatorname{sen}\alpha}$

241

Impressão e Acabamento
Bartira
Gráfica
(011) 4393-2911